英雄地质队

中国能源化学地质工会　编

中国工人出版社

习近平总书记给山东省地矿局第六地质大队全体地质工作者的回信

山东省地矿局第六地质大队的同志们：

你们好！来信收悉。建队以来，你们一代代队员跋山涉水，风餐露宿，攻坚克难，取得了丰硕的找矿成果，展现了我国地质工作者的使命担当。

矿产资源是经济社会发展的重要物质基础，矿产资源勘查开发事关国计民生和国家安全。希望同志们大力弘扬爱国奉献、开拓创新、艰苦奋斗的优良传统，积极践行绿色发展理念，加大勘查力度，加强科技攻关，在新一轮找矿突破战略行动中发挥更大作用，为保障国家能源资源安全、为全面建设社会主义现代化国家作出新贡献，奋力书写“英雄地质队”新篇章。

习近平

2022 年 10 月 2 日

序言 Preface

能源是工业的粮食、国民经济的命脉，关系人类生存和发展，攸关国计民生和国家安全。能源安全是关系国家经济社会发展的全局性、战略性问题，对国家繁荣发展、人民生活改善、社会长治久安至关重要。新时代以来，习近平总书记高度重视我国能源资源安全问题，作出了一系列重要指示批示，为纵深推进能源革命、保障国家能源安全，指明了前进方向，提供了根本遵循。

2022年10月2日，在党的二十大召开前夕，习近平总书记给山东省地矿局第六地质大队全体地质工作者回信，充分体现了习近平总书记对我国地勘行业的高度重视和关心关注，对矿产资源安全和勘查开发的深邃思考和战略擘画，对地勘产业工人队伍的深切关怀和殷切期望，意义重大，影响深远。习近平总书记的回信精神具有很强的政治性、思想性、针对性和指导性，为有效发挥地勘产业工人主力军作用，推动地勘行业高质量发展，提出了新目标新要求，赋予了新使命新任务。全国人大常委会副委员长、中华全国总工会主席王东明和中华全国总工会党组书记、副主席、书记处第一书记陈刚对贯彻落实习近平总书记回信精神作出批示，要求各级工会深入学习贯彻落实习近平总书记回信精神，团结引领广大职工弘扬优良传统，立足岗位建功立业。

能源化学地质系统各级工会以高度的责任感和使命感，迅速行动起来，组织传达学习，切实用习近平总书记回信精神统一思想、统领发展，掀起学习好、宣传好、贯彻好习近平总书记回信精神的热潮。各级工会和广大职工深刻认识到，习近平总书记回信高瞻远瞩、内涵丰富，集中体现了习近平新时代中国特色社会主义思想的精髓要义，是习近平总书记站在第二个百年起点上、站在党和国家工作大局高度上，对地勘行业改革发展的最新实践指导，是对深化产业工人队伍建设改革作出的重大安排部署，进一步增强了坚定拥护“两个确立”，坚决做到“两个维护”的思想自觉、政治自觉和行动自觉。

一是深刻把握习近平总书记对我国地质工作者的充分肯定，坚定不移沿着习近平总书记擘画的蓝图奋勇前进。习近平总书记回信充分肯定了广大地质工作者的工作成果，饱含深情、语重心长，既是最高褒奖和最大鞭策，也是对地勘行业广大职工的关心勉励和激励鼓舞。各级工会要不断深化对习近平总书记回信精神的学习，深刻领会其丰富内涵、精神实质、实践要求，不断提高政治判断力、政治领悟力、政治执行力，自觉在思想上、政治上、行动上同以习近平同志为核心的党中央保持高度一致。要深刻理解习近平总书记对地勘产业工人地位和作用的充分肯定，推动把全心全意依靠工人阶级方针贯彻到地勘行业政策制定、工作推进全过程，落实到企业生产经营各方面，鼓舞广大职工牢牢把握为实现中华民族伟大复兴中国梦而奋斗的时代主题，为实现第二个百年奋斗目标贡献智慧和力量。

二是深刻把握习近平总书记对矿产资源战略地位的精辟概括，团结动员地勘行业广大职工建功立业。习近平总书记回信从国际格局和国家发展两个层面精辟概括了地勘行业的重要战略地位，强调了地勘工作的国家性、战略性、全局性，突出了地勘行业在富民强国中的重要支撑作用。各级工会要始终胸怀“两个大局”，从巩固党的执政基础和群众基础、促进我国经济社会持续健康发展的高度，做好地勘行业职工的思想政治引领工作，团结引领广大职工群众坚定不移听党话、矢志不渝跟党走。要深刻把握习近平总书记回信要求，时刻牢记能源资源安全“国之大者”，围绕加大矿产资源勘查开发力度，广泛深入持久开展多种形式的劳动和技能竞赛，把地勘行业广大职工群众蕴藏的创新创造活力充分激发出来，践行地勘报国的使命与担当。

三是深刻把握习近平总书记对发扬优良传统的殷殷嘱托，坚定不移奋力书写“英雄地质队”新篇章。习近平总书记回信系统地提炼了地勘行业凝聚的精神财富，生动地概括了地勘行业职工“爱国奉献、开拓创新、艰苦奋斗”的精神特质，为建设世界一流地勘队伍提供了强大精神力量。长期以来，我国地勘行业广大职工拼搏奋斗、争创一流，用智慧和汗水营造了“劳动光荣、知识崇高、人才宝贵、创造伟大”的社会风尚，谱写了“中国梦·劳动美”的宏伟篇章。各级工会要传承和发扬“英雄地质队”的光荣传统，大力弘扬劳模精神、劳动精神、工匠精神，当好新时代的奋进者、创新驱动的引领者、产业报国的践行者，坚持科技创新的发展策略，牢记躬行实干的精神底色，潜心研究、孜孜不倦，迎难而上、勇毅登攀，在实践中增长才干，在奋斗中体现价值，牢记报国使命，砥砺前行、接续奋斗，为产业强国贡献地勘力量。

四是深刻把握习近平总书记对真抓实干、埋头苦干的谆谆教导，坚定不移发挥工人阶级主力军作用。习近平总书记回信明确指出，要“加大勘查力度，加强科技攻关，在新一轮找矿突破战略行动中发挥更大作用”。习近平总书记的这一重要指示，体现了党全心全意依靠工人阶级的一贯主张，也对地勘行业广大职工破解找矿难题、开发核心技术提出了更高要求。各级工会要积极响应“社会主义是干出来的”伟大号召，用实干和奋斗破解难题，打好勘查开发关键核心技术攻坚战，提高地勘产业工人技术技能水平和创新创造能力。要加大地勘行业职工技能培训力度，推动提高技术工人待遇，做好地勘行业困难职工的帮扶工作，解决广大职工的后顾之忧，有效激发地勘行业广大职工干事创业的积极性、主动性、创造性，凝聚起推进新时代地勘行业高质量发展的磅礴力量。

前不久，举世瞩目的党的二十大胜利召开。党的二十大报告站在人与自然和谐共生的高度谋划能源绿色发展，作出“深入推进能源革命”“加快规划建设新型能源体系”“确保能源安全”等一系列重大安排部署，为能源化学地质系统广大职工接续奋斗指明了前进方向。宏伟蓝图已经绘就，拼搏奋斗正当其时。各级工会和广大职工要更加紧密地团结在以习近平同志为核心的党中央周围，坚持以习近平新时代中国特色社会主义思想为指导，踔厉奋发，勇毅前行，为全面建设社会主义现代化国家，全面推进中华民族伟大复兴贡献力量。

许山松

2022年12月

目 录 Contents

全国能源化学地质系统干部职工学习回信精神心得体会

“英雄地质队”故事

关于回信的媒体报道

学习总书记回信精神 在保障国家能源资源安全大局中发挥工会作用

蔡毅德

2022年10月2日，习近平总书记给山东省地矿局第六地质大队全体地质工作者回信，回信中强调，“希望同志们大力弘扬爱国奉献、开拓创新、艰苦奋斗的优良传统，积极践行绿色发展理念，加大勘查力度，加强科技攻关，在新一轮找矿突破战略行动中发挥更大作用，为保障国家能源资源安全、为全面建设社会主义现代化国家作出新贡献，奋力书写‘英雄地质队’新篇章”。

习近平总书记的回信饱含深情、语重心长、催人奋进，既对山东省地矿局第六地质大队全体职工的艰辛工作和找矿成果给予了高度评价，又对开展矿产资源勘查开发、保障国家能源资源安全提出了殷切期望。习近平总书记的回信高屋建瓴、视野宏大、内涵丰富、思想深刻，具有重大的政治性、思想性、战略性和指导性，为我们做好新阶段能源化学地质工会工作指明了方向、提出了要求。

深刻领会回信精神的实质和丰富内涵

党的十八大以来，习近平总书记两次给能源化学地质系统职工回信。2015年7月1日，习近平总书记给国测一大队的老队员、老党员回信，充分肯定了国测一大队的感人事迹和崇高精神。回信中指出，“党的事业，人民的事业，是靠千千万万党员的忠诚奉献而不断铸就的。不忘初心，方得始终。全国广大共产党员要始终在党爱党、在党为党，心系人民、情系人民，忠诚一辈子，奉献一辈子，以自己的实际行动，团结带领亿万人民为实现‘两个一百年’奋斗目标、实现中华民族伟大复兴的中国梦而共同奋斗”。国测一大队把学习回信精神转化为激励全队职工迎难而上、奋发作为的强大精神动力。2020年，他们克服重重困难，再次完成珠峰高程测量任务。

时隔7年，在党的二十大召开前夕，习近平总书记给山东省地矿局第六地质大队回信，在全国能源化学地质系统广大职工中再次引发热烈反响。习近平总书记的回信充分体现了以习近平同志为核心的党中央对能源资源安全的一贯高度重视，对广大能源化学地质系统职工的关怀厚爱和殷切期望，为我们深入分析形势变化对产业工会工作带来的新影响新要求提供了根本遵循，极大增强了做好产业工会工作的责任感、使命感、紧迫感。

不断加强广大职工保障能源资源安全的思想引领

能源化学地质产业是国民经济和社会发展的重要基础产业，在国计民生和国家安全中发挥举足轻重的作用。广大产业职工是增强国内能源资源生产保障能力的核心队伍，是贯彻落实“碳达峰、碳中和”等国家战略的重要支撑，更是构建清洁、低碳、安全、高效能源体系的中坚力量。产业工会工作事关产业工人切身利益，事关产业高质量发展，在推动产业健康持续发展中具有义不容辞的责任。要切实承担起团结带领广大职工听党话、跟党走的政治责任，教育职工、引导职工、组织职工更加紧密地凝聚在以习近平同志为核心的党中央周围，统一思想、凝聚共识，筑牢广大职工团结奋斗、保障能源资源安全的思想基础。

当前和今后一个时期，要把学习宣传贯彻习近平总书记回信精神作为能源化学地质系统的重大政治任务，与学习习近平新时代中国特色社会主义思想结合起来，与学习习近平总书记对能源化学地质工作重要指示要求结合起来，与学习宣传贯彻党的二十大精神结合起来，从回信中汲取精神力量，深化对能源化学地质产业职工的思想引领。大力弘扬爱国奉献、开拓创新、艰苦奋斗的优良传统，团结带领能源化学地质系统职工在各自岗位上建功立业。

在保障国家能源资源安全大局中发挥产业工会作用

“十四五”时期，我国进入新发展阶段，内外环境发生深刻变化，面临许多新的能源资源重大问题。能源化学地质系统的经济关系、劳动关系、职工队伍正在发生深刻变化，产业工会面临新形势新任务。中国能源化学地质工会将从战略和全局的高度，胸怀“两个大局”，围绕保障国家能源资源安全这一重要任务，把学习宣传贯彻习近平总书记回信精神转化为推动各级工会创新发展的内生动力，努力使能源化学地质产业工会做到中心工作有地位、重要任务有贡献、产业领域有号召、特色工作有突破。

今后5年，是我国乘势而上开启全面建设社会主义现代化国家新征程、向第二个百年奋斗目标进军的关键时期。新形势下，要以习近平新时代中国特色社会主义思想为指导，深入贯彻落实习近平总书记关于工人阶级和工会工作的重要论述，以产业工人队伍建设改革为重点，以增强国内能源资源生产保障能力为目标，全面推动产业工会工作高质量发展。

一是为广大职工建功新时代搭建广阔舞台。聚焦国家重大战略、重大工程、重大项目、重点产业，组织引导能源化学地质系统广大职工广泛深入持久地开展以“建功‘十四五’、奋进新征程”为主题的劳动和技能竞赛。加快推动“碳达峰、碳中和”“社会主义是干出来的”“国和一号”等14项“十四五”全国引领性劳动和技能竞赛，组织引领产业职工在能源资源安全方面建功立业。要增强实效性，根据形势任务的变化不断创新建功立业活动，真正做到广泛、深入、持久。推动竞赛活动在保障能源资源供应安全等方面发挥更大作用。

二是不断提升产业工人创新能力。助力科技攻关、提高产业核心竞争力。紧扣解决制约产业发展的问题，组织产业工人踊跃参加岗位练兵、技术交流、技能培训、技术革新、技术协作、合理化建议等活动，拓展“五小”等群众性创新活动内涵。有序扩大跨区域、跨行业、跨企业的劳模创新工作室联盟，为优秀产业工人发挥作用搭建平台、畅通渠道。深化职工技术创新成果交流和孵化试点基地建设，加快推动优秀职工技术创新成果向实际生产力转化。

三是切实深化产业工人队伍建设改革。按照“政治上保证、制度上落实、素质上提高、权益上维护”的总体思路，立足能源化学地质产业特色，发挥产业优势，推动创新产业工人发展制度，提升产业工人地位待遇，健全产业工人技能形成体系，提高产业工人能力素质，加快打造一支宏大的知识型、技能型、创新型能源化学地质产业工人大军。

四是打造高素质专业化工会干部队伍。不断加强自身建设、改进工作作风，牢固树立宗旨观念和服务意识，强化线上线下相结合的工会干部培训，拓展工会干部队伍教育培训渠道。深入开展“大走访、大调研”活动，经常深入基层一线、密切联系职工群众、推动解决问题。充分发挥产业工会熟悉产业政策、覆盖企业广泛、联系职工紧密的优势，加强交流互鉴，推进上下联动，整合社会资源，不断建立健全体现产业工会联合制、代表制的有效工作机制。

（本文作者系中国能源化学地质工会主席、分党组书记）

学深悟透习近平总书记回信精神 为保障国家能源资源安全贡献山东地矿力量

张忠明

在党的二十大即将胜利召开前夕，很高兴和全国总工会、山东省总工会及全国能源化学地质工会系统的领导、同志们相聚一堂，学习近平总书记给山东省地矿局第六地质大队全体地质工作者的重要回信，交流学习体会，共商推动学习贯彻习近平总书记重要回信精神走深走实。

长期以来，山东省地矿局与中国能源化工地质工会、山东省总工会保持着密切联系，以山东省地质工会为纽带，在产业工人队伍建设改革、集体及个人先优推荐评选、举办地质专业技能竞赛、困难职工帮扶救助等方面进行了广泛的合作，特别是前段时间举办的“黄河安澜、地质担当”应急技能岗位练兵活动产生了广泛良好的影响。

山东省地矿局成立于 1958 年，现为省政府直属事业单位，主要承担全省基础性、公益性、战略性地质调查和矿产资源勘查等工作，是全省地质工作的主力军。建局 64 年来，经过一代代地质人的接续奋斗，在全省共发现各类矿产 147 种，查明储量居全国前 10 位的有 75 种，探明了全国 1/3 的黄金储量，发现了中国第一个金刚石原生矿和最大的蓝宝石矿，找到了一大批煤矿、铁矿、多金属矿和非金属矿。完成了全省大部分基础地质工作，积累了门类齐全、覆盖全省、动态连续的海量地质数据资料，广泛应用于自然资源、生态环保等各个领域，为全省经济社会发展提供了有力的地质服务支撑。近年来，我们认真学习贯彻习近平新时代中国特色社会主义思想，深入贯彻落实习近平总书记对山东工作的重要指示要求，按照省委、省政府的部署要求，紧紧锚定“走在前、开新局”，聚焦服务国家重大战略和全省工作大局，主动担当，积极作为，奋力建设全国一流的新时代现代化地质强局，地勘技能人才培养、地质科技创新获奖成果处于全国地矿系统领先水平，山东地矿事业进入高质量发展新时期。

2022 年 10 月 2 日，习近平总书记在日理万机中给山东省地矿局第六地质大队全体地质工作者亲切回信，我们无比激动、倍感振奋、备受鼓舞，迅即传达学习，快速强化措施，高效贯彻落实，迅速把思想和行动高度统一到习近平总书记重要回信精神上来，以实际行动坚定拥护“两个确立”、坚决做到“两个维护”。

提高政治站位，迅速兴起学习贯彻习近平总书记重要回信精神热潮

2022 年 10 月 4 日上午，山东省委常委会召开会议，传达学习习近平总书记重要回信精神，研究贯彻落实意见，省委书记李干杰同志、省长周乃翔同志分别提出要求。下午，副省长孙继业同志带队到山东地矿六队传达习近平总书记重要回信，并提出学习贯彻要求。分管副省长范波同志及时调度我局学习贯彻情况，对推进学习贯彻工作提出明确要求。2022 年 10 月 5 日，我局先后召开党委扩大会议、全局领导干部会议，传达学习习近平总书记重要回信精神，研究贯彻落实措施，对全局学习宣传贯彻工作作出部署。2022 年 10 月 7 日，我局与省自然资源厅联合下发《关于深入学习贯彻习近平总书记给山东地矿六队重要回信精神的通知》，对全省自然资源系统和地矿系统学习贯彻工作作出具体安排。2022 年 10 月 9 日，我局通过省委办公厅向中央办公厅报送了学习宣传贯彻情况专报。连日来，省地矿局机关和 15 个地质大队分别通过党委会、干部职工大会、支部大会、誓师大会、青年理论学习小组学习等形式，迅速把习近平总书记重要回信精神传达给全体干部职工，机关党委向全局党员干部发出了行动倡议，在全省地矿系统兴起学习宣传贯彻习近平总书记重要回信精神热潮。

通过近一段时间的学习，我们深刻体会到，习近平总书记的重要回信，字字千钧，语重心长，厚望如山，情深似海。我们认为，习近平总书记的重

要回信，充分肯定了山东地矿六队在矿产勘查中取得的丰硕成果，深刻阐述了矿产资源在经济社会发展中的重要地位，突出强调了矿产资源勘查开发事关国计民生和国家安全的重大意义，不仅是对山东地矿六队全体地质工作者的充分肯定和殷切期望，更是对全国广大地质工作者的巨大鼓舞，充分体现了对地质工作者的厚爱情怀和对山东地矿工作的关心关爱；不仅是对矿产资源勘查开发的高度重视，更是对国计民生和国家安全的深邃思考，充分体现了对民生福祉和国家能源资源安全的高度关切，为做好新时代地质工作特别是矿产资源勘查开发工作指明了奋斗方向，提供了根本遵循。大家一致表示，要在学深悟透上下功夫、在学以致用上见真章，切实把学习激发出来的热情转化为推动新一轮找矿突破战略行动的强大力量，努力为保障国家能源资源安全贡献山东地矿力量。

聚焦重点任务精准发力，推动山东地矿工作走在前、开新局

为推动习近平总书记重要回信精神尽快在山东地矿系统落地见效，我们第一时间成立了学习贯彻工作领导小组，组建了综合协调、学习宣传、找矿突破、科技攻关、人才建设、党建工作、调度督察 7 个工作专班，研究制定了任务分工方案，确定了 7 个方面 37 项重点任务，压紧压实了工作责任，努力在“四个聚力”上精准发力、实现突破。

一是聚力加大矿产勘查力度实现新突破。紧紧围绕国家、省重点工程急需的金、富铁矿、稀土、晶质石墨、铀等矿产资源，深入推进新一轮找矿突破战略行动，加大矿产勘查力度，加强战略性矿产和能源矿产勘查，力争发现和储备一批战略性矿产资源，努力实现地质找矿新突破，切实增强和提高保障国家能源资源安全能力和水平。

二是聚力强化能源重点工程支撑实现新突破。做强山东省海洋地质勘查院，加快建设我国首个海洋专属经济区空海地立体观测站“南黄海海上观测与实验台站”，围绕跨海通道、海洋牧场、海上风电等重大工程，积极开展海上工程勘查、物探、测绘等工作，全面准确提供地质资料和地质数据，助力

能源重点工程加快落地，服务“海洋强国”建设。

三是聚力推动绿色低碳发展实现新突破。认真践行绿色发展理念，大力推进绿色勘查，努力服务黄河国家重大战略，积极参与生态环境修复，统筹做好山水林田湖草沙生态保护修复，加大水土污染治理力度，加强地热清洁能源勘查开发综合利用，不断增加和提高地质工作服务生态文明建设的能力和水平。

四是聚力加强地质科技攻关实现新突破。聚焦国家、省重大战略和经济社会发展需求，在战略性矿产勘查和深地资源探测、地热清洁能源探采技术等领域，加大重大地质科技攻关力度，加快建设全国首个自然资源部深部金矿勘查开采技术创新中心，努力取得一批重大地质科技成果，加强高精尖地质装备建设，以科技赋能地质找矿。

持续深化融合发展，着力锻造“地质铁军”

我们将以山东省地质工会为桥梁，继续深化与工会系统的合作交流，加快深度融合，形成工作合力，扎实推动习近平总书记重要回信精神在工会和地矿系统落地生根、开花结果。

一是强化党建引领。做好结合文章，努力把学习习近平总书记重要回信精神，与学习习近平新时代中国特色社会主义思想结合起来，与学习党的二十大精神结合起来，与学习习近平总书记关于工人阶级和工会工作的重要论述结合起来，与学习习近平总书记关于自然资源和地质工作的重要论述结合起来，确保学深悟透、融会贯通。找准党建和工会、地矿工作的结合点，深化“党支部＋项目部”标准化建设，深入打造“1+N+N”党工共建品牌，切实以高质量党建工作推动工会和地矿工作相融共进。

二是强化能力提升。围绕地质工作主责主业，协同构建地质找矿、水工环地质、地质灾害防治与应急救援等全业务职业技能竞赛体系，积极开展多种形式的岗位练兵、技术比武、技能竞赛等活动，营造“比、学、赶、帮、超”的浓厚氛围，推动更多的优秀专业技术人才和技能人才脱颖而出，提升地矿系统地质工作技能水平。大力推进产业工人队伍建设改革，不断总结“产改示范单位”经验做法，为地矿职工技能提升、成长成才搭建有效平台。推动全员创新创效工作，充分发挥劳模和工匠人才创新工作室作用，培养更多的专业人才，孵化更多的地质成果。

三是强化示范带动。大力选树山东地质系统工匠劳模、工人先锋号等先优群体和个人。加大对先模人物的宣传力度，组织开展劳模工匠宣讲团进项目、进机台、进班组活动，讲好先模故事，充分发挥先进典型的示范带动作用，大力营造“事争一流、唯旗是夺”的干事创业氛围，不断推动新时代地质工作走在前、开新局。

四是强化精神传承。加强地矿文化建设，大力弘扬“爱国奉献、开拓创新、艰苦奋斗”的优良传统，不断挖掘地矿系统“三光荣”“四特别”精神新的时代内涵，积极引导广大地质工作者发扬劳模精神、劳动精神、工匠精神之“三种精神”，践行“地质报国、事业立局、科技引领、有为有位、争创一流”工作理念，真正把“爱国奉献、开拓创新、艰苦奋斗”融入血液、注入灵魂、化为行动，努力锻造一支忠诚担当、素质过硬、事争一流的“地质铁军”。

五是强化民生保障。地质行业是艰苦行业。习近平总书记指出，地质队员“跋山涉水，风餐露宿，攻坚克难”，字里行间体现着对地质工作者的关怀厚爱。全省地矿系统将在各级工会的关心支持下，着力做好各项民生工程，帮助职工解除后顾之忧。将“四季”服务纳入“我为群众办实事”项目清单，常态化开展“夏送清凉、冬送温暖、金秋助学”等活动，持续做好困难职工帮扶救助工作。继续推进“地矿职工之家”建设，不断改善职工工作生活条件，切实把习近平总书记对地质工作者的殷切关怀落到实处，不断增强地质工作者的归属感、获得感、幸福感，激励全省地矿系统广大干部职工奋进新征程、建功新时代。

（本文作者系山东省地质矿产勘查开发局党委书记、局长）

上好“四堂课”　当好主力军　建功新时代

刘书德

党的二十大，为新时代新征程党和国家事业发展、实现第二个百年奋斗目标指明了前进方向、确立了行动指南，也对工人阶级和工会工作作出了新部署、提出了新要求。华电煤业深入学习贯彻党的二十大精神和习近平总书记给山东省地矿局第六地质大队全体地质工作者回信精神，以强化产业工人思想政治引领为切入点，找准工会工作与党的二十大精神的结合点，上好思政、实践、能力和示范“四堂课”，为7000余人的产业工人队伍当好主力军、建功新时代提供有力支撑。

上好“思政课”，思想引领坚定方向

党的二十大报告指出，“坚持不懈用新时代中国特色社会主义思想凝心铸魂”“建设具有强大凝聚力和引领力的社会主义意识形态”“广泛践行社会主义核心价值观”，这为我们进一步加强职工思想政治引领指明了方向。

用好“思政传家宝”。把学习宣传贯彻党的二十大精神作为首要政治任务和头等大事，召开党委会、理论学习中心组，制定工作方案，专题传达学习贯彻党的二十大精神。党委书记带头面向系统开展宣讲，各党支部通过党建联建共建、主题党日、红色教育等活动，推进党的二十大精神进车间、进班组、进一线，引领团结产业工人坚定捍卫“两个确立”、坚决做到“两个维护”，强化理论武装，汲取奋进力量，坚定不移听党话，矢志不渝跟党走。

培育“品牌成长树”。坚持党建引领、文化赋能，集成党建导航、驱动、助力、护航“四大系统”，构建了以“强链·创合”为引领的“1+N”党建品牌树，引导、带动支部党建工作成果。倾力打造“创合”文化，持续开展优秀企业文化展播，着力推进文化落地、文化引领、文化实践“三步走”，经验成果荣获 2022 年度全国电力行业企业文化建设典型成果奖。

建设“红色教育地”。坚持把党史学习作为必修课、常修课，以思想聚“魂”、组织聚“能”、党员聚“力”、服务聚“心”“四聚”模式，推动党史学习教育常态化长效化。弘扬伟大建党精神和煤炭工人“特别能战斗”精神，充分发挥晋陕蒙地区红色资源优势，建成首批 3 个“全国煤炭行业红色教育基地”，引导产业工人传承红色基因，赓续红色血脉，汲取奋斗力量。

上好“实践课”，服务大局建功立业

产业工人队伍建设改革的目标任务是把产业工人队伍建设作为实施科教兴国战略、人才强国战略、创新驱动发展战略的重要支撑和基础保障。要积极服务发展大局，勇挑经济建设重担，保持敢闯敢试劲头，更加嘹亮地唱响新时代劳动者之歌。

坚决扛起保供担当。始终胸怀“两个大局”，牢记“国之大者”，统筹发展与安全，坚决担起国有企业能源安全保供的职责使命。抓住“保量”和“稳价”两个关键，加快释放自有煤矿先进产能，中国华电首个露天开采煤矿——兴旺露天矿成功复工复产，兴旺和另外两大主力煤矿实现产能核增和规模调整 1200 万吨 / 年。严格落实国家发改委对煤炭中长期合同签订履约的三个 100% 量价要求，充分发挥作为煤炭保供“顶梁柱”和“主力军”作用。

积极推动岗位建功。聚焦矿井 5G 通信、煤岩识别、智能洗煤厂建设等关键技术和重大示范工程建设，持续积蓄创新动能，创建 170 个党员先锋岗、113 个党员责任区、56 支党员突击队、41 支党员服务队、26 支党员先锋队，构建“横向织网、纵向串链”的党建联建共建新格局。组织开展全国总工会工匠学院建设、新能源和智能化建设劳动竞赛、煤炭专业技术岗位及产业相关业务岗位技能大赛，以赛促学、以赛促训，勇夺全国煤炭行业职工职业技能示范赛等多个全国性行业赛事一等奖，持续提高产业工人技能水平。

持续深化创新创效。以服务公司生产经营发展为出发点，以创建并不断发挥职工创新工作室作用为抓手，创新理论研究，探索以“三心”筑基构建新时代“五六三”班组建设的管理实践，打造新时代“融安、融力、融创、融智、融责、融心”班组，研究成果荣获全国电力行业优秀管理创新成果一类奖项；深挖创新创效，率先完成中国华电创新创效专项资金设立任务，开展创意、创新、创效“三创”大赛，创建创优职工（劳模）工作室，6家工作室获煤炭行业协会、中国华电命名表彰，30余项成果获中国华电优秀创新创效奖项。

上好“能力课”，提升素质积聚力量

党的二十大报告指出，“坚持尊重劳动、尊重知识、尊重人才、尊重创造”“努力培养造就更多大师、战略科学家、一流科技领军人才和创新团队、青年科技人才、卓越工程师、大国工匠、高技能人才”。要与时俱进，不断练就过硬本领，努力成为堪当大任、能做大事的知识型、技能型、创新型人才，争做堪当发展重任的能工巧匠。

持续完善服务组织机制。配齐配强工会组织主要成员、强化职能发挥，更好服务产业工人队伍；不断规范完善职代会相关机制，充分发挥职代会在维护职工权益、解决职工诉求方面的积极作用。近年来，华电煤业全面贯彻新时代人才工作新理念新战略新举措，围绕产业链布局人才链，以人才链赋能产业链，以教育培训强化人才链，打造“强链”组合拳，造就了一支涵盖经营管理、科技、技能专业领域的8000多人的人才队伍，为高质量发展提供了坚强的智力保障。

积极搭建教育培训平台。坚持把人才作为第一资源、把教育培训作为人才队伍建设的先导性、基础性、战略性工程，健全工作机制，强化组织保障，统筹推进人才队伍建设。积极整合内外部资源，建成了华电煤炭生产技能培训中心，设立了两个全国煤炭行业产业工人技能提升培训基地和全国煤炭行业管理人才教育培训基地，推进线上平台建设，自主开发了“智链云学堂”线上教学平台，打造形成了分层次、全覆盖的华电煤炭生产技能培训中心“三基地一中心一网校”教育培训平台。

谱好人才引、蓄、活、护“四部曲”。提出“实施引蓄活护人才工程，打造水一样的团队”的人才管理理念，谱好人才引、蓄、活、护“四部曲”，弹好企业增量发展和存量经营“两重奏”。在此基础上，创新运用品牌管理理念，升华提炼了“智链·创合”人才品牌，用“智慧、智力”赋能公司煤电路港航产业链和“创业有为、创新奋进、合作共赢、和谐发展”的“创合”文化，用品牌引导、带动人才队伍建设。

上好“示范课”，弘扬精神争当楷模

党的二十大报告指出，“在全社会弘扬劳动精神、奋斗精神、奉献精神、创造精神、勤俭节约精神”。习近平总书记给山东省地矿局第六地质大队全体地质工作者回信中“希望同志们大力弘扬爱国奉献、开拓创新、艰苦奋斗的优良传统”。这些嘱托充满着党对工人阶级的殷切期望。要坚持以劳模为镜、以劳动为荣、以匠心为本，引领职工群众一起拼搏、一起奋斗，奏响“劳动光荣、创造伟大”的时代最强音。

大力弘扬“三种精神”。大力弘扬劳模精神、劳动精神、工匠精神，守牢宣传“主阵地”。充分发挥各类线上新媒体作用，加强党的理论路线方针政策和形势任务宣传教育，通过示范带动、先进领跑、创新引领，筑牢产业工人思想政治根基，团结凝聚改革发展力量。

突出模范带头作用。不断加强劳动模范、巾帼示范岗、五四青年奖章、工人先锋号、岗位能手等先进集体及个人的选树工作，在产业工人队伍中发挥示范带动作用。坚持讲好先模故事，进一步激发干部职工向先进看齐、争做先进的昂扬斗志和工作活力，提高建功立业的热情。

突出先进领跑。广泛开展“三优一先”、劳动模范、巾帼示范岗、五四青年奖章、工人先锋号、“标杆”班组等各类先进典型选树和主题宣传活动。深入挖掘产业工人个人先进典型，近年来涌现出中国华电及以上劳动模范 14 人，中国华电及以上技术能手、青年岗位能手18人。

华电煤业将深入学习贯彻落实党的二十大精神和习近平总书记给山东省地矿局第六地质大队全体地质工作者回信精神，坚决贯彻党中央决策部署，全面落实全国总工会工作安排，牢牢把握我国工人运动时代主题，聚焦主责主业，深化改革创新，更好地团结动员广大职工以主人翁姿态在现代化建设新征程上建功立业，奋力打造高质量发展的华电名片。

（本文作者系华电煤业集团有限公司党委副书记、工会主席、总法律顾问）

深入学习贯彻党的二十大精神 为促进人与自然和谐共生再立新功

雷鸣山

2022年10月2日，习近平总书记给山东省地矿局第六地质大队全体地质工作者回信，对他们弘扬优良传统、做好矿产勘查工作提出殷切期望。广大地质工作者纷纷表示，一定要始终心怀“国之大者”，肩负起时代赋予的新使命、新任务，踔厉奋发、勇毅前行，在全面建设社会主义现代化国家的新征程上贡献力量。党的二十大报告强调“中国式现代化是人与自然和谐共生的现代化”，并对“推动绿色发展，促进人与自然和谐共生”作出全面部署。三峡集团清洁能源与长江生态环保“两翼齐飞”的发展思路，与促进人与自然和谐共生的战略部署高度契合。我们将深入学习贯彻党的二十大精神，坚持在聚焦主责主业中做强做优做大、在推动绿色发展中迈进世界一流，努力为建设人与自然和谐共生的现代化强国作出更大贡献。

牢牢把握人与自然和谐共生的理论逻辑、历史逻辑和实践逻辑

大自然是人类赖以生存发展的基本条件，促进人与自然和谐共生具有深厚的理论逻辑、历史逻辑和实践逻辑，必须全面准确把握。

一、从理论逻辑看。人与自然和谐共生立足我国生态文明建设实践，实现了对马克思主义关于人与自然关系思想的继承与发展，为推进“美丽中国”建设提供了重要遵循。三峡集团建设运行大国重器，从根本上说是在处理人与自然的关系，必须坚持以习近平生态文明思想为指引，牢固树立和践行“两山”理念，坚持在保护中发展、在发展中保护，既要合理开发水风光资

源，又要像保护眼睛一样保护自然和生态环境，实现重大工程建设经济效益、社会效益、生态效益有机统一，努力构建人与自然生命共同体。

二、从历史逻辑看。人与自然和谐共生扎根中华优秀传统文化，实现对“天人合一”等哲学思想的凝练与升华，使其在当代中国焕发出新的生机活力。三峡集团肩负着治水患、兴水利、提水质的使命责任，必须坚定历史自信、文化自信，坚持古为今用、推陈出新，不断从中华优秀传统文化中汲取智慧和力量，并在新时代治水实践中进行创造性转化、创新性发展，不断提高清洁能源和优质生态产品供给能力，更好满足人民日益增长的优美生态环境需要，谱写人与自然和谐共生新的时代华章。

三、从实践逻辑看。人与自然和谐共生着眼解决全球性环境问题，实现了对西方式现代化的反拨与超越，为那些既想加快发展又不想走西方“先污染后治理”老路的国家提供了中国智慧与中国方案。三峡集团承担着在带领中国水电“走出去”中发挥引领作用的重要使命，必须将绿色发展理念贯穿国际化经营全过程，努力在“一带一路”沿线建造更多美丽工程，当好建设清洁美丽世界的积极践行者、重要推动者、突出贡献者，更好彰显促进人与自然和谐共生的思想穿透力、价值感召力、实践引领力。

在促进人与自然和谐共生中实现高质量发展

党的十八大以来，三峡集团深入学习贯彻习近平总书记重要讲话指示批示精神，完整、准确、全面贯彻新发展理念，积极探索以“两翼齐飞”促进人与自然和谐共生的有效途径，主要经营指标均实现两倍以上增长，更有基础、更有条件、更有能力为建设人与自然和谐共生的现代化多作贡献。

一、清洁能源事业迈上新台阶。高标准高质量建成乌东德、白鹤滩等新时代大国重器，基本建成世界最大清洁能源走廊，水电装机突破 8000 万千瓦，全球最大水电企业的地位更加巩固。坚持海陆并进、风光并举、多能互补，全面建成“风光三峡”，新能源装机突破 3000 万千瓦，海上风电装机跃居国内第一、全球前列。全面布局抽水蓄能业务，30 个项目（总装机容量

4385万千瓦）纳入全国“十四五”规划重点实施清单，约占全国容量的16%，华东地区最大抽水蓄能电站——浙江长龙山电站建成投产。稳健推进“一带一路”沿线清洁能源开发，成功建设巴基斯坦卡洛特水电站等一批重大标志性工程，成功实施收购秘鲁最大电力公司等一批重大跨国能源并购，海外可控和权益装机容量超过1800万千瓦，全部为清洁能源。

二、共抓长江大保护打开新局面。组建长江环保集团等“五大平台”，完成从试点先行、拓展合作、全面铺开到高质量发展的迭代升级。累计完成共抓长江大保护投资约800亿元，建设运营雨污管网1.6万公里，形成污水处理能力380万吨/日，沿江6大区域32处黑臭水体全部消除，助力长江经济带生态环境保护发生转折性变化。坚持从生态系统整体性和流域系统性出发，探索形成“厂网河一体”等城镇污水治理“三峡模式”，创新提出“城市智慧水管家”模式，全面打响管网攻坚战，促进污水全收集、全处理、全达标。获批筹建长江经济带生态环境国家工程研究中心，参与建设我国首座城市污水资源概念厂，自主研发我国首个业态全覆盖、数据全监视、操作全远控的智慧水务调度系统，促进生态环保行业质量变革、效率变革、动力变革。

三、生物多样性保护结出新硕果。统筹水电开发和生态保护，同步建设美丽工程、美丽坝区、美丽库区，不断筑牢绿色生态屏障。构建以长江珍稀鱼类保育中心为核心，以中华鲟研究所、溪洛渡—向家坝和乌东德—白鹤滩鱼类增殖放流站为支撑的“1+3”长江珍稀鱼类研究保护格局，突破一系列关键核心技术，累计放流中华鲟等珍稀鱼类超1000万尾，有力地促进了自然种群恢复。开展促进四大家鱼自然繁殖生态调度试验18次，监测断面产卵234亿颗，有效改善长江水域生态功能。建成长江特有珍稀濒危植物园，迁地保护疏花水柏枝等特有珍稀植物1300余种。三峡集团生物多样性保护及长江大保护自主承诺，在联合国生物多样性公约秘书处官方平台正式上线。

四、助推发展方式绿色转型实现新突破。加大清洁能源供应保障力度，创新提出“城市综合能源管家”等能源服务新模式，促进经济社会发展全面绿色转型。坚持以“绿电”推动绿色发展，2012年以来累计生产清洁电能2.5万亿千瓦时，相当于节约标准煤7.5亿吨、减排二氧化碳20.7亿吨。坚持以“绿电”点亮绿色园区，在福建成功建设我国首个碳中和工业园区——福建三峡海上风电国际产业园，为我国产业园区绿色低碳发展树立了标杆。坚持以“绿电”驱动绿色交通，统筹推进“电化长江”“氢化长江”“气化长江”，成功建造全球载电量最大纯电动游轮，积极开展电动重卡、充电桩等新业务布局，为交通强国建设提供清洁能源保障。

奋力谱写促进人与自然和谐共生的新篇章

促进人与自然和谐共生为三峡集团赋予新使命、提供新机遇。三峡集团将以党的二十大精神为指引，从促进人与自然共生的高度谋划发展新举措、拓展发展新空间、谱写发展新篇章，努力为以中国式现代化全面推进中华民族伟大复兴赋能添彩。

一、在能源革命中增强保供能力。深入学习贯彻党的二十大报告关于“深入推进能源革命”等战略部署，不断巩固拓展清洁能源行业引领地位，促进构建新型能源体系，为实现中国式现代化提供绿色电能。创新提升世界最大清洁能源走廊建设运营水平，加快探索水电灵活调节能力价值实现新路径，努力实现梯级电站综合效益最大化。以陆上新能源基地建设和海上风电集中连片规模开发为重点，做强做优做大新能源业务，打造更多“风光三峡”“海上三峡”。积极开展新型储能、电解水制氢等新业态新模式新技术研究布局，抢占行业发展制高点。坚持“危地不往、乱地不去”，优化国际业务布局，推动国际化经营行稳致远。

二、在联保共治中凝聚强大合力。深入学习贯彻党的二十大报告关于“深入推进环境污染防治”等战略部署，持续加大人力、物力、财力等方面投入，推动共抓长江大保护取得更大成效，为实现中国式现代化擦亮生态底色。统筹水资源、水环境、水生态治理，谋划推动一批打基础、利长远、增功能的标志性工程，改善长江生态环境和水域生态功能，提升生态系统质量和稳定性。全面复制推广“城市智慧水管家”模式，坚决打赢管网攻坚战，基本消除区域内城市黑臭水体，助力打好蓝天、碧水、净土保卫战。加快建设生态保护国家级科研平台，率先推进长江流域人与自然和谐共生综合性、前瞻性研究。积极探索生态产品价值实现机制，让绿水青山与金山银山的双向转换通道更加顺畅。

三、在自立自强中激发内生动力。深入学习贯彻党的二十大报告关于“必须坚持科技是第一生产力、人才是第一资源、创新是第一动力”等战略部署，完善以国家战略需求为导向、以重大工程为载体、以解决工程建设运营实际问题为目的、以产学研用一体化发展为纽带、以资金等要素投入为保障的具有三峡特色的科技创新体系，坚决当好原创技术策源地和现代产业链链长，为实现中国式现代化提供科技支撑。加强创新平台建设，推动国家级平台建好做强、省部级平台提质创优、自主平台提档升级。集聚力量开展原创性引领性科技攻关，掌握更多具有自主知识产权的创新成果。坚持全方位培养、引进、用好人才，营造更加开放包容的创新环境，让三峡成为人才集聚高地、创新创造热土。

四、在深化改革中永葆发展活力。深入学习贯彻党的二十大报告关于“深化国资国企改革”等战略部署，持续推进更深层次、更高水平改革，加快建设世界一流企业，为实现中国式现代化培育大国重企。坚持“两个一以贯之”，完善权责法定、权责透明、协调运转、有效制衡的公司治理机制，使中国特色现代企业制度更加成熟、更加定型。全面深化三项制度改革，促进能者上、优者奖、庸者下、劣者汰制度化常态化，不断激发发展活力和内生动力。加快打造权责清晰、管控有力、协同高效的价值创造型总部，不断提升集团化管控能力。

（本文作者系中国长江三峡集团有限公司党组书记、董事长）

旗帜引领　凝心聚力
高质量推进世界一流地球物理公司建设

常学军

党的二十大意义重大，影响深远，举世瞩目。东方物探广大员工以党的二十大精神为指引，胸怀能源报国，肩扛物探使命，把党的二十大精神和习近平总书记给山东省地矿局第六地质大队回信精神贯彻落实到物探生产实践之中，在强化使命担当上持续加力，在改革创新上持续发力，在筑魂夯基上持续用力，以新的昂扬态势推进企业高质量发展，不断开创出率先打造世界一流企业的崭新局面。

以党的二十大精神为引擎，努力践行找油找气光荣使命

在火热的石油勘探生产实践中，广大物探员工勇做先锋，永远站在思想理论的前沿。党的二十大召开后，东方物探迅速掀起学习宣传贯彻党的二十大精神的热潮，把学习贯彻党的二十大精神作为当前和今后一个时期的首要政治任务，坚持高站位学习领会、高标准宣传贯彻、高效能推动，用党的二十大精神统一思想和行动，充分认识自己肩上的责任和使命，感受职业的自豪与光荣，激励引导广大员工以更加奋发有为的精神面貌，把党的二十大提出的一系列新思想、新论断、新任务和新要求，落实到石油物探企业发展实际和勘探工作实践之中，推动各项物探事业高质量发展。

石油作为重要的战略资源，在国家经济建设中发挥着重要的战略支撑作用。党和国家历来高度重视我国石油工业的发展，对石油行业多次作出重要批示指示。习近平总书记高度重视石油工业发展，先后多次到中国石油现场

调研和出席重大活动，多次对中国石油和中国石油相关工作作出重要指示批示，为推动企业高质量发展、保障国家能源安全、促进经济社会发展提供了根本遵循和强大动力。特别是习近平总书记关于加大石油勘探开发力度的重要批示，更加激发起广大物探员工为国找油找气的奋斗激情。多年来，广大物探员工背负国家和民族复兴之希望，肩扛为国找油找气的神圣使命，艰苦拼搏，砥砺奋进，为石油工业发展和国民经济建设作出了突出贡献。党的二十大胜利召开，擘画了宏伟蓝图，特别是对加快建设世界一流企业作出了战略部署。广大物探员工作为国家找油找气主力军，深受鼓舞和鞭策，更深知责任之重大、任务之艰巨。纷纷表示，一定要始终心怀“国之大者”，肩负起时代赋予我们的新使命、新任务，踔厉奋发、勇毅前行，在全面建设社会主义现代化国家的新征程上贡献物探力量。

以创新为第一动力，推进企业高质量打造世界一流

锚定一流不放松。当今世界，全球化竞争已经成为企业生存发展的必经之路。党的二十大报告明确提出了“加快建设世界一流企业”的目标要求。广大物探员工纷纷表示，“加快建设世界一流企业”既是党中央的要求，又是新时代对国有企业提出的重大命题，需要我们立足新发展阶段，以高度的历史主动和使命担当奋力书写这一时代答卷。东方物探作为国务院国资委对标世界一流管理提升的标杆企业，从全球标准和战略高度系统谋划世界一流，着力打造能够引领全球物探行业技术发展、具有话语权和影响力的世界一流企业。聚焦绩效、能力、理念三个层级，构建了由三个层级指标构成的世界一流对标评价体系，研究制定“加快建成世界一流实施方案”，开启了全面建成世界一流企业的新征程。在企业新的发展阶段，东方物探将锚定率先打造世界一流目标不动摇，不断丰富和发展创新优先、成本领先，综合一体化、全面国际化的“两先两化”战略，聚焦制约发展的难点、热点问题，找准问题根源，以改革创新精神逐项加以解决，以务实举措加快推进世界一流企业建设。

技术立企强支撑。党的二十大报告强调，必须坚持科技是第一生产力、

人才是第一资源、创新是第一动力，深入实施科教兴国战略、人才强国战略、创新驱动发展战略。东方物探坚持技术立企，以高水平科技自立自强支撑和引领世界一流企业建设。当前，石油勘探工作环境日趋复杂，勘探区域重点加快向陆上深层、深海和非常规等新领域转移，面临着一系列世界级的勘探技术难题。作为率先走出国门参与国际市场竞争的国有企业，东方物探的管理层深刻地感受到：能否在激烈的全球市场竞争中脱颖而出，在国际舞台上立于不败之地，关键靠技术、根本在人才。建设世界一流企业，我们比以往任何时候都需要更加强大的科技创新力量。为此，东方物探始终坚定不移地推动实施创新优先战略，始终把人才作为第一资源，加快推进国家级技术创新中心建设，深入推进中油奥博科改示范改革，着力打造石油物探原创技术策源地和石油物探产业链，坚定不移推进物探技术高水平自立自强，以一流的技术支撑引领东方物探率先建设世界一流企业。

从严治企精管理。党的二十大报告强调，坚持全面依法治国，推进法治中国建设。石油集团公司党组把坚持依法合规治企列为“兴企方略”之一，提出“着力依法合规治企和强化管理，加快建设治理现代、经营合规、管理规范、诚信守法的法治企业”，把依法合规和强化管理摆在更加突出的位置加以推进。东方物探作为集团公司首批世界一流法治建设示范企业创建单位，认真贯彻落实集团公司部署要求，坚持依法合规、从严治企，以精益管理保障世界一流企业建设顺利推进。在依法合规治企和加强管理中更加创新主动，更加实干担当。坚持依法合规和从严治企永远在路上，东方物探一直在努力防范和化解各类经营风险；聚焦质量和效益，突出价值创造，把从严治企贯彻始终，通过强化全要素的价值管理、全链条的价值引领、全环节的价值提升，促进质的稳步提升和效的持续增长，不断增强企业的价值创造能力。

以旗帜引领强根铸魂，汇聚奋进新征程的磅礴力量

党的二十大报告强调，推进国有企业、金融企业在完善公司治理中加强党的领导。东方物探广大员工纷纷表示，坚持党的领导、加强党的建设是建

设世界一流企业的最大政治优势，已成为企业价值链上的重要环节和综合竞争力的重要组成部分。东方物探始终坚持“国企姓党”重大政治原则，把加快建设世界一流企业作为践行“两个维护”的具体行动，始终听党话跟党走，坚决落实习近平总书记“大力提升国内勘探开发力度”“能源的饭碗必须端在自己手里”等重要指示批示精神，把保障国家能源安全作为“国之大者”，把落实集团公司高效勘探作为一号工程，持续助力国内油气勘探开发和增储上产。充分发挥党委作用，大力推进基层党建“三基”建设与“三基”工作有机融合，推进基层党组织功能与管理组织职能“双向融合”，为提升党建工作成效和高质量发展提供坚强保证。充分发挥工会组织作用，坚决把党的意志主张转化为职工群众的自觉行动，紧密围绕保障国家能源安全和企业高质量发展，广泛深入持久开展各种形式的劳动和技能竞赛，大力弘扬劳模精神、劳动精神、工匠精神，团结动员广大职工为推进中国式现代化建功立业。大力弘扬石油精神和“大庆精神、铁人精神”，建设铁人式的职工队伍，不断提升队伍的执行力和战斗力，凝聚起“永不服输、勇争一流”的强大精神力量。

思想激扬力量，使命催人奋进。东方物探广大干部员工将以党的二十大精神为指引，始终心怀“国之大者”，在集团公司建设综合性国际能源公司的宏伟事业中，坚定信心，守正创新，砥砺奋进，全力率先打造世界一流企业，永远做党和国家最可信赖的找油找气先锋，为全面建设社会主义现代化国家、全面推进中华民族伟大复兴贡献“央企力量”。

（本文作者系中国石油集团东方地球物理勘探有限责任公司党委副书记、工会主席）

立足工程建设行业实际
将产业工人队伍建设改革工作引向深入

孙林兵

党的十八大以来，以习近平同志为核心的党中央高度重视产改工作，尤其在党的二十大报告和给山东省地矿局第六地质大队全体地质工作者的回信中，习近平总书记对产改工作提出了殷切期望和工作要求，为中国化学工程第三建设有限公司（以下简称“中国化学三公司”）今后一个时期的产改工作指明了方向。

深入学习党的二十大精神　为产改工作注入新动力

党的二十大万众瞩目、催人奋进。作为奋进新时代新征程的政治宣言和行动纲领，党的二十大报告视野开阔、思想深邃、内涵丰富。在学习过程中，我特别注意到，习近平总书记在二十大报告中强调，必须坚持科技是第一生产力、人才是第一资源、创新是第一动力，深入实施科教兴国战略、人才强国战略、创新驱动发展战略，开辟发展新领域新赛道，不断塑造发展新动能新优势。习近平总书记的重要论述再次把人才工作的重要性提到了全新的高度，一是首次将人才问题提升到一级标题、作为专门篇章进行论述，表明人才在实现中国式现代化、推动高质量发展中的战略重要性前所未有，人才的战略地位更加重要。二是首次将人才问题提到与高质量发展几乎并重的位置，高质量发展需要有经济层面的硬实力，同样也需要教育、科技、人才共同打造软实力，人才的发展地位更加靠前。三是首次将“教育、科技、人才”一体表述，指出了教育、科技、人才“三位一体”密不可分的关系，同时也强调了当前和今后一个时期，教育、科技、人才需要一体谋划、系统推进、全面融合、共同发展。四是首次强调突出人才引领驱动、人才自主培养、建设国家战略人才力量等，这是高水平科技自立自强的必然要求。五是首次把逐步实现全体人民共同富裕，把握新发展阶段，贯彻创新、协调、绿色、开放、共享的新发展理念，加快构建以国内大循环为主体、国内国际双循环相互促进的新发展格局，推动高质量发展，充分发挥人才作为第一资源的作用，促进国民经济更高质量、更有效率、更加公平、更可持续、更为安全发展等内容写入党章。习近平总书记的殷切期望将成为推动企业产改工作的动力源泉。

2022 年 10 月 2 日，习近平总书记在给山东省地矿局第六地质大队全体地质工作者的回信中，对他们弘扬优良传统、做好矿产勘查工作提出殷切期望。作为中国能源化学地质系统的央企员工，我们倍感振奋、备受鼓舞、倍增干劲。化学工程建设与矿产勘探有着一个共同点，那就是常年奋战在山郊野外、戈壁荒滩，生产生活条件极其艰苦。习近平总书记的回信，更加坚定了化学工程建设行业职工继续大力弘扬爱国奉献、开拓创新、艰苦奋斗的优良传统，积极践行绿色发展理念，为全面建设社会主义现代化国家作出新贡献的信心和决心。

分析行业内外部形势　切实加强做好产改工作的紧迫性

多年来，中国化学三公司始终高度重视产改工作，从产业工人选、育、用、留等多个方面采取了一系列举措，拥有了一支强有力的产业工人队伍，并成为企业参与市场竞争的核心竞争力之一。

通过多年积累，公司高技能人才培养成果显著。目前，共培育出中国能源化学地质系统“大国工匠”1 名、“中华人民共和国成立 70 周年百名功勋工匠”2 名、“全国技术能手”4 名、“安徽工匠”1 名、“江淮工匠”1 名、“淮南工匠”3 名、“化工建设行业优秀工匠”5 名、“中国化学工匠”1 名；拥有首席技师 11 名、高级技师 106 名、技师 305 名、初级技师 506 名；2021 年被确定为全国产业工人队伍建设改革示范单位；2022 年被列入十大产业百家企业产改专项行动企业。

当前，我国正处于由高速发展向高质量发展转型的关键时期。长期以来，我国高级技工缺口很大，数据统计发现，德国和日本产业工人中，高级技工的比例分别达50%和40%，而我国远远低于这个比例，这制约着我国经济的高质量发展。从企业内部来看，公司当前产业工人年龄结构老化、高技能产业工人少、关键工种紧缺等问题较为突出，公司内部产业工人的职业发展通道与国家“新八级工”的管理要求还有一定的差距，产业工人培养的针对性、有效性还有待进一步强化，产业工人薪酬绩效管理机制还有待进一步完善。以上这些问题在一定程度上制约了公司的高技能人才培养，也制约了公司核心竞争力打造。基于公司战略，系统谋划产改各项工作，不断提升公司施工生产能力和核心竞争力刻不容缓。

科学谋划挂图作战　抓准抓牢产改工作的着力点

围绕中国化学打造“两商”和建设世界一流工程公司的战略目标，公司启动了未来3年、5年和10年产改工作规划，实施了“蓝‘鹰’护航”的“一十百千”技能人才项目，即到2032年，实现1名“中华技能大奖”、10名“大国工匠”、100名全国技术能手，1000名工人技师规划目标。基于这个规划目标，公司将抓好招才引智、赋能成长、技能评价和待遇提升作为四项关键举措，推进产改工作全面实施。作为具体组织者、实施者，我既感到责任重大，也感到使命光荣。

首先，全方位实施招才引智。拓宽渠道，全面引进技能人才，短期内以社招为主，加大对成熟工的招聘力度，快速解决高技能产业工人断层问题；中长期以校招为主，加强与相关中（高）职院校的合作和联系，加大青工招聘力度。创新校企合作办学模式，提高技能人才与公司业务发展的匹配度。成立公司国际人力资源管理中心，全面提升海外项目施工保障能力。聚焦主业，重点引进关键工种技能人才，提升公司施工保障的核心竞争力。

其次，多渠道推动赋能成长。构建多方协同的技能人才培训体系，坚持产教融合、校企合作的职业教育方向，以公司职工培训中心为主，充分利用省内外中（高）职院校资源，形成多层次、多渠道的技能人才培训体系。一方面，公司充分发挥内部资源在技能人才培养中的主体作用，通过建立公司职业技能培训师资库、高质量高标准打造公司职工培训中心，优化专业设置和完成课程设置等多种方式，将职工培训中心打造成集理论学习、技能培训、技能鉴定于一体的综合型产业工人学习、成长平台，以及公司技能人才的源头活水。同时，充分发挥技能大师聚合效应，做实做强技能大师工作室，推进高技能人才的培养和选拔。另一方面，公司积极整合利用社会资源，加大与相关中（高）职院校的合作力度，大力实施企业新型学徒制，将其建设成为公司技能人才培训基地。完善技能人才培养模式，完善师带徒培养模式，设置技能导师，负责产业工人的成长和技能提升，同时加大优秀师徒激励力度。同时，为适应新技术、新工艺和新设备对技能的要求，对公司技能人才，尤其是技师及以上高技能人才开展技术更新培训，不断适应业务发展对产业工人技能的要求。完善职业技能竞赛体系，构建分（子）公司（直属项目经理部）"练兵赛"、各分（子）公司和专业工程公司（厂）"选拔赛"、公司"总决赛"三级竞赛联动机制，定期开展岗位练兵、技能比武等竞赛活动。以赛代练、以赛促学、以赛提能，通过比赛培养和选拔各工种技能尖子。加大高技能人才培养力度，对标"中华技能大奖""大国工匠"等各类高级别技能人才标准，整合公司高技能人才资源，高标准、高要求地开展高技能人才培养工作。

再次，多体系开展技能评价。健全技能人才评价体系，按照国家"新八级工"的建设要求，完善产业工人职业发展通道，打破向上发展"天花板"，引导员工围绕公司战略经营需要，不断提升个人技能水平。有步骤、分阶段开展技能等级标准编制及认定工作，不断扩大技能等级认定范围，逐步实现各工种技能等级认定全覆盖。制定统一的产业工人绩效管理体系，分层分类设计考核指标，综合全面评价员工绩效，并根据考核结果对员工实施奖惩。强化对社会劳务人员的技能评价，树立"不求所有、但求所用"的用工理念，按照公司技能等级标准和绩效管理制度要求，在社会劳务人员中同步开展技能等级认证、技能比赛、绩效考核等工作，并对符合公司引才条件的，按高技能人才社会化引进，激发社会劳务人员的工作积极性，增强他们的职业荣誉感和归属感。

最后，重激励优化待遇提升。不断提高产业工人政治地位，加大在产业工人中发展党员的工作力度，提高产业工人在公司党代会和职代会中的代表比例，增加产业工人优秀提案的评选数量，积极推荐高技能人才作为地方“两代表一委员”、工会和共青团等群团组织代表大会代表和委员会委员的人选。完善技能人才薪酬体系，坚持效率优先、兼顾公平的原则，从薪酬待遇重点体现岗位价值、产业工人技能等级和业绩贡献等出发，健全完善公司产业工人激励机制，实现多劳者多得、技高者多得。完善薪酬成本分摊及发放机制，确保产业工人薪酬足额、及时发放。加大技能人才荣誉表彰力度，建立高技能人才评先推优机制，大力开展高技能人才评先推优工作，积极争取落实国家、行业、省市各类技能人才奖励政策，对荣誉获得者在培训培养、学习交流、物质激励和技能晋级上予以倾斜，激发员工干事创业、建功立业的工作热情。

蓝图已经绘就，奋斗正当其时。在党的二十大精神的指引下，在习近平总书记给山东省地矿局第六地质大队全体地质工作者回信精神的鼓舞下，我们将紧紧围绕中国化学战略目标和产改工作部署，挂图作战，稳步实施“蓝‘鹰’护航”的“一十百千”技能人才项目，确保各项关键举措落实到位，为新时代产改工作提供中国化学的生动实践和典型案例。

（本文作者系中国化学工程第三建设有限公司人力资源部高级经理、工程师）

肩负资源报国使命担当　努力实现找矿重大突破

陈仁义

党的二十大报告和习近平总书记给山东省地矿局第六地质大队全体地质工作者的重要回信，深刻阐述了矿产资源勘查开发在经济社会发展中的重要作用，就大力弘扬优良传统、落实新一轮找矿突破战略行动、保障国家能源资源安全等提出明确要求，为做好矿产资源勘查开发工作指明了前进方向，提供了根本遵循。

中国地质科学院矿产资源研究所（以下简称“资源所”）全体干部职工坚持把学习贯彻党的二十大精神，与学习贯彻习近平总书记重要回信精神以及学习贯彻习近平总书记对矿产资源领域系列重要指示批示精神结合起来，以国家重大需求为导向，聚焦主责主业，切实履行好“资源报国”的使命担当，努力实现地质找矿新突破，全力保障国家能源资源安全，以实际行动坚定拥护“两个确立”、坚决做到“两个维护”。

持续深入学习领会，准确把握精神实质

一是体现了党中央高度重视国家矿产资源安全。习近平总书记在重要回信中指出：“矿产资源是经济社会发展的重要物质基础，矿产资源勘查开发事关国计民生和国家安全。”习近平总书记把矿产资源的地位提到前所未有的高度。党的十八大以来，党中央高度重视矿产资源的安全供给。在 2021 年中央经济工作会议上明确指出，需要正确认识和把握初级产品供给保障问题。在 2022 年政府工作报告中指出，增强国内资源生产保障能力，加快油气、矿产等资源勘探开发，保障初级产品供给。在党的二十大报告中指出，确保粮食、能源资源、重要产业链供应链安全。

提高我国矿产资源的供给保障能力既是资源安全和经济安全的需要，也是构建新发展格局、实现经济高质量发展的需要。我们要坚决贯彻落实党中央决策部署，立足保障国家能源资源安全，坚持底线思维，全力以赴做好矿产资源勘查开发工作。

二是充分肯定了地质工作者的使命担当。习近平总书记在重要回信中表示，地质六队“一代代队员跋山涉水，风餐露宿，攻坚克难，取得了丰硕的找矿成果，展现了我国地质工作者的使命担当”。

我们要牢记习近平总书记的殷殷嘱托，牢记地质人的初心使命，弘扬优良传统，矢志报效国家，进一步解放思想、开拓创新、攻坚克难、担当作为。同时，全力支撑新一轮找矿突破战略行动的部署工作，为保障矿产资源安全作出新的贡献，为实现中华民族伟大复兴的中国梦再立新功。

三是进一步明确了地质工作的努力方向。习近平总书记强调，“积极践行绿色发展理念，加大勘查力度，加强科技攻关，在新一轮找矿突破战略行动中发挥更大作用，为保障国家能源资源安全、为全面建设社会主义现代化国家作出新贡献”。这是习近平总书记对广大地质工作者、矿业行业乃至全社会发出的开展新一轮找矿突破战略行动的全国总动员。

我国作为世界第一大工业生产国，资源供需形势日趋严峻。矿产资源消费量巨大，煤、铁、铜等20种战略性矿产消费量全球占比超过50%。未来10年，我国矿产资源需求总体仍将呈上升态势，战略性新兴矿产需求快速增长。但是，我国矿产资源储量不足，仅占全球的7%。矿产品产量增长乏力，保障能力下降。固体矿产勘查投入大幅下降，较2012年下降66%。资源进口量大，石油、铁、铜等16种战略性矿产对外依存度超过50%。

矿产资源大量依靠进口，资源安全隐患大。我国矿产资源进口来源单一，过度依赖少数国家和地区。运输通道集中，67%的矿产品运输通过南海航线，断供风险大。与此同时，全球地缘政治动荡分裂，矿产资源断供风险骤增。俄乌冲突造成欧洲能源资源供应链大规模中断，全球大宗商品价格飙升。美国加快构建独立于中俄的全球矿产资源联盟及其供应链，可能随时对我国境外矿产资源供给实施全方位围堵和遏制。

以“英雄地质队”为榜样 打造适应中国式现代化要求的职工队伍

张金常

2022年10月2日，习近平总书记给山东省地矿局第六地质大队的回信，既是对“英雄地质队”的肯定与鼓励，也是对新时代产业工人提出的殷切期望。作为煤炭企业工会组织，我们要在深入学习领会回信精神的基础上，结合党的二十大精神，以“英雄地质队”为榜样，扛起责任，接续奋斗，全力打造一支适应中国式现代化发展要求的高素质职工队伍，助推企业高质量发展。

以“英雄地质队”为榜样 着力打造思想先进、政治坚定、敬业奉献的职工队伍

习近平总书记对山东省地矿局第六地质大队的回信，是对其爱国奉献精神的高度认可，也是对全国产业工人的高度赞扬。我国经济社会发展之所以能够取得举世瞩目的历史性伟大成就，是与一代代产业工人牢记产业报国、艰苦奋斗，发扬爱国奉献精神密不可分的。爱国奉献精神将永远激励全国产业工人牢记使命，攻坚克难，在建设现代化产业体系、不断推动新型工业化中始终是新时代产业工人的价值追求。中国平煤神马集团是与共和国一同成长的国有特大型能源化工企业。创业67年来，英雄的平煤神马人以“特别能吃苦、特别能战斗、特别能奉献”的精神，生动践行了产业报国的历史使命。创业历程中，首批“拓荒者”别亲人、离故土，斗风沙、战寒暑，几代建设者砥砺前行、接续奋斗，用勤劳质朴的双手，为保障国家能源供应和国民经济建设，建立了不可磨灭的历史功勋。特别是疫情期间，集团全体职工发扬

"三特别"精神，主动留守、吃住在矿，无私奉献，为煤炭保供作出了重要贡献。

社会主义是干出来的，新时代是奋斗出来的。当下，我们要实现中国式现代化靠的就是实干，只有实干才能梦想成真。作为企业工会组织，就是要把学习回信精神与学习宣传党的二十大精神结合起来，引领广大职工衷心拥护"两个确立"、忠诚践行"两个维护"，做到思想先进、政治坚定；就是要以"英雄地质队"为榜样，大力弘扬爱国奉献精神，引导广大职工，克服疫情带来的不利影响，在企业高质量发展主战场中，打硬战、扛重担、攻难关，多出煤、出好煤，形成实干担当、争先出彩、勇创佳绩的生动局面；就是要大力弘扬社会主义核心价值观，引导职工将爱国奉献内化为精神追求、外化为实际行动，融入建功企业发展的生动实践中，在实干奋斗中强化精神引领，以文化人，以风化俗，不断提高全体职工的思想觉悟、道德水平和文化素养。

以弘扬科技创新精神为重点
着力打造又红又专的新时代产业工人队伍

习近平总书记的回信精神鼓励产业工人开拓创新，加强科技攻关，体现了我们党对科技创新的高度重视。党的二十大报告指出，科技是第一生产力、人才是第一资源、创新是第一动力，进一步强调了科技创新的重要性。当前，国与国之间、企业与企业之间的竞争，核心是科技的竞争，实质是创新的竞争、人才的竞争。近年来，中国平煤神马集团认真贯彻新发展理念，坚定不移推动产业结构转型升级，加快技术创新，通过立足煤、延伸煤、超越煤，确立了煤焦、尼龙化工、新能源新材料三大核心产业，打通了从煤焦到尼龙化工、碳材料、硅材料和氢能等多条全球一流的煤基产业链，走出了一条绿色低碳高质量发展道路。特别是集团在加大科技创新体系建设上，建成了 2 个国家级技术中心和博士后工作站、4 个全流程实验室、4 家共享型孵化企业，一批科技创新成果脱颖而出，企业创新机制更加完善、创新氛围更加浓厚，为集团高质量转型发展提供了强劲动能。

按照集团党委工作部署，集团工会高度重视职工技术创新工作，以培养“又红又专”新时代职工队伍为抓手，积极搭建职工技术创新平台，为全面提升职工素质奠定了坚实基础。一是坚持“红”字当头，加强职工思想政治教育，坚定不移地引领职工听党话、跟党走。二是坚持“又红又专”，在全国率先成立了集团新时代劳模思想政治教育基地和工匠学院，一个塑魂，一个赋能，共同加持助力新时代“又红又专”高技能人才队伍建设。三是构建具有集团特色的工人技术创新联盟，成立了以采、掘、机、运、通、智慧矿山、软件服务、综合技术为重点的 8 个专业技术联盟，坚持以创新创效创造为重点、以课题项目为抓手，利用线上线下渠道，做平台、做共享、做机制、做推广，在整合、盘活、放大、用好集团工人技术创新资源方面进行了有益探索，形成了纵向团结协作、共同创新，横向相互竞争、竞相创新的生动局面。四是畅通了职工成长成才四条通道：技术比武，让优秀技术工人脱颖而出；“五小”“三绝”活动，让有技能和有绝技绝活绝招的人才有舞台、有平台；评选“集团工匠”，让技能人才响起来、香起来；评聘首席技能大师、首席技师、首席技工，分别享受单位领导副职待遇和职工工资 3 倍、2 倍待遇，让他们得实惠、得名誉。五是发挥劳模（工匠）创新工作室作用，实施技术学习、技术攻关、技术帮扶工程，促进职工技能素质共同成长、共同进步。下一步，我们将把工人技术创新摆在工会工作的核心位置，贯穿于企业高质量发展全过程，大力推进职工技术创新，着力解决生产现场专家研究、现场急需解决的“卡脖子”问题，为加快推进矿山智能化水平，打造“智慧矿山”“绿色矿山”作出新贡献。

以搭建平台为载体，为更多职工提升素质、创新创造赋能

产业工人是工人阶级的主体力量，是技术创新的骨干力量，是科技强企的重要人才支撑。当前，集团正处于“高质量建设世界一流企业、高水平建成世界一流企业”的关键阶段，要实现发展目标，离不开一支高素质的职工队伍。工会作为职工自愿结合的群众组织，要充分发挥自身优势，搭建更多

平台，让广大职工在企业高质量发展新征程上贡献更多智慧和力量。

一要体现组织力。聚焦“十四五”规划、重大工程、重点项目、重点产业，组织职工积极投身各种形式的劳动和技能竞赛；深化“五小”群众性创新活动，增强职工自主创新能力；构建集团、厂矿、区队（车间）三级职工职业技能竞赛体系，通过一系列主动作为、创新作为和用心作为，努力彰显工会组织的作为，为高质量建设世界一流企业贡献智慧和力量。

二要激发改革力。充分发挥产改作用，围绕思想引领、建功立业、素质提升、地位提升、队伍壮大等重点任务，持续深化产业工人队伍建设改革，激励更多职工特别是青年职工走技能成才、技能报企之路，努力打造一支宏大的知识型、技能型、创新型产业工人大军。

三要增强凝聚力。坚持尊重劳动、尊重知识、尊重人才、尊重创造，大力弘扬劳模精神、劳动精神、工匠精神，加强对创新人才的政治引领，完善支持创新人才发展的平台建设，健全服务高技能人才的成长体系，大力选树劳动模范、“集团工匠”、最美劳动者；深入开展首席技能大师评聘活动，广泛开展“中国梦·劳动美”“劳动创造幸福”主题宣传教育活动，引导广大职工辛勤劳动、诚实劳动、创造性劳动，凝聚起广大职工奋进新征程、建功新时代的磅礴力量。

四要提升服务力。坚持以职工为中心的工作导向，履行好维护职工合法权益、竭诚服务职工群众的基本职责。要坚持职工至上，站稳职工立场，想职工之所想，行职工之所嘱，着力解决发展不平衡问题和职工急难愁盼问题。在服务全体职工上，只要是职工需要的事、欢迎的事，再难也要干到底。

（本文作者系中国平煤神马控股集团公司党委副书记、工会主席）

以团结奋斗姿态　全力开创能源工运事业新局面

胡文森

“团结奋斗”既是贯穿党的二十大报告的一个主题词，也是贯穿百年能源发展史的一项优良传统。党的二十大将能源安全作为国家安全体系和能力现代化的重要组成部分，站在人与自然和谐共生的高度科学谋划能源绿色发展。习近平总书记在给山东省地矿局第六地质大队回信中，对开展矿产资源勘查开发、保障国家能源资源安全提出了殷切期望，再次强调要“大力弘扬爱国奉献、开拓创新、艰苦奋斗的优良传统”，深刻揭示了能源化学地质行业取得瞩目成就的成功密码，为广大职工建功新时代指明了方向。立足新征程，面对能源改革发展的新形势新任务，作为能源骨干央企工会组织，国家能源集团各级工会将以团结奋斗的姿态，继承发扬能源行业优良传统，团结引领广大职工岗位建功立业，为积极践行绿色发展理念，深入推进能源革命，端稳能源饭碗，实现“双碳”目标，构建清洁低碳、安全高效的现代能源体系目标任务勇毅前行，确保工会工作始终与党和国家事业同步前进，与能源行业高质量发展无缝对接，与职工群众需要同频共振，奋力开创能源工运事业发展新局面。

提高政治站位，坚持党建带工建

天下至德，莫大于忠。坚守忠诚形成的团结才是最牢固的团结，依靠忠诚进行的奋斗才是最有力的奋斗。工会组织作为党执政的坚实依靠力量，对党忠诚是第一位的要求，是工会工作和工会组织政治性的集中体现。必须旗帜鲜明讲政治，全面加强工会系统党的政治建设，进一步提高政治判断力、政治领悟力、政治执行力，深刻领悟“两个确立”的决定性意义，增强“四个意识”、坚定“四个自信”、做到“两个维护”，一体贯彻到党中央各项决策部署行动上，体现在履职尽责、推动工会工作发展全过程上。要坚持学深悟透习近平新时代中国特色社会主义思想，不断深化对能源工运事业的规律性认识，更好地破解企业改革发展稳定的重大问题、职工群众高度关注的利益问题。要坚持党建带工建，深度融入“大党建”工作格局，着力强化职工思想政治引领，积极践行“社会主义是干出来的”伟大号召，推动党工组织同心合力、同频共振、同向发力，团结引导广大职工坚定不移听党话、矢志不渝跟党走，切实筑牢团结奋斗的思想基础。

牢记“国之大者”，校准奋进坐标

方向明则思路清，目标明则步履坚。把准方向是团结奋斗的基本前提，是奋进新征程的重要保证。党的二十大报告，对贯彻新发展理念、推动高质量发展，坚持统筹发展和安全，确保能源资源安全、重点产业链供应链安全提出了新的明确要求，这与习近平总书记视察国家能源集团榆林化工重要讲话以及关于能源行业重要指示批示精神一脉相承，对推动能源行业高质量发展起到了举旗定向的作用，为工会组织团结引领职工建功立业提供了更为广阔的舞台。唯其艰巨，所以伟大；唯其艰巨，更显荣光。国家能源集团各级工会组织，要胸怀“国之大者”，全面对标对表党的二十大战略部署，把实现中国式现代化作为奋斗目标，把坚持高质量发展作为首要任务，锚定“集团事业发展所需、集团党组工作所依、广大干部职工所愿”的工作方向，在大格局中找准定位，在大趋势中勇闯新路，深入实施好聚心、聚力、聚才、聚效工程，始终保持工会工作的正确方向。

激活职工主体，奋力建功立业

积力之所举，则无不胜也；众智之所为，则无不成也。职工群众是奋斗的主体，是实现中国式现代化的中坚力量。把握团结奋斗的时代要求，就必须以大联合实现大团结、形成大奋斗。要充分发挥工人阶级主力军作用，发扬职工首创精神，瞄准集团公司“一个目标、三型五化、七个一流”战略目标，聚焦担当能源基石、转型主力、经济标兵、创新先锋、改革中坚、党建示范“六个担当”理念，深入推进“一杯两赛”，全面强化职工创新创效，培养造就更多的高技能人才和大国工匠；大力弘扬劳模精神、劳动精神、工匠精神，打造首创“高速引擎”，为建设世界一流示范企业建功立业。要坚持全心全意依靠职工办企业的方针，发展全过程人民民主，维护职工队伍和谐稳定，关心关爱职工群众；精准实施“健康国能”工程，构建“我为群众办实事”长效机制，让职工体面劳动、舒心工作、全面发展，不断满足广大职工对美好生活的向往。

突出强基固本，勇于担当作为

其身正，不令而行；其身不正，虽令不从。自身建设是团结奋斗的内在需要，事关工运事业的长远发展。要坚持发扬自我革命精神，深刻理解以伟大自我革命引领伟大社会革命的重要要求，加强工会系统党的建设，着力推动产业工人队伍建设改革，聚焦保持和增强政治性、先进性、群众性这条主线，着眼健全联系广泛、服务职工的工作体系，在建机制、强功能、增实效上持续用力。要树牢大抓基层的鲜明导向，不断夯实基层基础，强化分类指导，推进各级工会真正建起来、转起来、活起来。加强工会制度建设，完善制度运行的保障机制，推动制度执行落地见效。要加强工会干部队伍建设，引导工会干部以“工匠精神”不断打磨自己，以专业知识、专业能力、专业精神不断提升自己，努力成为服务职工的行家里手。要坚决落实中央“八项规定”精神，扎实开展“转作风、解难题、促发展、保稳定”专项行动，实打实做好服务工作，切实把工会建成最可信赖的“职工之家”。

征途漫漫，团结是金；大道至简，奋斗为要。党的二十大擘画了新蓝图，站在新的历史起点，我们将牢记习近平总书记嘱托和给山东省地矿局第六地质大队回信精神，把“团结才能胜利，奋斗才会成功”的理念贯穿始终，在党的旗帜下团结成“一块坚硬的钢铁”，高质量发挥工会优势，高水平创造工会价值，广泛凝聚职工群众团结奋进的磅礴力量，以更加奋发有为的状态赓续奋斗，在推动绿色发展中展现更大作为，在建设和谐企业中发挥更大作用，在推动能源行业高质量发展中书写更大荣光，在创建具有全球竞争力的世界一流示范企业中体现更大担当，为谱写全面建设社会主义现代化国家、推进中华民族伟大复兴新篇章作出更大贡献！

（本文作者系国家能源投资集团有限责任公司工会常务副主席、工会工作部主任）

端稳端牢“能源饭碗” 推动科技自立自强
为保障国家能源安全贡献更大价值

尚 捷

能源安全是关系国家经济社会发展的全局性、战略性问题。在党的二十大报告中涵盖“能源”一词高达15处，强调要积极稳妥推进碳达峰碳中和，深入推进能源革命，加强煤炭清洁高效利用，加大油气资源勘探开发和增储上产力度，加快规划建设新型能源体系，加强能源产供储销体系建设，确保能源安全，进一步明确了能源行业的发展方向。党的二十大报告还把确保能源资源安全上升到“增强维护国家安全能力”的高度，作为“加强重点领域安全能力建设”的重要内容，进一步明确了重要能源资源国内生产自给的战略底线。

习近平总书记给山东省地矿局第六地质大队回信（以下简称“回信”）以及党的二十大精神，让我们深刻感受到总书记对广大地质工作者提出的殷殷期待，领会到总书记对保障国家能源安全提出的使命要求，总书记的系列重要讲话精神为我国端牢能源的饭碗提供了根本遵循，指明了发力方向。

结合习近平总书记针对海洋石油勘探开发提出的“4·10”“6·25”重要指示精神，作为新时代海洋石油科技工作者，必须准确理解把握全面建设社会主义现代化国家的重大战略部署，必须坚决贯彻总书记在报告中提出的关于国有企业、能源行业的重要论述，始终坚持“经济领域为党工作”的职责使命，以高质量发展为主题，常思“能源报国”之责，常怀“国际一流”之志，常发“引领发展”之问，常补“自立自强”之短，坚持降本提质增效不松劲，坚守安全防控底线不手软，坚决争当产业链链长、培育原创技术策源地不止步，以正确的战略策略应变局、育先机、开新局，以技术创造更大的价值，依靠顽强斗争扛起实现海洋石油科技高水平自立自强的责任担当。

坚持创新是第一动力，加强关键核心技术攻关

习近平总书记在党的二十大报告和“回信”中均强调了创新的重要性，尤其在“回信”中明确了要加强科技攻关。我们必须始终坚持把科技创新摆在发展全局的核心位置，锚定国际一流，聚焦制约海洋石油测井技术发展的“卡脖子”技术加强攻关，着力打造主流技术“试验场”、主体技术“发祥地”、特色技术“孵化器”，充分发挥专业技术供给“主力军”作用，为我国海洋石油工业发展提供科技支撑。

一是全面对标行业主流技术，聚力“卡脖子”技术攻关，快速补齐技术短板，深入研判行业形势，明确技术方向，制定技术攻关清单，持续加快包括小井眼大直径井壁取芯、指向式旋转导向的关键技术研发，全力冲击全球测井定向井第一阵营。

二是以超越国际同行的新指标来提高和衡量设备的可靠性，搭建测量技术的不同成本、不同配置“新组合”，加快测井、录井、试油技术整合，进一步满足客户多元化需求，持续孵化特色技术，形成独特的竞争优势。同时，积极推进数字化、信息化建设，为客户的油藏资产提供全周期数字化增值服务的完整能力，加快构建“主流技术全面、主体技术突出、特色技术出挑”的技术格局。

三是时刻关注行业内新提出的前沿技术和概念，把研发资金适当投入研究型、探索性项目，及时研判是否对技术发展方向有偏转性。同时，广泛关注其他学科领域新产生的技术成果和进步，如人工智能、材料科学、理论算法等，扩大朋友圈、拓宽知识面，加强基础学科研究。

坚持人才是第一资源，建设高水平科技人才队伍

习近平总书记在党的二十大报告中指出，“要坚持教育优先发展、科技自立自强、人才引领驱动，加快建设教育强国、科技强国、人才强国，坚持为党育人、为国育才，全面提高人才自主培养质量，着力造就拔尖创新人才，

践悟报告精神　展现工会担当

张洪逞

中国共产党第二十次全国代表大会，是对推进新时代党的建设新的伟大工程发出的又一次“动员令”，是奋进新征程、建功新时代的“指南针”。党的二十大报告是一篇举旗定向的政治宣言、一部守正创新的理论巨著、一个求真务实的行动纲领。结合学习习近平总书记给山东省地矿局第六地质大队回信精神，我们深深体悟到报告所回答的时代之问、发展之问、人民之问，从中探寻到工会干部履职尽责的“密码”。

回答时代之问，做“理想信念”的坚定捍卫者

流金岁月沉淀着坚定的信念，对党绝对忠诚始终是党员干部不变的底色。“忠诚”就是忠于核心。深刻领悟“两个确立”的决定性意义，忠诚践行“两个维护”。“忠诚”就是忠于初心。入党誓言就是初心，必须一诺千金、终生无悔。“忠诚”就是忠于使命，把实现共产主义远大理想与中国特色社会主义共同理想统一于履职实践中。“忠诚”就是忠于国家，对国家满怀深沉的热爱之情，心甘情愿地奉献，无怨无悔地付出。山东省地矿局第六地质大队始终保有忠诚之心，把为国寻矿的使命扛在肩上、落实在行动上，60 多年来累计探明金资源量 2810 余吨，成为全国找金最多的地质队。作为工会干部，尤其是能源化学地质系统的工会干部，要紧紧团结在党的周围，筑牢理想信念“压舱石”，对“国之大者”心中有数、对职责使命了然于胸，在大是大非面前旗帜鲜明，在风浪考验面前无所畏惧，用实际行动将“对党绝对忠诚”镌刻于心、践之于行，以信仰定位人生的坐标，以初心照亮前行的路。

回答发展之问，做中国特色社会主义道路的坚决拥护者

道路决定命运，道路引领未来。当前，百年变局和世纪疫情交织叠加，世界进入新的动荡变革期。“肯取势者可为人先，能谋势者必有所成。”身处新时代，面对新形势，更应该主动在时代大背景、战略大机遇、发展大格局中找准定位、夯实责任、作出贡献，推动上级决策部署落地生根。山东省地矿局第六地质大队紧盯地勘行业找矿形势，锚定目标，弘扬开拓创新、精益求精的工匠精神，不断刷新全国小口径钻探同类型钻孔钻进效率纪录。作为一名能源化学地质系统的工会干部，要向榜样学习，坚定不移走中国特色社会主义工会发展道路，自觉把工作放在国家能源安全新战略和工会工作全局中去思考去谋划去推进；要立足于巩固党执政的阶级基础和群众基础，致力于不断扩大工会组织的覆盖面，最大限度地把广大产业工人吸引到工会组织中来；要组织动员广大产业工人积极参与各类劳动和技能竞赛，激发职工在全面建设社会主义现代化国家新征程中建功立业的豪情；要坚决维护劳动领域政治安全，巩固好职工队伍团结统一和社会大局和谐稳定的良好局面。

回答人民之问，做“竭诚服务职工群众”的模范践行者

“江山就是人民，人民就是江山。”中国共产党领导人民打江山、守江山，守的是人民的心。“治国有常，而利民为本。”必须坚持在发展中保障和改善民生，鼓励通过共同奋斗创造美好生活，不断实现对美好生活的向往。工会是党联系职工群众的桥梁纽带，工会干部更要牢固树立以职工为中心的导向，紧紧依靠职工、事事为了职工。山东省地矿局第六地质大队切实履行好职工信赖的职工之家的职责，让队员能够心无旁骛干工作、一心一意谋发展。作为能源化学地质系统工会干部，要立足自身职责，践行竭诚服务职工群众的理念，以“善始善终、善作善成”的责任感为系统职工群众办实事、解难事，与他们有福同享、有难同当，有盐同咸、无盐同淡；要克服各种困难，推动行业内普遍签订“1+3”集体合同，以集体协商制度的规范化运行保障职工的工

资、劳动、安全、卫生等权益；要精准开展四季服务活动，有效解决最需要关怀的职工群体的迫切刚需；等等。让他们快乐地工作与生活，获得感、幸福感、安全感爆棚；让他们无后顾之忧，立足岗位创新创效的热情高涨、激情澎湃。真正让职工感受到工会是职工之家，工会干部是职工最可信赖的“娘家人”，切实增强职工对工会的情感认同。

作为新时代的工会干部，使命光荣，责任重大。要保持“燕子垒窝”的恒劲，拿出“蚂蚁啃骨”的韧劲，鼓起“老牛爬坡”的拼劲，以“时时放心不下”的责任感，念好三字诀：念好“学”字诀，在“学”好党的二十大精神和习近平总书记给山东省地矿局第六地质大队回信精神上当表率；念好“干”字诀，在履行好工会本职工作上当先锋；念好“实”字诀，在“实”打实为职工群众纾困解难上当样板。这才是工会干部应有的担当。

（本文作者系山东省石油化学工会一级主任科员）

非凡寻“金”路

——记总书记回信的“英雄地质队”

张新国

2022年10月2日，习近平总书记给山东省地矿局第六地质大队（以下简称“六队”）全体地质工作者回信，勉励他们在找矿突破战略行动中发挥更大作用，奋力书写“英雄地质队”新篇章。

这是一支什么样的“英雄地质队”？一组数字或许能告诉我们答案：

自建队以来，累计探明特大型金矿14处，大、中、小型金矿128处；钻探进尺超过500万米，相当于钻透了600多座珠穆朗玛峰；累计探明金资源量2810余吨，约占全国已探明黄金储量的1/5，是我国找金最多的地质队；累计荣获省部级以上科技奖项67项，其中国家科技进步奖特等奖、二等奖、三等奖各1项……

1992年，六队被国务院授予“功勋卓著无私奉献的英雄地质队”称号。30年后，随着一封来自中南海的回信，“英雄地质队”又一次站在了“聚光灯”下。

“啃”硬骨头

“金”字在第7版《现代汉语词典》中有这样一条解释：是贵重金属，用来制造货币、装饰品等。通称金子或黄金。黄金因其开采困难且具有天然的货币属性，一直被人们视为财富的象征。

20世纪50年代，国家建设对黄金的需求凸显。1958年1月17日，一支由94人组成的番号为“807”的勘探队从山东济南奔赴招远，目的就是寻找黄金。

这支队伍就是六队的前身。

彼时，胶东地区地表矿和浅部矿几乎开发殆尽，为了寻找可供开发的金矿资源，深部金矿勘查成为寻金的关键。但是，胶东地区地质条件复杂，六队在深部找矿方面一直没有突破。

“还记得刚参加工作的那几年，深部找矿是困扰整个地勘行业的难题。当时，深部找矿技术处于探索阶段，没有经验可以借鉴。面对难啃的‘骨头’，我们没有退缩，边干边学。”六队原副总工程师李士先回忆说。

白天，他们翻山越岭填图测量、下井编录，认真记录每一个地质点，详细绘制每一幅地质剖面图；晚上，他们回到驻地后，整理资料、编制报告，一起探讨找矿思路，总结成矿规律。

一张拍摄于1964年的老照片，记录下了六队的那一段奋斗史。那是九曲矿区钻探施工时，100余名队员往陡坡上搬运设备中场休息的场景。“当时山上没有路，全靠队员们一脚一脚踩出来。一台柴油机，需要50个人扛，80个人用绳子往上拉，稍不注意就可能机毁人亡。”李士先介绍说。

1969年，随着理论束缚被突破，六队在莱州三山岛发现并提交了国内首个特大型蚀变岩型金矿。不久，焦家金矿、新城金矿、马塘金矿、东季金矿等一系列特大型、大型金矿相继被发现。

1977年，在全国第二次金矿地质会议上，“焦家式破碎带蚀变岩型金矿”被正式命名确立。该理论打破了“大断裂只导矿不储矿”的传统观点，填补了世界金矿类型和成矿理论的空白。7年后，这项成果连同六队突出的找矿成果，荣获国家科技进步奖特等奖。

至1992年，六队迎来高光时刻，被国务院授予“功勋卓著无私奉献的英雄地质队”称号，成为全国地矿系统迄今唯一获此殊荣的单位。

寻找突破

受全国地勘行业低迷的影响，20世纪90年代，六队的发展进入低谷期。从1993年到2002年，六队在不断改革中寻找出路。

2002年底，在商业性勘探越来越多的背景下，在黄金“攻深找盲”的趋势中，找矿经验丰富的六队地质人意识到，焦家金矿床深部还有矿。于是，他们决定按照商业规则自己出资搞勘探。

2005年2月，在山东省地矿局的支持下，六队多方筹措资金，拉开了焦家成矿带深部寺庄矿区勘查的序幕。

事实证明，经过多年蛰伏，六队在金矿勘探方面的实力并没有减弱。经过两年半的勘查，六队于2007年在焦家金矿成矿带深部发现特大型金矿——莱州寺庄金矿，探明储量51.83吨，潜在价值80多亿元，实现了胶东地区黄金深部找矿的重大突破。

“这个深部金矿床是六队的第一个，也是全国的第一个。”六队原队长崔书学说，“寺庄金矿的发现，坚定了我们‘攻深找盲’的信心与决心，也坚定了我们要总结‘深部成矿规律’这一重大课题。”

从2007年起，六队一鼓作气拿下了多个大矿。“差不多一年一个！”崔书学对此如数家珍，“寺庄51.83吨、焦家深部105吨、朱郭李家126吨、纱岭389吨、前陈—上杨家60吨，这就是我们六队的‘五朵金花’。”

“春夏秋冬不见面，回家一包烂衣裳。”六队一名职工写的打油诗，道出了那段日子他们工作的艰辛与不易。一代代六队地质人就这样在薪火相传中，不断突破、不断超越。

接续奋斗

人们常说，地质工作者是“一把铁锤走世界，阅遍群山始见金”。多年来，六队始终坚持科技攻关，不断创新找矿关键技术，把论文写在了祖国的大地上。

2009年之前，李家庄—水旺庄金矿床勘查工作一直局限于500米以内，迟迟未能取得突破。六队技术团队对成矿地质条件及成矿规律进行了深入分析研究，认为矿床深部具有巨大的找矿潜力。

他们打破思维禁锢，从一个孔深1596.98米的钻孔对矿床深部进行探索，成功发现了金矿体。自此揭开了李家庄—水旺庄金矿床的神秘面纱。至今，六队已在招远市水旺庄矿区探获金资源量 186 吨，这一矿区也一跃成为玲珑金矿田最大的金矿，目前他们仍在进行深部资源勘查工作。

值得关注的是，这一项目还入选了中国地质学会 2021 年度“十大地质找矿成果”。有专家认为，项目见证了我国第三条千吨级控矿断裂带——招平断裂带的诞生，是招平断裂带目前探获的深部最大金矿床，其Ⅱ -1 号主矿体为招平断裂带单矿体规模之最。

近年来，这样的成果不断涌现。创新成为六队成长、壮大的重要引擎。

中国自然资源经济研究院统计的“十三五”时期我国地勘行业科技创新成果显示，六队研究团队研发的以“阶梯式成矿模式 + 精细地球物理模型”为核心的“深部金矿阶梯式”找矿方法，将胶东主要金矿区的探测深度延伸到超过 2000 米，新方法为胶东深部找矿提供了关键技术支撑，助推探明了三山岛、焦家和玲珑 3 个千吨级金矿田，成矿理论方法创新助力地质找矿取得新突破。

面对纷至沓来的成绩，六队党委书记、大队长丁正江认为，现在还没有到喘口气的时候，他们仍需接续奋斗。加强矿产等初级产品供给保障，是现实所需也是长远战略，事关我国持续稳定发展。只有加大勘查力度，实施新一轮找矿突破战略行动，提高海洋资源、矿产资源开发保护水平，才能增强国内资源生产保障能力。

丁正江表示，下一步，六队将以习近平总书记重要回信精神为指引，以更加坚定的自信、更加饱满的热情、更加昂扬的斗志，投入找矿工作，用勤劳与智慧为祖国探获更多的矿藏，为满足国家战略资源需求作出新贡献，奋力书写“英雄地质队”新篇章。

（本文作者系山东省地质工会二级调研员）

2020 年 4 月 7 日，山东省地矿局党委书记、局长张忠明（前排右二）到六队郝家山矿山治理项目调研指导工作

2018 年 9 月 13 日，华电煤业集团有限公司党委副书记、工会主席、总法律顾问刘书德（右一）在小纪汗煤矿井下一线作业现场调研指导工作

中国三峡集团董事长、党组书记雷鸣山（左三）在白鹤滩工程查看 3 号泄洪洞

中国石油集团东方地球物理公司党委副书记、工会主席常学军（前排右二）工作场景

2018 年 12 月 2 日，中国化学工程第三建设有限公司承建的沙特阿美石油沙依巴气体有限公司 2600MMSCFD NGL 气体处理项目

2021 年 9 月 16 日，中国地质科学院矿产资源研究所所长陈仁义（左一）在西藏组织绿色矿业院士行活动中考察甲玛矿区露天采场

2022 年 1 月 19 日，中国平煤神马集团党委副书记、工会主席张金常（中排右二）在平煤股份十矿井下己 -24120 保护层风巷工作面，查看井下局部制冷降温工程运行情况

国家能源集团神东煤炭补连塔煤矿

中海油田股份有限公司党委委员、总工程师尚捷正在测试“璇玑”系统信号传输稳定性

山东石油化学工会一级主任科员张洪逞在劳动和技能竞赛上发言

2022 年 7 月，山东省地质工会党支部书记张新国（左）到山东地矿八院新疆塔什库尔干县瓦恰铅锌矿项目部（海拔 4700 米）慰问调研

2022 年 10 月 14 日，河南省能源化学地质工会主席张建山同志带领大工匠巡回技术交流团赴河南能源焦煤集团，并在活动中讲话

2020 年 7 月 8 日，南方电网公司的昆柳龙直流工程创下 19 项世界第一，实现关键核心技术国产化，主要设备自主化率 100%。图为昆柳龙直流工程龙门换流站全景

2022 年 4 月 28 日，胜利石油管理局有限公司党委常务副书记、工会主席韩辉（左一）走访慰问东营原油库迁建工程参建单位和员工（王国章摄影）

2020 年 5 月 28 日，上海医药集团股份有限公司中央研究院副院长、药物设计技术总监夏广新工作场景

2021年12月21日，山东省地矿局第六地质大队党委书记、大队长丁正江（左三）到威海矿山修复项目调研指导

2022年10月15日，山东能源山东泰山地勘集团有限公司党委书记、董事长、总经理李宗涛（左二）工作现场照

2017 年 11 月 24 日，国家电网藏中电力联网工程建设现场

贵州磷化集团开阳基地

2016年5月16日，中国石油长庆油田分公司油气工艺研究院创新工作室领衔人杨义兴（左二）在现场和大家一起探讨工作方案

四川省地质局四〇五地质队队长许向宁（左二）在野外工作

2020 年 8 月 13 日，国网天津滨海公司配电抢修班班长、滨海黎明共产党员服务队队长张黎明工作场景

国家管网集团西气东输公司西气东输一线黄河跨越

河北省地质工程勘查院院长王成（右二）在河北省阜平县 1 : 50000 地质灾害风险调查评价项目检查工作

2019 年 8 月，中国华能集团有限公司江苏海上风电建设场景

巨化集团有限公司巨化物流中心党委办公室主任高利荣（右）视察物流车间

重庆市地勘局 208 水文地质工程地质队党委书记杜春兰在宣讲二十大报告

2021 年 11 月 15 日，董泽训（左三）被省总工会选为“永远跟党走　奋进新征程”劳模工匠线上宣讲代表

学回信、悟思想、担使命、立新功

张建山　任文重

2022 年 10 月 2 日，在举国欢庆国庆节日、热烈期盼党的二十大即将胜利召开的重要时刻，习近平总书记在百忙中给山东省地矿局第六地质大队全体地质工作者书写了重要回信。回信盛赞了山东省地矿局第六地质大队全体地质工作者建队以来作出的重大贡献，高度评价了矿产资源对国家发展的重要作用，亲切嘱咐全队地质工作者要大力弘扬爱国奉献、开拓创新、艰苦奋斗的优良传统，为保障国家能源资源安全、为全面建设社会主义现代化国家作出新贡献。

回信在全国特别是在能源化学地质系统引起了强烈反响，掀起了一股学习的热潮，我们作为能源化学地质系统的工会干部，更要带头细心研读，深刻领会。回信全文虽然仅有 275 个字，但是内涵丰富，寓意深远，具有强烈的精神穿透力、震撼力，通篇闪耀着习近平新时代中国特色社会主义思想，尤其是作为当代马克思主义的精神光辉。

从历史维度深刻领会习近平总书记给山东省地矿局第六地质大队全体地质工作者重要回信精神

党的十八大以来，以习近平同志为核心的党中央十分关心重视我国工人阶级和工会工作。2013 年 4 月 28 日，习近平总书记来到中华全国总工会机关，亲切看望全国劳动模范代表，与大家围桌座谈，同庆“五一”节、共话中国梦，并发表重要讲话。这在中华全国总工会工作的历史上都具有重大的意义，标志着我国工会工作和工运事业在新时代扬帆起航的一个重要起点，意味着我国工会组织将在新时代发挥更大作用、作出更大贡献。

习近平总书记曾多次发表重要讲话，对全国工人阶级进行了号召，对全体工会系统进行了动员，不仅对工会工作进行了安排部署，还时刻关注关心基层职工的发展状况。每逢重要节日、重要活动，习近平总书记就会代表党中央通过一封封充满关爱、充满期望、充满力量的信件，温暖广大基层职工的心，同时鼓励各级工会组织努力工作、不懈奋斗。

2020 年 4 月 30 日，习近平总书记给郑州圆方集团全体职工回信。

2020 年 12 月 10 日，习近平总书记给首届全国职业技能大赛致贺信。

2021 年 4 月 30 日，习近平总书记在“五一”国际劳动节到来之际，向全国广大劳动群众致以节日的祝贺和诚挚的慰问。

2021 年 10 月 22 日，习近平总书记勉励广大石油工人“再创佳绩、再立新功”。

2022 年 4 月 27 日，习近平总书记给首届大国工匠创新交流大会致贺信。

2022 年 10 月 2 日，习近平总书记给山东省地矿局第六地质大队全体地质工作者回信。

2022 年 11 月 12 日，习近平总书记给中国航空工业集团沈飞“罗阳青年突击队”队员们回信。

习近平总书记的一封封充满激情的回信、贺信，寄托着领袖对工人阶级的谆谆教诲和一往情深，生动诠释了习近平总书记至深至厚的人民情怀，体现了我们党不忘初心的铮铮誓言。

从阶级维度深刻领会习近平总书记给山东省地矿局第六地质大队全体地质工作者重要回信精神

在回信中，通篇体现着习近平总书记对工人阶级在新时代充分发挥主力军作用的强烈肯定，体现着对工人阶级在实现中华民族伟大复兴的新征程中还将发挥更大作用的殷殷期望。党的十八大以来，习近平总书记始终高度重视工人阶级，多次就全心全意依靠工人阶级、推进产业工人队伍建设发表重要讲话、作出重要指示，并提出了一系列新思想、新观点、新要求。主要分为两个方面：

一方面是着重强调了工人阶级的重要地位，以及要坚持全心全意依靠工人阶级的方针。“我国工人阶级是我们党最坚实最可靠的阶级基础。我国工人阶级从来都具有走在前列、勇挑重担的光荣传统。”“工人阶级和广大劳动群众始终是推动我国经济社会发展、维护社会安定团结的根本力量。”“坚持全心全意依靠工人阶级，充分发挥工人阶级主力军作用，把广大职工群众紧紧团结在党和政府周围，这是我们党的一个突出政治优势，也是中国特色社会主义的一个鲜明特点。”“当前，因为加快转变经济发展方式、促进经济结构战略性调整、化解过剩产能、推动绿色低碳发展等原因，一些企业和职工遇到了种种困难。越是这样，越要发挥职工群众主人翁作用，越要关心职工群众生产生活和职业发展，把全心全意依靠工人阶级的方针落实好。”

另一方面是期望工人阶级在新时代当好主力军、发挥更大的作用。“我们要始终高度重视提高劳动者素质，培养宏大的高素质劳动者大军。”“如何调动科研人员、创新人才积极性和创造性，如何调动一线工人积极性和创造性，是十分重要的问题，也是社会主义制度的本质要求。工人阶级的地位在新形势下怎么体现？需要好好研究。”“在迈向未来的征程上，必须充分发挥工人阶级的主力军作用，紧紧依靠工人阶级发展中国特色社会主义，坚持崇尚劳动、造福劳动者，大力弘扬劳模精神、发挥劳模作用。”

习近平总书记的这些论述，是站在党和国家工作全局的战略高度，为推进新时期产业工人队伍建设改革提供的基本遵循和行动指南。从 2017 年起开展的全国产业工人队伍建设改革工作，就是习近平总书记亲自谋划、亲自部署、亲自推动的一项重大改革，也是被列入国家全面深化改革的重要内容。5 年来，各级党委、政府、工会组织和相关部门围绕产业工人思想引领、建功立业、素质提升、地位提高、队伍壮大等重点任务扎实开展工作，健全制度机制、加强政策落实，深化改革试点、强化督促检查，推动改革取得积极的进展，我国工人阶级力量得以有力的壮大，主力军作用得以有效的提升。

从发展维度深刻领会习近平总书记给山东省地矿局第六地质大队全体地质工作者重要回信精神

党的二十大胜利召开，以习近平同志为核心的党中央统筹中华民族伟大复兴战略全局和世界百年未有之大变局，以伟大的历史主动精神、巨大的政治勇气、强烈的责任担当，统揽伟大斗争、伟大工程、伟大事业、伟大梦想，推动党和国家事业取得历史性成就、发生历史性变革，为实现中华民族伟大复兴提供了更为完善的制度保证、更为坚实的物质基础、更为主动的精神力量。

立足新时代、新起点，面向新征程、新挑战，我们要“不忘初心、牢记使命”，以坚决做到“两个维护”“两个确立”的高度政治自觉，贯彻落实党中央的决策部署，积极结合本行业、本系统的发展实际，奋力推进各项工作高质量高水平开展，为奋力实现全面建成社会主义现代化强国、实现第二个百年奋斗目标，以中国式现代化全面推进中华民族伟大复兴贡献自己更大的力量。

习近平总书记在回信中还指出：“矿产资源是经济社会发展的重要物质基础，矿产资源勘查开发事关国计民生和国家安全。希望同志们大力弘扬爱国奉献、开拓创新、艰苦奋斗的优良传统，积极践行绿色发展理念，加大勘查力度，加强科技攻关，在新一轮找矿突破战略行动中发挥更大作用，为保障国家能源资源安全、为全面建设社会主义现代化国家作出新贡献，奋力书写‘英雄地质队’新篇章。”

作为能源化学地质系统的工会干部，我们更感使命艰巨，重任在肩。特别是在当前国际形势复杂、国内疫情防控和经济社会发展面临巨大压力的局面下，我们更要把贯彻落实回信精神融入工会工作各方面、全过程，把回信精神转化为服务职工群众、服务河南发展大局的实际行动。要提高政治站位、强化责任担当，在加强职工思想政治引领，凝聚团结奋斗强大力量上下功夫；在组织动员广大职工建功新时代，实现第二个百年奋斗目标上见真章；在持续深化产业工人队伍建设改革，提升产业工人创新能力，打造“有理想守信念、懂技术会创新、敢担当讲奉献”产业工人大军上务实效；在落实维权服务基本职责，提升服务职工群众能力水平上求突破。引导广大职工坚定理想信念、增强使命担当、实现人生出彩，以实际行动在保障国家能源资源安全大局中发挥产业工会作用。

（本文第一作者系河南省能源化学地质工会主席、一级调研员

第二作者系河南省能源化学地质工会四级调研员）

以党的二十大精神为指引 奋力开创企业工会工作高质量发展新局面

中国华能集团有限公司工委

2022 年 10 月 2 日，习近平总书记在给山东省地矿局第六地质大队全体地质工作者的回信中，对他们弘扬优良传统、做好矿产勘查工作提出殷切期望。作为能源系统的央企员工，我们倍感振奋、备受鼓舞。党的二十大报告回顾总结了过去 5 年的工作和新时代 10 年的伟大变革，对全面建设社会主义现代化国家、全面推进中华民族伟大复兴进行了战略谋划，为新时代新征程党和国家事业发展、实现第二个百年奋斗目标指明了前进方向、确立了行动指南。成就彪炳史册，经验弥足珍贵，蓝图催人奋进。党的二十大对工人阶级和工会工作的部署也非常全面，内容十分丰富。结合对习近平总书记关于工人阶级和工会工作的重要论述的学习贯彻，深切感受到以习近平同志为核心的党中央对工人阶级和工会工作的高度重视。面对新时代新征程新使命，中国华能工委要时刻以党的二十大精神为指引，在真学真信中坚定理想信念，在细照笃行中不断修炼自我，在知行合一中主动担当作为，牢牢把握全面推进华能工会工作的五个要点，奋力开创企业工会工作高质量发展新局面。

牢牢把握坚持和加强党的全面领导这一根本原则 以正确的政治方向统领企业工会工作高质量发展全局

党的二十大强调，全面建设社会主义现代化国家必须牢牢把握的首要重大原则就是坚持和加强党的全面领导。习近平总书记曾经指出“工会工作做得好不好、有没有取得明显成效，关键看有没有坚持正确的政治方向”。坚持和加强党对工会工作的领导，是做好工会工作的根本原则和政治保证。要自觉把工会工作置于党的领导之下，放到党和国家工作大局、产业工会和公司党组战略部署中去思考、去把握、去推进。通过对党的二十大精神和习近平总书记重要论述的深入学习，中国华能工委结合实际形成了“四个三”总体工作思路：突出“三性”，强化“三个服务”，坚持“三个导向”，倡导“三个主动”。突出“三性”，是指企业工会工作要重点突出政治性、先进性、群众性，在哲学层面属于认识论的范畴，解决工会工作为谁干、为什么干的问题。政治性列于首位，就是强调坚持和加强党对工会工作领导的政治统领作用。“三性”是企业工会工作的灵魂和方向。强化“三个服务”，是指企业工会工作要服务战略引领、服务中心工作、服务职工群众，在哲学层面属于存在论的范畴，解决工会组织应该干什么的问题。“三个服务”体现企业工会工作的主体内容和价值定位。坚持“三个导向”，是指企业工会工作要坚持目标导向、问题导向、效果导向，在哲学层面属于方法论的范畴，解决的是工会工作的渠道、方式、方法、手段问题。“三个导向”决定了企业工会工作的科学性和有效性。倡导“三个主动”，是指企业工会工作者要主动思考、主动担当、主动作为，在哲学层面属于实践论的范畴，重点解决的是企业工会工作者精神状态和工作作风问题。“三个主动”对企业工会工作质量起决定和保障作用。以坚持和加强党的全面领导为统领的“四个三”工作思路是中国华能工委学习宣传贯彻党的二十大精神的成果体现，也承担着促进党的二十大精神继续走深走实的重要使命。随着工委各项工作的全面推进，党的二十大精神将更好地走进车间、走进班组，走进广大干部职工的思想深处，凝聚起推动工会工作高质量发展、促进企业不断加快建设世界一流企业步伐的强大思想原动力。

牢牢把握产业工人队伍建设改革这一主题主线
建设知识型、技能型、创新型高素质职工队伍

党的二十大强调，“加快建设国家战略人才力量，努力培养造就更多大师、战略科学家、一流科技领军人才和创新团队、青年科技人才、卓越工程师、大

国工匠、高技能人才”。习近平总书记日前给山东省地矿局第六地质大队的回信让我们更加深切地体会到，以习近平同志为核心的党中央对加强产业工人队伍建设改革、保障国家能源资源安全的高度重视和对广大能源化学地质系统职工的关怀厚爱和殷切期望。中国华能工委以党的二十大精神和习近平总书记的回信精神为指引，坚决在推进产改工作中打好“三张牌”：

一是绘好“一张图”。公司党组及时研究制定《贯彻落实党中央国务院〈新时期产业工人队伍建设改革方案〉的实施意见》，提出 5 大措施、23 项主要任务和 80 项具体工作，明确路线图和时间表，将产改融入公司改革发展大局，融入建设世界一流企业进程，实现一张蓝图绘到底。

二是下好“一盘棋”。坚持“上下一盘棋”的理念，构建“党组（党委）全面领导、工会牵头协调、职能部门协同、企业主体积极探索、广大职工广泛参与”的产改工作格局，以召开产改专题推进会等举措，坚持示范引领，突出问题导向，强化对标对表，推动产改不断向全方位、深层次推进。

三是挥好“一根棒”。强化考核激励“指挥棒”引导，把产改工作作为企业“一把手”工程，将产改任务完成情况纳入年度绩效考核，抓实盯紧。完善培养选拔机制，打通行政岗位职务和专业技术技能职务“双通道”，以全总十大产业百家企业深化产业工人队伍建设改革专项行动和集团公司打造高水平科技创新人才行动计划为契机，培养一批战略科技人才、关键领域领军人才、青年科技人才以及全国技术能手、大国工匠等高技能人才，按照习近平总书记要求造就一支有理想守信念、懂技术会创新、敢担当讲奉献的宏大的产业工人队伍。

牢牢把握服务企业高质量发展和生产经营这一中心任务
充分激发广大职工群众的积极性主动性创造性

党的二十大强调，“深化工会、共青团、妇联等群团组织改革和建设，有效发挥桥梁纽带作用”。习近平总书记曾经指出群团组织承担着组织动员广大人民群众为完成党的中心任务而共同奋斗的重大责任。中国华能全面贯彻党的二十大精神和习近平总书记重要论述，着力打造工会服务中心任务的“三大品牌”：

一是劳动竞赛激发干事创业热潮。全面贯彻落实习近平总书记关于“碳达锋、碳中和”的重要论述，主动融入国家重大战略。举办“当好主人翁、建功新征程”系列劳动竞赛，紧紧围绕绿色转型、科技创新、能源安全保障等国家重大战略进行策划，每年组织全系统职工开展5—6个重大劳动竞赛项目，着重抓好“十四五”新能源投产8000万千瓦、陇东多能综合能源基地、雅中水光互补能源基地、澜上西藏段水光互补综合能源基地、海南昌江核电五大全国引领性劳动竞赛。

二是技能竞赛发掘岗位尖兵。坚持以赛促学、以赛促训。“十四五”期间要组织开展好“华能工匠杯”职工职业技能竞赛，每年要安排6—8个集团级技能竞赛，同时带动各单位技术比武、技能竞赛等活动，并积极参加全国和行业技能竞赛。

三是创新创效展现央企人的担当。深入实施创新驱动发展战略，尊重职工首创精神。着力加强已认定授牌的创新工作室管理，鼓励产业（区域）公司自主设立“众创”项目，推动创新工作室联盟落实好242项重点工作。实施科技创新巾帼行动。积极推动攻关（转化）项目落实落地，着力解决“卡脖子”问题，对实现自主知识产权和推进国产化替代发挥积极作用。

牢牢把握服务职工群众这一基本职责
建立联系广泛的服务职工体系

党的二十大强调，要完善劳动者权益保障制度，加强困难群体就业兜底帮扶、健全终身职业技能培训制度等工作。习近平总书记曾经强调，“工会要坚持以职工为中心的工作导向，抓住职工最关心、最直接、最现实的利益问题，认真履行维护职工合法权益、竭诚服务职工群众的基本职责”。中国华能工委把服务职工群众作为工会一切工作的出发点和落脚点，努力建立健全联系广泛的服务职工体系，将发挥好“四个台”的作用：一是主动搭台，让职工“唱戏”，搭建思想政治学习教育、职工技术业务交流、宣讲劳模先进事迹的“讲台”；二是围绕中心工作开展劳动竞赛、技能竞赛和创新创效活动，促进形成人人争当专业“魁首”、技术“大拿”的氛围，摆设岗位练兵和技术比武的“擂台”；三是以建家工作为依托，加快“智慧工会”推广应用，支持重点地区做好疫情防控，加强职工健康管理和大病筛查，发挥“华能工惠”App的惠民利民功能，做好女职工保护工作，持续开展送医下基层等活动，扶持“小散远苦”风电光伏场站“职工小家”建设，建好提升职工获得感幸福感的“平台”；四是发挥文体协会作用，举办丰富多彩的文体活动，丰富职工精神文化生活，提供展示才艺、繁荣企业文化的“舞台”。

牢牢把握企业民主管理这一基本制度
坚定不移贯彻落实党的全心全意依靠工人阶级的指导方针

党的二十大强调，“全心全意依靠工人阶级，健全以职工代表大会为基本形式的企事业单位民主管理制度，维护职工合法权益”。中国华能工委深入学习贯彻党的二十大精神，以“三个化”的思路有序推进企业民主管理进步。一是制度化。按照新修改的《工会法》、国资委《关于进一步加强中央企业职工代表大会制度建设的指导意见》有关要求，推进落实集团公司职代会“1+6”制度，不断健全完善以职工代表大会为基本形式的企业民主管理制度。二是规范化。坚持“三个必须”底线原则，规范职代会组织和程序，依法行使和落实职代会职权。要确保国企改革在三年行动收官过程中，分流安置、薪酬福利等职工重点关切事项必须提交职代会审议，充分维护职工群众的知情权、参与权、表达权和监督权。三是常态化。常态化加强三级民主管理体系建设，深化工会建会率、职代会建制率、厂务公开建制率“三提升”工作，以民主管理现场推进会等方式督促各级企业认真落实职代会制度，规范职工董事职工监事管理和履职，推进职代会、厂务公开、职工董监事制度有效衔接、相互促进，有序加大职工代表参与公司治理的力度。

牢记殷切嘱托　凝聚奋进力量
在保障国家能源安全上再立新功再创佳绩

韩　辉

党的二十大报告对确保粮食、能源资源、重要产业链供应链安全等作出了重要部署，为能源工作提供了根本遵循。在党的二十大召开前夕，习近平总书记给山东省地矿局第六地质大队回信，鼓励他们“在新一轮找矿突破战略行动中发挥更大作用，为保障国家能源资源安全、为全面建设社会主义现代化国家作出新贡献”。回信精神与2021年10月习近平总书记视察胜利油田时首次提出“端牢能源饭碗”的要求一脉相承，阐明了能源对于国家安全、社会发展、人民生活、民族复兴的重大意义，体现了对资源勘查、能源保供工作的高度重视，饱含对能源化学地质战线工作者的殷切期望。胜利油田把深入学习贯彻党的二十大精神作为当前和今后一个时期的首要政治任务，并与学习习近平总书记给山东省地矿局第六地质大队回信精神、习近平总书记视察胜利油田重要指示精神结合起来，深刻领悟思想伟力、激发信念动力、汇聚奋斗合力，团结带领广大职工切实把思想和行动统一到党的二十大精神上来，在保障国家能源安全上再立新功再创佳绩，为全面建设社会主义现代化国家、全面推进中华民族伟大复兴作出应有贡献。

更加深刻地认识到能源是工业的粮食、国民经济的命脉 必须扛牢我为祖国献石油、保障国家能源安全的责任使命

党的二十大报告强调，“深入推进能源革命”“确保能源安全”。能源是工业的粮食，关系人类生存和发展，攸关国计民生和国家安全。党的十八大

以来，以习近平同志为核心的党中央提出“四个革命、一个合作”能源安全新战略，推动我国能源生产和利用方式发生重大变革，能源安全保障能力持续增强，为打赢脱贫攻坚战和全面建成小康社会提供了重要支撑。胜利油田是我国重要的石油工业基地，多年来坚定不移地履行政治、经济和社会责任，截至 2021 年底累计生产原油 12.7 亿吨，占我国同期陆上原油产量 1/5，为保障国家能源安全、推动国民经济建设作出了贡献。

我们将以党的二十大精神为指引，牢记习近平总书记在视察胜利油田时作出的“要加大勘探开发力度，夯实国内产量基础，提高自我保障能力”的重要指示，自觉把油田发展放到中国式现代化的宏伟蓝图中去定位，聚焦提升能源保供能力的硬责任，持续加大勘探开发力度，降低盈亏平衡点，大力推进增储稳油降本，高质量保障国家能源安全，坚定不移打造“端牢能源饭碗”的胜利样板。要进一步坚定历史自信，增强历史主动，汲取奋进力量，强化职工政治引领和思想文化引领，弘扬劳模精神、劳动精神、工匠精神，继承和发扬老一辈石油人的革命精神和优良传统，教育引领广大职工始终保持石油人的红色底蕴和战斗情怀，把党的创新理论转化为推动油田高质量发展的实际行动，在新征程上交出保障国家能源安全的胜利答卷。

更加深刻地感受到科技是第一生产力、人才是第一资源、创新是第一动力，必须健全尊重职工首创精神，激发职工创新才智的机制

党的二十大报告指出，“教育、科技、人才是全面建设社会主义现代化国家的基础性、战略性支撑”“坚持创新在我国现代化建设全局中的核心地位”。创新是引领发展的第一动力，抓创新就是抓发展，谋创新就是谋未来。当今世界百年未有之大变局加速演进，新一轮科技革命和产业变革深入发展，全球能源供需格局发生深刻变化，世界各国能源结构加快向绿色低碳转型，迫切需要我们加快构建清洁低碳、安全高效的现代能源体系。胜利油田坚持在开发中保护，在保护中开发，将节能、减排、降碳贯穿全链条，通过 CCUS（碳捕获、利用与封存）等技术创新应用，实现东部油区生产过程清洁能源全

覆盖。

展望未来，我们要落实好习近平总书记关于科技自立自强的要求，把技术创新引领高质量发展的理念落实到既要绿色低碳又要能源安全的实践中，依靠技术进步力量走好化石能源与新能源并举、降碳与碳利用并重、污染防治与生态环境保护并行的能源企业高质量发展之路。要围绕尊重职工首创精神、汇聚职工聪明才智，大力开展落实到岗位、竞赛以及个人的劳动和技能竞赛，完善揭榜挂帅工作机制，着力解决关键核心技术“卡脖子”问题，为广大职工在参与创新实践、培育创新能力方面提供平台和机会，努力激发创新创造的内生动力，扛起担当国家战略科技力量的核心职责，在科技创新上争创世界一流。

更加深刻地体会到人民是历史的创造者、是真正的英雄，必须落实发展依靠职工、发展成果惠及职工的要求

人民群众是物质财富和精神财富的创造者，同时也是推动国家进步和历史发展的决定力量。党的根基在人民、血脉在人民、力量在人民，始终保持同人民群众的血肉联系，是我们党战胜各种困难风险、不断取得事业成功的根本保证。习近平总书记在党的二十大报告中强调，要“坚持以人民为中心的发展思想”“我们要实现好、维护好、发展好最广大人民根本利益，紧紧抓住人民最关心最直接最现实的利益问题”“深化工会、共青团、妇联等群团组织改革和建设，有效发挥桥梁纽带作用”。

近年来，油田坚持发展依靠职工群众、发展成果惠及职工群众，不仅锻造了一支有理想守信念、懂技术会创新、敢担当讲奉献的宏大产业工人队伍，同时把握我国社会主要矛盾已经转化为人民日益增长的美好生活需要和不平衡不充分的发展之间的矛盾，注重维护员工群众根本利益，平稳推进企业办社会职能移交工作，有力促进了区域社会稳定和油田持续发展。

下步工作中，我们将继续坚持目光向基层聚焦、资源向基层倾斜，持续推进“我为群众办实事”常态化机制建设，以项目化服务、清单化管理、节

点化推进的方式解决职工最关心最直接最现实的利益问题，让职工切实感受到组织的温暖。要加快构建与现代企业管理制度相适应的新型后勤服务管理体系，以专业化服务支撑油气主业发展，为职工全身心投入生产和创造提供良好环境，进一步汇聚建设领先企业、打造百年胜利、推动高质量发展的强大力量。

（本文作者系中国石化胜利石油管理局有限公司党委常务副书记、工会主席，中共山东省东营市委常委）

大力弘扬劳模精神　为实现中国式现代化与中华民族伟大复兴不懈奋斗

夏广新

党的二十大前夕，习近平总书记给山东省地矿局第六地质大队全体地质工作者回信，信中写道：“希望同志们大力弘扬爱国奉献、开拓创新、艰苦奋斗的优良传统，积极践行绿色发展理念，加大勘查力度，加强科技攻关，在新一轮找矿突破战略行动中发挥更大作用，为保障国家能源资源安全、为全面建设社会主义现代化国家作出新贡献，奋力书写‘英雄地质队’新篇章。”能源矿产资源作为“工业粮食”，是国家发展必不可少的物质基础，直接关系着国计民生和国家安全，而医药产业作为社会安定和人民幸福的“重要保障”也是如此。面对时代赋予的使命任务，广大科研工作者要继承发扬优良传统，迎难而上、勇毅攀登，更加注重科技赋能，努力在新一轮国家战略发展中取得更大成就，为实现第二个百年奋斗目标、实现中华民族伟大复兴接续奋斗。

踔厉奋发——以中国式现代化全面推进中华民族伟大复兴

2022 年 10 月 16 日，党的二十大报告着重指出：“从现在起，中国共产党的中心任务就是团结带领全国各族人民全面建成社会主义现代化强国、实现第二个百年奋斗目标，以中国式现代化全面推进中华民族伟大复兴。”这一重要论述，把中国共产党的中心任务、中国式现代化、中华民族伟大复兴统一起来，进一步明确了中国式现代化既是发展道路，又是前进方向；既是中华民族发展史上彪炳史册的奋斗目标，又是中华民族伟大复兴的实现方式。

中国共产党成立的百余年来，其带领中国人民进行的一切奋斗、一切牺性、一切创造，归结起来就是一个主题：实现中华民族伟大复兴。从第一个五年计划到第十四个五年规划，我们党对社会主义现代化国家，在认识上不断深入，在战略上不断成熟，在实践上不断丰富，在理论上不断创新。特别是改革开放以来在长期理论探索和实践创造基础上，经过中国特色社会主义新时代的创新和突破，成功推进和拓展了中国式现代化的题中应有之义。

从历史的维度来看，中国式现代化经历了3个阶段：在社会主义革命和建设时期，中国确立了社会主义基本制度、推进社会主义建设，建立了独立的、比较完善的工业体系和国民经济体系，为中国式现代化奠定了根本政治前提和经济基础；在改革开放和建设中国特色社会主义新时期，中国经济创造了世界奇迹，形成了充满新活力的社会主义市场经济体制，实现人民生活从温饱不足到总体小康、奔向全面小康的历史性跨越，中国式现代化基本成型；在中国特色社会主义新时代，随着改革开放和社会主义现代化深入推进，中国全面建成小康社会，基本实现了工业化，实现了第一个百年奋斗目标，中国式现代化的理论和制度体系日趋完善，物质基础更为坚实，中国人民对中国式现代化更加自信，实现中华民族伟大复兴进入不可逆转的历史进程。

从现实的指向看，党的二十大报告强调："中国式现代化，是中国共产党领导的社会主义现代化，既有各国现代化的共同特征，更有基于自己国情的中国特色。"既有各国现代化的共同特征，又符合中国实际、富有中国特色，是中国式现代化现实指向的核心要义。中国式现代化是人口规模巨大的现代化，是全体人民共同富裕的现代化，是物质文明和精神文明相互协调的现代化，是人与自然和谐共生的现代化，是走和平发展道路的现代化。把中国式现代化作为中华民族伟大复兴的实现方式，以中国式现代化全面推进中华民族伟大复兴这条路，不仅走得对、走得通，而且走得稳、走得好。

现实的奋斗离不开精神的支撑，伟大的精神必将引领伟大的实践。以中国式现代化全面推进中华民族伟大复兴，是一项伟大而艰巨的事业和极其复杂的社会工程。当前，世界百年未有之大变局加速演进，新一轮科技革命和产业变革深入发展，国际力量对比深刻调整，特别是世纪疫情给全球带来的影响深远，使中国的发展面临新的战略机遇与现实挑战。在这种时代场景中，作为科研工作者，我的体会是深刻的。的确，我们正是应对这些机遇与挑战的主力军。实验室就是“战场”，分析仪就是“武器”。作为坚守在中国医药事业主战场的一分子，我将和团队成员们一起恪守国家战略科技力量主力军的使命定位，对标党的二十大报告对科技创新提出的新任务新要求，为实现中国式现代化与中华民族伟大复兴努力奋斗。

心有北斗——用劳模精神推动科技创新，引领行业发展

2020 年，在全国劳动模范和先进工作者表彰大会上，习近平总书记指出：“在长期实践中，我们培育形成了爱岗敬业、争创一流、艰苦奋斗、勇于创新、淡泊名利、甘于奉献的劳模精神，崇尚劳动、热爱劳动、辛勤劳动、诚实劳动的劳动精神，执着专注、精益求精、一丝不苟、追求卓越的工匠精神。”

而劳模精神随着时代发展有不同的侧重，有不同的体现。在新发展理念中，创新是基于首位的；在实现中国式现代化的新征程中，离不开劳动者的创新创造。回忆 2006 年自己有幸成为上药研究院 I001 号第一个新药研发项目的参与者，转眼已经 16 年了，目前 SPH3127 已完成高血压适应证的Ⅰ期和Ⅱ期临床试验，表现出良好的有效性和安全性，顺利进入Ⅲ期临床研究。这个项目给我最深的体会就是初心和创新。目前，我和药物研发团队正在推进心脑血管、肿瘤、自身免疫、精神神经和感染等重大疾病领域的 20 多项创新药物研发项目。回顾这些年，申请国内外专利 110 项，50 余项获授权，国际著名期刊发表论文 30 余篇，参编专业著作 3 部，我很庆幸在新药研发创新道路上，和团队成员们一直奋力前行着。未来，我们也将进一步深入学习贯彻党的二十大精神，努力践行科技强国之路。

手持火炬——用劳模精神夯实本职工作，践行团结奋斗

社会主义是干出来的，新时代是奋斗出来的。“十四五”时期，我国已经

进入新发展阶段，这是全面建设社会主义现代化国家、向第二个百年奋斗目标进军的阶段，在中国发展进程中具有里程碑意义。实现党的二十大擘画的宏伟蓝图，归根结底要靠劳动创造。需要大力弘扬劳模精神，为实现中国式现代化汇聚强大正能量。

任何科研进步、优秀企业发展，都离不开团队、一代代人的传承。萧伯纳曾说："人生不是一支短短的蜡烛，而是一支由我们暂时举着的火炬，我们一定要把它燃得十分光明灿烂，然后交给下一代的人们。"是的，回忆自己从刚刚步入工作岗位，至今已经快20年了。从项目负责人逐步成长为科室负责人、研发总监，今天作为研究院副院长，我的生命里更多了一份使命和责任，我的梦想不仅仅是"研发出创新好药"，更要"打造国内领先、国际一流的新药研发团队"。令我印象深刻的是，习近平总书记在党的二十大报告中多次提出"团结奋斗"。是的，一个人的力量是薄弱的，而团结的力量是巨大的。作为团队领头人之一，我将继续在发挥自己优势的同时团结大家，给予团队成员更多的关心鼓励、帮助指导。我始终坚信哪怕只是一点点微光，但点滴微光汇聚起来就能成为团队的耀眼光芒。

劳模精神跨越时空、历久弥新，必将继续激励和鼓舞全体中华儿女不懈奋斗。党的二十大报告指出："今天，我们比历史上任何时期都更接近、更有信心和能力实现中华民族伟大复兴的目标，同时必须准备付出更为艰巨、更为艰苦的努力。"当前，全党全国各族人民正在意气风发向着第二个百年奋斗目标进军，中华民族伟大复兴展现出无比光明的前景。新征程上，我将持续大力弘扬劳模精神，带领研究院团队一起拼搏、一起奋斗，为夺取全面建成社会主义现代化强国新胜利汇聚强大能量，为以中国式现代化全面推进中华民族伟大复兴贡献自身力量。我将一如既往带领研究院团队坚持心有北斗，手持火炬，勇做新药研发先锋者，立志造福中国百姓，造福世界人民。

（本文作者系上海医药集团股份有限公司中央研究院副院长、药物设计技术总监）

牢记殷殷嘱托　勇挑使命担当
奋力书写“英雄地质队”新篇章

丁正江

在喜迎党的二十大胜利召开的重要时刻，山东省地矿局第六地质大队（以下简称“六队”）收到了习近平总书记的重要回信。这既是对我们在省地矿局的直接领导下，在各级工会的大力支持下，攻坚克难取得丰硕找矿成果的肯定与鼓励，也是对我们牢记地质报国使命、砥砺前行的鞭策与激励，更是对我们接续奋斗、为全面建设社会主义现代化国家作出新贡献的勉励与期望，是六队全体职工以及全国所有地质工作者至高无上的光荣！

六队成立于1958年，成立之初就肩负着为共和国寻找黄金的光荣使命；到1966年，发现了全国第一个破碎带蚀变岩型金矿床——三山岛金矿；1977年，在全国第二次金矿地质会议上，六队提出的“焦家式”金矿被正式确立，打破了“大断裂带只导矿不储矿”的金科玉律；1985年，凭借《焦家式新类型金矿的发现及其突出的找矿效果》，摘得了地质科学界的最高桂冠——国家科技进步奖特等奖；进入21世纪，随着“攻深找盲”战略的提出，率先在全国实现突破，探获了莱州寺庄51.83吨特大型金矿；随后，坚持向地球深部进军，聚力深部找矿，很快找矿成果就在胶东地区遍地开花，接连探获了焦家深部、朱郭李家、纱岭、西涝口、水旺庄等大型以上规模金矿13个。自建队以来，一代代六队人始终牢记地质报国初心，坚持奋战在寻金探宝一线，累计发现金资源量2810余吨，约占全国已探明储量的1/5。

1992年，国务院授予六队全国唯一的“功勋卓著无私奉献的英雄地质队”荣誉称号，到2022年恰好30周年。2022年也是党的二十大召开之年。作为地质人，我们深知能源资源安全对于国家经济社会发展和国家安全的重要意义。我们赶上了伟大的时代，大家都想在党的二十大召开之前的重要历史时刻，通过写信向习近平总书记、向党中央汇报我们的找矿业绩，汇报我们30年来的发展成果。一方面，请总书记放心、请党中央放心，我们有信心、有决心、有能力保障好国家能源资源安全；另一方面，也希望总书记为我们的后续工作指明方向、提供根本遵循。所以，我们汇聚了全队干部职工对总书记的爱戴和敬仰，怀着如金子一般的赤诚给总书记写了信。

习近平总书记的重要回信，充分肯定了六队在矿产勘查中取得的丰硕成果，深刻阐述了矿产资源及勘查开发在经济社会发展中的重要作用。习近平总书记的重要回信是对六队全体地质工作者的厚爱，也是对全国地质工作者的关怀；是对六队在新一轮找矿突破战略行动中发挥更大作用的殷切期望，也是对全国地勘队伍保障国家能源资源安全的谆谆嘱托。回信为我们贯彻落实习近平总书记关于工人阶级和工会工作的重要论述，团结带领广大地质职工发挥工人阶级主力军作用，积极推动地矿事业高质量发展提供了强大动力。就像很多媒体报道的那样，我们都是收信人。

连日来，六队党委、工会、团委等在全队范围内迅速开展传达学习贯彻落实习近平总书记重要回信精神活动，第一时间组织传达学习，第一时间健全组织领导，制定详细工作方案，第一时间开展集中研讨，每一次学习都是思想上的又一次洗礼、认识上的又一次升华，我们每一次学习都心潮澎湃、无比激动。

作为基层地勘单位，六队人满怀敬仰之心感恩习近平总书记的厚爱情怀。六队人一定牢记习近平总书记的殷殷嘱托，把“爱国敬业、开拓创新、艰苦奋斗”的优良传统发扬光大，继续坚持以党建为统领，聚焦高质量发展这一中心目标；放眼国内国外两个服务领域，紧紧抓住科技创新和地勘信息化建设两大引擎，在新一轮找矿突破战略行动中发挥更大作用；贯彻创新、协调、绿色、开放、共享新发展理念，立足地勘单位职责，加大矿产资源勘查力度，加强地质科技攻关，全面塑造发展新格局；坚持系统管理、贯通式管理、闭环式管理、数字化管理、双轨制管理、大安全管理，努力实现党的建设、服务管理、科技创新、人才培养、文明建设、民生保障六项工程建设水平全面提升；坚持国家利益和人民利益至上，保持干事创业的韧性，保持谦虚谨慎的作风，保持居安思危的紧迫感、爬坡过坎的压力感、奋勇向前的使命感，牢记“国之大者”，全力以赴保障国家能源资源安全，奋力书写“英雄地质队”新篇章。

一是切实加强思想政治引领，我们将继续高举习近平新时代中国特色社会主义思想伟大旗帜，以习近平总书记重要回信精神为指引，以党建工作为统领，筑牢六队全体职工的思想根基，大力弘扬爱国奉献、开拓创新、艰苦奋斗的优良传统，弘扬新时期“英雄地质队”精神，积极发挥工人阶级主力军作用，全力推动地矿事业高质量发展。

二是切实加强人才队伍建设。我们将围绕推进产业工人队伍建设改革，实施好“头雁”工程、“菁英”工程、“雏鹰”工程、“引凤”工程、“工匠”工程、“暖心”工程六大人才工程，营造“人尽其才、才尽其用”的良好环境。围绕高质量发展目标，常态化开展技能培训、劳动竞赛和技能比武，促进职工技能提升，激发职工创新创效，在新一轮找矿突破战略行动中建功立业。

三是切实加大矿产勘查力度。我们将进一步加大胶东金矿重要成矿区带深部金矿勘查力度，加大富铁矿、锂、铀、晶质石墨、“三稀”等战略性新兴矿产资源勘查力度，积极响应国家“一带一路”倡议，积极向深远海地质找矿领域进军，提高矿业权经营管理水平，发挥地质钻探技术传统优势，不断增强资源能源保障能力。

四是切实践行绿色发展理念。我们将重点加强地热资源勘查和开发利用研究，深入开展海洋地质调查，精准服务城市国土空间规划建设，持续开展生态地质环境监测，努力抓好生态环境修复工作，全力服务地质工作服务乡村振兴战略，大力开展地质灾害调查评价工作，积极服务生态文明建设。

五是切实加强科学技术创新。我们将强化重点领域科技攻关，完善和发展金矿成矿模式和找矿理论，积极开展胶东金矿三维地震勘查探测技术研究；推进地勘信息化建设，积极探索“地质＋智慧城市建设”融合发展模式，为城市精细化管理提供精准地质服务。建实建强科技创新平台，培育核心专业和优质成果，开展前瞻性基础研究、引领原创性突破和共性关键技术研发，全面提升地质核心能力。

六是切实加强民生保障服务。我们将坚持以人民为中心的宗旨，加强保障力度，强化管理服务，为职工教育、文化体育、困难帮扶、福利待遇等各项工作开展提供有力保障；大力开展“职工之家”和“职工小家”建设、模范机关和标准化项目部建设及职工优秀提案征集，常态化开展“队领导联系驻外职工家庭”活动，千方百计让职工的获得感、成就感、幸福感步步攀升。

征途漫漫，唯有奋斗。六队将继续在习近平新时代中国特色社会主义思想和习近平总书记重要回信精神指引下，在各级党委的坚强领导下，在各级工会的帮助支持下，切实把学习成果转化为奋进新征程、建功新时代的工作措施和实际成效，为保障国家能源资源安全、全面建设社会主义现代化国家作出新的更大贡献，为实现第二个百年奋斗目标、实现中华民族伟大复兴的中国梦作出新的更大贡献，奋力书写“英雄地质队”新篇章。

［本文作者系山东省地矿局第六地质大队党委书记、大队长（院长）］

不忘初心　坚守使命　奋力书写地质报国新篇章

李宗涛

2022年10月2日，习近平总书记给山东省地矿局第六地质大队全体地质工作者回信中，殷切希望大家“加大勘查力度，加强科技攻关，在新一轮找矿突破战略行动中发挥更大作用”，为我们做好地勘工作指明了方向，增强了广大职工的信心和动力。

位卑未敢忘忧国

我们是按照山东省属经营性国有资产统一监管要求，一支从事业单位分离出来的地勘队伍。整合成立5年多的时间里，面对无家底、高负债、人员回流等重重困难，我们坚持以习近平新时代中国特色社会主义思想为指导，主动作为，攻坚克难，聚焦矿产资源勘查业、地质服务业、地热能勘查与产业化研究应用“三大主业”，精心谋划产业布局，加强关键技术攻关，强化人才队伍建设，激发创新创造活力，在以“主业立企、人才兴企、创新强企”为基调的新发展阶段乘风而来，已成为省内资质最全、实力最强、品牌最优的地勘企业集团，服务国家和地方发展的能力持续提高。回望跌宕起伏的历程，一路走得非常艰辛，但是不管处于顺境还是逆境，我们始终坚守着地勘人爱国、责任和奉献的初心使命，这个信念从未动摇。习近平总书记给山东省地矿六队的回信中，对地质工作者跋山涉水，风餐露宿，攻坚克难，取得的丰硕找矿成果，展现的使命担当给予了充分肯定，重申了矿产资源勘查开发对国计民生和国家安全的重要性。习近平总书记对地质工作的希望和殷殷嘱托，让我们感到使命的伟大与艰巨，献身地质事业无上光荣的信念更加坚定。所当乘者势也，不可失者时也。增强信心、保持定力、坚定底气，集中精力办好自己的事情，是我们战胜各种风险挑战的关键。我们要以认真学习深入贯彻落实习近平总书记回信精神为契机，引导广大党员干部职工进一步提高政治站位，深刻认识行业的重要性，认清形势、统一思想、明确责任、自信自强，更好地适应新形势，抓住新机遇，迎接新挑战，增强献身地质事业的思想自觉和行动自觉，走好不忘初心、坚守使命的忠诚之路。

丹心未泯创新愿

习近平总书记在回信中希望地质工作者“大力弘扬爱国奉献、开拓创新、艰苦奋斗的优良传统”。这些也是我们地勘集团广大干部职工传承的精神基因。面对崇山峻岭、荒漠戈壁、严寒酷暑以及复杂地质问题的种种考验，栉风沐雨、风餐露宿，艰苦创业、开拓奉献，我们“以献身地质事业为荣、以艰苦奋斗为荣、以找矿立功为荣”，发扬“特别能吃苦、特别能忍耐、特别能战斗、特别能奉献”精神，涌现了全省五一劳动奖章、“最美地质队员”等一大批践行者。优良传统需要继续传承和弘扬，发展还要求我们不断地创新。习近平总书记说：“高质量发展要靠创新，我们国家再往前发展也要靠自主创新。”一个地方、一个企业，要突破发展瓶颈，解决深层次的问题，根本出路在于创新。我们在技术创新和研发平台搭建上有着良好的基础，持有地质勘查、岩土工程勘查、地质灾害治理等近 20 项行业甲级（壹级）资质，可针对煤炭、金属矿产、稀有贵金属等全矿种开展综合勘探，为各类矿山建设、安全生产以及生态文明建设、重大基础设施工程建设提供专业地质技术服务；提交的地质勘查报告或资源储量报告连续 19 年获中国煤炭工业协会“优质地质报告”“新发现矿产资源地质报告奖”；核心技术获国家科技进步奖二等奖和省部级科学技术奖一、二等奖；主持或参与地源热泵技术多个国家和行业标准，建设有 6 个省部级科研创新平台。今后，我们要把地勘人“特别能吃苦、特别能战斗、特别能奉献、特别能钻研”的精神植入创新工作中，拿出逢山开路、遇水架桥的改革气势和创新魄力，勇于探索、大胆尝试，在创新中求突破，在创新中谋发展。当前，大宗矿产品需求规模大、战略性新兴矿产品消费增长迅速，在碳达峰碳中和背景下，对新能源矿产和稀缺金属矿产产生了大量需求，给我们地质找矿提出了新的任务、新的要求。贯彻绿色发展理念，坚持以人民为中心发挥地质勘查专业优势，为城乡建设、防灾减灾、改善人居环境、农业发展等服务，不断满足人民日益增长的美好生活需要，为地质工作实现创新发展开辟了新的领域。我们要主动适应新时代地质工作要求，围绕新时代地质工作保障能源资源安全、服务生态文明建设、支撑地质灾害防治三大使命，找准集团“三大主业”在新时代地质勘查工作中发挥更大作用的工作定位，在扎实做好基础工作的同时，加大科技创新力度，为传统产业赋能；积极参与地质找矿的行动，锚定“走在前、开新局”，勇当地质工作排头兵，努力为国家找大矿、找好矿，进一步践行“一带一路”倡议，争取海外项目建设早日落地，为在国内国际双循环中有力保障国家能源资源安全贡献地勘力量。

宝剑锋从磨砺出

习近平总书记在回信中要求，“积极践行绿色发展理念，加大勘查力度，加强科技攻关，在新一轮找矿突破战略行动中发挥更大作用，为保障国家能源资源安全、为全面建设社会主义现代化国家作出新贡献”。贯彻新发展理念、构建新发展格局，在新征程上作出新贡献，迫切需要我们不断增强本领。我们要切实加强地勘队伍建设，强化党建引领，传承优良作风，提升能力本领，打造一支本领过硬的队伍，为地质工作高质量发展提供坚强保证。我们要主动适应新时代地质工作要求，立足岗位本着“干什么、学什么，缺什么、补什么”的思想，扎根基层一线，主动到各种斗争中经受磨砺，不断加强思想淬炼、政治历练、实践锻炼，要把基层一线、服务民生一线、经济发展一线、急难险重一线等作为最好的课堂，在不畏艰苦、砥砺前行中练就勇担使命、求真务实的真功夫。要加大推进各项人才培养计划的实施力度，打造学科齐备、梯次合理、衔接有序的地质人才队伍结构。按照能源集团“31789”人才队伍建设要求，不仅用好身经百战的“60后”、经验丰富的“70后”，更要放手使用年富力强的“80后”、朝气蓬勃的“90后”。把更多的“80后”“90后”选派到野外钻场、攻关阵地等高质量发展的主战场来经风雨、磨意志、壮筋骨、长才干，为地勘事业高质量发展积蓄不竭动力。

站在新的历史起点，肩负新的历史使命，地勘集团也迎来了新的发展机遇，我们要牢记习近平总书记嘱托，继承和发扬“三光荣”“四特别”精神，立足新发展阶段，贯彻新发展理念，构建新发展格局，坚守初心使命，保持战略定力，深化改革创新，勇于担当作为，为保障国家能源资源安全、全面建设社会主义现代化国家建功立业，为全面建设社会主义现代化国家、全面推进中华民族伟大复兴作出新的更大贡献，奋力书写地质报国新篇章。

（本文作者系山东能源山东泰山地勘集团有限公司党委书记、董事长、总经理）

坚持以职工为中心　发挥主力军作用
在保障国家能源资源安全中展现工会更大作为

国家电网有限公司工会

2022年10月2日，习近平总书记给山东省地矿局第六地质大队全体地质工作者的回信，对地质工作者的艰辛工作和找矿成果给予了高度评价，对大力弘扬优良传统、积极践行绿色发展理念、保障国家能源资源安全提出了殷切期望。回信充分体现了以习近平同志为核心的党中央对能源资源安全的一贯高度重视，具有重大的政治性、思想性、战略性和指导性，为我们在新时代新征程中努力奋斗指明了方向、提出了要求。党的二十大报告将能源资源安全作为推进国家安全体系和能力现代化的重要组成部分，为能源企业发展提出新要求、注入新动力。

作为关系国家能源安全和国民经济命脉的特大型国有重点骨干企业，国家电网有限公司认真落实党中央、国务院决策部署，心怀“国之大者”，努力发挥“大国重器”和“顶梁柱”作用，统筹发展和安全，统筹保供和转型，推动绿色低碳转型，共建清洁美丽世界，共创美好光明未来。作为党联系职工群众的桥梁纽带，国网工会深入领会习近平总书记重要回信精神实质，与学习贯彻党的二十大精神紧密结合，围绕中心服务大局，深入落实全心全意依靠工人阶级的方针，大力弘扬劳模精神、劳动精神、工匠精神，强化职工思想引领，打造高素质职工队伍，持续推进产业工人队伍建设改革，团结动员广大职工在践行绿色发展理念、保障国家能源资源安全中更好发挥主力军作用，为全面建设社会主义现代化国家、全面推进中华民族伟大复兴作出积极贡献。

大力弘扬劳模精神、劳动精神、工匠精神 强化广大职工保障能源资源安全的思想引领

习近平总书记在回信中强调要“大力弘扬爱国奉献、开拓创新、艰苦奋斗的优良传统”，这是对地质工作者艰辛工作的勉励，更是激励广大职工踔厉奋发、勇毅前行的强大精神动力。我们要从习近平总书记回信中汲取力量，引导广大职工听党话、感党恩、跟党走，大力弘扬劳模精神、劳动精神、工匠精神，把“爱国奉献、开拓创新、艰苦奋斗”融入血液、注入灵魂、化为行动，努力锻造一支忠诚担当、求实创新、追求卓越、奉献光明的“电网铁军”，在保障国家能源资源安全中展现新作为。

劳模工匠为国家电网事业的蓬勃发展作出了突出贡献。在公司改革发展实践中，培育了262名全国劳动模范、466名全国五一劳动奖章获得者、165名中央企业劳动模范、1896名公司劳模工匠，从这些先进模范中涌现出了“时代楷模”张黎明、钱海军，“大国工匠”王进、黄金娟和“央企楷模”许启金等重大先进典型。他们充分发挥劳模精神、劳动精神、工匠精神，带领广大职工在重点工程建设、电力保供、抗疫保电、抢险救灾等急难险重任务中，忠诚担当、求实创新、追求卓越、奉献光明，在大战大考中充分彰显了“特别负责任、特别能战斗、特别能吃苦、特别能奉献”的“电网铁军”精神，这正是“爱国奉献、开拓创新、艰苦奋斗的优良传统”在公司广大职工中的传承弘扬。

国网工会将充分发挥劳模工匠的示范引领作用，在评选表彰“国网劳模”“国网工匠”的基础上，开展“电力工匠”塑造工程，“十四五”期间评选表彰5000名“电力工匠”，让广大职工学有榜样、行有方向、干有力量。深入开展劳模工匠“四进”（进班组、进工地、进社区、进校园）及职工“四学”（学精神、学作风、学品质、学技能）活动，宣讲“时代楷模”等先进典型不忘初心、牢记使命、听党指挥、为党尽责的政治品格，让劳模工匠成为传播党的二十大精神和习近平总书记回信精神的“种子”，在广大职工中生根发芽、温润人心，筑牢广大职工团结奋斗、保障能源资源安全的思想基础。

努力打造高素质职工队伍为践行绿色发展理念贡献智慧和力量

习近平总书记在回信中强调“积极践行绿色发展理念，加大勘查力度，加强科技攻关”。践行绿色发展理念，实现碳达峰碳中和，能源是主战场，电力是主力军，电网是排头兵，迫切需要建设一支知识型、技能型、创新型的高素质电网职工队伍。

一直以来，公司高度重视职工队伍建设，不断完善体制机制，转变人员观念，激发职工活力，在发挥劳动竞赛、技能竞赛平台作用，释放劳模工匠创新工作室辐射带动潜能，激活班组活力等方面持续发力，努力建设高质量、高素质的人才队伍。公司印发《关于落实公司科技创新大会精神进一步加强职工技术创新工作的意见》，推动公司职工技术创新向更大范围、更高层次、更深程度发展。目前，公司“双创”基地线上平台累计汇聚内外部创客 2.6 万余人、项目超过 1.1 万个。公司 6 项职工技术创新成果获国家科技进步奖二等奖，位居央企前列。5 年来，累计建成劳模工匠创新工作室 2600 余个，49 个被全国总工会命名为全国示范性劳模创新工作室；开发职工技术创新成果 5.6 万余项，4.3 万余项成果得到应用，3000 余项成果获市场化转化，获国家专利 3 万余项。

国网工会将继续大力引导广大职工立足岗位勤学苦练强本领，持续提升专业能力，在积极践行绿色发展理念中贡献聪明才智。聚焦重大工程、重大项目、重点任务，广泛深入持久开展劳动和技能竞赛，全面实施新跨越行动计划，发挥创新工作室示范带动作用，试点组建创新工作室联盟。充分发挥优秀职工技术创新成果评选的导向引领作用，组织开展职工技术创新优秀成果评选，推动创新活动深入一线，覆盖全员，多出快出“接地气、易推广”的成果。牢固树立抓班组就是强基础、促创新、育人才、提质效、谋未来的工作理念，以“班组建设新跨越、战略落地争先锋”为主题，多措并举，深化班组建设，组织开展“班组创新创效 工人先锋号在行动”活动，进一步夯实创新发展的基层基础基本功。

持续深化产业工人队伍建设改革 在保障能源资源安全中充分发挥职工主力军作用

实现党的二十大绘就的宏伟蓝图，要紧紧依靠工人阶级。产业工人是工人阶级中发挥支撑作用的主体力量，习近平总书记的回信是对产业工人地位和作用的充分肯定，我们要不断深化产业工人队伍建设改革，激发广大职工干事创业的积极性、主动性和创造性。

公司坚持全心全意依靠职工办企业，深入推进产业工人队伍建设改革。产改实施5年来，围绕“政治上保证、制度上落实、素质上提高、权益上维护”的总体思路，职工思想政治建设更加牢固、素质提升体系更加完善、成长成才平台更加广阔、权益保障更加有力、服务职工更加精准，公司产业工人队伍建设呈现出全面推进、多点突破、上下联动的良好局面。2020年，全国推进产业工人队伍建设改革协调小组将公司作为中央企业唯一代表，列为推进产业工人队伍建设改革第一批全国试点单位。公司制定试点工作方案，明确14项重点工作举措，聚焦改革难题，攻坚克难，得到全国推进产业工人队伍建设改革协调小组的充分肯定，于2020年、2022年刊发2期《专报》，推广公司做法。

产业工人队伍建设改革是一项长期性、系统性工作，责任重大、使命光荣。国网工会将深入贯彻落实习近平总书记关于工人阶级和工会工作的重要论述，把习近平总书记回信精神转化为推动工作创新发展的内生动力，持续推进产业工人队伍建设改革，以更高站位、更高标准、更大力度推动改革取得更大成效。充分认识产改的长期性、艰巨性，树立“一盘棋”思维，抓政策协同、抓落实协同、抓效果协同，使各项改革举措在政策取向上相互配合、在实施过程中相互促进、在改革成效上相得益彰，朝着产改总体目标聚焦发力。把产改纳入各级党委会议事日程、纳入各级同业对标考核体系，建立健全常态化听取改革汇报、研究推动解决改革相关问题的制度机制，增强改革的系统性、整体性、协同性。落实产业工人队伍建设改革“十四五”行动方案，明确5个方面20项重点任务，推动改革向纵深发展、向基层延伸。建立产改揭榜攻关长效机制，聚焦重点难点任务，绵绵发力，久久为功，建成一批成果突出、上下认可，可复制、可推广的示范单位和示范项目。通过公司内外媒体，全方位、多渠道地向广大职工宣传产业工人队伍建设改革工作目标和重点，营造全员参与改革、支持改革的浓厚氛围，激发广大职工干事创业的强大正能量，为保障国家能源资源安全、为全面建设社会主义现代化国家作出新贡献。

端牢能源饭碗　矢志创新发展
为保障国家能源安全贡献力量

杨义兴

2022 年 10 月 2 日，习近平总书记给山东省地矿局第六地质大队全体地质工作者回信中表示，“建队以来，你们一代代队员跋山涉水，风餐露宿，攻坚克难，取得了丰硕的找矿成果，展现了我国地质工作者的使命担当”。

回信强调，“矿产资源是经济社会发展的重要物质基础，矿产资源勘查开发事关国计民生和国家安全。希望同志们大力弘扬爱国奉献、开拓创新、艰苦奋斗的优良传统，积极践行绿色发展理念，加大勘查力度，加强科技攻关，在新一轮找矿突破战略行动中发挥更大作用，为保障国家能源资源安全、为全面建设社会主义现代化国家作出新贡献，奋力书写‘英雄地质队’新篇章”。

短短二百余字，是习近平总书记对地质工作者传承弘扬中华民族优良传统、对做好矿产勘查工作提出的殷切期望，更是对我国能源化工系统保障国家能源安全提出的殷切期望，字字珠玑，意味深长，令人振奋。

感悟精神伟力，坚决端牢能源饭碗

2021 年 10 月 21 日，习近平总书记在胜利油田考察调研时指出：“石油能源建设对我们国家意义重大，中国作为制造业大国，要发展实体经济，能源的饭碗必须端在自己手里。”刚刚结束的党的二十大报告强调，“确保粮食、能源资源、重要产业链供应链安全”“确保能源安全”。众所周知，能源是工业的粮食、国民经济的命脉。当前，世界面临的不稳定性不确定性突出，国际能源市场波动加大，能源供应短缺加剧，更加凸显了能源饭碗必须端在自己手里的极端重要性。

端牢能源饭碗是贯彻落实“四个革命、一个合作”能源安全新战略[①]的核心要求。早在2014年，习近平总书记站在统筹中华民族伟大复兴战略全局和世界百年未有之大变局的高度，提出了“四个革命、一个合作”能源安全新战略，为新时代我国能源高质量发展指明了方向。长庆油田贯彻落实“四个革命、一个合作”能源安全新战略，牢记习近平总书记在考察胜利油田时作出的“要加大勘探开发力度，夯实国内产量基础，提高自我保障能力”的重要指示，坚决落实油气勘探开发“七年行动计划”，不断开拓油气战略接替新领域，全方位提升能源供给保障能力，奋力实现“勘探大突破、原油稳增长、天然气大发展”，努力在危机中育先机、于变局中开新局。

端牢能源饭碗是更好服务国计民生、满足人民对美好生活向往的重要保障。长庆油田40多年的发展历程，始终坚持艰苦创业、报国为民，努力为国家提供能源和材料、满足人民生活需求，致力于服务经济社会发展和社会主义现代化建设；始终把人民对美好生活的向往作为奋斗目标，将发展成果体现在不断改善人民生活品质上。面对新的形势任务，能源的饭碗不仅要“端得稳”，确保稳定能源供给；而且要“端得好”，不断提高能源供给质量，推动油气开采清洁化、洁净能源规模化、生产过程低碳化，积极引领带动能源化工行业绿色低碳转型。

面对保障国家能源安全的历史重任，长庆油田勇担时代使命，坚定不移稳油争气，始终坚持以习近平新时代中国特色社会主义思想为指导，全力保障国家能源安全，油气勘探取得重要突破，增储上产势头良好，努力在“端牢能源饭碗”这场大考中交出优秀答卷。

扎根修井一线，坚守能源安全底线

1995年，我从长庆油田技工学校毕业，被分配到甘肃陇东油区一个修井

① “四个革命、一个合作”能源安全新战略：推动能源消费革命、能源供给革命、能源技术革命、能源体制革命，全方位加强国际合作。

小队当修井工，至今已扎根修井一线 27 年，与长庆油田建立了血肉交融、不可分割的联系。

长庆油田地处鄂尔多斯盆地，蕴藏着丰富的油气资源，但同时也是典型的低压、低渗、低丰度油田，属世界级开发难题。

2010 年，随着长庆油田开发方式的转变，水平井开采技术逐渐增多。面对水平井大修打捞、增产措施等国内技术难题，在没有成功经验可以借鉴的情况下，我带领团队，敢当“第一个吃螃蟹的人”。在水平井建设初期，从地质、钻井、下套管、固井、射孔、压裂、完井等工序提前介入，持续跟踪，研究水平井作业与直井、斜井常规作业的区别。经过一年多摸索，我初步掌握了水平井井下作业技术。

2011 年 11 月，施工单位在对怀平 6 井实施射孔作业时，不慎将 300 米长的射孔枪、射孔弹碎片以及配套钻具掉落在该井水平段位置，经过三个兄弟单位半年多的打捞，都以失败告终。许多专家调研后断言，这口井只能做报废处理。听到这个消息，我跑去找领导，立下“军令状”，接下这份打捞任务。

我带领人员现场调查，判断该井水平段位于井下 2100 米处，水平段长 900 米，300 米长的井下落物平躺在水平段中。经过井况调查和方案论证，我得出结论：只有先打捞出射孔枪与套管之间的射孔弹、弹夹碎片等小件落物，才能将其他管类落物打捞成功。面对水平段打捞小件落物这个国内难题，反复论证，多次试验，我研发出“隔腔式局部反循环打捞篮”等打捞工具。这种底部带“弹性抓手”的管状打捞工具，利用液体可携带小件落物回流的原理，成功打捞出射孔子弹 24 枚、弹夹碎片 1.8 公斤。随后，我们顺利打捞出其他管类落物，挽回经济损失 3100 余万元。这口井的打捞工艺技术填补了长庆油田水平井复杂大修打捞作业的空白，并在中石油系统进行了推广交流。

我经常对身边的同事说：“光说不练假把式，又练又说才算真把式。”修井工是“油井医生”，井场在哪里，“手术台”就在哪里。城 47-6 井是一口日产 6 吨的高产井，在一次作业中，有 670 米的油管掉落井筒，由于受重力影响，油管在井筒内扭曲变形，打捞难度极大。我们接到抢修任务后，一边现场调查事故原因，一边制订多套打捞方案，仔细分析铅模痕迹，研究判断井下状况，很快就制定出快捷高效的打捞方案。在21天的施工作业中，我们顶着严寒，来回奔波，现场会诊，先后自制打捞工具12件，成功捞获全部落物，使濒临报废的高产井“起死回生”。在这次打捞作业中，我们研发的“全天候母锥”等7件打捞工具为油井打捞作业首创，全部申请了国家专利，创造了在一口井施工过程中研发工具最多、申请专利最多的行业纪录。

传承工匠技艺，坚实百年长庆根基

2014年，长庆油田以我的名字命名成立了“杨义兴创新工作室”，团队力量、工作场所、科研经费得到了充实，团队如虎添翼。成立至今，工作室被授予“全国示范性劳模和工匠人才创新工作室”等8项荣誉称号。

一花独放不是春，百花盛开春满园。我是带头人，就有责任培养其他员工成为“爱油田、肯钻研、懂技术”的有用之才，为油气田开发建设储备后续力量。每次带领团队下基层上现场，围绕一线生产难题，开展创新创效的同时，我都毫无保留地将自己多年来积累的经验传授；每年受邀担任集团公司“井下作业技师培训班”授课教师，举办各类竞赛培训班，培训员工上千人次；累计培养出甘肃省技术能手、油田公司技能标兵、集团公司技能竞赛获奖选手等创新型人才数百人。

让一口口濒临报废的油井起死回生，是我作为一名普通修井工的职责；让一个个年轻后辈成长成才，是我作为一名先行者的职责。在长庆油田的一线生产现场，有千千万万个像我一样的石油人，他们扎根生产一线，默默奉献，闻油而动、闻气而喜，守正创新、传承技艺，在各自的岗位上发挥自身优势，万涓成水，汇流成河，不断坚实百年长庆根基，不断筑牢国家能源安全底线。

回顾习近平总书记对山东省地矿局第六地质大队的殷切期望，我作为中国能源系统的普通一员，面向未来，要继续深入学习贯彻党的二十大精神，全面贯彻习近平新时代中国特色社会主义思想，充分发挥自身优势，为保障国家能源安全贡献创新力量。

创和谐典范、建西部大庆，端牢能源饭碗，扛起大油田大担当，站在历史舞台上，长庆油田始终坚持在解放思想中坚定信心，以新视角审视资源潜力，以新思路找准突破方向，用科技创新的力量叩开油兴气旺之门，加快建设具有强大战略支撑力、强大民生保障力、强大精神感召力的中国能源中坚力量，全面推动年产油气当量6000万吨箭头向上，争当保障国家能源安全排头兵，在新征程上为党和人民作出新的更大贡献。

（本文作者系中国石油长庆油田分公司油气工艺研究院创新工作室领衔人）

打通前后一公里　我们就是一家人

潘永辉

中国共产党第二十次全国代表大会于2022年10月16日至22日在北京召开，党的二十大胜利召开前的10月2日，习近平总书记给山东省地矿局第六地质大队全体地质工作者回信，对他们弘扬优良传统、做好矿产勘查工作提出殷切期望。

学习宣传贯彻党的二十大精神，我们必须坚持全面准确，深入理解内涵，精准把握外延。要原原本本、逐字逐句地学习党的二十大报告和党章，学习习近平总书记在党的二十届一中全会上的重要讲话精神，着重把握“九个深刻领会”。学习宣传贯彻党的二十大精神，我们既要整体把握、全面系统，又要突出重点、抓住关键，学习宣传的着力点要放到“七个聚焦”上面，切实抓好党的二十大精神的学习领会和宣传贯彻。

当前，在学习宣传贯彻党的二十大精神和习近平总书记给山东省地矿局第六地质大队回信精神的这个时间节点上，作为一名来自贵州磷化集团的“磷化人”，我有着溢于言表的高兴和激动。

贵州磷化集团，前身最早可追溯到贵州开阳磷矿矿务局，同样成立于1958年，主要致力于打造具有贵州特色优势的现代磷化工与新能源材料高质量发展“双赛道”。磷矿资源就是我们事业发展的根基。没有磷矿石储量、品质的保证，现代磷肥磷化工、新能源材料就都无从谈起。

围绕磷矿产资源，我们一直在做“资源转化、市场应用”的“最后一公里”，而“最先一公里”在哪儿？其实就在我们地质工作者的脚下。所以，习近平总书记给山东省地矿局第六地质大队的回信，在我看来，同时也是对我们“磷化人”的勉励。

在回信中，习近平总书记强调，“矿产资源是经济社会发展的重要物质基础，矿产资源勘查开发事关国计民生和国家安全”。能源矿产资源作为“工业粮食”，是国家发展必不可少的物质基础，直接关系着国计民生和国家安全。因此，我国的地质事业自创立起，便与国家和民族的命运紧紧相连。

从我国地质工作的主要领导人、奠基人之一的李四光，到“黄土之父”刘东生；从激情四射、爱国奉献的大庆石油工人，到远离繁华、甘守寂寞的新时代地质勘查队伍……无数地质工作者将自己的知识、青春乃至生命献给了祖国的山河大地。

可以这么说，负责“前一公里”的地质人和负责“后一公里”的磷化人，心是紧紧连在一起的，各自打通前后一公里，大家都是一家人。

说到贵州地质工作和磷化事业，就不得不说到一个人，他就是贵州地质先驱罗绳武。他倾尽毕生心血于贵州地质探矿和地质教育事业，用脚步丈量了贵州山区 17 万多平方公里的广袤大地。他以极大的工作热情和骄人的工作业绩，奠定了贵州地质探矿事业的基础，被人们誉为贵州地质界的“活字典”“活地图”。

1953 年春夏之交，罗绳武在遵义金顶山脚牛蹄乡之北 21 公里处的滥田坝寒武纪底部地层，首次发现了磷块岩，揭开了贵州省磷块岩矿床勘查的序幕，继而又在遵义松林震旦纪顶部发现磷矿。他分析后指出，“应在洋水一带寒武纪地震旦纪地层接触线上，可望寻得磷矿”，这就是著名的“绳武推断”。1955 年，地矿工作者据此论断进行勘探，从而发现我国著名的质优量丰的开阳磷矿。这个理论还为贵州省几个大磷矿的发现提供了指导意见。

继“绳武推断”后，原贵州省工业厅地勘处、原地质部 309 队、原贵州省工业厅第五勘探队、原贵州省地质局开阳队、原贵州省地质局第三综合地质大队及 102 队、原贵州省化工地质队、原地质部西南测绘大队、原贵州省地质局测绘大队、原贵州省测绘局 110 测绘大队、贵州地矿 115 地质队的一代代队员跋山涉水、风餐露宿、攻坚克难，取得了丰硕的找矿成果，因此才有了贵州开阳磷矿、贵州省福泉联合磷矿，才有了贵州开磷集团、贵州瓮福集团，也才有了今天的贵州磷化集团。

当前，全党全国正掀起学习宣传贯彻党的二十大精神的热潮，在全面建设社会主义现代化国家新征程、向着第二个百年奋斗目标进军中，我们地质人、磷化人都将大力弘扬爱国奉献、开拓创新、艰苦奋斗的优良传统，为贵州乃至全国的地质事业和磷化事业作出我们新的贡献。

作为一名来自磷化工企业的工会工作者，我们将带头学习领会好党的二十大精神和习近平总书记给山东省地矿局第六地质大队回信精神，壮志"磷"云，打造先锋企业；春风"化"雨，心系职工群众的精神状态和工作作风，做好本职工作。

（本文作者系贵州磷化集团总部党委副书记、工会主席）

以“英雄地质队”为榜样 把地质工作论文写在祖国的大地上

许向宁

习近平总书记给山东省地矿局第六地质大队全体地质工作者的重要回信，仿佛在深秋里给中国百万地质大军带来了春天的喜讯。

作为全国最大的地勘局——四川省地质局党委第一时间组织学习习近平总书记重要回信精神，并号召全局各单位向山东地质六队学习。四川省地质局405队在局党委的号召和指导下，迅速掀起学习热潮，通过学习增强了发展信心、鼓舞了全队士气。

在党的二十大即将召开之际，这封饱含深情与期望的回信意义重大，充分体现了习近平总书记对全国地质工作者的关心和鼓舞，振奋人心、催人奋进。回信也充分肯定了地质工作在经济社会发展中的重要作用和贡献，增添了我们地质队伍实现找矿突破的信心和动力，更坚定了地质工作就是科技工作的探索，更加明确了地质工作是保障国家产业发展和促进生态文明建设的重要战略支撑，也为推动实现高质量发展、保障国家能源资源安全、全面建设社会主义现代化强国而有效发挥好地质工作的基础性、公益性和先行性作用，指明了方向，提供了根本遵循。地质工作定将大有可为。

共和国的发展与腾飞，地质队探矿寻宝功不可没。与山东地矿局形成东西呼应的四川省地质矿产勘查开发局（以下简称“四川省地质局”），70余年来，始终以保障国家资源安全和服务国计民生为己任，与共和国同频共振，卓越发挥了地质工作在国民经济建设中的基础性、先行性和战略性作用，为我国地质事业和四川省经济社会发展作出了不可磨灭的贡献。

四川省地质局，先后完成全省区域地质和区域矿产、区域地球化学调查、区域重力、区域水文等基础地质工作。发现矿产130多种，探明有储量矿种90余种，其中38种矿产保有储量名列全国前五位，天然气、钒、钛、锂、轻稀土等16种优势矿产在全国查明资源储量中位居第一，其中大型矿区180余处，总潜在经济价值达数十万亿元，为全省十大矿产基地的建立和全省经济发展提供了重要资源保障，有力地促进了攀枝花等一大批工业城镇及设施建设的兴起。相继探明甘孜州、阿坝州锂辉石矿，攀枝花石墨矿，凉山州稀土、磷矿等一批大型、超大型矿产地；积极参与推进钾盐及页岩气、煤层气、地温地热等清洁能源资源以及深部资源勘查评价工作。其中，300余项获国家、省部级科技成果奖，全局拥有6名“李四光地质科学奖”获得者。

可以说，在共和国重大工程项目中，都有四川省地质局闪亮登场。倾情参与“5·12”汶川特大地震等重大地质灾害的救灾和治理，铸造了地灾防治的“地矿铁军”品牌；出色完成了川藏铁路、天府国际机场等重大工程地勘工作任务；完成了全省主要大中城市供水及农田供水水文地质勘查，开展红层找水调查与区划，解决了800余万人的饮水困难；开展多目标地球化学调查、金土地工程等项目，推动四川由农业大省向农业强省转变；完成全省文旅普查，调查评价并申报创建3个世界级、18个国家级、13个省级地质公园和2个国家矿山公园；积极服务生态文明建设，完成了岷江、嘉陵江等大江大河生态环境地质调查，推进黄河上游若尔盖草原湿地山水林田湖草沙冰一体化修复治理，取得了良好的社会和环境效益。

迈入新时代，四川省地质局始终坚持以习近平新时代中国特色社会主义思想为指导，立足新发展阶段、贯彻新发展理念、融入新发展格局，推进高质量发展，强化“为工业找矿，为产业和民生服务”的初心和使命，大力推动“五个地矿”建设，扎实推进“地质+”和“互联网+地质”战略，在中国西部地质创新高地建设新征程中，不断谱写四川地质事业新篇章。

通过对习近平总书记回信的深入学习，我们心潮澎湃、感同身受，就如同写给我们自己。山东地质六队扎根深山、跋山涉水、艰苦奋斗为国找金矿的经历队史，与我们405队扎根雪域高原为国找铀矿的历程相似，有着一样的地质报国心和同样的使命担当。1965年，为响应国家“三线建设”号召，肩负祖国发展核事业的历史使命，405 队诞生在川西阿坝州若尔盖雪域高原，扎根深山 28 年，“做隐姓埋名人，干惊天动地事”“献了青春献终身，献了终身献子孙”，矢志不渝、接续奋斗，为国家探明急缺超大型铀矿床资源。1978 年，四川省地质局 405 队应邀出席首届全国科学大会，获得嘉奖。

进入新时代，我队积极践行习近平生态文明思想和总书记关于“加强矿产资源勘查、合理开发”的指示精神，攻坚克难 5 年，能动创新，牵头编制和策划推动了四川省委省政府 2022 年度重点项目——《四川黄河流域上游若尔盖草原湿地山水林田湖草沙冰一体化保护和修复工程》，获得国家奖补资金 20 亿元，省级财政支持 24.9 亿元，为川西北生态示范区及黄河上游生态建设保护提供了极其重要的支撑。该项成果得到院士专家组的高度评价认可，达到国际先进水平，其中基于地质—生态系统自然演化规律的高海拔草原湿地绿色发展“若尔盖模式”研究，填补了空白。我们扎根四川达州宣汉县 8 年，开展川东北深部锂钾资源勘查与开发工作，取得找矿突破，为达州锂钾资源从勘探走向开发，实现从 0 到 1 的突破，打下了坚实基础，发现了可水溶开采的新型杂卤石钾盐矿和富锂钾卤水，为加快建设成渝双城经济圈万达开天然气锂钾综合利用集聚区、培育争创全省川东北区域副中心城市经济发展提供了有力的技术和资源支撑。

下一步，我们将深刻理解和把握习近平总书记对地质找矿成果和地质工作者优良传统的充分肯定，结合党的二十大会议精神，以“英雄地质队”为榜样，积极向山东省地矿局第六地质大队学习，秉承先辈“地质报国”的情怀担当和使命责任，来报答习近平总书记对地质工作的这份厚爱和关心。一是坚定信心，在改革和发展中重塑我们地质队伍和地质工作服务功能作用，以更好的服务满足经济社会发展需要。二是立足当前工作，在平凡的工作中创造不凡，继续作出地质人的智慧贡献，实现我们身为地质工作者的人生价值。三是持续深入创新，切实把地质工作当成科技工作，在新一轮战略找矿突破行动中创新作为，赢得新的发展。四是积极响应习近平总书记、党中央的时代号召，秉持“为工业找矿，为产业和民生服务”的四川地质工作理念，传承弘扬地质优良传统和文化精神，充分发挥地质工作作用，深入服务支撑经济社会发展，“把论文写在祖国的大地上”，做新时代有为的地质人！

最后，我想说，地质人的心中始终装着祖国。我也深信，祖国不会忘记四川省地质局，不会忘记405地质队。

（本文作者系四川省地质局405地质队队长）

弘扬“时代楷模”精神 当好新时代点亮万家灯火的“蓝领工匠”

张黎明

2022年10月2日，党的二十大胜利召开前夕，习近平总书记给山东省地矿局第六地质大队全体地质工作者回信，对他们弘扬优良传统、做好矿产勘查工作提出殷切期望。党的二十大是在全党全国各族人民迈上全面建设社会主义现代化国家新征程、向第二个百年奋斗目标进军的关键时刻召开的一次十分重要的大会。习近平总书记的报告举旗定向、指路引航、博大精深、内涵丰富，主题特别鲜明、内容特别全面、新意特别突出，是一篇开启新征程、引领新征程的报告。作为一名来自基层的产业工人，能够亲历我们党发展历史上具有里程碑意义的盛会，有幸亲耳聆听习近平总书记指引新时代前进方向的重要报告，我深感震撼、振奋，更感到自豪、自信。

这是我代表国家电网人，第二次参加党的全国代表大会，第15次走进人民大会堂，第10次现场聆听习近平总书记讲话。可以说，我的心情始终如一，那就是心潮澎湃，热血沸腾；但感受又有不同，那就是更加为党和人民自豪。最难忘的是习近平总书记从容自信、大步走向报告席时，在雷鸣般的掌声中，那泱泱大国卓尔不凡的领袖风范、强大气场，让所有人灵魂震撼，那步伐是中华民族迈向世界舞台中央的步伐。那一刻，“我将无我，不负人民”的铮铮誓言在我的耳边回荡，无比真切、直观地体会到“两个确立”是党心所向、民心所向，是实现第二个百年奋斗目标的最大政治保证。更加为国家和民族自豪，最骄傲的是习近平总书记在报告中，回顾了新时代10年的历史性成就、历史性变革，明确了新时代新征程中国共产党的使命任务，擘画了全面建设社会主义现代化国家的新蓝图，让我深深理解了什么叫作中华民族伟大复兴进入了不可逆转的历史进程！更加为国家电网自豪，最感动的是，在接受媒体采访、与代表交流时，各界对国家电网公司在能源保供、科技创新、营商环境、抢险救灾等领域发挥的“顶梁柱”作用，无不由衷钦佩，纷纷称赞国家电网是当之无愧的“大国重器”！

闭幕会那天，我作为22名代表之一，走上了党代表通道。当万千聚光灯打到身上时，我的第一句话是“我叫张黎明，来自国家电网”。我深知这是全球瞩目的一刻，荣光绝不属于个人，而是属于150万国家电网人。我为我是一名产业工人、一名国家电网人而感动、自豪。党的二十大报告中多次提及工人阶级，充分体现了党和国家对工人阶级的高度重视和充分尊重。党的二十大召开之前，习近平总书记给山东省地矿局第六地质大队回信，体现了以习近平同志为核心的党中央对国家能源资源安全的高度重视，就大力弘扬优良传统、保障国家能源资源安全提出了明确要求，为做好新时代产业工人指明了方向，提供了根本遵循。作为新时代产业工人，我们将认真贯彻落实回信精神，牢记“三个务必”，倾尽一生报党恩。

为党宣传一辈子　努力在奋进新时代新征程中当好“宣传员”

习近平总书记讲，“新征程是充满光荣和梦想的远征”。为党鼓与呼，聚起万众心，把远征变胜途，是每名党代表的神圣责任。全方面、多维度宣传党的二十大在政治上、理论上、实践上取得一系列重大成果，对新时代党和国家事业发展、推进中华民族伟大复兴历史进程，对夺取中国特色社会主义新胜利具有重大而深远的意义。近年来，作为天津市“新时代百名劳模宣讲团”和“新时代新人物进校园”讲师团队成员，我深入社区街道、高校、企业、车间班组等开展各类宣讲120余场，听众近8万人次。前不久，我非常荣幸地被中宣部授予“全国基层理论宣讲先进个人”，备受鼓舞的同时，也让我感觉光荣的使命在肩，更加明确了接下来的奋斗方向，学习贯彻越是往深里走，宣传宣讲越是要往深里引。我将按照“三个牢记”要求，全面准确学习领会党的二十大精神的思想精髓与核心要义，继续发挥扎根一线35年、供电抢修贴近群众的优势，以家常话唠“精神”、用身边事讲“政策”，为党发声，讲出信仰的味道，讲出思想的力量，用脚踏实地的足迹和朴实无华的语言，让党的好声音“飞入”寻常百姓家。

为事业创新一辈子　努力在中国式现代化进程中当好“电创客”

党的二十大明确提出，坚持创新在我国现代化建设全局中的核心地位，报告中有44次提到“科技”、55次提到“创新”，并深刻指出“必须坚持科技是第一生产力、人才是第一资源、创新是第一动力”。近年来，国网公司党组高度重视和鼓励一线工人自主创新，专利申请量和累计拥有量连续11年排名央企第一。围绕“双碳”目标落地、构建新型电力系统等重点工作，通过技术创新连续攻克特高压输电、大电网安全等关键核心技术，持续保持全球特大型电网最长安全纪录。我所在的国网天津电力推出鼓励创新“双八”举措，建成了63个劳模创新工作室，引领各专业领域以创新解难题促提升，特别是在实施“1001工程”建设中，不仅建成了一张崭新的坚强天津电网，更重要的是通过技术创新促进了电网升级转型，建成了零能耗小屋、智慧能源小镇、大张庄清洁能源互联网示范工程等一批智能电网示范项目，培养了一批高素质的专家型技能人才队伍，实现了个体先进向群体先进的拓展升级。基层的创新创业环境越来越好，对我们一线产业工人来说是最大的鼓励。我将聚焦“新型能源体系”，坚持从人民“急难愁盼”中找创新点，把国网公司与天津市携手打造电力“双碳”先行示范区作为主战场，积极参与天津双碳运营服务中心、国际领先型城市配电网等项目建设，迭代升级配网带电作业机器人；助力城市更新、推广移动共享充电桩等普及产品，坚决兑现“党代表通道”上向全国人民作出的承诺，为国家科技自立自强贡献工人力量。

为人民服务一辈子　努力在人民追求幸福美好生活中当好“电保姆”

党的二十大报告指出，“江山就是人民，人民就是江山”。党和国家的根基在人民、血脉在人民、力量在人民。11年前，习近平总书记视察国家电网四川成都高新共产党员服务队时，要求“把共产党员服务队建设常态化、制度化，做好电力先行官，架起党联系群众的连心桥”。这些年，国网公司共产党员服务队在不断强化标准化建设的同时，逐步发展壮大，规模从2011年的39支、队员不足800人，到目前的4879支、队员11万人。布局从部分市县发展到覆盖公司全部经营区域，工作范围从日常供电服务、爱心志愿服务等方面，延伸到重点工程建设、重大科技攻关、客户增值服务等各个领域、各条战线。特别是在抗洪、抗疫等急难险重任务面前，广大党员冲锋在前，充分彰显了国网人的责任与担当。作为国网天津电力黎明共产党员服务队队长，我带领队员们一直牢记习近平总书记的谆谆教诲，持续开展“节能互助 照亮邻里”惠民志愿行动，组织水、电、气、热等各行各业，共同组建公共服务行业党员服务队联盟，进一步打通服务群众的“最后一公里”，以实际行动架起党和群众的“连心桥”。“黎明出发，点亮万家”服务赢得群众认可，这是对我最大的鼓励。我将继续秉持“人民电业为人民”的企业宗旨，扎实做好电力保供、志愿服务等工作，深化水、电、气、热党员服务队联盟，助力营商环境优化。同时，发挥典型引领作用，努力带动更多人，在党的旗帜下团结成“一块坚硬的钢铁”，以“群体先进”风貌，一步一个脚印把党的二十大作出的重大决策部署付诸行动、见诸成效。

征程万里风正劲，重任千钧再出发。新的征程已开启，我将时刻牢记初心使命，坚定理想信念、坚定奋斗意志、坚定恒心韧劲，带动更多人奋进新征程、建功新时代，为全面建设社会主义现代化国家、全面推进中华民族伟大复兴贡献全部的智慧和力量。

（本文作者系国网天津滨海公司配电抢修班班长、滨海黎明共产党员服务队队长）

突出工会“三性”　聚焦“三个做到”
用党的二十大精神引领管网事业高质量发展

吴锡合

在党的二十大召开之前，习近平总书记回信勉励山东省地矿局第六地质大队全体地质工作者，强调要积极践行绿色发展理念，加强科技攻关，为保障国家能源资源安全作出新贡献。在党的二十大报告中，习近平总书记更是多次对高质量发展工作提出新的重要要求。国家管网集团作为“新的国家队”，要充分发挥工会组织政治性、先进性、群众性作用，不断以党的二十大精神为指引，推动管网事业高质量发展，在推进能源革命和保障国家能源安全方面贡献管网力量。

突出政治性　做到培根育魂　深入学习宣传贯彻党的二十大精神

要聚焦目标导向。习近平总书记在党的二十大报告中指出，要建设现代化产业体系，加快建设制造强国、质量强国、数字中国。产业工人作为建设社会主义现代化国家的骨干力量，在实现“两个一百年”奋斗目标的征程中，各级工会组织必须把党的二十大精神学习好、宣传好、贯彻好，充分激发产业工人积极性、主动性、创造性。作为国家管网集团西气东输职工，要持续不断培育“铁军文化”，锤炼铁的信仰，不断用习近平新时代中国特色社会主义思想培根铸魂，把习近平总书记最新重要讲话和重要指示批示精神第一时间传达到基层一线，不断提高全员思想政治觉悟，增强信仰信念信心，持续打造一支最有信仰、最讲政治的管网铁军。

要聚焦做到“两个维护”。各级工会组织要加强管网职工的政治理论学习，建立切实可行的制度，引导管网职工深刻领会党的二十大精神，做到“九个深刻领会”和“七个聚焦”，坚定做“两个确立”的忠诚捍卫者和“两个维护”的示范引领者，在思想上政治上行动上始终同党中央保持高度一致，自觉维护党中央权威，坚决贯彻党的意志和主张，用党的二十大中提出的新理论新论断指引方向，将党的理论和政治方针路线化为工会组织的行动指南，把党的决策部署变成管网职工的自觉行动，更好地发挥工会联系管网职工群众的传统优势。

要聚焦系统性推进。党的二十大报告作为纲领性文献，要坚定不移把学习宣传贯彻党的二十大精神作为当前和今后一个时期的首要政治任务，用党的二十大精神统一思想和行动。各单位党组织书记要坚持党建带工建，深入基层一线主动面向管网职工宣贯党的二十大精神，做好理论宣讲，要用通俗易懂的语言，引导全员做“四个革命、一个合作”能源安全新战略践行者、推动者、引领者。工会组织要发挥典型先进作用，用全国五一劳动奖章、劳动模范、杰出青年、道德模范等英模示范，主动宣讲作事迹报告，激发职工学习先进、靠拢先进的浓厚热情。各级工会组织负责人要主动撰写党的二十大精神体会文章，做好理论阐释与引导。宣传部门要用生动的人物故事，诠释贯彻落实党的二十大精神，凝心聚力引领方向，引导管网职工为建设中国特色世界一流能源基础设施运营商努力奋斗，更好地服务国家战略、服务人民需要、服务行业发展。

突出先进性　做到实践育才　投身第二个百年奋斗新征程

要突出使命担当。劳模精神、劳动精神、工匠精神是我国工人阶级先进性的生动体现，是我们时代的宝贵财富，是激励全体管网职工团结奋斗、勇往直前的强大精神力量。要按照习近平总书记重要指示精神要求，大力弘扬爱国奉献、开拓创新、艰苦奋斗的优良传统，凝聚管网事业职工智慧，不断在管道科技攻关、创新创效中取得新突破，特别是集聚管网职工力量进行管道事业原创性、引领性科技攻关，坚决打赢以压缩机组、大口径阀门、高端计量技术标准装备、自动控制系统、数字化流程等核心技术攻坚战，开展实施一批以输氢能、数字化资产等具有战略性全局性前瞻性研究，引领管道建设技术和企业治理能力的发展。要不断练就职工铁的本领，不断激发职工群众立足本职岗位、创造一流业绩，推动职工在安全生产、市场开拓、改革创新、工程建设、省网融入等工作上敢作敢为、善作善成，强化为推动中国特色社会主义伟大事业而奋斗的能源安全保障责任感和使命感。

要突出以人为本，激发职工创造性。加强科技攻关，组建尖兵团队、攻关力量，完善“揭榜挂帅”机制，强化群众性创新活动，依托创新工作室、劳模工作室、技师工作室等创新工作平台，健全完善成果发布激励机制，为管网职工建立充分展示智慧能力的舞台。要聚焦职工基本功训练，推进“设备再认识、流程再学习”活动常态化，做活岗位练兵、师带徒、技术技能竞赛、“安康杯”竞赛等特色活动。积极搭建各类平台，多渠道分类别地组织开展务实管用的专题培训实训，推动职工把练习技能、提升素质学在经常，练在日常，月月有进步，年年有收获，引导全员终身学习，不断提高能力素质，争做各个岗位的高技能人才、领军人才、青年科技人才、卓越工程师、大国工匠。要加强对管网职工人才队伍建设的统筹谋划，建立“登高计划”，重点做好智慧管网、管道腐蚀与防护、储气库等急需紧缺人才培养，建立完善数字化治理、能源生态研究等高端人才引进培养管理机制，不断优化高素质技能人才的培养途径。要建立以价值创造和业绩贡献为导向的薪酬分配制度，完善考核激励与追责问责机制，围绕改革发展需要用好人才、用活人才，做到真心爱才、悉心育才、倾心引才、精心用才，全面激发管网干部职工干事创业的动力、活力。

要突出守正创新，大力培育“铁军文化”。借鉴军队模式经验，坚持“结果导向、团结协作、科技创新”，通过宣传教育、参观红色基地、开展“四史”学习，创建集团公司思想文化教育基地和站队特色文化等，大力弘扬伟大建党精神和发扬社会主义核心价值观，以凝聚人心、汇聚力量，不断坚定中国特色社会主义理想，持续锻造铁的信仰，做最讲政治、最有信仰的能源“革命军”；要通过技术比武和技能竞赛等方式，练就铁的本领，争当油气储运领域的行业标兵、领军人物；要在急难险重任务上，扛起铁的担当，在推动管网事业高质量发展中冲锋在前、建功立业；要通过“铁军”内务、“铁军”体能训练，锤炼铁的作风，不讲条件、行动迅速，逢敌亮剑、永不言败；要通过政治纪律、十大禁令执行、九条规定落实和“四风八规”落地，严明铁的纪律，严守纪律红线，恪守道德高线。持续培育“铁军”英模，建立英模选树台账，保证“含金量”，在德、能、勤、绩、廉上做表率，持续提高管网职工能力素质和精气神。通过开展“媒体走进西气东输”品牌宣传，创作系列微而精的文化艺术作品，推动“举旗帜、聚民心、育新人、兴文化、展形象”落地见效，着力打造一支听党指挥、能打胜仗、作风优良的新时代管网“铁军”。

突出群众性　做到温暖育情　始终发挥工会组织桥梁纽带作用

要始终坚持以人民为中心的思想，践行党的群众路线，坚持服务管网职工，充分发挥工会组织桥梁纽带作用，增强对职工群众的感情，密切同职工群众的联系，为他们排忧解难，始终同职工群众心连心。要把握重点难点方向。按照“实现好、维护好、发展好最广大人民根本利益，紧紧抓住人民最关心最直接最现实的利益问题”要求，通过持久深入开展“面对面、心贴心、实打实”服务职工在基层活动，广接地气，使工会组织和职工群众始终保持“零距离”联系；重点维护好习近平总书记提出的职工群众的“六最”利益，即职工群众“最关心、最直接、最现实的利益问题”和“最困难、最忧虑、最紧迫的实际问题”，使工会组织不断扩大党的群众基础，不断夯实巩固党的执政地位，真正成为广大职工群众信赖的“职工之家”，使工会干部真正成为职工群众信赖的“娘家人”。

要把握实事实效方向。推进“我为群众办实事”长效机制，工会组织经常性深入基层调研、发放调查问卷，充分发挥网络健全、联系职工紧密优势，有效地起到润滑剂、减压阀和报警器作用，真正深入职工、了解职工、倾听职工，了解并推动解决职工“急难愁盼”问题，始终做职工的“贴心人”。要建立心理咨询机制，开展心理健康培训，开通心理热线，始终做职工的“暖心人”。要落实做好“三必知、四必谈、五必访”，聚焦维权、帮扶、关爱、责任，做好职工的一人一事思想政治工作，不断完善“春送岗位、夏送清凉、金秋送学、冬送温暖”四季送制度，做好女职工特殊权益保护工作。要加强职工参与企业管理，培育和增强职工主人翁意识，利用职工代表大会、厂务公开等各类民主管理手段，动员广大职工主动参与民主管理，提升厂务公开民主管理水平，切实维护职工权益，凝聚职工力量。

要把握情感融通方向。发挥工会桥梁纽带作用，开展丰富多彩的文体活动，开展职工演讲、文艺会演，建立职工小家、图书阅览室，举办运动会、健步走、拔河比赛等特色文体活动，丰富广大干部职工的精神文化生活。坚定传承中华优秀传统文化，在春节、元宵节、端午节、中秋节等传统节日期间，开展猜灯谜、包粽子等形式多样、健康有益的文体活动，结合党史学习教育长效机制，开展“节日里的党史”特色活动。拓展员工业余兴趣爱好，成立书画、摄影、篮球等个文体协会，力争每一名员工都能找到兴趣爱好，让工会真正成为职工的温情家园，让温馨的精神家园成为职工精神生活与精神支柱的港湾，健康工作，快乐生活。

总之，深入学习宣传贯彻党的二十大精神，关键是各级工会组织要充分发挥工会组织的“三性”，坚持“三个做到”和“三育”，切实把广大管网职工的思想统一到党的二十大精神上来，把力量凝聚到党的二十大确定的各项任务上来，激励全体管网职工以更加昂扬的斗志、更加奋进的姿态、更加有力的举措，踔厉奋发、勇毅前行，为推进管网事业在新一次能源革命高质量发展谱写新时代更加出彩的绚丽篇章贡献工会力量。

（本文作者系国家管网集团西气东输公司工会副主席、党群宣传部部长）

牢记地质报国初心　奋力打造现代地矿

王　成

祖国 73 周年华诞，恰逢党的二十大胜利召开，习近平总书记回信勉励山东省地矿局第六地质大队（以下简称“六队”）全体地质工作者，这既是对六队在矿产资源勘查开发工作中取得丰硕成果的充分肯定，也是对全国广大地质工作者的鼓励与鞭策。地质工作能够得到习近平总书记的重要指示，我作为一名工作 30 余年的老地质工作者，作为一名地勘单位负责人，备受鼓舞、倍感振奋。

河北省地质工程勘查院（以下简称“工勘院”）从新中国第一支地质队（北京地质调查所白云鄂博铁矿调查队）走来，几代地质人深耕太行山 60 年，提交矿产地 140 余处，先后荣获全国文明单位、全国模范地勘单位、首届中国百强地质队等称号。在全面建设社会主义现代化国家新征程中，工勘院当胸怀“国之大者”，深入思考地质工作的先行性、基础性、战略性，为实现河北省地矿局提出的打造现代地矿的奋斗目标，不断提升政治统领力和事业服务力，在保障国家能源资源安全和生态文明建设中再创佳绩，书写地质报国的新篇章。

增强政治统领力，在推进党建与业务融合中见实效

习近平总书记的重要回信为地质工作把脉定向，是我们工作的强大精神动力，是未来工作的行动指南。我们要不忘地质报国初心，深刻领会精神内涵，以习近平新时代中国特色社会主义思想为指引，坚定不移从政治上考量、在大局下行动，以实际行动坚定拥护“两个确立”、坚决做到“两个维护”，

不断增强“四个意识”、坚定“四个自信”，在思想淬炼和政治历练中为行动把稳思想之舵，做习近平新时代中国特色社会主义思想的坚定信仰者和忠诚实践者。

要持续增强党建与业务深度融合，充分发挥党组织的政治功能和组织功能，充分发挥党支部的战斗堡垒作用和党员的先锋模范作用，紧紧扭住“项目”这个关键载体，在谋划项目、竞争项目、落实项目、实施项目、质量督导和资料归档全过程中，以“讲政治”引导知行合一，运用党建与业务融合的思维和方法推动工作，弘扬“支部建在连上”，让党旗飘扬在项目一线，让前哨作用发挥得更突出、更典型。

提升事业服务力，在保障国家能源资源安全中立新功

目前，我国矿产资源安全形势复杂，主要矿产品对外依存度持续上升，多数大宗金属矿产呈供不应求态势，战略性矿产供需矛盾突出。随着国家经济转型和重大战略实施，矿业发展态势逐渐走低，但矿产资源在国家高质量发展中的基础地位和作用没有改变。适应国家生态文明建设和发展战略调整，优化调整矿产资源供给侧结构，强化勘查部署，增加资源储量，提升保障能力，将是我们提升事业服务力的一个重点，是未来一段时间的一个工作重心。

矿产勘查是工勘院的核心主业。历史上为新中国提交了第一份合格的地质报告，在白云鄂博探明了第一个世界级铁矿和稀土；在未来新一轮战略找矿行动中，必当紧紧围绕国家紧缺矿产、战略新兴矿产和传统优势矿产，全力争取新的找矿重大突破，从产业链的源头上为经济社会发展保驾护航。

要在战略性新兴矿产勘查上突出“精准”，紧紧围绕铁、铜、金、锰等紧缺矿产和三稀、晶质石墨等战略新兴矿产，找大矿、找好矿，并在此基础上进行地质找矿的科研创新。

要在就矿找矿、攻深找盲上突出“综合”，利用最新地质工作成果和航磁、化探等地质资料，采用地、物、化等集成方法，在已知大中型老矿区深部及外围积极开展探边摸底工作，争取快速实现增储及找矿突破，延长矿山

服务年限。

要依托河北省新一轮基础地质调查成果，应用先进遥感技术、地理信息技术平台和全球卫星定位系统，优选找矿新靶区，寻求找矿新突破。

要将绿色发展理念融入矿产资源规划、勘查、开发利用与保护全过程。一方面，积极争取绿色勘查技术方法创新，提升绿色勘查、深部钻探能力和水平，谋划开展新型泥浆在钻探工程中的利用研究，加强尾矿库的综合利用；另一方面，充分利用“城市矿产”，积极完善再生资源相关标准，发展循环经济，拓展资源供给渠道。

优化地质多元之供，在服务生态文明建设中谋新篇

习近平生态文明思想中有许多涉及地质行业的新理论、新理念，如“两山理论”“和谐共生”“山水林田湖草沙一体化保护和系统治理”等，以及“地质多元性”与“生态多样性”的重合、“地质系统服务”与“生态系统服务”的重合，一系列的地学新概念和新认知，推动着地质工作结构重大战略调整，资源、环境、生态、灾害、空间之间彼此独立又相互作用，加快了地矿事业从服务传统矿产资源转向生态文明和自然资源管理的步伐。习近平总书记的重要回信中强调的“践行绿色发展理念，加大勘查力度，加强科技攻关”，就是我们打造“现代地矿”的必由之路，未来的地矿事业应当能够支撑服务自然资源数量、质量、生态三位一体的管理，不断提升地质工作创新力、引领力和影响力。

工勘院始终践行绿色发展理念，统筹推进地灾应急、矿山修复、测绘地理信息、国土空间规划、自然资源确权、土地质量调查、城市地下管网测量等多元地质业务。

要普及政策导向，以服务政府急需与必需为出发点。从院领导班子到每一名地质技术人员都要精研细读政策文件，对项目工作的政策导向有明确的认知，更快、更全、更深刻地把握好专业领域政策需求和动向，寻找契机、开阔思路，提升谋划典型项目的站位和高度。

要完善立项机制，朝着更有影响力、更大规模的立项方向努力。加快向新的业务领域和地域空间拓展立项，持续加强部门联合，发挥综合地质队伍的多元专业优势，整合优质资源，谋划大型综合项目，着力提升优势部门牵头、多部门配合的综合实力，朝着山水林田湖草沙一体化保护和系统治理方向，朝着地质找矿与生态环境保护“双赢”方向，做好综合项目和典型项目谋划。

要逐步建立并完善对接科研院所、大学院校（系）、局专家团队（创新团队）、省市县相关部门的“五个一”项目工作模式。持续推进“借联并举”工作方法的具体实践，把全面深入的信息沟通和磋商研讨做到位。与此同时，加强公益性资质建设，筑牢地矿事业发展的根基，从自身的主要职责出发，系统性谋划和推进公益属性地质资质建设工作。

以政治统领力为核心，持续强大事业服务力的硬核，牢牢把握项目谋划的关键。在一个个典型项目实践、典型成果创造中，把自己的每一分努力都融入地矿事业的现代化进程中，成为推动“伟大复兴”的一粒能量分子。我们，是收信人，更要做精研细读、系统谋划、贯彻落实的答卷人。

道阻且长，行则将至；行而不辍，未来可期。党的二十大胜利召开，新征程已然铺展，作为中国式现代化在地质工作领域的具体实践，我们当继承和发扬老一辈地质人的光荣传统，始终牢记习近平总书记的殷切嘱托，不忘地质报国的初心，以实际行动为打造“现代地矿”的发展新局而努力奋斗！

（本文作者系河北省地质工程勘查院院长、河北省地质学会理事）

以党的二十大精神为指引 把“英雄地质队”的榜样示范转化为广大职工团结奋斗的磅礴力量

梁传国

党的二十大为带领全党全军全国各族人民坚定信念、踔厉奋发、勇毅前行、团结奋斗，奋力谱写全面建设社会主义现代化国家崭新篇章，提供了根本的方向和战略指引，极大地鼓舞了我们奋进新征程、建功新时代的信心和决心。党的二十大胜利召开前夕，习近平总书记给山东省地矿局第六地质大队全体地质工作者回信，给予他们充分肯定并提出希望。南方电网公司广大职工和工会干部备受鼓舞、倍感振奋，兴起了深入学习宣传贯彻党的二十大精神和习近平总书记回信精神的热潮。

深刻领会党的二十大精神，增强政治责任感和历史使命感

党的二十大具有重大现实意义和深远历史意义，学习党的二十大精神，需要深入领会其精神实质、把握核心要义、明确奋斗目标。

一是深刻领悟“两个确立”的决定性意义，坚决做到“两个维护”。学习宣传贯彻党的二十大精神，最根本是要牢牢抓住“两个确立”这个关键，牢记“国之大者”，不断提高政治判断力、政治领悟力、政治执行力，进一步深刻领悟“两个确立”的决定性意义，更加自觉增强“四个意识”、坚定“四个自信”、做到“两个维护”，始终在政治立场、政治方向、政治原则、政治道路上同以习近平同志为核心的党中央保持高度一致。这要求我们把思想和行动统一到党的二十大精神上来，把工作放在党和国家事业全局中来审视和谋

划，把党的二十大作出的重大决策部署转化为具体目标和工作任务，推动党的二十大精神落实到工作的全过程、各方面。

二是深刻领会过去5年工作和新时代10年伟大变革的重大意义。5年来，以习近平同志为核心的党中央团结带领全党全国人民，攻克了许多长期没有解决的难题，办成了许多事关长远的大事要事，有效应对了接踵而至的巨大风险挑战，党和国家事业取得历史性成就、发生历史性变革。10年来，习近平总书记以非凡的理论勇气、卓越的政治智慧、强烈的使命担当，领导全党全国各族人民抓住机遇、攻坚克难，推进中华民族从站起来、富起来到强起来的伟大飞跃，实现中华民族伟大复兴进入了不可逆转的历史进程。具体到南方电网，新时代10年里，公司资产总额、售电量均突破万亿元大关，在世界500强企业排名跃升至第89位，公司各项事业的长足进步，都是新时代10年能源电力发展的生动缩影。这要求我们鉴往知来，坚定历史自信、增强历史主动，继续奋发进取，在新时代新征程上展现新气象、新作为。

三是深刻领会开辟马克思主义中国化时代化新境界。习近平新时代中国特色社会主义思想是马克思主义中国化时代化的最新成果，是坚持“两个结合”的光辉典范。习近平新时代中国特色社会主义思想的世界观和方法论是党的最新理论创新成果的活的灵魂。这要求我们学好用好、活学活用习近平新时代中国特色社会主义思想的世界观和方法论，特别是深入践行习近平总书记“以人民为中心”的发展思想，系统学习运用习近平总书记关于工人阶级和工会工作的重要论述，推动工会工作创新发展。

四是深刻领会以中国式现代化推进中华民族伟大复兴的使命任务。党的二十大报告深刻阐明了中国式现代化的中国特色，提出中国式现代化的本质要求，明确了推进中国式现代化必须坚持和加强党的全面领导、坚持中国特色社会主义道路、坚持以人民为中心的发展思想、坚持深化改革开放、坚持发扬斗争精神等5条重大原则。中国式现代化创造了人类文明新形态。党的二十大全面部署了今后5年推进中国式现代化的战略任务和重大举措，对能源电力进行了科学谋划、作出专门部署，这要求我们落实总体国家安全观，端牢能源饭碗，确保稳定能源供给，筑牢重要能源资源国内生产自给的战略底线，协同推进低碳转型与供给保障。

五是深刻领会以伟大自我革命引领伟大社会革命的重要要求。党的二十大报告指出，全面建设社会主义现代化国家、全面推进中华民族伟大复兴，关键在党，对深入推进新时代党的建设新的伟大工程作出全面部署，强调全面从严治党永远在路上，党的自我革命永远在路上，充分体现了党对严峻复杂考验的清醒认识，对以党的自我革命引领社会革命的高度自觉。工会作为党联系职工群众的桥梁和纽带，要自觉接受党的全面领导，以自我革命精神全面加强工会组织党的建设，严守政治纪律和政治规矩，推动全面从严治党向纵深发展。

深入贯彻党的二十大精神，深化工会组织改革和建设

党的二十大报告从落实工人阶级地位、发挥工人阶级作用、深化群团组织改革和建设等方面对工会工作提出了新的部署和要求，强调“全心全意依靠工人阶级，健全以职工代表大会为基本形式的企事业单位民主管理制度，维护职工合法权益”“深化工会、共青团、妇联等群团组织改革和建设，有效发挥桥梁纽带作用”，为深化工会工作指明了前进方向，提供了重要遵循。

南方电网公司党组深入学习贯彻党的二十大精神，结合公司工会工作和职工队伍实际，首次出台《南方电网公司党组关于加强和改进工会工作的意见》(以下简称《意见》)，第一时间把党的二十大关于工会工作的新部署新要求贯彻落实到《意见》中，从思想引领更有力、民主管理更有效、维护权益更畅通、素质提升更全面、干事创业更奋进、服务保障更精准、深化改革增活力等方面提出 10 项具体举措，推动工会工作高质量发展。

一是深化职工思想政治引领。把学习宣传贯彻党的二十大精神作为首要政治任务，迅速兴起学习宣传贯彻党的二十大精神热潮，充分利用网上新时代工人讲习所等平台和一线宣讲等形式，推动党的二十大精神直达基层、直通一线、走近职工，引导广大职工坚定不移听党话、跟党走。结合学习宣传贯彻党的二十大精神，把习近平总书记回信精神传递到每个班组、每个职工，

激发广大职工干事创业的积极性、主动性、创造性。

二是深化企业民主管理建设。加强和完善企业职工代表大会制度建设，全面落实职代会各项职权。积极探索职工董事监事制度与职代会衔接的有效途径，将民主管理有机融入现代企业治理。创新民主管理技术手段，加强“职工代表在线”“员工心声社区”等线上平台建设，及时发布涉及职工切身利益的政策文件，鼓励引导职工合理发声。建立健全职工利益诉求和矛盾纠纷的多元化解机制，打造职工利益诉求排查化解中心、化解点，把矛盾解决在萌芽状态、化解在基层。

三是深化职工建功立业机制。全面落实全国总工会产业工人队伍建设改革专项行动、工匠学院建设等工作部署，打造南网工匠大学。做实“粤港澳大湾区新型电力系统建设”劳动竞赛，积极承办全国性、行业性职业技能竞赛。丰富和发展职工创新工作体系，以全国示范性工作室为引领深化创新工作室建设，探索“揭榜挂帅”机制，提升职工创新成果转化成效。建立健全劳模选树机制，着力打造领军型劳模和大国工匠，持续推动劳模工匠兼职工会副主席工作。

四是深化服务职工工作体系。深入做好全国总工会提升职工生活品质试点建设，建立健全工作体系，打造、推广试点单位和示范项目。巩固和拓展基层基础基本技能建设、我为群众办实事、关爱员工为员工办实事等工作成果，大力改善基层生产生活条件、畅通职工发展通道、提升一线职工收入水平。持续创新数字化服务模式，打造网上网下相互促进的工作机制。

五是深化工会组织改革和建设。加强工会组织规范化建设，推进基层工会组织提质提效。更新观念、转变方式，将全面质量管理工具应用于工会工作各方面。加强工作协同，建立与地方工会、行业协会的常态化联系工作机制，形成工作合力。加大工会干部的培养、选拔、使用和交流力度，优化基层工会干部队伍结构。切实改进工作作风，深入联系基层，坚决破除和杜绝形式主义、官僚主义。

以“英雄地质队”为榜样，凝聚广大职工团结奋斗的磅礴力量

习近平总书记给山东省地矿局第六地质大队全体地质工作者回信，赞扬“英雄地质队”跋山涉水、风餐露宿、攻坚克难的精神，体现了总书记对产业工人的关心厚爱、对产业工人地位和作用的充分肯定。通过深入学习习近平总书记回信精神，南方电网公司广大职工群众干事创业的热情持续升温、团结奋斗的激情更加高涨，各级工会干部更加坚定了做好工会工作的信心和决心。

公司各级工会将广泛号召职工深入学习党的二十大精神和习近平总书记回信精神，以“英雄地质队”为榜样，践行“四个革命、一个合作”能源安全新战略，端牢能源饭碗，为保障国家能源资源安全建功立业。

一是大力弘扬爱国奉献的优良传统，广泛动员职工在推动公司高质量发展中奋发作为。公司作为能源电力领域央企，只有持续推动高质量发展，才能为中国式现代化建设作出新的更大贡献。要坚持围绕中心、服务大局，团结引导职工投身到公司改革发展的进程中，投身到服务粤港澳大湾区、深圳先行示范区、海南自贸港建设和新时代西部大开发、新时代革命老区振兴发展、西部陆海新通道建设、“一国两制”实践、“一带一路”建设等党和国家的重大战略部署中，加快推动公司高质量发展，服务公司成为推进中国式现代化的重要力量。

二是大力弘扬开拓创新的优良传统，广泛发动职工为高水平科技自立自强作出贡献。习近平总书记在回信中提出希望地质工作者“加强科技攻关，在新一轮找矿突破战略行动中发挥更大作用”。公司是重要的能源企业创新主体，要充分发挥科研工作团队和工作者的作用，加快打造知识型技能型创新型职工队伍，培育专精特新科研型团队和领军人才，围绕新型电力系统、新型储能、电碳耦合等领域强化原创技术布局与研发，当好数字电网技术装备现代产业链“链长”，为国家实现高水平科技自立自强作出积极贡献。

三是大力弘扬艰苦奋斗的优良传统，广泛组织职工为国家能源安全筑牢保障。保障能源安全是能源发展的首要任务，高质量的能源电力保供离不开广大职工的坚持和守护。要组织和号召广大职工坚决担起能源保供的使命，

拼在保供一线、冲在保障前线，全力守护电力供应和电能输送，深化“西电东送”可持续发展，高质量保障南方5省区和对港澳安全可靠供电，全力以赴保经济增长、保民生用电、保电网安全，为经济健康发展保驾护航。

南方电网公司工会将持续深入学习宣传贯彻党的二十大精神和习近平总书记回信精神，深入落实全国总工会和中国能源化学地质工会工作部署，把学习成果转化为实际行动，充分发挥自身桥梁纽带作用，引导广大职工积极为保障国家能源资源安全、实现党的二十大提出的目标任务、全面建设社会主义现代化国家而团结奋斗！

（本文作者系南方电网公司职工董事、工会副主席、工会办公室主任）

勇往直前地“探”　锲而不舍地“钻”不屈不挠地“斗”

高利荣

2022年10月2日，习近平总书记在百忙之中给山东省地矿局第六地质大队全体地质工作者回信，对他们跋山涉水，攻坚克难，取得的丰硕找矿成果给予赞誉，希望他们继续弘扬爱国奉献、开拓创新、艰苦奋斗的优良传统，奋力书写“英雄地质队”新篇章。作为一名共产党党员，在开启建设中国式现代化、实现中华民族伟大复兴的征途中，我们要牢记总书记嘱托，向“英雄地质队”学习，传承优良作风，以跋山涉水、攻坚克难的态度，为新巨化远航作出自己应有的贡献。

我们要学习“英雄地质队”勇往直前“探”的精神
努力成为新巨化远航征途中的开路先锋

山东省地矿局第六地质大队成立于1958年，60多年来，一代又一代六队地质人面对崇山峻岭，面对地底难以知晓的矿产，他们历经一次又一次的创新突破，打破了国际认定的“大断裂带只导矿不储矿”的金科玉律，至今累计探获黄金2810余吨，约占全国已探明黄金储量的1/5，书写了寻金报国的生动故事。巨化集团与山东省地矿局第六地质大队同龄，也是在1958年建厂。遥记得，在那异常艰苦却又充满激情的岁月里，来自五湖四海的第一代巨化创业者，背扛肩挑，在荒芜的千塘畈上白手起家。几代人的青春芳华，从连续10年保持全国质量第一的巨化牌电石，到全国最大的氟化工基地，“探”出了一条属于巨化发展的坚实道路。2002年12月29日，时任浙江省委书记、代省长习近平来巨化视察时称赞：巨化是浙江省国企改革的典范。当前，巨化正加快跑出衢州盆地，向西部大踏步迈进。在此征途中，就如同六大队探矿一样，有风险、有挑战。作为一名巨化人，作为一名巨化物流人，我们要以大无畏的勇气，发扬“探”的精神，敢闯勇担责，成为新巨化远航征途中的开路先锋。

我们要学习“英雄地质队”锲而不舍“钻”的精神
努力为新巨化远航提升能力水平

山东省地矿局第六地质大队曾因3000米深部钻探面临断钻杆、钻头寿命低、卡钻等“卡脖子”问题，努力寻求突破，通过借鉴医学中治疗心脑血管的方法，改良泥浆配方，成功解决了一系列技术问题。回顾巨化的发展史，我们也面临着老技术、老设备、老厂房如何迭代的问题。其间，曾经巨化人引以为荣的电石因为能耗问题被淘汰出局，制药厂难以为继，合成塔在前几年轰然推倒……在痛定思痛后，集团围绕制造业“腾笼换鸟、凤凰涅槃”、数字化改革等决策部署，深入推进“三大科创高地”建设，制药厂转型精细化工行业，晋巨公司、宁化公司等先后完成合成氨、有机氯、有机醇等装置技术改造。作为一家链主型、科技型、平台型、园区型制造业企业，巨化不断促进产业数字化，截至目前，已完成“零手动”项目100余套。党的二十大对促进数字经济和实体经济融合作出了重大部署，这对企业发展既是机遇又是挑战，我们要发扬锲而不舍“钻”的精神，围绕技术创新、数智创新、产业构建等提升能力水平，刻苦钻研，努力攻克本行业本岗位的技术难关，进一步提升公司运营质量，开拓新的发展赛道。

我们要学习“英雄地质队”不屈不挠“斗”的精神
努力克服新巨化远航中的艰难险阻

山东省地矿局第六地质大队之所以被国务院授予“英雄地质队”称号，是他们始终心怀“国之大者”，始终心怀“千淘万漉虽辛苦，吹尽狂沙始到金”的坚定信念。60 多年来，他们与天斗、与地斗，战胜了一个又一个困难，渡过了一个又一个难关，体现的是一种征途漫漫、唯有奋斗的不屈不挠的斗争精神。记得 2020 年初，面对全国各地疫情暴发的情况，一方面驾押人员极度紧缺，另一方面物流保供任务繁重。面对困难，巨化物流人与天斗、与地斗、与病毒斗，公司上下拧成一股绳，前赴后继，先后派出驾驶员十余次向湖北恩施州、黄冈、荆州等地无偿赠送巨化生产的次氯酸钠消毒原液 330 多吨，完成运送煤炭、铁矿、危化品等生产物资 300 多万吨。习近平总书记在不同场合多次指出，要“依靠顽强斗争打开事业发展的新天地”。“斗争”“斗争精神”“斗争本领”是党的十八大以来习近平总书记反复强调的三个重要概念。我们要始终把“斗争”二字镶嵌在一个新的时代背景里、新的战略任务中、具体的思想行动上。

党的二十大擘画了全面建成社会主义现代化强国，以中国式现代化全面推进中华民族伟大复兴的宏伟蓝图。衢州市委书记高屹在巨化宣讲党的二十大精神时指出，巨化作为全省最大的化工基地和省属老牌国企，要在学习宣传贯彻党的二十大精神上走在前、作表率、见实效。当前，我市正紧紧围绕“四省边际中心城市”战略定位，牢牢把握“工业强市”战略路径，推进巨化等向世界一流企业迈进，在此征途中，不可能一帆风顺。我们要牢记习近平总书记嘱托，向“英雄地质队”学习，发扬勇往直前地“探”、锲而不舍地“钻”、不屈不挠地“斗”的精神，用奋斗和实绩答好新时代赋予我们这代人的答卷。

（本文作者系巨化集团有限公司巨化物流中心党委办公室主任）

地质先行，助推中国式现代化

杜春兰

党的二十大胜利召开前的（2022 年）10 月 2 日，习近平总书记给山东省地矿局第六地质大队全体地质工作者回信，对他们弘扬优良传统、做好矿产勘查工作提出殷切期望。作为地质系统的一员，我们倍感振奋、备受鼓舞、倍增干劲。党的二十大于 2022 年 10 月 16 日在北京人民大会堂胜利开幕，习近平总书记代表十九届中央委员会向大会作了题为《高举中国特色社会主义伟大旗帜　为全面建设社会主义现代化国家而团结奋斗》的报告（以下简称报告），指出：从现在起，党的中心任务就是团结带领全国各族人民，全面建成社会主义现代化强国、实现第二个百年奋斗目标，以中国式现代化全面推进中华民族伟大复兴。

百业之始，地质先行。地质工作长期肩负着保障能源资源安全、托底地质灾害防治、支撑生态文明建设和服务经济城市建设等重任。面对报告擘画的宏伟蓝图和远景目标，如何深刻领会党的二十大精神、主动找寻地质工作新定位，持续发挥地质公益性、基础性、先行性作用，助力实现高质量发展，助推中国式现代化，是当下地质人最重要的历史责任和时代命题。

发展是党执政兴国的第一要务，从报告精神看地质工作

学习贯彻党的二十大精神，必须落脚到地质工作中，体现到推动发展上。从报告精神看地质工作，主要体现在三个重要的发展理论上。

一是统筹安全与发展。报告指出，要推进国家安全体系和能力现代化，坚决维护国家安全和社会稳定。要确保粮食、能源资源、重要产业链供应链安

全；坚持安全第一、预防为主，建立大安全大应急框架，完善公共安全体系，推动公共安全治理模式向事前预防转型；提高防灾减灾救灾和重大突发公共事件处置保障能力，加强国家区域应急力量建设。

二是推动高质量发展。报告指出，高质量发展是全面建设社会主义现代化国家的首要任务。要加快建设制造强国、质量强国、航天强国、交通强国、网络强国、数字中国；全面推进乡村振兴，确保中国人的饭碗牢牢端在自己手中；深入实施区域协调发展战略、区域重大战略、主体功能区战略、新型城镇化战略，优化重大生产力布局，构建优势互补、高质量发展的区域经济布局和国土空间体系。

三是推动绿色发展。报告指出，必须牢固树立和践行“绿水青山就是金山银山”的理念，站在人与自然和谐共生的高度谋划发展。要推进美丽中国建设，坚持山水林田湖草沙一体化保护和系统治理，统筹产业结构调整、污染治理、生态保护、应对气候变化，协同推进降碳、减污、扩绿、增长，推进生态优先、节约集约、绿色低碳发展。

地质工作一直致力为国家和重庆城市建设发展、资源能源保障、地质灾害防治、生态文明建设等贡献积极力量。党的二十大明确宣示了我们党举什么旗、走什么路、以何种精神状态、担负何种使命任务、实现何种奋斗目标等重大政治问题，不仅指明了党和国家事业的前进方向，也指明了新时代地质工作的方向，提供了根本遵循。

发挥基础性、公益性、先行性作用，地质工作优势何在

深刻领会以中国式现代化推进中华民族伟大复兴的使命任务，面对新时代、新格局，如何坚定不移走好地质高质量发展道路，为全面建设社会主义现代化国家贡献地矿力量，首先要清醒认识我们自身的优势何在。

一是红色基因优势。地质工作发端于国家“一五”计划，无论最初隶属中央，以及属地化改革，始终坚持党的领导，服务国家和人民需求，是地质人最根本的基因和血脉。因而地质工作始终将社会价值彰显作为根本目标，

通过岩溶石山找水和红层找水民心工程的实施，重庆地质人先后解决重庆市200余万人饮水困难，完成全市96%基础性地质调查，发掘云阳普安世界级恐龙化石群，探明锶、锰、铝土、岩盐、地热等数十种矿藏资源。

二是扎根重庆的基础优势。地质队伍扎根重庆数十年之久，长期隶属于规划自然资源系统开展工作，全面参与到全市各类自然资源调查、勘查、施工等工作，积累了大量地质基础资料和丰富经验，对重庆的一草一木、一山一水、地上地下都十分了解，这是我们一笔压箱底的宝贵财富。

三是专业技术和创新优势。地质工作专业性强，无论地灾防治、战略找矿、生态修复、工程建设等，都离不开地质专业技术的支撑。近年来，重庆地矿单位高度重视创新工作，以208地质队为例，累计取得国家和省部级科研成果40余项、发明和著作权等50余项，建有重点实验室、科普基地和博士后科研工作站，具有行业较高的地灾防治能力和全国领先的古生物研究保护水平，夯实了高质量发展的基础。

四是艰苦卓绝的奋斗精神。地质工作常年在野外作业，点多面广、人员分散，地质人始终秉承“三光荣”“四特别”精神，有担当、肯奉献，筚路蓝缕、艰苦创业，塑造了地质人坚忍不拔的精神力量。

立足地质自身优势特点，看如何助力中国式现代化

以学习贯彻党的二十大精神为动力，持续推动重庆地矿事业高质量发展，立足地质自身优势和特点，可从地灾防治、战略找矿、生态文明、后城市化、古生物、地质文化6个方面积极发挥作用，并为全市经济社会发展提供技术支撑。

一是筑牢地质公益之魂，为地灾防治发挥安全托底作用

重庆集大库区、大山区、大农村于一体，历来是地质灾害高发易发省市之一，同时重庆正好处于一个人口密度与地灾防治难度的契合点上。一方面，重庆人口密度大、城市化程度高，人类活动与地质灾害高度贴合，催生了巨大的地灾防治需求；另一方面，川东褶皱系构成的重庆复杂的地质条件，加之三峡库区每年30米水位消落的影响，地质灾害频发的数量问题及库区消落

区成灾机理复杂，防治难度大，如何防又为我们提供了研究课题。近年来，围绕重庆的千里长江、百里三峡、两江四岸和库区核心，坚持安全第一、预防为主，深化理论突破，提升地灾早期识别、监测预警、应急抢险和地灾治理新技术应用等的全链条、全周期防治能力，正是长期地灾防治工作的重点。

二是立稳资源能源之根，为高质量发展发挥基础保障作用

过去我们认为重庆“贫矿”，能源资源禀赋优势不大。而事实上，矿的贫富不仅是资源储量问题，更与社会需求、技术工艺相关联。新中国成立初期，仅 208 地质队就累计探明 20 余亿吨煤炭储量；改革开放时急需煤、铁、石灰矿等资源，重庆地矿队伍成功保障了全市需求；随后人民生活水平提高，地矿队伍又大力开发地热，成功申报全国首批“温泉之都城市”。由此可见，社会发展不会造成国家对能源资源的需求改变，改变的只是需求的结构和类型。当前，我们正在迎来矿业工作的重要机遇期，地质队伍正当坚守为国找矿的初心使命，紧紧围绕国家战略矿产资源和全市产业发展需要的重要矿产，充分发挥找矿传统优势，持续深挖重庆既有禀赋，大力开展战略矿业、特色矿业、绿色矿业、数字矿业等工作，为保障能源资源安全和助力经济社会高质量发展贡献地矿智慧和力量。

三是践行人与自然和谐共生，为生态文明建设提供技术支撑

社会经济发展需要地质的先行性、基础性工作，而随着后城市化、乡村振兴和美丽中国建设等的深入，更需要地质工作能深入服务于经济建设和社会发展的全过程。这就要求地质队伍在完成废弃矿山治理、绿色矿山建设、土壤污染修复等传统工作外，进一步树立“大地质、大资源、大生态”理念，深度参与山水林田湖草沙一体化布局，如及早融入规划前端，深化整体把控能力，发挥地质专业优势，为自然资源管理部门决策提供专业意见。围绕习近平总书记对重庆“山清水秀之地”的殷殷嘱托，把地灾防治、生态建设、旅游发展、古生物保护利用和自然资源普查有机结合，发挥地质技术支撑作用。

四是深挖古生物禀赋之魂，让“龙脊上的城市”更加响亮

重庆恐龙化石分布广、种类丰。全市 38 个区县中有 24 个已陆续成功发现合川马门溪龙、大石马门溪龙、长寿峨眉龙、神州巴渝龙、上游永川龙、南岸永川龙、巨型永川龙、江北重庆龙和果壳綦江龙等较完整的恐龙化石，是全国乃至世界侏罗纪恐龙化石的重要产地之一。近年来，又先后发现世界级云阳恐龙动物群，申报全市首个国家级化石集中产地，发现元始巴山龙等新属新种恐龙，取得了一系列重要成就。未来地质工作应充分利用好重庆丰富的古生物资源禀赋，让“龙脊上的城市”更加响亮。

五是夯实社会发展之基，为区域协调发展提供专业支持

改革开放以来，我国经历了一段城市高速发展的阶段，而随着传统城市化发展告一段落，后城市化时代也正在逐步到来。充分考虑地质条件的城市稳定性和适宜性评估，既有城市的工程病害预防、检查和治理，新型城镇化的国土空间格局优化调控，配套城市发展的城乡关系构建，协调土壤基础背景的现代农业发展等，都正在萌发出张力。地质工作长期从事基础调查工作，详细掌握着城市乡村的区域地质构造单元、构造史、地形地貌、岩石性质、构造断裂、水文状况、土壤类型等地质多样性基础信息，对后城市发展应具有深度参与的能力，并能提供强有力的基础支撑。

六是树立地质文化自信，在文旅开发中突出地质特色

重庆自然资源禀赋优良，自然资源文化底蕴浓厚。随着生活水平的逐步提高，人们对精神文化的需求更加强烈，而且人们已不再仅仅满足于娱乐、休闲等基本需要，更开始逐步注重其教育等内在需求，深挖文旅资源的地质价值，提升地质文化自信也可以作为一项重要内容。重庆是山水之城，素有“山城”“江城”之称；是资源之城，已发现矿种 70 余种，且有天然气、页岩气、锶、锰、铝土、钡、岩盐、地热等优势资源；是生态之城，奉节小寨天坑、天井峡地缝、云阳龙岗、武隆天生三桥，处处彰显自然瑰丽；是文化之城，“巫山人”遗址、商周盐丹文化，让自然与人文相映生辉；还是“桥都”“雾都”“世界温泉之都”“龙脊上的城市”……无不与地质相关，无不具有深厚的地质文化和较高的科普价值，具有深度挖掘的潜能和必要。

（本文作者系重庆市地矿局 208 水文地质工程地质队党委书记）

牢记使命责任　践行地质报国

于运强

2022年10月2日，习近平总书记给山东省地矿局第六地质大队全体地质工作者回信。我局党委高度重视学习贯彻，10月10日上午，总局党委召开全局干部大会，传达学习了习近平总书记给第六地质大队全体地质工作者的回信，部署了学习贯彻落实的相关要求。10月13日，总局党委专题会、中心组学习会再次进行了专题学习，围绕深入学习领会、贯彻落实习近平总书记的回信精神，进行了认真研讨交流。

下面，我结合我局的工作实际，谈几点体会和学习贯彻落实措施。

进一步提高政治站位
深刻领会习近平总书记重要回信的重大意义

在党的二十大即将召开之际，习近平总书记给山东省地矿局第六地质大队全体地质工作者的回信，深刻体现了习近平总书记对能源资源安全的高度重视，体现了对全国广大地质工作者的殷切关心、殷殷期待，是对全国地质工作者的关心和信任，为广大地勘队伍和干部职工践行“地质报国”，进一步做好地质工作指明了前进方向，提供了根本遵循，对于更好地推进新一轮找矿突破行动具有重大意义。习近平总书记的回信既是对山东省地矿局第六地质大队几十年坚守地质报国初心使命的肯定，也是对全国地质队伍的充分肯定，更是每一名地质人的光荣。总局作为涉及国家能源安全、粮食安全的煤炭、化工矿产勘查单位，在不同历史时期为煤炭、化肥工业发展作出了重要贡献。“三光荣、四特别”的行业精神一直激励着我们每一名地质工作者，习近平总书记的回信，是在新时代对全国地质工作者的新要求，既是激励也是鞭策。

总局系统要把学习贯彻习近平总书记重要回信精神作为一项政治任务，深刻领会把握其精神实质。总局工会号召各级工会组织和全体会员，通过座谈会、宣传栏、微信公众号等，多形式、多角度地做好学习宣贯工作，进一步提高政治站位，深刻领会习近平总书记重要回信的深刻内涵和时代意义，持续提升主业发展质量和行业影响力，坚决保障好国家能源矿产、粮食矿产资源安全，为建设社会主义现代化强国作出应有贡献。

持续贯彻落实习近平总书记重要回信精神
聚焦地质主责主业，在坚定不移做强做优做大国有企业方面持续用力

我们将牢记保障好国家能源矿产、粮食矿产资源安全是我们的“国之大者”，从履行地质报国职责使命出发，立足煤炭、化工矿产勘查研究及矿业开发的主责主业，履行好政治责任、经济责任和社会责任。在实际工作中，以稳妥推进事业单位改革、国企改革三年行动为抓手，补短板、强弱项，特别是要以习近平总书记的回信精神为指引，从战略与布局优化、矿产与能源安全的高度，在下一步业务定位、发展方向、发展战略等方面认真贯彻、深入落实，推动产业布局优化和结构调整，加强科技创新和成果转化，在地质科技、绿色勘查、地质找矿等方面不断实现新的突破，努力成为党和国家发展的顶梁柱，不辜负总书记对地质矿产工作的殷切期望。

持续贯彻落实习近平总书记重要回信精神，发挥好工会的作用

一是加强职工思想政治引领，凝聚建功新时代的磅礴力量。

继续认真做好职工思想政治工作，团结引导广大职工听党话、跟党走，不断强化政治责任担当，保持自觉接受党的领导的优良传统，始终坚持正确政治方向，把工会工作放到党和国家工作大局中去思考、去把握、去推进，切实把党中央决策部署和意志主张全面具体地落实到工会各项工作中去、落实

到广大职工中去。

二是强化基层建设，在打造优质职工之家方面不断发力。

坚持服务生产经营不偏离，紧盯基层工会组织工作的出发点和落脚点，以企业改革发展成果检验工会组织的工作和战斗力。加强宣传引导，加大一线员工先进事迹宣传力度，进一步营造干事创业、比学赶超、岗位建功氛围，通过放大品牌辐射、引导、激励效应，把每个基层工会组织都打造成政治坚定、团结有力、攻坚克难的战斗堡垒。

三是坚决维护职工合法权益，不断加强民主管理等工作。

持续完善职代会制度建设，着重推动健全完善协调劳动关系制度机制，坚持维权维稳相统一。加强工会干部培训力度，提升工会干部运用法治思维和法治方式开展工作，强化制度意识，加强源头参与和群众监督，健全职工法律服务体系，增强依法履职、依法建会、依法办事能力，全力构建新时代中国特色和谐劳动关系，维护职工队伍团结统一与企业和谐稳定。

四是加强创新创效工作，推动工会工作在围绕中心服务大局中再创佳绩。

以创新创效为目的的群众性实践活动是总局工会的重点工作之一，我局将继续把创新创效活动贯穿于劳动竞赛、技术比武、职工（劳模）创新工作室创建、导师带徒建设等主题活动中，引导职工群众加强学习、锐意创新，在企业改革发展中成长成才、建功立业，推动工会工作在全面服务企业改革中创新发展。

五是做好推优评优工作，大力弘扬劳模精神、劳动精神、工匠精神，唱响劳动最光荣主旋律。

总局工会将继续带领各级工会坚持走群众路线，积极发现和选树身边贴近群众、贴近生活的具有代表性和普遍性、能传递正能量的先进典型，大力弘扬劳模精神、劳动精神、工匠精神，唱响劳动最光荣、劳动最崇高、劳动最伟大、劳动最美丽的主旋律，以充分发挥先进典型的示范作用，汇聚起团结奋进的强大正能量。

六是以文化凝聚人心，以服务保障权益，共创和谐稳定大局。加强探索创新，不断丰富职工文化活动的形式和载体，充分发挥联动作用，与宣传、安全、人力资源、党建、共青团等部门联合开展职业健康、劳动安全保护、志愿服务、医疗互助保险、困难帮扶等各项工作，在文化传播中做到寓教于乐。我们要以习近平总书记回信精神为指引、为鞭策、为动力，立足地质报国，加强队伍建设，在企业和职工中传播正能量，为行业提升和总局的改革发展共创和谐稳定大局，为实现中华民族伟大复兴中国梦作出新的更大贡献。

（本文作者系中国煤炭地质总局工会主席、规划发展部部长）

沿着总书记指引的方向
奋力书写“英雄地质队”新篇章

董泽训

2022年10月2日，习近平总书记给山东省地矿局第六地质大队全体地质工作者回信，让包括我在内的全体六队人激动得彻夜难眠。

自1958年建队以来，几代六队人以家国情怀为重，献身于地质事业，始终将保障国家能源资源安全作为首要任务，在党的坚强领导下，怀着对祖国和人民的无限忠诚，为经济社会发展寻金探宝。进入新时代，六队人坚持以习近平生态文明思想为指引，积极践行绿色发展理念，主动服务黄河流域生态保护、海洋强国重大战略，助力打赢“蓝天、碧水、净土”保卫战，主动担当生态文明建设先行军。我们坚定理想信念，沿着习近平总书记指引的方向，全力做好各项工作，着力践行地质报国的使命担当。

一、继续弘扬艰苦奋斗的优良传统。习近平总书记在重要回信中提出了殷切期望，“希望同志们大力弘扬爱国奉献、开拓创新、艰苦奋斗的优良传统”。自建队以来，一代代六队人牢记初心使命，始终坚守在矿产资源勘查第一线，正是靠着“三光荣”“四特别”精神，六队才取得了一个个伟大成就。在今后的工作中，我们要践行省地矿局“地质报国、事业立局、科技引领、有为有位、争创一流”的工作理念，传承和发扬新时期“英雄地质队”精神，展现“爱国敬业、无私奉献、守正创新、勇毅登攀”的新境界、新面貌，不断增强和提高矿产资源勘查开发能力与水平，全方位保障国家能源资源安全。

二、加强青年人才培养。要深入实施人才强队战略，按照“123456”发展思路，依托“六大人才工程”，加快推进人才队伍建设，构建人才成长梯队，营造良好成长环境，激发科技创新活力，助力地矿事业高质量发展。一是充分发挥先模前辈和技术骨干在带徒传技、技艺传承、示范引领方面的重要作用，借助以师带徒，为孵化技能人才、尊重首创精神、保护绝技绝活打造工匠培育平台，做好人才衔接工作。二是通过国家级大师工作室的组建，建立高技能人才技术技能创新成果和绝技绝活代际传承的机制，发挥先模工匠在带徒传技、技能攻关、技艺传承、技能推广等方面的重要作用，加快培养高技能青年技术骨干的速度。同时，要积极参与各项技能大赛，给广大职工提供展示技能、切磋技艺的平台，大力弘扬劳模精神、劳动精神、工匠精神，在单位营造劳动光荣、技能宝贵、创造伟大的时代风尚。三是积极培养青年科技人才，大力发展科技创新，聚焦生产实践中的难题，勇于创新，突破核心理论与关键技术，做好创新技术的实施运用，以地质科学技术创新引领行业技术的进步与发展。

三、加大科技创新力度，推进钻探工程高质量发展。习近平总书记在重要回信中明确指出要加强科技攻关。我们将在队党委的坚强领导下，大力开展钻探工程科技创新，聚焦生产实践中“卡脖子”难题，勇于创新，瞄准难题进行攻关，做好创新技术的实施运用，以科学技术创新引领行业进步。一是继续巩固地质钻探全国领先优势，积极服务国家发展大局，响应国家“三深一土”“找矿突破”“绿色发展”等战略号召，不断拓展找矿空间和钻探技术服务市场，推进钻探产业现代化高质量发展。二是利用两到三年时间，从钻探装备、人才队伍、技术方法三方面打造现代化钻探产业，提升装备自动化、精准化水平，引进高素质、研究型人才，加强高端专业技术人才培养，加大深部钻探关键工程技术研究，构建 3000 米以深地质钻探成套体系，储备 5000 米以深资源勘查前沿技术能力。三是积极参与科学钻探、海洋钻探、清洁能源钻探、定向钻探、装备研发试验等国家重点研发项目，在持续巩固深部金矿探测核心竞争力的同时，力争抢占超深钻探技术创新制高点。

习近平总书记的重要回信情真意切、振奋人心、催人奋进。在今后的工作中，我们将以更加坚定的理想信念，继续传承和发扬“爱国奉献、开拓创新、艰苦奋斗”的优良传统，努力在新一轮找矿突破战略行动中发挥更大作用，为保障国家能源资源安全展现新作为，为全面建设社会主义现代化国家作出新贡献，奋力书写“英雄地质队”新篇章。

（本文作者系山东省地矿局第六地质大队探矿工程处经理）

『英雄地质队』故事

会战，会战！

九曲山水十八重——九曲会战

1964年3月，山东省地矿局要求八〇七队[①]尽快提交玲珑九曲矿区的勘探报告，接到任务后，全队沸腾了。为了等这一刻，他们经过了漫长的积累，如今就要在这一刻爆发，他们怎能不兴奋！

六队在原来的基础上增添设备，掘机、钻机一起上，人员也由原来的不足百人增加到了700多人，从挖掘、排查、编录、检验到向省地矿局提交勘探报告，历时1年零8个月。此次，六队发现具有工业价值的18条矿脉，提交金资源量18吨。

1958年3月20日一大早，找金矿的万毅峰、林洪波、郭振英、罗声宣、王万魁，就行走在了去往招远九曲村的山路上。

招远素有“金城天府”之誉，从春秋战国时期就有采金活动，至1007年（北宋景德四年），已有“岁益数千两”的记载。招远黄金矿藏丰富，历朝历代在这里都有不同程度的开采。尤其在抗日战争时期，日军在玲珑矿区实行毁灭性地开采长达6年半，这期间他们开采了多少黄金，没人说得清。但日军撤出之后，整个玲珑矿满目疮痍，却是有目共睹。

有人说，招远已经是一座黄金“空城”，能挖的、能淘的，早就被挖走淘空了。可是，六队不相信它会是一座空城，要掘地三尺，不！哪怕三千尺，只要有黄金，他们就一定要找到。这是万毅峰的决心，也是六队的决心。他

① 山东省地矿局第六地质大队（以下简称“六队”）前身。

们知道，自己身后没有退路。

此时，招远县城还笼罩在冬天寒冷的余威之中。太阳藏在厚厚的云层里，唯有刀子一样的冷风，穿过单薄的棉衣，侵袭着路上的行人。

灰暗，阴冷，像一团浓雾，紧紧地笼罩着大地，可比浓雾更让人喘不过气来的是迷茫。每个人都心事重重，弯弯曲曲的山路，扑朔迷离，只听见脚步的声音。

这群年轻人对于地质勘探，除了书本上的理论知识外，基本一无所知。可地质工作，理论仅仅是其中很小的一部分，大部分的工作是在野外，他们一没图纸资料，二没工作经验，单凭一腔孤勇，能完成党和国家交给他们的重任吗？

虽然他们刚毅的脸上写满了坚定，但当他们爬上罗山的峰顶，看到废弃的老硐时，还是有些绝望。

罗山是玲珑的主峰，素有“罗山十里隔烟云，势压登莱百万峰”之称，海拔 700 多米。此时，黑压压的乌云压在山顶，也压在队员们的头上。

山顶上，空荡荡的矿洞一个连着一个，它们已经被无数次挖掘、开采，处处写满了贫瘠和荒凉，在这样的地方还能再次找到矿吗？

队员们都不说话。万毅峰沉默了很久，才开口讲了一个传说，这里曾经有位山神，非常富有，天天用骡子磨金豆子，磨出来的金豆子，就种在附近的山上。有一天晚上，有个贼趁山神睡觉的时候，来偷他的金豆子。贼把金豆子全装在骡子身上，山神装作看不见，只在贼必经的路上布下了一堆石头。贼牵着骡子，走到这里的时候，石头变成了陡峭连绵的山脉。满身重负的骡子爬不过山去，贼只好把金豆子和骡子藏在山洞里，自己回家雇车来拉。可等他再来时，骡子和金豆子全不见了。有人说，是山神将计就计地把金豆子种在了这里的山上。直到现在，夜深人静的时候，人们还能听到骡子拉磨的声音。人们便将这座山唤作了罗山——“罗”乃“骡”的谐音。

村里还有句传言，说：金骡走，磨子转，磨下全是金蛋蛋。因为山神将金豆子种在山上，所以这里的金子是挖不完的。也有人说山洞被山神锁起来了，要想找到金豆子，得先找到开启山门的钥匙。

讲到这里，万毅峰问："你们谁知道开山钥匙在哪儿？"

队员们面面相觑，不知队长是什么意思。

万毅峰环顾一圈说："从今天起，我们就是开山钥匙！我们要想尽一切方法，打开山门，找到金蛋蛋！"

开始工作之后，摆在他们面前的，除了困难还是困难。正式工作还没开展，单单交通就是个大问题。从队部到罗山山下，有将近20里的路程，这段路狭窄崎岖，车辆根本无法通过，每到阴天下雨，更是泥泞难走。路修不好，所有工作都无法开展，他们决定先把这段路拓宽、硬化。

说干就干，六队队员全体上阵，推土、搅拌、轧路基，这些地质学院的高才生俨然成了建筑工人。仅一个月的时间，近20里的山路，硬是被他们修好投入使用。当时修路的目的是施工方便，后来这条路极大地方便了当地的老百姓，当地百姓作诗称赞他们：劈山开出幸福路，子孙后代有好处。

这句话，在历经半个多世纪之后的今天，仍然适用。当年那个温饱都成问题的小山村，如今已被一栋栋华丽的小洋楼代替。从六队入驻招远以来，给这个小山村带来了翻天覆地的变化，确实开辟了一条致富的路、幸福的路。

这是从队部到山下的路。可矿区在海拔700多米高的罗山上，山峰陡峭得根本无法修路，运送物料的车只能开到山下，大到几十吨重的钻机、柴油机、油桶，小到罗盘、地质锤、放大镜，都堆在山下。怎么办？

队员们二话不说，背的背，扛的扛。这种重体力活儿，当地农民都怕危险不愿意干，村干部几番动员，他们才勉强地跟着队里的人一起出工。

王化江、刘连生、苏联忠、张天祯、张志敏、朱云德、刘振明等队员，就是这个时候来到六队的。他们是从长春、宣化地校毕业的大学生，毕业之后，怀着对未来的无限向往，来到了六队。可到六队之后，等待他们的不是技术性的地质勘探，而是往山上运送机器。一台柴油机，需要几个人才能抬起来；一台钻探机大卸八块后，仍然庞大得要50多人抬杠子、80多人用绳拉才能弄到山上去，稍有一点闪失，就会机毁人亡。可既然来了，就没有退路，虽说现实与理想差得有点远，他们还是选择接受现实，立即投入热火朝天的搬运队伍中。

俗话说，上山容易下山难。这说的是安全因素，因为重力是向下的，自身力是向上的，上山时，平衡点在身体的胸部靠前，容易掌握平衡；下山时，则是背部向后，不容易掌握平衡，一不小心就会滚落山崖，更何况还要抬着这些铁家伙呢。

程杰的腰就是在那时伤的。他们抬着柴油机小心地一步步往山上挪，可刚下过雨的山路，湿滑、陡峭，程杰一不小心踩到了一块小石子，脚下打了一个滑，虽然憋着劲挺住了，铁疙瘩却滑到了他这边，只觉得"吱扭"一下，腰立时疼得喘不上气来。可他却一声不吭，咬着牙硬挺着，从此落下了腰肌劳损的毛病，腰里常年束着一条金属护腰带。这件事他对谁都没讲过，后来被林洪波无意中发现，让他休息几天，可这条硬汉却死活不肯。

后来，他们想出了一个办法，把不怕磨损的机器抬到山顶之后，用足够粗的绳子捆住，由几个人在山顶拽着，慢慢地向山下滑。这个办法想出来之后，六队的人高兴坏了，不但省时、省力，只要操作得当，还在很大程度上避免了安全隐患。

男队员们负责搬运笨重的机器，比较轻一些的铁锨、测杆、测绳等工具，则由女队员们和北京地质学院到六队实习的女学生们负责。晴天一身汗，雨天一身泥，是常态。肩上的血疱，手上的茧子，起了一层又一层。

在大家的共同努力下，终于将所有设备和施工材料运到了矿区。那天，队里破天荒地喝了一次庆功酒。一杯老白干，被他们喝得豪气干云。林洪波说，这既是庆功酒，也是开工酒，接下来，是狗熊还是英雄，是骡子还是马，到了见证的时刻。

可是，骤然间增加这么多人、这么多设备，不要说工作，仅住宿和吃饭就成了问题。九曲，一个小山村，只有一百多户人家，怎么能住得下这么多人？于是，废弃的寺庙，生产队里的磨坊、草棚，甚至牛棚、猪圈，只要能放下张床就是他们的宿舍。吃饭更谈不上什么冷热荤素，每天一睁眼，摸起瓢先灌上一肚子凉水，不是他们不饿，而是因为排队打饭需要 40 分钟，他们舍不得把时间浪费在排队上，就先喝点水充着饥，等人少的时候再来。饭菜打到碗里，还经常带着冰碴儿。就这样，队员们还说他们的条件比大庆人强多了。

这就是六队人积极乐观的精神，他们就是靠着这种精神，穿着单薄的棉衣，冒着零下十几摄氏度的严寒，把一台台几十吨重的钻机抬到山顶。面对陡峭的山崖，丛生的荆棘，没有一个人退缩。直到现在，在六队的资料室里，还留有他们当时的照片，只见每个人脸上都挂着灿烂的笑容，丝毫看不出高强度劳动带给他们的疲惫。

会战之初，取出来的样品需要打磨粉碎后，送到省局化验。每次送样品，都需要从九曲步行到招远，再从招远坐公交到济南。后来，省局考虑到时间紧、任务重，决定在六队成立一个实验室。听到这个消息，六队的人都特别兴奋。虽然省里也有实验室，但是哪有建在自己家里方便。

实验室从 1964 年开始筹建，到第二年 5 月，虽然设备不全，但已经能够满足基本需求，后来又增加了测试仪器。随着设备的增添，人员技术也不断提高，六队的实验室已经能够完成岩矿鉴定、重砂鉴定、样品加工、化学分析等主要的测试项目，大大提高了工作效率，为早日提交勘探报告赢得了宝贵时间。

1964 年 10 月 23 日，全国金矿工作座谈会在招远召开。时任中国地质部地矿司司长江石之、省地质局副总工程师曹国权、地矿处处长王守义及兄弟省局代表参加了此次会议。六队的人知道，这是党和国家对自己的认可，也是支持和鼓励。会议期间，兄弟单位的代表多次上山参观、学习。六队队员们对他们热情相待，在技术上毫无保留，将自己摸索出来的经验倾囊相授。

1964 年 11 月，山东省地矿局组织的六省（市）脉金钻探技术座谈会再次在招远召开。参加会议的除地质部探矿司、勘探技术研究所、攻关组、保定技工学校外，还有河北、北京、内蒙古、广西、湖南、山东等有关局、队的工程技术人员和机长共 30 多人。会上不仅交流了找金矿的经验，还对目前脉金钻探施工中存在的问题进行了讨论。

这次座谈会结束后，队员们的干劲更大了。从 1964 年 3 月六队接到省地矿局会战通知到 1965 年 12 月，在短短 1 年零 10 个月的时间里，六队人在无图纸、无经验并且设备落后的情况下，新发现含金石英矿脉48条。九曲会战大获全胜！这次会战，为国家探明了一座储量18吨的大金矿。

敢教日月换新天——仓上会战

黄金不仅肩负着货币的功能，还是一种具有战略意义的储备资产。随着中国黄金饰品市场的开放，居民收入不断提高，对黄金的需求有了很大增长。针对这一现象，国务院决定加速黄金开采，并于1989年2月下发文件，要求各地矿单位加快对黄金的勘探。

根据国家黄金管理局制定的“金矿项目储量承包规划”，仓上金矿属于国家“892”黄金工程规划。为了在第一时间内，打响国务院黄金工程的第一炮，1990年，队领导决定提前结束春节假期，开始进行仓上会战。

仓上，一个名不见经传的小山村，史上鲜有记载，到西汉时期才在附近的过西镇设置了盐官，元明时期称为“西由盐灶”；民国初期有滩田162.5亩；1956年通过社会主义改造，建成盐业集体企业春光盐业社，1967年改称东方红盐场。自古以来，这里只有大海和食盐，什么时候有过金子？到盐场找金子？当地的百姓从来没听说过，可六队硬是从这片茫茫盐滩中抱出了一个“大金娃娃”。

1978年，六队在仓上工区开展磁测工作时，发现在花岗岩和胶东群的接触带上，存在明显的磁力异常，并断定这是三山岛断裂带的南延部分，由此推断仓上村以南拐弯处为成矿有利地段，并沿两条剖面设计钻了6个孔，通过磁法和取样验证，初步确定了花岗岩与变质岩的分界线。1981年5月，六队提交了《山东省掖县仓上——朱由工区磁法测量报告》。后来，他们又对矿区覆盖地段采用取样钻探进行揭露，再次确定此处是三山岛断裂带南西延伸部分。1983年12月，六队编写了《山东省掖县仓上蚀变破碎带检查工作设计》。1984年4月3日，六队完成了第一个钻孔，发现金矿体每吨含金3.97克。无论是理论还是实践都已成竹在胸，只等一声炮响，仓上会战就拉开帷幕。

国家发出“892”黄金工程规划之后，队上第一时间响应国家号召，并且为了赶进度，改变以往先普查、再详查、后勘探的工作方式，直接实行“三边”政策，即“边施工边调整优先工作部署，边勘查边提高储量级别”的技术路线，普查、详查、勘探压茬进行。在进行普查工作时，六队同时进行水文观测孔的施工，普查结束时，水文数据也就出来了，以便在后续详查时，不受水文数据的影响。

这在地质勘探史上绝无前例，因为这中间任何地方有一点差错，造成的经济损失都是天文数字。六队之所以有如此魄力，缘于之前扎实的准备工作，机会都是为有心人准备的。

1990年正月初五，项目组人员提前来到会战指挥部，给所有回家探亲的职工发去了一封电报，内容很简单，没有过多的解释，也没有说明原因，只是短短的“速回”两个字。10天之内，接到电报的400多名职工全部到位，准备工作全部妥当。

正月十六那天，空旷的盐滩上一片喧嚣，鲜艳的队旗在白茫茫的盐场上空猎猎作响，400多名队员齐刷刷地站在海边，等候队长的一声令下。

看着这支整齐的队伍，张建富的眼睛湿润了。这就是六队！从1958年到1990年，六队受到党和国家的无数次表彰，可有谁知道荣誉的背后，凝聚了多少人的汗水、多少人的青春。

荒凉的盐滩上，钻机的轰鸣声，运送物料的拖拉机声，来来往往的汽车声和人们加油的叫喊声，汇集成了一部大战在即的交响乐。

这一年，他们的寻金之旅比正常年份提前了20天。

队员的热情虽然很高，但工作的难度仍然很大。不论是拖拉机还是汽车，都无法在海滩上运行。可六队的人有办法，他们硬是用几万条草袋子铺成了一条虽然崎岖不平却足以满足施工条件的弹簧路，他们称这条路为“席梦思路”。拉着钻机的车辆起伏不定地行驶在“席梦思路”上，不敢有丝毫大意，成功地将一台台钻机运送到预定孔位。

那年的风真大啊，气温一直不肯回升。大家不仅要经受寒风的侵袭，还要与锋利的冰凌亲密接触。大家冻得手脚麻木，站不住的时候，就上来喝两口热水暖暖，然后再继续工作。队员们的手上被冰凌划破的伤痕，旧伤未愈，新伤又起。队员们脚上的冻疮，把袜子和鞋都粘到了一起，脱鞋的时候，袜子连着肉一起撕下来。队员们却从来不在家人面前诉一声苦，他们对父母、妻子，尤其是孩子，有着无法言说的愧疚。

有一天夜里，610机的机长宋学农接到家里的电话，说孩子发病，一直哭闹不停。此时，他负责的钻机恰恰出了故障，听着电话里妻子带着哭腔的诉说，只说了一句“知道了”，就把电话挂了。放下电话，宋学农又披上了那件破棉袄到了机台上，这一蹲就是10多天。矿区到他们家，只有不到10公里的路程，一连10多天没回家，妻子以为他出了什么意外。等孩子病好了，妻子抱着孩子找到矿区，看到在机台上忙得不可开交的他，头发乱蓬蓬的，满眼血丝，一肚子抱怨的话又咽回肚里，只嘱咐他注意身体，然后含着泪抱着孩子离开了。

海边从来没有春天，有的只是刺骨的寒风和冰冷的海水，冬天之后，季节直接跳到了夏天。

夏天比冬天更难熬。晴天里，火辣辣的太阳，白花花的盐碱地，放眼望去，满眼都是耀眼的白。太阳折射海水的光，烤得眼睛生疼。无论喝多少水，嗓子眼里都像冒了烟，队员们的嘴唇上起了一串串的血疱。

他们说，熬过了冬天的冰冷，却难以躲过夏天的“热情”。上有太阳炙烤，下有海水侵蚀，中间还有不胜其烦的蚊子。这些蚊子身子小颜色白，看上去跟平常的蚊子似乎没有区别，毒性却非常之大。被咬过后，浑身都是大疙瘩，奇痒无比，挠厉害了就流黄水，什么风油精、花露水，一概无用。直到现在，参加会战的队员说起仓上的蚊子，仍然心有余悸。

除了蚊子，还有雷雨和台风，也是海上常客。

1990年6月17日，天气预报有超强台风，正常情况下都要避险，可钻机一旦开机是不能停止的。既不能停机，又要保障安全，张卫国考虑到塔衣会招台风，如果风速太大，将有可能把钻机吹倒。他首先带人将机上的塔衣撤了。队员们暴露在狂风暴雨中持续钻进。刺眼的闪电、震耳的雷声和肆虐的狂风，不但没有缩减工作进度，张卫国和他的团队还创造了仓上会战台班进尺最高纪录。

还有一件令队员们现在想起来都后怕的事。1990 年 7 月 6 日那天，在露天采坑的施工过程中，钻机上的队员汇报说，钻机上方的岩石上裂开了一条十多米的缝隙，如果一旦滑帮，极易造成塌方，并且此时正值雨季，更加重了危险性。

怎么办？钻工们再一次想到了草袋子，他们将袋子里填满沙子，在裂缝中间筑起了一座高墙。两场暴雨，他们都挺过来了，直到会战结束，用草袋子搭建的高墙，还挡住了意外事故的发生。

1990 年 12 月 1 日那天，一场百年不遇的大雪将胶东半岛全部覆盖了。眼看接班的时间快到了，为了早点将劳累了一晚的队员替换下来，607 号机班长董奎胜，冒雪去接班的路上，不慎掉进了被大雪覆盖的 5 米多深的水井里，再也没有上来。队员们找到他的时候，已是三天之后，不知他在井底经历了什么，只看见 10 根手指都露出白森森的骨头茬子。一条年轻的生命，就这样定格在了 1990 年 12 月 1 日。

仓上会战，六队队员们用年轻的生命，与风雪、雷电、冰霜搏斗，仅 1 年零 4 个月的时间，就在这片盐滩上共施工钻孔 181 个，钻探工作量 33218 米，提前 4 个月完成了任务。1991 年，由王和立主编的《仓上金矿勘探报告》通过山东省矿产储量委员会审查批准，发现金资源量 28 吨。我国最大的露天金矿在这片荒凉的盐碱地上诞生了！

六队用实际行动，证明了他们“敢教日月换新天，茫茫盐滩变金砖”的实力。

山穷未必水尽时，绿水青山绘蓝图——水旺庄会战

水旺庄金矿床在招远市东北区 20 公里的阜山镇境内，是六队再次探出的又一座大金矿。在 14 个月的时间里，30 余台钻机，300 余人共同作战，共完成钻探施工近 8 万米，探获金资源量 186 余吨，潜在经济价值近 700 亿元。这是招平断裂带迄今探获深部最大的金矿床，也是继三山岛和焦家断裂带之后，我国第三条千吨级金控矿断裂带。参加勘查的队员们，回忆起这次会战过程，

个个感慨万千。

水旺庄矿区在 2008 年之前就有国外勘查公司探过，但都没有进展；国内也有找矿公司进行过普查，因为见矿不好，最后不了了之。

2009 年 8 月，六队成立了水旺庄项目组，由孙忠全任负责人，李山、刘国栋等技术骨干一起进入工地，确定 5 个钻孔位置后同时开机工作。

可是，这个矿区从一开始取样，见矿效果就不理想，偶尔取上来的岩芯虽然具有金矿的特性，却达不到开采的标准。一直工作了近两个月，钻孔打到了 800 米的深度，却一直没有惊喜。

可他们不死心。当初仓上会战时，曾经将钻孔设在老乡的宅基地上，把断了的矿线才再次接上，他们这次为什么就找不到呢？经过几个昼夜的苦思冥想，终于，一个大胆的设想出现在孙忠全的脑海：往深部打打试试！孙忠全和他的团队经过反复研究论证，决定将钻孔设计到 1600 米的深度。从 800 米到 1600 米，不仅仅是一个数字，更是胆量与气魄的体现。

目标确定之后，剩下的就是没日没夜地工作。谁也不知道他们用坏了多少钻头，只看见运送物资的路上跑着川流不息的车辆。

2010 年 5 月的一天傍晚，孙忠全正在吃饭，忽然听见李山大呼小叫地跑过来："孙工，见矿了！见矿了！"李山将手里的一块铜黄色的矿石举到孙忠全面前，孙忠全接过来一看，立刻就往工地跑去。

从那天起，取出来的岩芯一次比一次好，一次比一次含金量高。2011 年 6 月，六队编写的《山东省招远市玲珑金矿田水旺庄矿区金矿详查报告》通过评审，提交金资源量 60 吨。这是一个特大型"金娃娃"！后来，九洲矿业公司的人逢人就说："六队就是六队，六队的英雄称号，绝对不是吹出来的！"

一位地质前辈曾说，别看地质工作艰苦，可一旦找到一个大矿，一辈子就功成名就了。水旺庄的详查报告，在 2013 年 2 月 21 日被山东省地矿局授予科学技术进步奖特等奖，2015 年 10 月被国土资源部授予科学技术奖二等奖。

2013 年，九洲矿业公司再次委托六队对矿区深部及外围展开详查。这次由刘国栋负责，委派杨志杰、范家盟等作为技术骨干，再次进军水旺庄。

这一次他们完成钻探 31 孔，共计 6 万多米，提供各类测试样品 1 万余件。

2016年，由刘国栋主编提交的《山东省招远市水旺庄矿区深部及外围金矿详查报告》通过评审，探明新增金资源量110余吨，黄金储量比上次翻了将近两倍。

从普查到详查，六队确定水旺庄是一个地地道道的黄金大矿，是否决定开发，就差一个勘探报告了。

这一次的项目负责人是“80后”小伙子范家盟。用范家盟的话说，他见证了水旺庄从普查、详查到勘探的整个过程。他说自己与水旺庄有着不解之缘。他实习的时候，正好是水旺庄普查阶段；到2013年详查时，他已经作为业务骨干，配合刘国栋工作。这次会战，除了主要技术负责人孙忠全的年龄比较大之外，其他如李山、刘天鹏、闫春明等业务骨干全是“80后”。他们与范家盟一样，都期待着在这次会战中一展身手。

可上天偏偏喜欢考验人的耐性，当他们陆续将所需要的材料运到工地上时，2020年的新年钟声已经敲响。春节之后，没等下达开工的号令，却突然来了新冠肺炎疫情，全国上下开始大力抗疫。这些摩拳擦掌的小伙子，突然被叫了停，虽然请战心切，但也得服从全国抗疫大局，从工地上撤了下来。

人虽然撤下来了，心却留了在水旺庄，在家等待的日子，一个个都像丢了魂似的。那段时间，范家盟的电话被打爆了，开头第一句话都是：“到底啥时候开工？”大家没有虚与委蛇，没有寒暄客套，有的只是在野外磨砺出来的直接爽快，甚至带点粗暴。

怎么办？谁也不知道疫情什么时候结束，大家都心急如焚。终于有一天，六队得到了可以开工的答复，但要确保所有职工队员无疫区来往史，保证所有进入工地的职工全部采取封闭式管理。谁知，当大家正准备进入工地时，又降下了一场大雪。一大早，李山就打来电话，问：“范工，我们都准备好了，开不开工？”看着窗外一片银白的世界，范家盟陷入两难的境地。山路七坑八拐，平时都难以行走，更何况在没膝的大雪之中。范家盟还没作出决定，张腾又来电话了：“我说范工，别磨叽了，前怕狼后怕虎的，想想以前的会战，哪一次顺利？都优柔寡断的，咱六队还是六队吗？！”是啊，哪一次顺利过？哪一次不是顶风冒雪？到了咱们这辈还矫情上了？范家盟一跺脚，咬着牙说：“干！”

出征前，范家盟一再强调，雪大路险，大家千万注意安全。再就是疫情之下，如果当地不同意，就不能下工地，大家都做好心理准备！大有一副“风萧萧兮易水寒，壮士一去兮不复还”的架势。

第二天，他们向着水旺庄奔赴。路上的积雪被过往的车辆轧出一道道深深的车辙，湿滑难行，交通事故一起连着一起。他们丝毫不敢大意，直接将越野车四驱启动，既不敢停也不敢快，司机紧紧握着手中的方向盘，全神贯注地盯紧前面的道路。

因为疫情耽误了工期，工程从一开始就显得非常紧张。在钻探施工的过程中，范家盟他们还要积极推动绿色勘查。也就是说在找矿的同时，也要注意对当地生态环境的保护。因此，他们提前将泥浆坑固化，把用过的泥浆统一处理（泥浆循环利用一段时间后，活性物质降低，影响润滑钻头降温的作用）。工程完成之后，再回填泥浆坑，连同生活垃圾都分类处理再全部带走。除此之外，还要将原来的绿化恢复，保证不给当地环境留下任何后患。

因为水旺庄地貌复杂，勘探难度极大。他们改变以往地质、钻探、物测等技术人员在同一项目中各自为战的局面，成立项目统一指挥部，再分成地质勘查技术组、钻探工程施工组、物探测量组、安全应急组及后勤保障组等各个小组，既各司其职又紧密配合，把具体工作落实到每个项目人员上。各专业之间的衔接更为有效顺畅，使工程进度有了大幅度提升。针对破碎带岩芯取样容易使钻头损坏的问题，他们发明和引进了“防弯钻具”“减阻内管”“水力割刀”等一系列创新技术，针对个别事故孔，采取“会上研讨、现场支招”的方式，以此提高机台处理事故的效率。

即使如此，工期依然紧迫。范家盟又出一招，他要求每个组都上报当天的工程进度，通过对比工程进度，找出问题，再针对问题研究对策。

有一天，一场特大暴风雨把工地上的电线刮断了，整个办公室里一片漆黑，可各机台的报表还没有统计。“今日事今日毕”是范家盟的原则，他们找来手电筒照明，可手电筒的光是一束束的，统计了没几分钟，就被照得眼花缭乱。他便派人到村里商店买蜡烛。没一会儿，买蜡烛的人回来了，提回来一大包祭奠蜡烛。闫春明一看笑了，说："老范，你这是要送我们'走'啊？""要'走'咱们也得一起'走'，把你们都送'走'了，我自己留在这里多寂寞。"范家盟开着玩笑说。

跳跃的烛光，照耀着一张张年轻的脸庞。等他们将当天的报表统计出来后，夜已经很深了。这时，雨也停了，瓦蓝瓦蓝的天空上星星闪耀，耳边是一声声清脆的蛙鸣。"我们没见过凌晨四点钟的洛杉矶，却见过深夜的水旺庄。"这是他们归来后，提起这次会战时说的最多的一句话。

会战结束之后，六队队员在矿区山上重新栽上了花木。远眺水旺庄，山更青了，水更绿了，天更蓝了。范家盟感叹道："环境修复确实不可忽略，你看，咱们做了这么大一个工程，就像什么都没发生过似的。"孙忠全说："谁说什么都没发生？你看，那座幸福桥不就是见证吗？"

那是施工之初，队上修的一座桥。因为两个村子之间隔着一条不宽不窄的河，每当雨季，村民出行会非常不方便。建上一座桥，既方便工程施工，也方便百姓出行。孙忠全说："建队之初，我们的前辈在九曲修了一条幸福路，我们建的这座桥就叫幸福桥吧，也是我们对前辈的传统与精神的继承发扬。"

村里的党支部书记听说六队要撤出水旺庄，特地赶来道谢。见队员们一头雾水，他就说："去年夏天村里失火，如果不是六队的人及时赶到将火扑灭，怕是要出大事，你们做的好事，自己都忘了。"一位村民说，让"荒山"变"景山"，让"穷山"变"金山"，六队的人，真正了得。战略修桥也好，救火也罢，只要群众有需要，六队绝不含糊，这是六队的传统，也是六队在整个地矿行业安身立命的根本。

水旺庄勘探大会战，从 2020 年 1 月开始到 2021 年 2 月，这批年轻队员仅用了 1 年零 2 个月的时间，就完成了近 8 万米深部钻探工作量，完成地质调查 19 平方公里。2021 年 6 月，六队编写的《山东省招远市水旺庄矿区金矿勘探报告》通过评审，累计提交金资源量 186 余吨，平均品位 3.95 克 / 吨。报告获 2021 年度山东省地质学会"山东省十大地质优秀地质成果奖""2021 年度中国地质学会十大地质找矿成果"。

自1958年建队以来，六队先后探明了大中小型金矿128处，其中特大型、超大型金矿14处。此外，六队还提交了储量可观的银、铅、锌等矿产资源，尤其是在实践中探索并创立的“焦家式”金矿模式，打破了“大断裂带只导矿不储矿”的传统理论，填补了世界金矿类型和成矿理论的空白，不仅使我国金矿勘查实现了重大突破，也在国际地学界产生了重大而深远的影响。

会战，会战！钻塔林立，彩旗飘飘，机器轰鸣，场面壮观。六队把寻宝探金作为一场场战役来打，排兵布阵，攻坚克难，在全国地勘行业中一次次引起轰动，接续创造了地质学界的奇迹，使“英雄地质队”的称号响彻大江南北。

（山东省当代文学院　唐合萍）

授勋：唯有至诚报国

成功的花，人们只惊羡她现时的明艳。然而当初她的芽儿，浸透了奋斗的泪泉，洒遍了牺牲的血雨。

——冰心

三山岛的惊喜

1958年1月，山东省地矿局第六地质大队（以下简称“六队”）在招远成立，主要任务是开展胶东地区金、铜等矿产勘查。全年开动钻机2台，全队职工115人。它是全国比较早的地质勘查队。国家地质部和山东省对这一支新成立的地质队寄予了厚望，期待他们能够尽快勘查出金矿，为刚刚诞生不久的新中国“穿金戴银”。

年轻的地质队员们怀抱一腔为国家作贡献的热血，投身到地质工作中去，初战告捷，取得了骄人的成就，但是，五六年的艰辛勘查找矿却没有实质性的突破。地质勘查，毕竟不是振臂一呼、应者云集、矿藏即来、万事大吉的事情。

1962年，长春地质学院毕业的大学生李宏骥加入了六队，亲身经历了那段光荣与梦想的岁月。

李宏骥现已80多岁的高龄，退休前为省地矿局总工程师，看上去精神矍铄，面色红润，身板硬朗。他的记忆力惊人，什么事件、什么会议，发生在哪一年哪个月，他都能如数家珍，娓娓道来。

新中国成立之初的地质勘查，几乎是一张白纸，当时，主要依赖的是苏联“老大哥”的技术。1957 年前还是中苏友好的“蜜月”时期，苏联专家对我们的态度还算客气，技术帮助也是一心一意的。然而，风云突变，1959 年中苏关系破裂，最直接的影响就是，苏联援建中国的项目撤专家，撤图纸，撤资料，撤技术，一撤到底。

地质勘查需要技术！可是，六队的技术员们当时几乎没有成熟的找矿理论，只是凭着一股子干劲，凭着以前搞了点金矿掌握的少得可怜的经验进行工作，来识别未知领域的矿藏。但是事倍功半，成效寥寥。让六队人懂得了一个道理，仰人鼻息只能自取其辱，尤其是在技术方面，这也反过来激励六队增强了自强不息的决心。六队人坚定了一个信念，就是如果要让中国富强起来，成长起来，必须从技术这方面做起。

国家建设急需金矿资源，我们这些一线地质队员心急火燎。

可是，搞金矿没把资源弄清楚，怎么行！但我们并未灰心，没有现成的经验，就自己在实践中摸索。我们选了两个地方，一个是九曲的玲珑，另一个是灵山沟，在这两处进行前期地质勘查。在当时不懂操作规律的情况下，我们超越了一些工作规程，集中了全局全队的力量，摸着石头过河。其实河里的石头都没得摸，工作上存在很大的风险。然而，风险何所惧，六队人一往无前，在九曲、玲珑搞了大会战。1965 年，六队的工作有了成果，探明黄金储量达 20 吨。

20 吨，这在全国可是独一无二的！ 1958 年到 1965 年，7 年的时间里，六队仅仅找到十几吨黄金储量，每年平均不到 2 吨，而 1965 年一年，六队就找到了 20 吨！

但是，20 吨的黄金储量远远不能满足国家建设的需要，地质部指示山东地矿要更上一层楼。省地矿局局长带队来到了六队，与六队共同研究找矿的方法、措施。六队初步决定在探索阶段放手发动群众，在没有明确的矿区位置上让各位地质队员放开手脚，大胆探索，八仙过海，各显神通。

六队地质队员们肩负着国家的希望，开始在全省各地的旷野上奔跑、勘查。

渤海之滨，莱州湾畔，有一座三面环水的小岛——三山岛，现在小岛已同胶东半岛连在一起了。但几十年前，二者之间还是一条小海峡。

1965 年 12 月 11 日，狂风漫卷着飞雪，寒气逼人。三面环海的掖县（今莱州市）三山岛上，迎来了六队杨文玉、李宏骥、李言山、盛宝田等 8 名地质勘查队员，他们踏着一尺厚的积雪，冒着凛冽的寒风，开始了历时半个月的矿点普查。寒冷没能阻止他们坚定信念的脚步。他们顶风冒雪，用扫帚扫出麦田一边的一块地方，大约有一个足球场那么大，发现它居然与其他地方的颜色不一样，黑黢黢的如铁锈一般。这个发现立刻让地质队员们兴奋起来。过去认识的石英脉是白色的，现在的这块地方呈脉状，像个乌龟盖似的，一定有“情况”。然而，大家兴奋之中又遇到一道难题。一是没法判断它的前景，另一个是不知道打钻的方向。没有现成的经验可循，没有一手资料可供参考，地质队员们感到了无助的苦恼。但找矿的使命不允许他们耽搁，没有启明星的指引，他们只能在漆黑的夜晚摸索前行。他们就在“足球场”这块地上挖了一条槽沟，从东南到西北，30 米宽，300 米长。可是钻向哪里打？往南还是往北，往上还是往下？是陡一点还是缓一点？技术员们各抒己见，争论不休。争论归争论，时间是不能耽搁的。他们在争议中硬着头皮干起来。最终，他们完成了 2 立方米露头爆破，采取矿样 105 个，经过化验，结果是一个振奋人心的喜讯：1/3 的样品能够达到工业标准！

1966 年 1 月，朱云德率领地质组又挺进了三山岛，展开矿点的普查评价工作。当时的三山岛，每逢涨潮就被海水四面包围，落潮后，海滩又变成一片沙洲，松软的沙滩给普查工作带来很大的困难。汽车不能跑，队员们便顶着刺骨的海风，踏着冰沙泥水，硬是靠人抬肩扛苦干半个月，把几十吨设备、生活物资运上了岛。

在钻探施工期间，海水经常包围施工现场，职工们上下班、送料都要蹚着齐腰深的潮水。夏天还好受些，一到冬天，那冰冷刺骨的滋味儿只能咬紧牙关硬挺着。遇上狂风暴雨，钻机场便是一片汪洋。每当遇到这种情况，大家总是奋不顾身地抢救被风浪卷走的岩芯资料。正当三山岛金矿勘查工作紧张进行之际，“文化大革命”的风暴冲击到这个小岛。六队人怀着对祖国黄金勘查事业的执着追求，顶着压力，坚守岗位，继续工作。

1969 年，三山岛普查技术负责人张裕之主持编写的《山东省掖县三山岛金矿区地质勘探报告》通过评审，我国第一个特大型蚀变岩型金矿在这里诞生。

三山岛给六队带来了惊喜，也给整个地质行业带来了惊喜！

三山岛金矿是“焦家式”破碎带蚀变岩型金矿床的第一个范例，是“焦家式”金矿的发祥地。它的问世，为跳出“玲珑式”石英脉型金矿，找寻破碎带蚀变岩型金矿提供了科学依据。

焦家金矿的地质学含义

如果有一个地理探矿镜，能够穿透地球上千米、上万米，能够分辨各种矿物质，那么我们需要的金矿便清晰可见，直接开采便是。遗憾的是，这样的探矿镜，过去没有，至今仍未出现。

从 20 世纪六七十年代六队找矿的规律来看，按照当时的技术水平和技术条件，找到一个储藏的矿山，再把它的矿储量搞清楚，用 3 年、5 年时间就是快速的、成功的了。准备材料，立项，论证设计，编写设计，审题，开始基建投产，这就得三五年，再到投产，总共 15 年到 20 年，也是高效的。可是，国家急需矿产资源，具有报国之心的六队人在技术水平简陋的条件下，开始了艰难的探索。

三山岛金矿的发现，给了六队人无限广阔的启迪。之前，由于缺乏理论支撑，缺乏实践检验，在一个地质区域工作一年半载，也不知道一个金矿形成的环境是什么，产生的条件是什么。三山岛金矿的发现，无异于哥伦布发现了新大陆。因为三山岛金矿跟传统理论上的石英脉矿根本不是一回事儿，今后要找金矿，找大金矿，它是一条重要的参考线索。曙光已经在六队人眼前出现。

1967 年 2 月，李宏骧带领地质组通过民间探访，发现招远焦家村一带有明显的蚀变矿化显示。挖槽、钻探，他们不放过任何一个细节，详查焦家金矿床地表地质情况。随着时间的推移，人们对地质构造也有了越来越深刻的认识。招远北部地区，有一块1400多平方公里的岩石带，1963年到1966年已经弄得清清楚楚，并画在地图上了。焦家这一带，在第一条槽子没挖之前，在另外一个槽子看见的，就是黄县弧形断裂带。这个矿化一旦成型，大矿很可能就在这个断裂带里。

坚忍智慧的六队人已经知晓了金矿的成矿环境。

同年3月14日，六队人发现了这个焦家金矿。到4月1日，17天时间，他们就把这矿控制了四五百米长，然后调钻机打钻，经过两个月连轴转，一气打了5个孔。整个矿体延伸几百米，厚度比较大，品位稳定，可以断定这是超过20吨的大金矿！

消息传遍六队，一下子引起了轰动。

1967年5月13日，六队召开全队地质工作会议。李宏骥以焦家金矿的特征为例，汇报了发现焦家金矿的工作过程。由此联想到在此之前发现三山岛金矿，那时对它是什么类型还不清楚。“焦家式”金矿的发现，证明了这两个矿都是一个类型的，前景广阔。于是，六队提出，金矿找矿勘查工作要向破碎带蚀变岩型转移。这就明确了今后找矿不要再把主要精力放到过去传统的石英脉上。

这个战略性转移报告给了省地矿局，省局将此作为全省找矿的战略转移支点；报告给地质部，地质部将此作为全国战略转移的典型。

这个战略转移的效果如何呢?

从前每年，六队的黄金探明储量都在2吨左右，一直没有超过3吨。战略转移实施之后，每年的黄金探明储量开始成倍、十倍、数十倍的增长。50年之后，中国的黄金储量探明为世界第二，黄金产量达到世界第一！

焦家金矿的发现，给六队带来了世界性的声誉。而金矿找矿向破碎带蚀变岩型转移，也为后来的“焦家式”金矿理论奠定了基础。焦家金矿的发现，意义重大！

金矿勘查的“哥德巴赫猜想”

1742年，德国大数学家哥德巴赫发现，每一个大于2的偶数都可以写成两个质数之和。然而他自己却不能够证明它，所以只能称之为“哥德巴赫猜想”。他当时写信向赫赫有名的大数学家欧拉请教，欧拉也不能证明它。这道难题吸引了成千上万数学家的注意，多少数学家企图给这个猜想作出证明，200多年来却没有人能够成功。直到1966年5月，中国青年数学家陈景润宣布证明了它，并被国际数学界命名为“陈氏定理”。陈景润摘取了数学皇冠上的明珠。

破碎带蚀变岩型金矿理论，就是金矿勘查的“哥德巴赫猜想”。

当时，苏联教科书上的“大断裂带只导矿不储矿”等洋理论，在我国一直被奉为金科玉律。

“大断裂带只导矿不储矿”是一种什么样的理论呢？这对地质人来讲，早已不是新鲜的概念，而对业外人士则是一头雾水，不知所云。通俗的解答是，大断裂带只是矿液的传输通道，可以引导找矿，但是不储存矿藏。

在九曲和灵山沟这两座石英脉型的千年老矿区，矿区南侧有个破头青断裂带，像一个放倒的大树主干，九曲和灵山沟矿床则像它伸出的枝条上的果实。按照这个理论，地质队员只能把这一断裂带填写在图上，似乎可有可无。

六队高级工程师李士先谈起找矿理论突破时掷地有声：“六队人是敢于吃螃蟹的人！三山岛和焦家的地质勘查发现，两处金矿都是与石英脉金矿有着本质区别的破碎带蚀变岩型金矿。”之后，他们顺藤摸瓜，向北摸到了新城这个特大“金瓜”，往南又摸到了马塘、东季两个“金瓜”。这等于在事实上破除了长期束缚地质人的“大断裂只导矿不储矿”的紧箍咒。

推翻一种不合时宜的理论，需要具有勇敢的奋斗精神，并要冒着极大的风险，以追求真理的新生。青年技术员张志敏和黄德业，在玲珑金矿普查中发现大断裂带的蚀变矿化与相邻石英脉型金矿的差异，便偷偷地在大断裂带上开凿了一个探矿浅井。由于井打得浅，没能打出矿来。当时正值“文化大革命”开始，有些无中生有的“好事者”便抓住此事不放，将这个仅仅为找矿实践的探索性事件看作“阶级斗争新动向”，年轻的地质工作者们也遭受了错误的批判。一次向传统金矿地质理论挑战、探索新成矿类型的可贵实践就这样被断送了。而今，谈起当年这个遐迩闻名的“阶级斗争井”，87岁的高级工程师黄德业只能苦涩地笑笑。

气候的反常没能够阻止六队人的探索。1967 年初，遭受批判的黄德业率领一个小组再上玲珑山踏勘，在断裂带上选择钻探井位。黄德业和他的同事们认真踏勘，在那口“阶级斗争井”一旁布置了钻孔。开钻成功，工业矿体显现，这就是著名的台上大金矿。苍天不负苦心人，六队人奉献出了一个金光灿灿的“大金娃娃”！

大断裂带的成矿，与石英脉型金矿的成因有着怎样的联系？李士先和他们的研究团队昼夜勘查，上下求索，直到 1976 年得出了重要的结论：两种不同类型金矿的物质来源、控矿构造体系、成矿时代、矿石建造是相同的；不同的只是控矿断裂的性质和规模。

从前找矿，因为没有一套自己的理论体系，不善于分析断裂形成的时代、性质，一见大断裂带就取样，结果从胶东西部普查到东部，从鲁中进军到鲁西，最终收效甚微。理论是行动的先导，必须有自己的一套先进找矿理论。李士先、刘连生、安家桐和王文志四位智慧的汉子，编写完研究报告，心情久久不能平静。是呀，新的金矿成因类型已经搞清，十月怀胎，一朝分娩，这个“孩子”生下来了，得给它取个响当当的名字。于是，他们结伴来到矿区地质组，与崔春池、谢伦司等老地质人一道，商量起了刚刚诞生的“孩子”的新名。

地质组设在一个农家小院里，苍蝇嗡嗡乱飞，老母猪和小猪崽在猪圈里嚎叫，他们一概不予理会。李士先说：“这种类型非我们莫属，我们必须标新立异。”刘连生接话说：“这个名字，必须把破碎带这一主要特征冠上去。”“美国有个卡林型、霍姆斯塔克型，南非有个兰德式，我们可不可以有个焦家式？”声如洪钟的安家桐激动地大声说。大家七嘴八舌，各抒己见，最后统一了意见，名字敲定为“焦家式破碎带蚀变岩型金矿”。一个崭新的金矿成因类型在山东、在胶东半岛诞生了！

这一重大地质理论一经问世，便引起了世界地质界的广泛瞩目。此前，还没有哪一个国家研究出这个重要的结论。美国专家来了，加拿大专家来了，苏联专家来了，澳大利亚专家来了，几乎所有资源大国的金矿专家先后来到六队和胶东考察，纷纷邀请六队到他们的国家指导找矿工作。

一群普通的中国地质工作者，凭着一股永不服输的精神，揭开了金矿地质勘查“哥德巴赫猜想”的谜底，攀登上了金矿地质理论的珠穆朗玛峰！

“进京赶考”

申报国家科技进步奖特等奖，不仅是山东地矿局建局以来的重大事件之一，也是原地矿部建部以来唯一的一次，申报的成败，牵动着全国地矿系统30多万名职工的心，牵动着山东省人民的心。这项工作意义重大，使命光荣，但其申报难度却难以想象。

六队申报奖项有雄厚的背景力量。“焦家式金矿”找矿成果突出：该类新型金矿床多属大—特大型，使我国黄金储量、产量在短短几年间实现了跳跃式发展。截至1985年，我国黄金储量由原来的名不见经传一下跃居到世界第四位，黄金产量跃居世界第五位，在国内已发现的4处特大型金矿中，有3处为“焦家式”金矿，且储量规模分居第一、二、三位。这些金矿已全部处于开发利用中，为国家提供了大量硬通货，对国家经济建设功不可没。大量黄金矿山的建成，也带动了地方经济的发展，胶东地区不少县城在短短几年中发生了脱胎换骨的变化。

科技进步是真正的进步。六队人重视科技，六队人珍视科技，伴随着找矿工作的深入开展，科技之花也一路开放。这让李士先禁不住回想起了改革开放以后的第一次全国科学大会。1978年3月的北京，迎来了新中国成立以来的又一个科学春天。这次科学大会上，六队集体完成的《焦家式破碎带热液蚀变岩型金矿地质特征》荣获科学大会奖。

科学的种子，已经深深地植根于六队人心中。此时的“焦家式金矿”已在大江南北遍地开花，为我国金矿勘查史上树立起了一座座丰碑。

然而，全国各行各业经过层层筛选，敢于进京摘取国家科技进步奖特等奖的桂冠者，最后已是凤毛麟角。与其说是“进京赶考”，不如说是“进京闯关”，这个大关，六队能闯过吗？

山东省地矿局成立了由魏新华、李士先、郝万祥三人组成“申报国家科技进步奖特等奖”小组。地矿局指示小组全程参与申报、答辩的各项工作，尽职尽责，不辱使命，力争申奖成功。出发前，省地矿局局长亲自为他们送行，紧紧握着他们的手，说：“你们这次进京好比‘赶考’，争取考个好成绩。”1985年下半年，“申奖小组”成员抵达北京，开始了漫长的“赶考”之路。

“申奖小组”抵京后，立即与地矿部有关部门座谈，学习相关文件，力求尽快进入“角色”。国家科技进步奖特等奖项目申报应具备的主要条件是：科学技术进步，国内领先，达到或超过国际先进水平，有重大的社会、经济效益；理论与实践具有独创性。相关申报答辩必须围绕、突出以上要求。

特等奖的申报程序很严格，需要层层“过关”，先是申报单位所在部委推荐上报，接着为国内同行业专业委员会评审、推荐、上报。前两关如通过，则进入第三关。然后直接参与国家科技进步奖评审委员会的答辩会议，评审结果由国家评审委员会决定，并上报国务院。

地矿部所在的同行业委员会（地矿采矿行业委员会），由地矿部、石油部、冶金部、煤炭部、化工部、核工业部、武警黄金支队、建材部等10余个部委组成。各部委上报至同行业评审委员会的特等奖项目近20项，其中地矿部上报特等奖项目除“焦家式金矿”项目外，还有甘肃金川铜镍矿、四川攀枝花钒钛磁铁矿项目。据地矿部分析，其他项目尚存在一些不同的意见，最有可能通过同行业评审委员会评审的是“焦家式金矿”项目。为此，地矿部要求我们切实做好准备，除迎接第二关的挑战外，重点做好进入第三关的准备工作。

“焦家式金矿”带着其获取的重大成果和地矿部的重托，进入了第二关评审。

地矿采矿行业专业评审会议是在国家评审委员会监督下，由地矿部、石油部、冶金部等前述10余个部委的领导、专家组成，接下来的评审一直是在严肃、公正和激烈争论的气氛中进行的。众所周知，地矿采矿行业的几百万大军在新中国成立后的几十年里，在各自的战线上为国家地质、矿业发展付出了巨大努力，作出了世人瞩目的贡献，各部委都希望自己的努力得到国家、人民的肯定。“评功摆好”，争论是不可避免的，要评定出令天下人折服的奖项，正需要这种公开、激烈的争论。

在人们的翘首期待中，终于迎来了第二关的评审结果：1985 年 10 月 11 日，《中国地质报》公布了“国家科学技术进步奖地矿采矿行业获奖项目”，共评出三等奖 31 项，二等奖 18 项，一等奖 5 项，特等奖 3 项。其中《焦家式新类型金矿的发现及其突出的找矿效果》在入选的三个特等奖项目中名列第二位。

“焦家式金矿”凭借其在地矿科学技术领域中的领先地位和对国家经济建设作出的重大贡献，闯过了“申特”之路的第二关。

至此，除“焦家式金矿”项目和石油部的 2 个项目共 3 个项目通过了第二关外，其余各部委推荐的项目的“申特”之路最终止步在第二关。

京西宾馆的答辩会，由国家科学技术评审委员会主持，国家计委、经委、科委领导参加，由 50 多位两院院士、学部委员担任评审，会议气氛庄严肃穆。会议首先分发了汇报材料和相关资料集，主持人介绍了汇报项目名称后，六队担任汇报的同志在随后的 15 分钟内，又详尽地介绍了焦家式新类型金矿及其突出的找矿成果，最后几分钟又展示了相关图表资料和焦家式金矿矿石标本。当向大会宣布汇报结束时，令人意想不到的一幕出现了：会议主持人首先鼓掌，随即会场掌声雷动，这与上一项目汇报完后的鸦雀无声形成了鲜明对比。我们依稀感到这是评委向我们传达的正面信息，是对这一项目的充分肯定。

晚上，地矿部科技司、地矿司的领导向申报小组传达了来自会议的重要信息，我们的汇报得到了广泛好评，获高分通过。据说，这是参会所有项目的最高分。评审中，有的评委语重心长地说：“这个项目，不仅仅是新发现、新类型的问题，其最大的贡献是，在关键时期向国家财政提供了大量硬通货，是一场国家财政的及时雨，为国家作出了历史性的贡献。”

一切申报工作完成之后，魏新华、李士先、郝万祥才从梦幻一般的繁忙工作中回过神来。临行时答应家人在天安门广场、八达岭长城、动植物园、恭王府等令人向往的著名景点照一张照片带回去，分享首都风光的事情，都早已抛在九霄云外了。一行人打点行囊，迅速返回到一线岗位上。

六队人在期待中终于等到了项目的最终评审结果，国务院通知，《焦家式新类型金矿及其突出的找矿效果》一举斩获国家科学技术进步奖特等奖。至此，六队的“进京赶考”完美收官。

1986 年 5 月 15 日，全国科技奖励大会在北京人民大会堂隆重召开，崔春池代表六队领取了地矿系统科技类的最高奖项。

璀璨的地质之光

从 1958 年建队，到 1969 年发现三山岛金矿、1972 年发现“焦家式金矿”，转眼间到了 20 世纪八九十年代。六队人始终没有忘记，1975 年 6 月，时任国务院副总理王震来招远视察时对六队的殷切期望，他指示六队地质工作要“以找金为主”。六队是山东省地矿局的希望，也是地矿部的希望，更是国家找金矿的希望。

科学技术是第一生产力。谁率先掌握了科技，谁就插上了腾飞的翅膀。科技人才就是科学技术的实践者，是推动社会发展最重要的因素。六队所有成就的取得，离不开一帮攻无不克、战无不胜的科技队伍、英雄团队。这个团队，从最初建队的 100 来人，到今天的 400 多名职工，从党委书记、队长、总工程师，到一线工人，他们每一位都有故事，每一位的奋斗历程都值得大书特书。

采访李宏骥得知，年轻的时候，他就特别仰慕地质学家李四光先生。李四光创立的地质力学对地质学传统思想和工作方法起到了真正的革命性影响，这也是李宏骥工作的标杆。几十年勘查找矿风雨兼程，地质锤、罗盘和放大镜是他随身携带的三大件。他发现了许多有价值的金矿，撰写了大量有价值的地质论文，前后获得了许多省部级甚至国家级的荣誉。这些荣誉中，他最看重的是获得的李四光地质科学奖。他说，作为地质工作者，获得李四光地质科学奖，曾是自己的最高追求。说这话时，白发苍苍的李宏骥谦虚地笑了笑，轻轻拨动桌上的一个地球仪，小小寰球一下子急速地旋转了起来。这一画面立刻使笔者想起了徐迟的报告文学《地质之光》，仿佛李四光的身影又在眼前出现。

六队获得这一崇高荣誉的还有一位，他就是宋明春。宋明春长期从事野外地质勘查，在国内率先开展深部找矿科学技术攻关，创建了胶东型金矿“热隆—伸展”成矿理论和阶梯式成矿模式，专注研发深部找矿方法，实现了深部找矿理论技术和成果的重大突破。他是泰山学者、第十五届李四光地质科学奖的获得者。他曾两次被评选为院士候选人，这在整个地矿局独一无二。

六队群星璀璨。璀璨背后是无私的奉献。

张裕之，这位一生要找大矿的雄心勃勃的地质工作者，于1966年7月被任命为三山岛区域普查技术负责人。长期的地质工作使他患上了严重的关节炎，可是他仍然每天早上蹚着水去岛上选点、采样，黄昏时再背着矿石蹚着水返回。到家后，他总是坐在炕上，一手拿着馒头，一手拿着矿石，一边吃一边琢磨。有一次因为全神贯注思考，一口咬在了矿石上，成为大伙茶余饭后的谈资。这年冬天，他值班在野外，紧张地整理地质报告，关节炎突然发作了，关节处肿得老粗。他双腿跪在炕上，汗水把衣服全湿透了，但他还是坚持不离开自己的岗位。生活不能自理，他就让人在炕前放个凳子，把雨衣铺在炕前的地上，大小便时，从炕上挪到凳子上，再从凳子上挪到地上。他妻子从百里以外的队部赶来，看到这一幕，禁不住泪如泉涌。

张裕之主持编写了《山东省掖县三山岛金矿区地质勘探报告》，诞生了我国第一个特大型蚀变岩金矿。长年累月的透支性劳作，使张裕之积劳成疾，英年早逝，51岁就离开了人间。在医院里，生命弥留之际，张裕之坚持让妻子回家去取他的登山鞋。妻子往返60公里取来，他立刻穿上，在病房里走来走去。那一刻，他或许感觉到山野的风扑面而来，为他抖落满身的风尘；或许看到了一条巨大的金矿矿脉，又是一个巨大的“金娃娃”。他惊叫了一声，扑通一下摔倒在床前的地上，仿佛就要安睡在大山的怀抱里。

退休前担任副总工程师兼矿业公司总经理、胶东金矿地质研究所副所长的王化江，是一位六队的老地质工作者。他找金有方，屡屡获奖；他精益求精，严把质量关；他言传身教，提携年轻人。提起他的这些工作成就，至今还令人称颂不已！王化江来六队的第二年，刚满 20 岁的那天，他去一百多里外的平度野外采矿样，归途中突遭暴雨。那时的山区还不通汽车，他披着雨衣，怀揣着矿石标本，一直走到掌灯时分。路过一个村庄时，一位好心的大娘硬把他拉到家里，给他烤干了衣服，挽留他说："孩子，你烧得不轻啊，雨停了再走吧。"可他为了及时赶回去复命，还是带病上路了，这次雨中行走使他患上了严重的风湿病。之后，即使是三伏天，王化江的腿上也打着绑腿、套着护膝。常年的勘探，潮湿的环境，风湿病成了找矿地质工作者逃避不开的职业病。

1985 年腊月，寒风刺骨，滴水成冰，以六队为主开展的全省金矿总量预测研究是一个艰巨复杂的科研项目。李士先和科研小组人员猫在地矿局招待所里搜集资料，以床板为桌、马扎为凳，摘抄数据资料。没有暖气，大家就用嘴吹一会儿热气哈哈冻僵的手，再接着写。就这样，他们共搜集整理了几万个基础数据。

几十年后，李士先依然清晰地记得，离 1986 年春节只有十几天的时间了，他奉命到济南搜集资料。新年的气息越来越浓了，省地矿局的招待所冷冷清清的。当他偶然得知一个单位有 1/200000 中间性重力成果后，心中一阵惊喜，急忙赶去借阅。不料这个单位的工作人员说："这是中间性成果，还没提交报告，怎么能给你呢？"李士先吃了闭门羹。但他并不气馁，又连续去了 4 次，却全被拒之门外。到第五次去时，他边走边想着怎样才能感动上天，一不留神，一个趔趄摔倒在路上，浑身沾满了泥巴。爬起来后，望着满大街匆忙的人流，他突然感觉有些心酸。当他一瘸一拐地走到那个单位时，管资料的女士感动了，把所有资料毫无保留地借给了他。李士先长长地舒了一口气，心想也许这就是"精诚所至，金石为开"吧。

现任六队党委副书记的战洪雷说，当年亲朋好友、邻居们知道自己考上地质专业的大学时，还一脸的羡慕，都说这个专业好，将来的工作可以游山玩水。他们或许不知道，在野外找矿、探矿的地质队员，晚上住在荒无人烟的旷野上，那份孤寂是常人无法想象的。他说，在威海找矿时，夜晚睡觉，拿开枕头的一刹那，头皮直发麻，那枕头底下竟盘着一条活物！

野外、租房，环境之差永远是那时地质队员坦然面对的现实状况。原六队副队长、工会主席滕利远，对20世纪六七十年代野外找矿的情景记忆犹新。“在莱芜找矿时，租住南墅村房东的南屋，里面有口棺材，床板就铺在棺材上，有点瘆人，谁也不愿意睡在上面。我铺上板子，两腿一伸，艰难地熬过了漫漫长夜。而我们的施工地是一个坟场。一天，我们两个人看场子，突然下起了瓢泼大雨。旁边一个坟夼子敞着斜口，实在没有地方躲雨了，无奈，我们俩便一起躲了进去。这些，还都只是心理上的惧怕，不具备实质性的危险因素。真正的危险是在野外的夜晚。在临沂莒县的山岭上找矿时，钻机需从水源地引水用水，3个人轮流值班去看水泵。水泵站仅有一个小棚子，可以进棚子躲避风雨。深夜，突然发现一个瞪着蓝莹莹眼睛的动物向这边踅摸而来，我无法断定那是不是一只狼，赶忙躲进棚子，用粗大的树枝别上了小门，密切地注视着蓝眼睛的动向。12点，老王来接班，我对他讲了刚才发生的事情。一起待了一段时间，确定再没有那双蓝眼睛后，我返回了住处。第二天一见到老王，他说：‘我的天哪！昨晚上你走后，那蓝眼睛来了，我躲在小棚里敲了一晚上铁桶！好在，我们没有成为蓝眼睛最后的晚餐。’”

曾任六队队长的全国劳动模范干风林，一提起六队就有说不完的话题，从钻工、厨师、机长到工程师，他如数家珍，言谈中满满的都是赞叹和敬佩。有一次，张裕之生病在家，干风林去看望他时，见他仍在阅读专业书籍和外文资料，为的是更好地掌握外国的找矿先进理论；去看望水文工程师孙建清时，正巧遇到他一边在灶台烧火，一边专心致志地看着地质专业书籍，自己都走到他的眼前了，他都没有发觉。

学习，是任何一个团队都应该具有的精神品质。六队辉煌成就的取得绝不是偶然的，这个团队具有孜孜以求的学习精神，具有一往无前、攻坚克难的底气，任何困难都压不垮他们。

首都的领奖台上

世界上最宝贵的无疑是生命，但对于以为国家找矿为主业的地质六队人来说，比生命更珍贵的是荣誉。

从1958年到1992年，30多年来，六队人从三山岛突围，从“焦家式金矿”突破，他们转战齐鲁大地，足迹踏遍山东半岛17个县市。经过几代人的艰苦奋战、无私奉献，硬是完成了将近80万米的钻探工作量，这相当于80座珠穆朗玛峰高度的钻探量，浸透了六队人多少血汗和泪水！六队人不负众望，向国家提交地质报告200多份，其中金矿地质报告占了1/2，探明大型金矿5处、大中小型金矿28处，提交黄金储量约占全国已探明岩金储量的1/3。六队还向国家提交了数量可观的银矿、铅矿、锌矿、稀土、磷、煤等矿床以及水资源勘查报告92份。六队提交的金矿、银矿地质成果全部被矿山建设利用，生产的黄金年销售量占全国的1/4。胶东地区成为全国最大的黄金生产基地。一座座金矿，像一颗颗璀璨的明珠，镶嵌在胶东大地的胸襟上。

六队人用强有力的实践铺砌了一条通向最高荣誉的光辉大道。

1992年10月19日，这一天，对于每一位地矿人都具有特殊的意义。国务院下发了第59号文件:《关于表彰山东省地质矿产局第六地质队的决定》，对这支英雄的队伍，通令嘉奖，同时授予六队“功勋卓著无私奉献的英雄地质队”荣誉称号。这是至高无上的荣誉。新中国成立以来，全国地矿系统还从来没有一个单位获得过这一崇高的荣誉。

1992年12月，北国的冬天寒风吹彻，凉气逼人。而此时六队人的心里却是暖洋洋的，没有一丝寒冷的感觉。六队组成了由队长刘广义、党委书记曲鹏玺率领的15人团队，乘车进京受奖。他们当中，多数人还是第一次来到祖国的首都。

12月10日，国务院表彰大会在北京地质礼堂举行，15名受奖的六队人身着节日的盛装，精神抖擞地进入地质礼堂。当时任地矿部副部长宋瑞祥代表地矿部、山东省政府宣读《关于开展学习山东省地质矿产局第六地质队活动的决定》时，当时任山东省委副书记、省长赵志浩宣读省政府奖励地质六队一座科研楼时，当时任国务院秘书长罗干宣读国务院关于表彰地质六队的决定时，参加授奖大会的六队人一次又一次鼓掌，以抒发自己强烈的激动之情。最振奋人心的时刻到了！党和国家领导人宋平、严济慈共同向六队代表刘广义授旗。刘广义庄严地从党和国家领导人手中接过锦旗，锦旗上的那行“功勋卓著无私奉献的英雄地质队”金字闪闪发光。其他受奖人员上台接过了金晶奖杯，会场响起了长时间的热烈掌声。六队人眼含泪花，心潮澎湃，激动不已。

六队的代表刘广义、李士先、刘长春上台作了先进事迹报告。刘广义说：“愿我们六队能为祖国寻找更多的金钥匙！”李士先说：“我们要攀登金矿科研的珠穆朗玛峰！”刘长春说：“我们要多找矿，找大矿，为改变祖国的贫穷面貌作出新贡献！”情真真，意切切，既是实况汇报，又是铮铮誓言。英雄地质六队的故事久久回响在地质礼堂，感人的事迹令听者动容，低首心折。

而今 85 岁的原六队一分队队长李加山，提起这次进京受奖依然兴奋不已。他说：“在北京领奖的那一刻，我感动得哭了。我是一个农村孩子，从部队转业到六队找矿，一直干到退休。能够为国家出力，能够到北京领奖，我觉得这辈子值了！”

原六队工会主席滕利远说：“领奖的那一刻，我觉得咱六队人特别帅气、漂亮。队长、书记从国家领导人手中接旗，我们每个人都佩戴红花，手捧着大会赠送的奖杯和少先队员献上的鲜花，那种高兴的心情没法用言语来形容。考上大学高兴，新婚宴尔高兴，但都没有这次高兴，那可是在首都北京的领奖台上啊！”

会后，各大新闻媒体记者蜂拥而至，六队成了地质界名副其实的明珠！

北京，多么令人向往的神圣地方。长城、故宫、天坛、颐和园、王府井大街，这些从前只有在书刊上、广播中才能看见听说过的地方，似乎并不遥远。从小就唱着《我爱北京天安门》长大，金光灿烂的天安门已经近在咫尺。绵延的燕山褶皱带是首都的苍翠屏障。大家多想趁着进京领奖能够早一天一睹首都风采，照张相片留念。可是不行，跟随进京领奖的两位女士，一位是六队的助理工程师杨永芹，另一位是六队的卫生所的医务人员王玲。闲暇之中，她俩无心欣赏北京的名胜古迹，干脆将自己关在宾馆里熟悉演讲稿。因为她们在大会结束后要到中国地质大学演讲，报告英雄地质队的故事。第一次走向地质界的最高学府，她们的心里难免打鼓，只有一遍一遍地熟悉自己的演讲稿，一遍一遍地提炼英雄地质队的黄金精神，不辜负六队的期望。

第二天，中国地质大学报告厅座无虚席，杨永芹和王玲信心满满地依次走向讲台。杨永芹演讲的是《献身地质　青春无悔》，王玲演讲的是《好女愿嫁地质郎》，朴实无华的语言，直抵人心的故事，赢得了广大师生的热烈颂赞。她们给中国地质学子们上了一堂生动感人的地质课。

回来的路上，到一处加油站加油，开发票的工作人员一听是山东地质六队，霎时瞪大了眼睛："你们就是英雄地质队啊！刚刚在电视、报纸上看到你们在北京领奖的新闻了。你们六队真了不起！"

六队载着荣誉回到省城济南，出席山东省委、省政府的欢迎仪式。

济南，南郊宾馆。时任省委书记姜春云、省长赵志浩等省领导早已在大厅里等待载誉归来的六队英雄们。省领导紧紧地握着这些为共和国寻找金钥匙的英雄们的手，激励他们再接再厉，创造出更加辉煌的成就。

返回驻地招远，他们受到了六队人的夹道欢迎。全队欢欣鼓舞，豪情满怀。六队人知道，辉煌只能代表过去，躺在荣誉的功劳簿上不思进取那不是六队的性格，一个奔向更加宏伟目标的新征程从此起航了。

唯有至诚报国

六队在巨大荣誉的光辉照耀下创造了非凡的成就。建队 64 年以来，六队累计探获超大型金矿 14 处，大中小型金矿 128 处，探明金资源量 2810 余吨，为国家经济社会发展作出了突出贡献。即使 20 世纪 90 年代中后期有过矿业低谷的困惑，有过改制时期的阵痛，但是英雄地质队的这面旗帜不倒，这是六队的精神富矿，永远取之不尽，用之不竭。21 世纪以来，六队接连找到了特大、超大型金矿 14 座。六队依然在全省乃至全国找矿事业的第一方阵中，领航奋然前行。

2022 年 6 月 4 日，这又是地质六队的一个标志性日子。该队承担的"山东省招远大尹格庄金矿3000米科学钻探”项目，仅用187天就钻孔完成了3000米的设计深度，再次刷新了全国小口径钻探同类型钻孔钻进效率纪录。3000米！187天！这是六队深部找矿的又一次重大突破。

六队的找矿事业所向披靡。

一位采访过六队的老作家说：“这里有黄金。”黄金是宝贵的矿藏，更是可贵的精神财富。潜心找矿、至诚报国已融入一代一代六队人的血脉，时代崇尚英雄，英雄引领支撑着时代前进。这支英雄的队伍永远高举“英雄地质队”这面光辉旗帜，爱国敬业，无私奉献，守正创新，勇毅登攀，再创新辉煌。

（山东省当代文学院　王泮政）

“五朵金花”盛开在山东半岛

这里要讲的“五朵金花”，并不是爱情电影《五朵金花》里面五个聪慧美丽的姑娘，而是货真价实的“金花”——深藏地下的“五朵金花”。

从2005年到2016年，不到10年的时间里，山东省地矿局第六地质大队（以下简称“六队”）找到了5座特大、超大型金矿——寺庄、焦家深部、朱郭李家、纱岭和前陈金矿，被誉为金矿勘查史上的“五朵金花”。

这5座金矿何以成为“五朵金花”？请看一组数字：

寺庄矿区，黄金储量51.83吨；

焦家深部矿区，黄金储量105吨；

朱郭李家矿区，黄金储量126吨；

纱岭矿区，黄金储量389吨；

前陈矿区，黄金储量60余吨。

单纯的这一组数字也许并不神奇，可是当它们和黄金联系在一起时，就是一组震撼人心的数字了！

五座金矿的黄金总储量达到731.83吨，意味着什么？意味着仅凭一个六队，就撑起了全国黄金储量的半壁江山；意味着“英雄地质队”永远是一面不倒的旗帜！

那么，在发现“五朵金花”的过程中，六队人经过了怎样的一场历练？

转型改制中的阵痛

山东省地矿局第六地质大队从1958年建队到1992年，找矿历程从艰难起步到为国家勘查矿床黄金储量的1/3，获得了一个个令人羡慕的荣誉。

哪承想六队人正要甩开膀子大干一番时，一场突如其来的市场经济浪潮把他们呛蒙了！一个专找黄金的单位，包括工程师在内的数百名干部职工，“下岗待业”了！

1993年春节刚过，晴天一声霹雳，数百名六队人开始陷入了严重的生存危机。最困难的时候，全队内外债3600多万元，能运转的钻机不到10台，职工们的生活都难以为继。

为了生计，六队开始了艰难跋涉。工程地质勘查、基础施工，服装厂、拔丝厂，办法想了不少，有些人还是不得不自己找工作养家糊口。本来专长于找金矿的技术干部和钻探工人，有的成为附近矿山的门卫、电工、机修工，有的甚至下矿井推起了“轱辘马”矿车，还有不少人在家加工首饰，挣点微薄的生活费。那些靠开金矿发财的个体户，腰缠万贯地住进了“将军楼”，六队的218户职工却仍然是无房户。

“远看像是要饭的，近看像是逃难的，仔细一看是勘探的”“有女不嫁地质郎，一年四季守空房”，这些调侃式的冷笑话也许从侧面反映了六队困境时期的真实生存状态。

许多地质工作者提起那段经历，还是心有余悸。原六队工程师姜洪利道出了当时问题的症结所在：“从前找矿是国家拨款，地质专家们不用考虑其他问题。地质队员们把自己的一切交给了矿业，为国家找矿甘愿献出青春和热血。国家‘断奶’，开始市场化经营，我们没有现成的经验可循，没有完善的市场经济规律应用，所以六队和全国各地的矿业一样一时适应不了。我自己也下过岗，队里不发工资了，但还得养家糊口啊。没办法，我也从事过首饰加工，挣点糊口钱。”原六队工会主席滕利远说：“那时候国家对地质行业大幅度减少拨款，有些省的地质队转型搞起了建筑、社会服务业等方面的事情，足见其转型时期的困难尴尬局面。”

这是一个由计划经济向市场经济转型的痛苦阶段。这个时期大约有10年时间，成为六队人最困难的时期！

六队期待着一场凤凰涅槃。

第一朵“金花”的诞生

经过10年市场经济的磨炼，六队已形成共识：“必须在逆境中崛起！”

六队有重振雄风的资本，英雄地质队的旗帜还在，找金矿的人和技术、资料还在。六队之所以在改革大潮中出现困境，根本原因是观念陈旧、体制僵化、机制不活。发展的动力在于改革，根本出路在于找矿。六队的专业特长是找黄金，想要重新崛起，就得找金矿、找好矿、找大矿。新任领导班子坚信，蕴藏在这支队伍中的勇气和力量，完全可以战胜一切艰难困苦。

于是，六队吹响了“高举英雄队旗帜，重振英雄队雄风，再创英雄队辉煌”的号角。

当年50多岁的姜洪利，是六队二级单位的副总工程师，在5座金矿的勘探中，一直负责地质技术工作，见证了“五朵金花”的诞生——“2005年，我主持了莱州寺庄金矿的详查工作，当时已打了5个孔，计划两年搞出成果，这样在时间上大概也是很快的。我和队长到省地矿局汇报设计计划时，局长刘战听后一拍桌子：‘两年，不行！一年！’他目光直视着我们，说：‘现在国家发展的形势容不得我们拖拉。资金和设备，局里全力支持。但时间没得商量，一年必须干出来！’”

一年时间，完成寺庄金矿的详查工作，在当时的设备、技术条件下，难乎其难。然而，当面接了任务，就等于立下了“军令状”，硬着头皮也得干呀！

全队只有10台钻机，这怎么能行？况且，以前找矿都是500米以浅，500米之内几乎找遍了，如何完成这前所未有的找矿任务呢？

深部找矿！这是唯一的出路。

2005年2月18日，正是正月初十，雪花飘飘，节日的气氛还在漫天飞雪中弥漫。而六队已经是阵前磨刀，整装待发，莱州寺庄金矿详查的战鼓咚咚擂响。

2月19日，首批施工的钻孔细化方案出台。

2月20日一早，地质测量人员冒着零下6℃的严寒，从30公里外的招远开赴寺庄金矿区，确定钻孔点位。十几名测量技术人员在冰雪地里架起了三脚架，定下了第1个孔；戴着棉帽、手套，背起仪器，顶着刺骨寒风，定下第2个孔……直至第6个孔。

此前，在省地矿局支持下，他们多方筹资5000万元，成立了以队长王祺鸿为总指挥的会战指挥部，选调业务骨干组成项目组，还组建了一支具备钻探1500米深孔国内最先进的施工队伍。此时，8台钻机日夜轰鸣，向深部找矿发出冲天的一吼。

会战前仍有人认为这个地方“矿体薄，品位低，规模小，变化大，埋藏深”，无一优势矿位，形成大矿的可能性微乎其微。在编审详查设计时，部分专家对详查依据提出质疑，认为投资大，风险高。作为技术负责人的姜洪利肩上的担子重千钧。

钻孔选择哪里作为突破口？姜洪利把自己关在挂满图纸的指挥部里，仔细研究相邻矿区深部探采资料，分析深部构造变化。经过反复缜密地推敲，六队在最可能的见矿部位，2个钻孔试探性开钻。

在2005年，设计500米至1000米的钻孔，对山东六队就是深钻。“一个钻孔打下去，成本少则几十万元，多则上百万元，如果找不到矿，蒙受损失不说，动摇了深部找金的信心和决心，那就事大了。”姜洪利天天守在钻机旁焦急地等待着、盼望着。

针对矿床埋藏深、控矿条件复杂的特点，科研人员努力研究区域成矿规律和矿体赋存特征，边勘探、边研究、边调整设计施工方案，灵活布设钻探工程。动力、压力和钻力“三力”并进，昼夜不息。第一钻，如愿以偿；第二钻又见到好矿，品位、厚度都出乎意料的好。最后在矿床内确定划分了3个赋矿岩性带，圈出3个矿体群，施工钻孔52个，进尺4万多米，施工钻孔见矿率96%。探明的矿体隐伏在负321米至负926米，平均金品位4.45克/吨，矿体平均厚度4.87米。最终，该项目取得了重大成果，提交金矿资源量51.83吨，潜在经济价值80多亿元，这是我国华东地区金矿“攻深找盲”的杰作。

寺庄会战，六队创造了多个全国第一，发现了深部金矿床，这又是一个全国第一。崔书学是六队总工程师，他对寺庄找矿有过精确的评价。对寺庄金矿区详查，有 8 个钻探孔是在村庄里、公路上，无法按原设计孔位施工，只能由直孔改为斜孔，增加了成本和施工难度。用 75 毫米的孔径“一径”到底，在六队钻探施工历史上是从来没有过的，这在我国金矿勘探史上也是第一次。

52 个钻孔 4 万米，相当于钻透 4.5 座珠穆朗玛峰！

六队有创造第一的传统，他们再次创造了深部找矿的第一次。

第一朵“金花”在莱州寺庄绽放了！

全国第一个深部特大金矿床发现的消息在国内甚至国际，都引起了广泛关注。专业人士说，这个特大金矿的发现，是地质勘查人员找矿理论和实践的一次飞跃，从而也拉开了六队乃至山东全省黄金产业第二次腾飞的序幕。更重要的，这还是一次理论上的新突破。

据业内专家预测，作为我国最大的黄金资源基地，胶东三大成矿带蕴藏近 4000 吨金矿潜在资源，在国内独一无二，在世界上也是少有。加上刚刚探明的寺庄特大金矿，过去 50 年里，山东累计探明的黄金储量只有 1000 多吨，这就意味着还有 2000 多吨的储量没有被发现。从前“焦家式金矿理论”颠覆了“大断裂带只导矿不储矿”的传统理论，而寺庄特大金矿的发现，则为地质工作者再找这 2000 多吨金矿储量提供了实践和理论上的依据。

一朵“金花”激活了一盘棋，六队再次脱胎换骨、凤凰涅槃！

总理批示和次第绽放的“金花”

六队招远基地家属院广场正中央，矗立着一座纪念碑，碑上的一行楷体大字清晰可见：“请国土资源部转告山东六队职工：祝贺他们在金矿勘探中取得重大发现，向大家致以亲切的问候。”这是 2007 年寺庄特大型金矿探明，率先实现了“东部攻深找盲”的重大突破，喜报呈送到中南海后，时任国务院总理温家宝的亲笔批示。总理的批示时刻鼓舞着六队，增强了六队人“攻深找盲”的责任感和使命感。六队迅即调整找矿战略，挥师北上，将“攻深”

的新靶子锁定在焦家深部。

六队在20世纪六七十年代于焦家村找过金矿，创立了著名的“焦家式金矿理论”，轰动全国，影响世界。但“焦家式金矿理论”主要适用于地下500米以浅区域，而这一次是深部找矿，不是500米深度的理论所能涉及的。而且，焦家深部地质条件复杂，深孔施工难度大。技术负责人姜洪利深知这一地区的地质现状，他说：“金矿就好比河中的鱼群，当时的情况是已经知道河里鱼儿很多，但是分布在哪里不确定。河里捕鱼可以撒下一张网，而钻井不行，在地下1000米找矿，是一件冒着巨大风险的事情。”

2007年11月5日，焦家深部勘探会战指挥部成立。队长王祺鸿任总指挥，姜洪利任副总指挥和项目技术负责人。12台钻机开赴矿区后，六队在矿区安营扎寨，风餐露宿，昼夜奋战，展开了大规模的地质普查工程。为了在会战现场离孔位最近，姜洪利作为矿区的技术“领航人”，与地质、测量、水文技术人员和取样工一道，骑着自行车满矿区跑，每日要到夜里12点以后才睡觉。在焦家金矿床深部详查过程中，一开始时地质技术人员抽调不及，姜洪利就一个人承担了7台钻机的编录任务。

焦家深部会战中期，整个探矿区域形状就像一个“哑铃”，当钻探到“哑铃”中部区域时，忽然发现整个矿体断开了。姜洪利就组织专家讨论，地质、物化探各种技术手段齐上阵，综合研究地质资料，调整钻孔位置，最终在千米深处又找到了那个失踪了的“哑铃把儿”。在原先不作为详查地段的矿区东北部，姜洪利对前人的成矿理论进行了新的研究。当663钻孔“直刺”主矿体、孔深到达800米时，当预期见矿位置的岩芯取上来，载金矿物黄铁矿、黄铜矿闪闪发光时，那一刻，姜洪利抓握岩芯的手在发抖：凭经验推断，品位一定低不了！化验结论果然让所有人欢呼雀跃：最高金品位达110.04克/吨。

队长天天来矿区查看进度，时刻关注着钻孔进展，当看见20多米的金矿层出现时，巨大的成果令他彻夜难眠。六队终于要以自己的实际行动证明，“英雄地质队”光荣称号是名副其实的！

焦家深部金矿详查历时一年，在2.55平方公里内，施工钻孔48个，钻探进尺4.6万米，平均孔深1074米，最大孔深1560米，探获金资源量105吨。

加上以往中浅部探获的资源储量，焦家金矿床在5.2平方公里范围内，探明黄金超过230吨，一举成为有世界影响的超大型金矿田。焦家深部特大型金矿的发现，被评为2009年全国地质找矿十大新闻、中国矿业十大新闻。六队人找到了第二朵“金花”。

从寺庄金矿第一朵“金花”的诞生，到焦家深部金矿第二朵“金花”的出世，六队人找矿工作的词典里，从此增添了“深部找矿”“攻深找盲”等具有深远影响的地质词条。随后朱郭李家、纱岭、前陈等三朵“金花”也次第开放。

2008年正月初三,六队研究在寺庄和焦家金矿之间的断裂带深部找矿，这就是朱郭李家金矿。年轻的地质勘查处经理高书剑是这一项目的负责人。高书剑中等身材，面色黝黑，给人的第一印象就是精明干练。回想起10多年前的这次找矿会战，他又仿佛回到了那个激情燃烧的岁月。正月初三研究这个项目，初六就上了钻机。8名地质专业的技术人员日夜住在项目部，现场跟进，随时处理技术上遇到的有关难题。

设计的28个钻孔，每孔深度1000米，共投资5000万元。14台钻机同时钻探，这在六队历史上是罕见的。

那时编录地质资料，电脑操作还很少，他们就一边手工编录，一边用一台唯一的旧电脑，摸索熟悉电脑绘图操作。一开始，3个晚上才能修改一张图片，后期才达到一个晚上修改一张，凌晨三四点钟绘图是常有的事。朱郭李家金矿项目，由于和其他3个项目同时施工，人手紧缺，每个队员负责1—2台钻井，后期增加到4—6台，工作量特别大。夏天蚊虫叮咬，冬天手脚冻僵，但每天编录，又来不得半点马虎，他们只能咬紧牙关坚持。

“苦心人，天不负，百二秦关终属楚。”最终，朱郭李家金矿成功探明黄金储量126吨。第三朵“金花”在万众瞩目下诞生！

纱岭金矿，黄金储量389吨，那是六队的第四朵“金花”，也是六队有找矿史以来发现的最大的一朵“金花”。

莱州纱岭找矿会战，自2008年起就开始了，只是他们连续打了9个钻孔，见矿效果都不理想。之后，项目负责人宋国政和他的技术团队进行了详细的研究、激烈的讨论、科学的论证，借鉴发现前三朵“金花”的实践经验，认为在同一个断裂带上的纱岭必定会是一个较大型的富矿，只是还没有发现而已。统一了思想，加大了力度，23 台钻机在设计的钻孔位同时钻探，果然，第 10 个钻孔成功见矿。这极大地提振了他们的信心。宋国政等 4 名技术人员从早上 5 点到晚上 10 点多，天天连轴转，最后终于找出了这个比焦家深部更深的矿床——纱岭，这朵最大的“金花”。

现任六队物探经理尹召凯谈起当年的纱岭会战，记忆犹新。他说七八月的大热天，曾经连续三天三夜吃住在工地上，睡光板床，但大家都觉得青春时代苦一点累一点还是值得的。

“住矿区，铁皮房，夏天热，冬天凉，艰难困苦浑不怕，一心一意找金矿。”宋国政这样总结纱岭会战时的生活。

有了前四朵“金花”的找矿经验，2015 年，六队在莱州市朱桥镇前陈矿区实施会战，最终探明黄金储量 60 余吨，找到了深部找矿的第五朵“金花”。

硕果累累的“五朵金花”，才是六队人最心爱的“姑娘”。

“金花”盛开背后的故事

前陈矿区会战时，地质技术员闫春明还是 25 岁的年轻小伙子，与在龙口市电信部门工作的女朋友刚谈了一年。周末，女朋友到前陈矿区来看他，辗转到马塘路口乘长途车赶来。因为工作忙，闫春明没能够去接女朋友。而当他们确定周末在龙口庆祝相识 1 周年的那天，正巧突击取样，闫春明没赶上去龙口的最后一趟车，让他的女朋友白等了一天，浪漫的情绪被搞得一地鸡毛。因为这事，女朋友好久都不愿和他说一句话。长久交往之后，人家才“理解万岁”，有情人终成眷属。

高书剑说，选择地质事业就是选择了付出和奋斗，与父母和老婆、孩子常年聚少离多。有一年中秋节，他在威海上班，妻子在烟台学习，7 岁的孩子则在招远的父母家中，一家人在三个地方度过了一年一度的“团圆节”。像这样的事例在六队不胜枚举。

生活上的艰难困苦没有捆缚住六队人的手脚，六队最长远的规划是培育一批技术型、技能型人才，在找矿事业中为国家贡献力量。

鲍中义，现任六队总工程师办公室主任，2008 年 2 月从四川调入六队，随即被派到焦家深部金矿勘探项目部。在地质工作低谷期，10 余年未招录到大中专院校毕业生，以找金矿闻名的六队也同样存在人才断层问题。为此，六队实施以老带新战略，特意把刚入队的几名新人安排到焦家项目部，让姜洪利等依托项目快速培养新生力量。

对年轻的地质技术员，姜洪利既严格要求又放手使用，知人善任，敢压担子。所有技术工作都让青年人参与，从施工地质孔、水文孔到封孔、透孔，再到质量检查，姜洪利全程指导大家，生怕青年们漏掉每一次学习机会。对新来的大学生，他都要求做野外记录，并作为每天的作业进行检查，对检查出的问题逐个进行讲解。大队需要的材料如月报、季报，他都让青年人干。焦家深部金矿储量计算的任务，他就大胆地交给鲍中义负责。师傅的良苦用心，对鲍中义等年轻人既是鞭策又是激励。2009 年 2 月，《山东省莱州市焦家金矿床深部详查报告》圆满完成，获得了好评。随即，鲍中义用从师傅那儿学来的经验和掌握的知识，独立完成了《内蒙古阿巴嘎钼矿详查报告》等编写工作。至今，鲍中义已独立承担国内外地质项目 11 个，获得无数奖项。

同样，现年 36 岁的地质勘查技术员李山，提起姜洪利师父那种认真教育徒弟的态度也是敬佩不已。

高书剑说，六队爱上了这项工作的技术员们，平日根本不需要刻意安排，有工作主动抢着干，技术主动抢着学，设计、绘图、报告等装在一个不离身的背包里，随时完善专家提出的修改意见，在不断的学习修正中锻炼成为技术骨干。青年技术员刘国栋，母亲手术时，他带着电脑资料一边伺候母亲，一边见缝插针地工作，现已成长为六队的技术骨干工程师。

从 2005 年开始，六队培养的像鲍中义、刘国栋、杨真亮等能独立带项目的技术骨干就有十几位。工程师姜洪利是老专家王化江带出来的高徒，姜洪利又带出了鲍中义这样的技术翘楚，技术传承，代代延续。六队为找“五朵金花”和今后找到更多的“金花”储备了雄厚的技术人才力量。

“五朵金花”盛开在山东半岛，但它的连锁效应已传遍祖国大江南北。“深部找矿”成为地矿人的时代主题。六队为国家作出了突出贡献，同时也有能力为职工谋得福利。六队人正以百倍的信心，在辽阔的大地深处，为国家找出更多更大更好的“金花”。

（山东省当代文学院　王泮政）

满园暗香涌，风起过墙东

一

踏勘戈壁滩

1993 年 5 月，山东省地矿局第六地质大队（以下简称“六队”）第一个合作开发协议，是与新疆地矿局第十一队签订的，地点在新疆亦格尔达板——喀察尔一带的戈壁滩。

“戈壁”一词源于蒙古语，原意是“难生草木的土地”，小学课本上有篇课文，描写了戈壁的恶劣环境：

> 戈壁滩常起风，那风异常凶猛。你坐在驾驶室内，只听得无数细沙碎石“沙沙”作响，有时会把一辆车的油漆剥个精光。戈壁滩上的旋风更多，一根冲天尘柱，会扯断帐篷的脚绳，会把倒在地上的人连推几个跟头。
>
> 戈壁滩难得有雨，即使有雨，也是暴雨。石子渗水能力差，一下雨就形成凶暴的洪流。有一年，我在天山公路上遇到过一次洪水。当时我的车正慢速行驶，忽然听到一阵可怕的雷鸣般的声音。老师傅们曾告诉过我，这是洪峰到来的声音。我急忙把车驶上一个山坡。车刚停稳，洪峰已到，大块的石头在洪流中滚动，真有排山倒海之势。我在山坡上整整停了一夜，第二天清晨，洪水虽然已经退去，但路面全被沙石堵塞了。

这就是戈壁滩，一个挑战生命极限的地方。在这之前，六队没有人到过戈壁滩，可戈壁滩环境恶劣，气候无常，却是大家都耳熟能详的。派谁去？这时，李成强主动找到队里，要求出去锻炼锻炼，他说既是为自己也是为六队谋求发展。

他的想法很朴素，但也说了一个实情。那时，李成强刚毕业到六队不到3年，平时工作积极认真，队里考虑到他年轻，有上进心，就答应了。有了带头响应的人，下边的工作自然就好做了。

经过精挑细选，决定由于海新为负责人，带领李成强、李爱民、曲和刚、潘德军、宋昌亭、郭洪军等11名技术人员组成小分队，进入新疆。并在新疆成立新疆合作地质勘查项目部和新疆分队党支部，于海新任党支部书记。

这是第一次与外省合作，而且是到荒凉的戈壁滩。如果第一炮打不响，受到影响的不仅是这一个项目，而是整个六队的声誉。

临行前，队长刘广义亲自为他们饯行，他对即将出征的将士们说："六队，是个英雄的团队，在过去的40多年中，我们用实际行动向党和国家交出了一份满意的答卷，现在，我们能不能走出地矿行业的低迷，继续发扬英雄地质队的精神，全靠你们了！"

到达戈壁边缘，只见由粗沙、碎石、丘陵和干涸的河床，组成了一个广阔的戈壁滩，同时也构成了浩瀚、壮美和富有野性的大写意，一种摄人心魄的孤独。

在这片由粗沙砾石铺盖的荒漠里，没有潺潺流水，没有巍巍高山，耗尽眼力也搜寻不到一丝绿意，只有一望无际的苍茫，空旷得令人心生畏惧。

进入矿区，正是阳光最强烈的正午，在强光的刺激下，眼睛眯得只能留一条缝。虽说如此，但安营扎寨却是刻不容缓，若在日落之前搭不好帐篷，夜晚的戈壁滩可是冷得难以忍受。

用不着于海新招呼，李爱民、曲和刚、潘德军、宋昌亭、郭洪军等人早就在选好的位置上，一个拿锤，一个扶桩，开始搭建帐篷。坚硬的沙砾层，使他们每下一锤，都震得虎口和肩膀生疼。

戈壁对他们的到来并不友好。帐篷还没完全搭好，就隐约听见"呼呼"

的风声，漫天遍野的“昏黄”向他们扑来。还没弄明白怎么回事，附近新疆第十一队的队友向他们大声喊道：“沙尘暴！赶紧躲起来！”他们一边喊，一边找地方藏身。看着他们紧张的样子，六队队员们一时手足无措。“愣着干吗！会刮跑人的！”对方又喊了一嗓子。六队队员们才惊慌失措地四处寻找藏身的地方。

于海新瞅了一眼还未装水的水箱，打开盖子，说：“快！进水箱！”有几个队员爬进了水箱，也有的趴在下边，还有的藏进了帐篷。

眨眼间，狂风以摧枯拉朽之势扑进矿区，刚刚搭起的帐篷被掀翻，被推倒，最后连篷顶也不知去向了。还没来得及打开的行李，被吹得四散开来，脸盆、防寒服、牙缸……滚落得满地都是。

不知过了多久，直到听不到一丝声音，六队队员才陆续从水箱中、帐篷底下钻出来，相互看了一眼，不约而同地说：“我的天哪，简直是捡了一条命！”

看着狂风过后的一片狼藉，六队队员只得苦笑着重新收拾，搜寻被吹跑的行李，重新搭建帐篷。狂风过后的阳光仍然耀眼，却失去了上午的炙热。待收拾完毕，已是日落时分，夕阳以最后的余温俯瞰着这片荒凉的土地。远处的天空，似被烈火焚烧，太阳就像即将燃尽的火球，似乎在刹那间，火球被地平线吞没，火却仍然烧得热烈，浓烈的火焰将天空洇染。

初到戈壁第一天，队员们就见识了“走马川行雪海边，平沙莽莽黄入天”的壮观，也看到了“大漠孤烟直，长河落日圆”的凄美。只是这一天的经历，让他们对大漠越发敬畏，不知将来会有多少凶险等着自己。

第二天，他们与新疆第十一队的负责人关队长对接之后，关队长带他们熟悉工作环境，认识当地的天气，教他们遇到危险如何自救等。正式进入工作，是六队踏入戈壁滩的第三天。

此次工作，根据新疆第十一队给出的大约位置进行大面积填图，六队从1∶20000到1∶10000，再到1∶5000，最后到1∶2000的比例尺，在规定的范围内，辨别异常的山石、地貌，发现带有含金特性的岩石，将它们做好编号、记录，再背回来检验，根据检验结果提交勘查报告。

此时，六队多年积累的经验有了用武之地。以六队 2 人、新疆第十一队 1 人，共 3 人一组，分为 4 组分别外出踏勘。队员们每天背着干粮和水，让吉普车拉出去，在荒郊野外流浪一天，天黑了再背着石头被拉回来，天天背包不离身，饿了吃点冷干粮，渴了喝点凉水，困了，随便找个山阴处蹲着眯一觉。郭洪军说，他们的行为与叫花子没什么两样，唯一与叫花子不同的是，内心富有。

作家汪曾祺在《游踪行旅亦有趣》中说：戈壁上没有生命。没有动物，没有鸟，不长草，连"梭梭"都不见一丛，非常荒凉，一种难以想象的荒凉。汪先生的这句话并不准确，在戈壁滩，还生存着一种植物：芨芨草。这种植物，枝干粗壮坚硬，根系发达，即使在苍茫的戈壁滩，也能绽放出生命的精彩，像极了六队队员，看似貌不惊人，却个个身怀绝技。

戈壁滩上最缺的是水，队员们在踏勘途中，经常碰见一条条干涸的河床，像一个个濒危的病人，干枯而绝望，他们从来没碰见过有水的河流。项目部里的水太紧张了，每一滴水都是跋涉几百公里，从托克逊拉过来的。水在这里被最大限度地重复利用：先洗脸再洗脚，洗完脚再洗袜子。即使如此，也仍然不能保证水的充足供应。有一次拉水的车在路上遇到山洪，四天没回来，队上差点断了顿。

有一天宋昌亭他们在归队时，看见一条山涧，还听见哗哗的流水声。他们顿时兴奋了，来到戈壁滩之后，从来没在自然界中见到一滴水。看到山涧中的流水，宋昌亭兴奋难捺，脱了鞋就要下去，还没等他靠近，突然看见一个红色的影子一闪而过。一名新疆队员大叫一声："狐狸！"这是他们在这里第一次，也是最后一次见到活物，他们向着狐狸远去的地方，注视了好久好久，感叹它能在这个极端环境中生存下来，真是一个奇迹。

从山涧出来的时候，他们才发现迷路了。幸好司机随身带着地质图，仔细对照，找到相对应的位置，七拐八拐地才回到驻地。

没到新疆之前，队员们对新疆之旅充满好奇，吐鲁番的葡萄、哈密的瓜、新疆的肉串、托克逊的灰枣，当然还有达坂城的姑娘。尤其是未曾谋面的塞外风光，他们无不满怀憧憬。可真正来到戈壁滩，最初的新鲜劲过去之后，留给他们的只有枯燥和劳累。

风景是给游客准备的，与地质队员无缘。地质队员天天背着干粮出去，晚上背着石头回来，这样的日子过了整整两个星期，没有任何收获。每次回来，于海新都会鼓励大家不要灰心，车轱辘话说了一遍又一遍，消极情绪还是在队员心中泛滥开来。一天，于海新见大家心情都很低落，破天荒地带领队员们喝了点小酒。

酒后的于海新，脸红红的，眼圈也红红的，说话也变得语无伦次。他说："咱们是六队第一拨外派的人，大家不能给六队丢脸。困难肯定有，如果金子都摆在地头上，新疆第十一队的人也不会请咱们来。既然来了，就要发扬六队的精神，无论如何也要找到矿，千万不要发生六队没找到，后来又被其他地质单位找到的事情。如果那样，六队的英名将毁于一旦。总之，大家要有打持久战的心理准备，相信大家，一定不会辜负队里对我们的期望。"

听了于海新的话，队员们再次意识到自己担负的责任，努力调整心态，不再急于求成。队员们搜寻的范围越来越大，离驻地也越来越远，困了累了，就找个山包的背阴处，稍微休息一会儿。实在找不到阴凉地，队员们就把干粮袋顶在头上或者把衣服脱下来盖上眼睛，在地上躺一躺。心态平和了，心情也就随之放松。回到驻地之后，他们常常与第十一队的人交流一天所得，当然也聊聊当地的风土人情。

也是在那里，李成强跟马永华学会了抽莫合烟。那是一种由黄花烟草的茎和叶碾碎后掺和在一起晾晒而成的颗粒状的烟，外表虽然粗糙，可用报纸卷起来，黄花烟草与报纸的油墨味混搅在一起，味道别具一格。

在戈壁滩的时间，六队和新疆第十一队的人，不仅成为很好的业务伙伴，还结下了深厚的友谊。每次踏勘，六队队员们都告诉他们，如何在平常的地貌发现地质异常，除了书本上老师教的理论知识，还有民间谚语和平时累积下来的实战经验。

有一回，李成强在马永华走过的地方发现了几块并不是很特别的岩石。当地岩石大多是黄绿色，这块岩石却在黄绿中带着一点红褐色，晃眼一看，是与正常的石头有些不同，仔细再看，却又感觉没有多少差别。连着发现四五块之后，李成强觉得有些价值，只是一直吃不准，就把这些石头拿给郭洪军看。郭洪军也拿不准，嘱咐李成强做好记录，带回去检验检验。

马永华见他俩在几块特征并不明显的岩石上费脑筋，有些不理解。郭洪军跟他解释说："我们在山东的时候，什么矿都碰到过，有的半路上矿线断了，有的钻孔打到一半，所有金特性都消失了，最后都被我们找到了。六队找矿没有秘诀，唯有细心认真。像这块岩石，虽然特征不明显，但是不一定没有价值。"

化验结果出来之后，证实了六队的判断是正确的。此次踏勘结束，当地地质单位根据六队的填图，找到了一座大型金矿。

这是六队第一次在省外找矿，取得了比较满意的结果。此次破冰之后，六队先后在内蒙古、新疆、青海、辽宁、云南、陕西等省份开展矿产勘查。并在 2004 年，六队率先在新疆哈巴河县金巴地区取得探矿权，开启了独自勘查之路，并且取得了成效。

突击白音查干

在队领导的发动下，六队以"英雄地质队"的品牌四处出击，抓项目，抢市场，慕名前来邀请六队协助找矿的单位络绎不绝。六队，瞬间活起来了。

内蒙古白音查干东山矿区处于大兴安岭南段，是我国北方重要的铅、锌、银、锡、钼的成矿区，虽然具有良好的成矿条件，但因为此处是新生代第四纪形成的地层（简称第四系），具有地表覆盖厚、矿体露头少、矿体倾角陡等特点，勘查起来非常困难。早在 2003 年之前，当地地勘单位就经历了三进三出而无果的过程。

第一次，当地地勘单位在主矿区东侧地段挖了探槽，因为深度没达到，位置也不对，没发现任何异常；第二次，他们换了一家专业找矿单位进行物探，这一次圈出了异常，只是在验证时判断失误，又一次错过了机会；时隔不久，他们第三次进入矿区，仍然没有实质性进展。这个时候，内蒙古兴业集团想到了有"英雄地质队"称号的山东省地矿局六队。

2005年6月，内蒙古兴业集团的领导找到六队，全权委托他们承担白音查干的地勘工作。对方将收集到的矿区资料，包括踏勘取样和硐下编录的结果，全都交给了六队水文公司的杨立新，并一再肯定此矿区具有成矿特性。杨立新与业务骨干经过多次分析，得出一个结论：该矿区是内蒙古中东部最为重要的矿化集中区之一，具有优越的成矿环境、良好的控矿条件和充足的成矿物质来源。有了这些理论作依据，六队决定接下这个项目。

第一次，杨立新和车迎房等人进行了为期2年的地质填图，得出的结论与前期的研究结果一致，并且圈出了4个详查区。有了这个结果，他们更有信心了。后来，韩方法为项目负责人，带领王强等人再次进入白音查干矿区。

谁料刚准备起程时，韩方法高烧一直不退，可时间不等人，他只能带病出征。在过安检时，见他带着大包小包的感冒药，安检人员怀疑他是不是毒贩，经过多次解释，又拿出与兴业集团签订的合同，才得以通行。

原来以为地质工作苦、环境差，可出去之后，队员们才知道在省内的苦根本不叫苦。张亮亮说，这是所有省外找矿中最幸福的一次。

六队到那里的时候，住的是板房，还有几间砖房，这对于以帐篷为家的地质队员来说，简直可与别墅相媲美了。矿区附近有一条小河，偶尔还能从河中捞些小鱼小虾改善生活，并且见识了在歌中传唱的敖包。

张亮亮说，他们虽然没有在敖包见到约会的恋人，却在河中捡到过玛瑙蛋子、硅化木等宝贝。回来后，他为其中一块比较大的玛瑙制作了个底座，一直摆在办公桌上，既是纪念也是怀念。

都是同龄人，李宽就没有张亮亮那么幸运。李宽到内蒙古乌拉盖矿区时，已经是11月底，气温到了零下二十几摄氏度。没有砖房、没有板房，只有四面透风的帐篷，帐篷里边的温度跟外边没有任何区别，两床被子上边再压上军大衣，压得喘不过气了还是觉得冷。

那时，李宽刚从中国地质大学毕业，心想，自己身为堂堂的名校大学生，却在这种兔子不拉屎的地方干苦力！他想不通，半夜起来把铺盖一卷，想当逃兵。临行前，他给父母打电话。母亲听他说完，心疼得不得了，让他撂挑子回家。可父亲一把夺过电话吼道："是个男儿，就在那里好好待着！别人能干得了，为什么就你不行！”放下电话，李宽赌气地坐在铺盖卷上掉眼泪。

后来，李宽听母亲说，那天，父母一夜没睡。对地质并不了解的父亲，听儿子说完虽然心疼，可想人总要经受磨难才能成长，这个时候一定不能心软。父亲宽慰母亲说：“你想想朱元璋都要过饭，韩信都挨过饿，咱儿子说不定以后有大发展，这是老天爷有意锻炼他呢。”

李宽正坐在铺盖卷上生闷气，带队的黄永堂一步闯了进来，看着他卷起的铺盖卷，心里就明白了，大声说：“你可以走，但出了这个门就不要提你是六队的人，我们六队没有孬种！”

听着呼呼的风声，李宽慢慢冷静下来。想到当初自己是奔着全国唯一的“英雄地质队”来的，既然到了英雄的队伍，就决不能当狗熊。

从那以后，李宽天天跟在黄永堂身后向他请教，有活抢着干。到第二个月，黄永堂就带着李宽开始操作钻机。正常一个钻工，工作四五年都有操作不了钻机的，李宽只用一个月的时间，就完成了从青涩学子到“英雄地质队”队员的蜕变。

后来，李宽跟随董泽训到青海工作，成为董泽训名下的“四大金刚”之一。也是在董泽训老师的指导下，李宽参加全国技能大赛地质勘查行业（钻探）竞赛，获得了全国第一名。那年选拔出来代表山东去参加全国竞赛的前三名都是六队队员，他们分别拿了全国第一、第五、第九名的好成绩，还获得了团体一等奖的奖项。用山东省地矿局领导的话说：“六队，杠杠的！”

现在说起白音查干的历程，张亮亮说：“我们是幸福的，因为困难都被领导排除了。”他说韩方法不仅在找矿方面有经验，而且有勇有谋，能与他一起共事，是一种荣幸。说到工作苦不苦？累不累？张亮亮说：“能不累嘛！且不说工地上的日常劳作，光是装车卸车，一台机器动辄几十吨重，全靠人工肩扛手抬，我们年轻的队员也就五六个人，都成装卸工了。”

2008 年 3 月，韩方法带领项目组人员远赴内蒙古。仔细研究前边几个单位找矿的经过，他对这个区域的资料进行详细判断，发现其中矿区中部有一个地段露出上千米长、几十米宽的硅化蚀变岩带。根据这个现象，他推断这里发生过大规模的构造—热液事件。既然发生过构造事件，就有成矿可能，根据以往的经验，在旁侧的断裂带上有可能会形成工业矿体，这个理论依据坚定了他们找矿的信心。

来到矿区后，六队队员再次对前边的工作进行分析研究，原来的单位只在主构造上的硅化带开展重点勘查，却没有对次级构造带进行过物探工作。第四系地质覆盖本来就严重，肉眼极难发现异常，他们最初进入矿区时，经过很长一段时间的踏勘，一直没有发现异常。后来有人提出，既然在“高极化、低电阻”地带进行了钻探验证，得到的结果都不理想，不如换一种思路，在“高极化、高电阻”的地带进行钻探，看会不会有另外的发现。项目组大胆采纳了这个意见，果然实现了找矿新突破。在主矿体通过的地段取样，化验显示银品位 217 克 / 吨、铅 1.54%，锌 2.78%。事实证明，前边的理论虽然可以借鉴，但也在于灵活掌握，只有不断动脑筋，才能有新的收获。

结果出来之后，内蒙古兴业集团对六队更加刮目相看，将充分的信任再次给了六队。在普查、详查和勘查提交报告的过程中，不等报告结果出来，兴业集团就直接进入下一个环节。

2009 年 3 月，普查取得阶段性进展时，兴业集团决定在赤峰召开工作会议。此时，韩方法已年近 50 岁，多年的野外工作，使身体受到严重伤害。加上连日劳累，再次重感冒，天天烧得脸色通红，走路像在云端，轻飘飘的一点力气也没有。

带病进入会场，韩方法依然有条不紊地进行了汇报，并且指出了前几次普查失利的原因。他有理有据的分析，赢得了满堂掌声。

从 2006 年 6 月到 2008 年 4 月，六队进白音查干后，从 1∶10000 地质测量、1∶2000 地形地质测量开始，由车迎房主编，刘乐军、宋明忠、张浩等编写提交了《内蒙古自治区西乌珠穆沁旗白音查干矿区多金属矿普查报告》，划分了 4 个矿化富集段，圈定了 18 个矿体，探获了长江以北储量最大的锡多金属矿。

青海入驻二十载

2000 年 1 月，为了加快西部发展，国务院决定对西部实施大开发战略。

2002年5月，董泽训带领钻探队员进入青海。

此时，六队无论技术还是经验，早已走在业界前列。在青海的20年，队员感触最深的是生命的脆弱。在这里，生命随时都会受到威胁，从高原反应到凶险的道路，从野兽袭击到山洪暴发，稍一疏忽，都有生命之危。可是六队入驻青海20年，从未发生过意外事故。

六队踏入青海的第一件事就是要适应高原反应。还未到工地时，队员们的耳朵首先鸣叫起来，一下车，一个个心慌气短，平时身强力壮的大小伙子，一个个像得了瘟疫的病鸡，不要说工作，连走路都很艰难，早上起来流鼻血是经常的事。初入青海，10人中，经常有七八个人同时出现严重的高原反应，因此，队里的氧气瓶从来都是满满的，那是比粮食更重要的生命储备。

商振华刚到青海的时候，可是颇费周折。从格尔木到矿区不到300公里的路程，从上午11点出发，晚上8点多才到。那天不知什么原因，车老是“开锅”，走走停停，到了矿区之后，也没查出原因，后来就不了了之了。商振华说，车子也有高原反应，怕走快了缺氧。

高原反应即使适应之后，稍微劳累，也仍然头疼、胸闷。因为气候干燥，嘴唇干裂，队员们声音嘶哑，嗓子经常疼得吃不下饭。即使在如此艰苦的条件之下，六队的工作也从来没耽误过。

成为常态的高原反应可以克服，可道路的凶险却不是克服就能解决的。从矿区到格尔木有300公里“搓板路”，因为路面全部由裸露在地表的沙石组成，车行在上边，颠簸起伏，像行走在搓板上，因此，当地人将这段路称为“搓板路”。露在地表之上的石子，块块棱角锐利如刀，就是这样的路，也时有时无。

“世上本没有路，走的人多了，便成了路。”队员们开玩笑说，鲁迅笔下的路，说的就是格尔木到矿区的路。

青海除非不下雨，若是下雨，必是暴雨。暴雨之后必会引发山洪，山洪之后，“搓板路”就消失了，人们只能根据记忆重新寻找原来的路径，再次将沙石、泥石流过境之后的地方，走出一条新路。所以，每下一次山，都是一次危险之旅。最要命的是，只要一踏上“搓板路”，手机就会失去信号。队员们只好在下山之前，提前跟山下的相关人员联系好，如果超出预计时间未能到达，山下的人就会前来接应。

2014 年 7 月 18 日，机长吴明明和商振华回格尔木，途经“搓板路”时，突然“砰”的一声，随即车子向一边溜去。幸亏吴明明经验丰富，他轻轻地踩着点刹，顺着力道把车停稳。他们下车查看，原来左侧轮胎已经报废了。这是专为此次青海工程买的新车，还没出一个月呢。好不容易换上备胎，开出去没多远，他俩再次听到了恐怖的“砰、砰”声，车子又一次倾斜出去。这次比上次更严重，车胎被划破了一个大口子。爆裂的车胎，像个张着大嘴的怪兽，随时要将他们吞噬。备胎也没了，他们只能就地等待救援。

7 月的青海，温度已经降到零下。看着太阳一点点地下沉，他俩不约而同地感到后背一阵阵发凉。一个小时过去了，两个小时过去了，气温越来越低。谁都不敢说话，生怕一说出来，恐惧就变成了事实。

初到青海时，当地的同行多次告诫他们，这里最危险的动物是棕熊和野牦牛，千万不能惹它们，尤其是落单的野牦牛，即使遇见了也要绕道走。吴明明和商振华都明白，这绝不是危言耸听。就在几天前，棕熊还偷袭了六队的驻地。那天傍晚，刚刚下过一场大雪，在青海，八月飞雪是很正常的现象。凌晨四五点钟的时候，刘丰蕾听到帐篷外边“扑嗒扑嗒”的声音。他扒着帐篷往外看，吓了一跳。一头棕熊正不紧不慢地向他们这边走来，吓得他赶紧蒙着头，大气都不敢出一声。不一会儿，他听到厨房里传来一阵“噼里啪啦”的声响，还有棕熊快意的吞咽声。又过了很久，才听到棕熊发出一声心满意足的吼叫，从厨房里出来。棕熊吃饱了，惬意地这里瞅瞅，那里逛逛，临走时，还不忘在范家盟的帐篷上拍打了几下。

那一夜，可谓惊心动魄。现在，他们说起这事。吴明明竟然幽默至极，说棕熊也挺有礼貌的，临走还不忘打个招呼。

遇见野牦牛那次，则是苏厚斌和王金平在回格尔木的路上。当时，他们车上拉了满满一车牛羊肉、土豆、圆葱等生活用品。路过那棱格勒河时，河水已经开始上涨。平时这条河的水，顶多没过脚踝，可一旦涨起来就不好说了。

王金平第一次经过这条河时，河水刚刚开始上涨，他抱着侥幸心理，想冲过去，却差点连车带人都被冲走。当时，王金平做了最坏的打算，他将车窗全部打开，万一发生意外，就跳车逃生，然后一脚将油门踩到底，就向河对岸冲去。还未驶到河中心，车被一个浪头冲了个趔趄，随即方向盘失控了，车一会儿向左，一会儿向右，在水上漂浮。王金平两只手死死地握着方向盘，狠踩油门，加大马力往前冲。直到车子完全驶离河滩，才两脚一松，仰躺在车座上缓了大半天后，他才感觉手心火辣辣的疼。原来刚才握方向盘的时候，手指甲全都嵌进手掌里了。他苦笑了一下，打开车门，将车里的水放出来。他身上也不知是汗水还是河水，总之全湿了。

有了上次的教训，这次王金平再也不敢抱侥幸心理。他和苏厚斌老老实实地在河边等待。从日出到日落，又从日落到日出，他们在河边等了整天四天四夜。好在是河边聚了好多过不去河的同行，倒不至于感到恐慌，只是车拉的肉全都臭了。

河水退去之后，有个性急的车主，第一时间冲向河对岸。此时，对岸刚刚过去一群野牦牛，有只落单的牦牛正好跟他相遇。受了惊的野牦牛，铆足了劲向他的车头顶去。车子毫不费力地被顶翻之后，野牦牛还在车身上踢了几脚，仰起头向着天空示威似的“哞哞”叫了几声才离开。

听过苏厚斌和王金平讲述的这一幕，商振华和吴明明一脸凝重，心中难免恐惧。为了缓解一下气氛，商振华故作轻松地说：“咱们队上有位伙计失恋了。女朋友是他大学时的同学，毕业之后留在了北京，这位伙计经常出野外，一出野外就联系不上，一来二去就分了。”

吴明明知道商振华讲的这个伙计就是他们项目组的，但他不解。在六队大院，有许多地质二代、三代，甚至已经到了四代，只要出野外，夫妻基本就失去了联系，可从未听她们抱怨过。

这时，商振华抬起头看着天上闪烁的星星，想起家中的妻儿，心中不由一阵酸涩。恰在此时，他们突然听到了汽车的轰鸣声。在寂静空旷的四野，这刺耳的轰鸣声，在他们听来简直胜于天籁之音。他们有救了！

青海，那是离天近离水远的地方。青海的路被称为“天路”。有首歌的名字叫《山路十八弯》，可青海的山路不止十八弯。因为山高，路都修成了“之”字形。正常的路面应该是中间高，两边低，方便雨水下流。青海的路面大多数则是里边高外边低，这倒不是刻意考验驾驶员的技术，而是因为山土滑坡，山石滚落堆积而成。

有一次，王金平和商振华到新矿区查看地形时，车子在一个半坡上熄火了。当时，刚下过一场小雨，路面结了一层薄冰，人走在上边都打滑。王金平两次都没冲上去，还差点造成溜车。商振华下车到路边搬了几块大石头塞在后车轮下边，车才“呼哧呼哧”地喘着粗气，爬上山去。

董泽训一再强调，在保证安全的前提下，业务绝对不能落下。2005年9月，六队初到青海省格尔木市野马泉矿区开展钻探施工。他们到达工区后，仅用3天时间，就完成钻机安装，在矿区竖起了钻塔。青海地调院的同行们看到飘扬在钻塔上的队旗，十分惊讶。他们惊异于这帮队员，在这么短的时间内，高原反应还没有完全适应，就完成了钻机安装，他们将六队称为“高原铁军”。

第一次施工，六队就创下了15天完成第一个钻孔、终孔孔深600米的纪录。

六队从转型到现在蓬勃发展，经历了近30年的时间，他们的足迹踏遍了大半个中国，所有闭塞、偏远艰苦的地区，几乎都去过。在这30年中，他们以行动和业绩被业内称为“王牌钻头”和“铁血雄鹰”。

六队，是地矿行业一面鲜红的旗帜！

（山东省当代文学院　唐合萍）

志合者，不以山海为远

山东省地矿局第六地质大队（以下简称“六队”）不仅在国内找矿行业声名鹊起，而且还实施“省内、省外、国外”三线联动战略，先后同美国、苏丹、澳大利亚等国家合作开展勘查工作，累计探明金资源量 146.485 吨、银资源量 630.07 吨、铅资源量 48.965 吨、铜资源量 227232 吨、伴生铅资源量 35155 吨、伴生锌资源量 42576 吨。党中央提出“一带一路”建设思路之后，六队与苏丹的来往更加密切，并把建立“矿产品分析实验室”作为重要援建项目。

矿产品分析实验室，就是化验室。地质学家李四光在 20 世纪 50 年代初，就指出了实验在地质勘探过程中的重要性，他说：“地质、勘探、实验三足鼎立，三分天下有其一。”因为无论野外踏勘的地质人如何辛苦，如果实验室给不出一个正确的数据，就无法确保下一步工作的顺利进行。

苏丹的化验水平，根本达不到实验测试规范的基本要求。六队到苏丹之后，首先在当地招收具有一定专业知识的人进行业务培训，旨在提高苏丹的矿产化验技术，力求让其在以后的发展中做到自力更生。

一

2021 年 8 月 18 日，苏丹北方州阿布哈迈德金矿勘探区驻地，一大早就开始了紧张的工作。

“宋广林，打印纸没了！”

“宋广林，乙炔也没有了！”

“宋广林，回来的时候千万别忘了买矿泉水，再喝尼罗河里的水，我这肚子就拉空了！”

尼罗河是世界上最长的河流，发源于东非高原，自南向北注入地中海，流经热带沙漠地区。因此，尼罗河的水含沙子很正常，并且密度非常小，小到沉淀不下去，喝到嘴里，咯吱咯吱直响。当地人从小喝尼罗河里的水长大，身体早就适应了，可六队队员们不适应，谁喝谁闹肚子。于是，青蒿素就成了六队的常备药品，既防疟疾又治拉肚子。

宋广林听着高一声低一声的叫嚷，简直要崩溃了。他是作为化验骨干深入苏丹工作的，却成了队上的采购员，大量时间全耗费在买东西上了。

队里出国的名单虽然都是领导经过深思熟虑挑选出来的，但是一到工地，从司机到电工再到厨师，基本都是全才，这不，宋广林又干上了采购。如果在国内，倒也无所谓，再多的东西，一上午就能搞定，可这是在苏丹，语言不通、物资匮乏，简直寸步难行，幸亏当地人对中国人非常友好。

宋广林记得刚来苏丹去买空压机油的事，那才叫费尽周折呢。一开始他不以为然，因为未来苏丹之前，他早就请教过以前的老队员，语言不通，交通不便，怎么在当地生活。他们告诉他，手机提前下载好翻译软件和地图，问题基本就解决了。宋广林本身悟性就高，这么一说就明白了。他把需要买的物品和要去的地方用手机软件翻译出来，抄到记事本上就出发了。

那天，宋广林在矿区附近打到了一辆摩的（三轮摩托，当地人简称摩的，既可载人又可拉货）。摩的司机听宋广林说来自 China，立即对他竖起了大拇指。宋广林内心油然升起一种自豪。

二

中国自 1959 年与苏丹建交以来，在各领域都给予苏丹非常大的帮助，当地人只要听到对方是中国人，都格外热情。

六队最初接到苏丹勘查任务是在 1998 年。那年 8 月，齐立平、杨立新、于宪东、程加伟、李金斗、刘金宝、郭炳忠共 7 人组成了第一支小分队，到苏丹北方州阿卜萨利地区开展金矿普查。

苏丹位于北纬 9° 和北回归线之间，全境受太阳直射，干旱和炎热是这个国家的主要特征。刚到苏丹时，他们第一感觉就是热！皮鞋穿着烫脚，摸着烫手，放在地上，能看到鞋面上丝丝缕缕的热气。汗滴在地上，马上就干了。热归热，活儿还得干，设备还得安装，队员们只能硬着头皮上。大伙儿一个个在毒日头下操作，人人挥汗如雨，工具还不顺手。第一次出国，为了轻装上阵，很多辅助性的工具就精减掉了，计划从当地解决。可没想到的是，他们的目的地，除了沙子什么都没有。庞大的机器，拆解之后的部件仍有五六百公斤重，赤手空拳根本撼动不了。幸亏李金斗想起装车时留下了几根绳子，可以用一下。他们想方设法地把绳子从机器下边穿过去，全体人员上阵，生拉硬拽才把这些大家伙固定到预定的位置。

白天忙的时候，什么都顾不上，工作服的汗渍连成片，直到晚上睡觉时，队员们才感觉身上火烧火燎的。开始，队员们并不明白是怎么回事，直到第二天，身上开始爆皮了，才知道是晒伤了。晒伤就晒伤吧，用程加伟的话说，都是些皮糙肉厚的老爷们，晒点怕什么？可是过了两三天，晒爆的皮脱了，长出了粉红色的新皮，比原来更疼了。

刘金宝指着粉红色的胳膊开玩笑说，早知道脱了皮这么嫩，就不急着娶媳妇了，没准能找个更好的。又过了几天，新皮肤又变黑了。刘金宝说，坏了，晒成个黑包公，回家媳妇不要了咋办？这话说得队员们都笑了，他们相互望了一眼，虽然黑，但是更结实了。

第一年到苏丹，齐立平带领他们在阿卜萨利矿区完成了 1∶50000 金矿地质调查，1∶10000、1∶2000 地质测量，1∶2000 地形测量和采样测试，初步探定阿卜萨利矿区具有勘探价值。在此基础上，1999 年 8 月，崔书学和杨立新、刘振华再次带领李瑞明、齐立平、于宪东、李金斗、郭炳忠、王金平等人踏入了阿卜萨利矿区。到 2000 年 3 月，队员们在 7 个月的时间里，完成了阿卜萨利金矿普查任务。其中，检查金化探异常 3 处，投入 1∶10000 地质测量 24 平方公里、1∶2000 地形地质测量 2.4 平方千米，槽探 2650 米、钻探 1261 米 /7 孔，样品测试 1983 件。2000 年 4 月，六队队员提交了《苏丹共和国北方州阿卜萨利金矿区普查地质报告》，探明金资源量 15.2 吨。

归来后，王金平说，无论是工作还是生活中遇到的困难，都没有在矿区看澳门回归祖国的记忆深刻。当时，他跟队里的领导商量，澳门回归是百年不遇的大事，离家在外，更要注重仪式感，因此，建议买台电视机，既看回归仪式，又可以丰富队员的生活。

1999 年 12 月 20 日那天傍晚，除去在机台值班的队员，其余队员全都聚集在电视机前。即使隔着屏幕，在五星红旗升起的那一刻，大家依然热血沸腾，深切感受到了祖国的强大。在异域他乡，这种感觉更为深刻，同时，也为自己作为国家技术人才输出而感到自豪。

三

宋广林是同张朋和毕明光一起来到苏丹的。当时一同来的还有王文龙、黄天梁、滕嘉文、孙亮亮、张涛等 14 人，化验员只有他和王峰。天气热，工作强度高，环境的恶劣，这一切，他们都有心理准备，可让他抓狂的不是技术问题，而是物品采购。到苏丹两个多月了，技术性工作一点没开展，就连机器安装都没完成，队员们急得嘴上都起了疱，心里像着了火。可急也没用，这里可不像在国内，要啥有啥，在苏丹恰恰相反，是要啥没啥。这不，一大早又因为缺东西，工作停滞不前了。未到苏丹之前，张朋把能想到的准备工作已经准备得非常充分了。到了苏丹之后，随着工作的推进，一些办公耗材需要补充的时候，张明才真正见识了苏丹的落后。

地质勘探需要根据填图绘制很多图纸，根据图纸分析矿藏储量。打印机的碳粉用光了，那么多的图纸等着打印，他们一天撒出去三拨人，跑遍了苏丹北方州整个阿布哈迈德镇，竟然买不到一个硒鼓。

实在没办法了，他们只得把绘制的图纸拷到 U 盘里，到当地打印社打印。可打印社的机器不知道多长时间没用了，碳粉已经变质，打出来的图纸花白一片，更离谱的是，比例尺竟然严重失调。

宋广林说，这都不是事，无非多打几页纸，把变质的碳粉用光，再把打印机的比例尺调整一下就好。让他最费尽周折的是刚到苏丹买空压机油的事。

摩的司机知道他是中国人，可他不知道空压机油是什么，只得带着宋广林一个市场一个市场地找。摩的司机都不知道空压机油是什么，当地的老百姓就更不用说了。他们有的找出了食用油，还有两家店铺把仓库里的煤油、汽油都搬了出来，弄得宋广林哭笑不得。

一连转了好几天都没买到，工作进度因为空压机油停滞不前，宋广林心里窝着一团火。就凭他宋广林，竟然买不到空压机油，回国之后，还不让人笑话！后来在华人圈里，联系到驻苏丹矿业协会的秘书长马小龙，经他出面，跟当地的地矿单位取得联系，宋广林才买到了空压机油。

从此以后，宋广林就对采购有了心理阴影。这并不是宋广林心理素质差，买个排气扇，连比画带翻译，打着手势说要“排气扇”，对方偏偏给了电风扇，最后好不容易找到了，价格又特别高，关键是头天买回来，第二天再去买，没货了！

苏丹的物价很高，可再高，也不至于一罐乙炔要500多元人民币，在国内顶多不到200元钱。宋广林感觉价格高得离谱，想跟他砍砍价，可语言又不通。他见店内有个计算机，灵机一动，拿过计算机摁了个300，对方见状笑了。他看着宋广林，自言自语地说：“China，ok，ok。”后来才知道，在苏丹，所有气体都依靠进口，所以价格才偏高，宋广林给出的价格根本不赚钱，因为他是中国人，即使不赚钱，店家也卖了。还有那个带他买空压机油的摩的司机，整整转了三四天，却只收了一天的钱，多一分钱都不肯要。

这些经历使宋广林的体会更深了。他说，在援建苏丹的过程中，中国固然作出了很大贡献，而苏丹却是一个从上到下都知道感恩的国家。感恩，是一种诚意和修行，只有懂得感恩的人，才有真心，才会懂得珍惜。

宋广林说这话的时候是充满感情的。从最初的抱怨到产生感情，这一年的苏丹生活，不仅使宋广林，也使所有在苏丹的六队人都深深感受到，唯有共同付出，才会走得更远更长久。

四

前面说到苏丹的热，那真的是太热了！在太阳下不超过 3 分钟，露在外面的皮肤准会爆皮，温度计都是满格。有一次，王文龙拿了个鸡蛋，磕在铁锹上，没出 3 分钟，竟然熟了！黄天梁遗憾地说："要是有点葱花、姜，再加点盐，就省了天然气了。"话虽然这么说，但是在苏丹绝不能露天做饭，因为室外任何时候都不缺尘土，一天 24 小时，空气中都弥漫着一层细细的沙尘，一旦有车辆通过，更是黄沙漫天。

张涛一本正经地总结说："苏丹这个名字不太合适，应该叫苏黄或者苏土。"不仅如此，苏丹的地貌还特别坑人。在矿区，整个地表都覆盖着一层沙子，沙子底下有岩石的地方硬硬的，没有岩石的地方软塌塌的像个陷阱，走着走着，车子突然就陷进去了。张朋、王文龙和黄天梁第一次出野外，就发生过这样的事。在大太阳底下，他们连挖带刨，好不容易才把车子弄出来。后来又不止一次发生过陷车事件，他们就多了个心眼，每次出野外，木板、铁锹成了必备工具。一旦发生陷车，车轮底下稍微一挖，再把两块木板往车轮下一插，就能顺利脱险。

虽然苏丹气候干燥、地貌坑人，可在苏丹待的时间久了，随着对苏丹的了解越来越深，也有了异样的情愫，队员们都把苏丹当成了"第二故乡"。吃饭时，他们会不自觉地说"捏把捏把"（苏丹语吃饭的谐音），特意从国内带过去的筷子，也被他们摒弃不用，而跟当地人一样，用三个手指头捏着吃。

土豆、圆葱、西红柿是苏丹的蔬菜"三宝"。六队队员去了之后，从国内邮寄过去白菜、油菜、豆角等蔬菜种子，教当地人种植，虽然因为光照太强长势并不好，却也为原来单调的"三宝"增色不少。

六队队员对苏丹有了感情，自然也增强了发展的信心。六队决定在苏丹组建矿业公司，招收当地有一定矿业知识并且到过中国的年轻人，重点培养他们。

"授人以鱼，不如授人以渔"，这是六队的初心。进驻苏丹以后，虽然他们对当地矿业有很大的助推作用，但真正实现技术自由，必须培养属于自己的技术力量。张朋就是以此为初心，希望将矿业检验技术毫无保留地倾授给苏丹。

2022年春节前夕，中国驻苏丹大使馆派人送来了春联。张朋展开读道“金牛奋蹄奔大道，玉虎迎春百业新”。这既是对六队工作的认可和肯定，也是对六队的期许，更是对未来的展望。受到鼓舞的队员们，深知肩上担负的责任，表示在今后的工作中，将一如既往地守护初心和使命，为两国建设贡献光和热。

张朋决定以此为契机，过一个不同寻常的春节。他提前安排人到市场上买了尼罗河的鱼，拿出一些平常舍不得吃的蔬菜，因为苏丹忌猪肉和酒，饺子自然是牛羊肉的，酒则以饮料代替。除夕那天，队员们早早地把大红对联贴好了，等饺子下了锅，中央电视台的春晚也开始了。大家围坐在电视跟前，举杯庆祝，祝福祖国，自己的家。

五

六队自1998年承担中苏援建项目，至2017年底，先后在苏丹、阿尔及利亚等多个区块开展地质矿产勘查。其中，探获中型金矿床3处，包括苏丹阿卜萨利金矿床、苏丹拜尤达21区块、苏丹红海州16区块哈威特矿区，探明金资源量31.247吨；小型金矿床3处，包括苏丹红海州16区块Ⅱ号远景区、苏丹红海州16区块老矿北部地区、阿尔及利亚Tin Zakri地区，探明金资源量3.49吨。

2022年1月29日，中国驻苏丹大使马新民在致苏中资机构人员和华侨华人的新春慰问信中，特别指出：“山东地矿六院在苏建立‘矿产品分析实验室’，极大地提高了苏丹矿产品化验专业化、国际化水平。”

志合者，不以山海为远。中国与苏丹传统关系友好，发展战略契合，期望在“一带一路”建设的规划下，在双方共同努力下，实现更大更长远的发展，结出更加丰硕的成果。

（山东省当代文学院　唐合萍）

芳华，在战地绽放

杨永芹，18岁入行

有一年春节回大连的婆婆家，杨永芹做梦也没有想到，见到自己的女儿后，本想张开双臂热情而又疯狂地拥抱，哪承想，女儿的目光里不但没有见到妈妈的那种喜悦，反而充满了陌生的警觉，一边躲闪着杨永芹，一边忙往奶奶身后躲。奶奶便把杨永芹给她买的零食和玩具拿出来，对她说："你不是整天喊着要妈妈吗？这就是你的妈妈，快喊妈妈呀。"

女儿定定地看着杨永芹，憋了一大会儿，才怯生生地喊出了一声："阿姨！"

杨永芹满怀希望地等着自己的女儿喊妈妈，没想到换来的竟然是一声阿姨，身子晃了晃险些晕倒。她听见自己的心在哭泣，在拧揪，在撕碎……

细想想，六队女队员哪个不这样呢？六队这个大家庭的日子都是一样的！男女队员常年在外，对家人早就陌生了，别人都能过去这一关，自己肯定也能过去。

杨永芹想到这里，心情顿时好了许多。

有几天，不知道为什么，杨永芹特别地想念女儿，恨不能让自己长出一双翅膀，一下子飞到家，拥抱可爱的女儿。每到夜里，当自己整理完资料，躺在床上辗转反侧时，一闭上眼睛，女儿的音容笑貌就在眼帘上如电影般播放。尤其是那双闪着亮光的大眼睛，一直忽闪忽闪地眨着。烟台港口近在咫尺，只几个小时，就能到达对岸大连的婆婆家。可是自己又不能、坚决不能这样做。在烟台施工的两个多月里，这种念头常常折磨着她。每一次出现这样的念头时，她赶紧用工作来冲淡思念。她是一名共产党员，又是这个项目的技术负责人，打开烟台市场将给六队带来更大的经济效益，对树立六队优质服务品牌至关重要。

1990 年 12 月，杨永芹休完了半年的产假，便按时回单位上班。因为工作太忙，便和爱人一起把不满周岁的孩子送到了大连孩子的爷爷奶奶家里。临别时，她感觉自己是世上最狠心的母亲，一种巨大的内疚和自责涌上心头，心一个劲儿揪着，一路上涌流的泪水，打湿了衣襟。但一回到单位，她立即擦干净泪痕，像没事人一样迅速投入工作当中。

杨永芹早已不是当年那个 18 岁的小姑娘了，六队野外的艰苦岁月，让她如山顶上的松树一样茁壮成长起来，能够栉风沐雨、披霜傲雪，承受四季的更替。每当看着新分配来的大学生们，她就会想起自己刚来六队报到的情景。

谁也不会想到，1982 年 7 月，杨永芹从山东地质学校毕业来到野外分队的第一个晚上，是坐在床板上哭着熬到天亮的。18 岁的她，一个刚出校门的大学生，满脑子做着找大矿的金色梦，没想到一到野外分队，落差会这么大。说出来谁也不会相信，一个正规的野外分队，竟然连一盏煤油灯都没有。作为唯一的一名女生，那种失落感只有亲身经历的人才能真切地体会到。随之，那不争气的泪水便如断了线的珠子那样流下来。抬眼看着外面茫茫山野，夜幕里偶尔传来两声夜鸟尖厉的叫声，让她浑身起鸡皮疙瘩，平生第一次感到了孤独、恐惧。在无尽的孤独中，她开始渴望着东方的天空赶快亮起来。

天终于亮了。杨永芹迎着清晨的第一缕曙光，擦干了眼泪，张开双臂拥抱光芒四射的朝阳，长吁了一口气。她心里道，既来之，则安之，定胜之！心中的那股要强之气，随着东升的太阳蹿上了喉咙。往后的日子里，她迅速让自己融入野外分队水文组这个集体中。

矿区水文组组长和同事们都非常照顾杨永芹，类似需要井下勘查等危险性大的作业，都会让她在地面作业。在新城矿区下井测矿坑涌水量，老组长在分配任务时对着几个男同事说："我和你们几个一起下去，小杨留在地上，看守测绘工具。"

杨永芹一听，急忙说："组长，我也跟你们一起下去学习学习。"

一位男同事说：“井下危险系数不可预知，你一个女同志不适合。”另一位男同事也说，这是我们男人的活儿。

杨永芹知道大伙都在照顾自己，心里既感激又不服气，便说：“都什么年代了？现在是男女都一样。你们男同胞能下，我也能下。”

老组长见杨永芹态度坚决，便点头同意了。

杨永芹急忙穿上肥大的雨衣，跟着大家下井。老组长为了她的安全，让她在队员们的中间，这样前后都能随时照顾。当她非常吃力地下到100多米深处的井底时，一股阴冷的寒气立刻包围了她，让她感到了一种前所未有的恐惧和畏缩，真切感受到男队员们的不容易。她紧紧地跟在同事们身后，生怕自己掉队，还未测完水量，浑身都是滴滴答答的泥水了。完成井下工作后，在爬出井口看到头顶上阳光的那一刹那，她突然感到地面上竟然是那么美好。

经过两次锻炼，杨永芹很快适应了井下环境，能两人一组和男同事一起工作了。

然而，井下的意外常常让人预料不到。1983年的春天，杨永芹和同事一起下井测量涌水量，正赶上负100米中段放炮。放炮后的井下烟雾弥漫，他俩为了节约时间，还是匆匆来到了井底，浓厚的炮烟呛得他们喘不过气来，看不清前面的路。他们俩来到测量点，快速测完水位水量后，就急急忙忙地往井口跑去。这时，她的脚不知被什么绊了一下，往脚下一看，吓得她全身发抖。原来是两个满脸血迹的矿工躺在泥水里，一副奄奄一息的样子。她大声喊，却没有应答。

杨永芹和同事顿时明白了，他们是炮烟中毒了。她和同事急忙拉起一个矿工往井口处拖，但是浑身如面条一样毫无支撑力的矿工身体死沉死沉，两人的努力收效甚微。此时井底的空气被炮烟侵占得更加稀薄，呼吸都感到了困难。于是，她拼力爬到地面，大声呼喊：“救人啊，下井救人……”

当工友们下井把处于危险中的矿工救上来后，杨永芹一颗悬着的心才放了下来。但她自己由于在井下耽搁的时间太长，突然感到胸口一阵发闷，头晕目眩，浑身无力，一下子瘫在了地上。

长时间的井中爬上爬下，寒气肆意侵袭关节，队员们纷纷患上了风湿性关节炎这个职业病，杨永芹也没有例外。每逢阴天下雨之前，腰关节、膝关节比天气预报还灵敏，发出一阵阵钻心的疼痛，让她忍不住地掉眼泪。她看着老组长他们都忍着疼钻巷道的背影，忽然感觉自己太娇气了。

工作忙，关节炎病顾不上去大医院治疗，她就悄悄地去当地医院一边治疗，一边工作，一边学习。她参加编写的《山东省上庄金矿区地质普查报告》荣获地矿部找矿三等奖，成为她参加工作4年来最大的收获。

1986年4月，六队因开拓地质市场需要，在杨永芹毫无思想准备的情况下，把她调到刚成立的勘查公司，独立从事工程地质勘查、供水地质勘查、基础施工等技术方面的工作。

报到后的第三天，还没有来得及熟悉公司业务，杨永芹就随着刚组建的工程钻组，去搞楼基工程地质勘查。这时的杨永芹正在参加中国地质大学五年制水文地质工程地质专业的本科函授学习。白天靠在机台上，晚上整理完资料她才能学习功课。但她学以致用，把函授学习中学到的知识运用到施工中去，不会的问题，就向济南第一地质大队和德州第二水文队的老同学求教。她的第一个勘查报告就得到了设计部门的好评，对方还主动向她提供施工信息。

初战告捷，让杨永芹信心十足。然而，前行的路并不是一帆风顺。1986年9月，公司承揽了莱州仓上金矿灌注桩工程，合同额达30万元。这个数额在当时已是一个巨大的数字，公司指定她为技术负责人。杨永芹第一次独自负责基础施工的技术工作，心里没有底，但是她相信，只要自己付出努力，就能克服一切困难。正月十五元宵节，人们观花灯的时候，她坚守在工地上，任寒风肆虐。在工程的关键时刻，打实验桩时，因灌注混凝土时受阻，她和工人们从下午4点一直干到半夜12点。工地紧靠渤海湾畔，一马平川，没有一处遮挡寒风的建筑物。近零下10℃的低温，工地滴水成冰，刺骨的海风，犹如千军万马般呼啸。两个小时过去了，她的棉衣被穿透，寒风如针般直刺骨髓，穿上工人师傅递上来的军大衣，孱弱的身子在风中还是打哆嗦。灌注完毕后，她都不知道自己是怎么回到宿舍的，浑身像散了架一样，腿脚已没有知觉。第二天她就病倒了。

让杨永芹没想到的是，在开总结会时，有人不是从施工的每个环节去寻找不足，而是一味地指责工程技术人员，把总结会变成了对技术人员的批判会。她不想过多地反驳，自己全力以赴，那么多苦和累，竟然还有人在说三道四，让自己感觉满肚子委屈。于是，一气之下，她向领导提出了调离。然而，领导没有及时答复。这时，仓上金矿大批基础施工又开始了。一个技术员的责任感容不得自己任性耍脾气，她又一如既往地靠上去，把好每一关。

老技术员常说，每个新工地都会随时出现新问题。这话一点也不假。没几天的工夫，杨永芹又遇到了一个棘手的难题，就是桩长达不到设计要求。如果按照原设计施工，六队公司将赔个锅底朝天。而从质量要求上来说，大队也没有必要按照原设计的桩长施工。

怎么办？杨永芹对技术组的同事们说："咱六队公司从来不做赔本的买卖。办法总比困难多，咱们要化被动为主动，把主动权掌握在自己手里，才不会被动挨打。"

如何能让设计部门变更设计要有充分的依据，杨永芹的大脑在那几天里高速运转，千方百计地寻找开门砖。她先和相关人员取岩样进行试验和计算，用准确的数据来说服设计人员。人就是这样，只要互相尊重，合作起来就会共同搭台。经过一起探讨研究，设计方根据杨永芹他们测算的数据对原设计进行了更改，减少了桩长。

工程结束后证明，更改后的桩长，质量不仅完全达到要求，单桩承载力还比原设计增加了 30 吨。金矿和设计负责人感谢杨永芹为他们开辟了一条捷径，提高了施工效率。作为六队的公司，不仅减少了金矿的成本，同时也提高了他们在设计部门和当地企业中的威信，还为公司创造出了较好的经济效益。

第二年春暖花开时节，杨永芹又来到这里施工，恰巧遇到了该矿的矿长。矿长迎上来，握住杨永芹的手赞赏说："杨技术员，你们干的活儿，我们免检。"

小荷才露尖尖角。渐渐地，杨永芹不再是人们眼中那个矮小的女学生了，每到一处，都有人会对她称赞，为她竖起大拇指。

杨永芹把工作上的事情打理得有条不紊。而在个人问题上，则有点模糊不清。

1988 年的一天，杨永芹正在低头整理资料，听到有脚步声来到跟前，抬头一看，惊喜立刻洋溢满脸，来者正是她的男朋友。男朋友来是告诉她，自己的爸爸从国外回来了，想见见她。

杨永芹知道，自己未来的公公是位海员，常年漂泊在海上，难得回来一趟。可是，她实在走不开呀，心里着急也没有办法。于是，她十分难为情地说："我手里正主持着招远大沽河曹孟河段供水勘查，这是六队有史以来第一次进行的中型水源地勘查。刚才还接到电话通知，提交报告的时间只有一个月，务必按时完成。眼下机台上又只有我一个水文地质技术员，我必须靠上去。你说我该怎么办？要是有三头六臂就好了。"

最终，男朋友理解了杨永芹的心情和处境，带着遗憾离开了。

杨永芹的父亲是位乡村教师，晚饭时喜欢小酌一番，最喜好的下酒菜是猪肝。所以，杨永芹每次回家，猪肝是必须买的。看着父亲微红的笑脸，杨永芹心里乐滋滋的。然而，有一次父亲突然说："永芹，猪肚也很好吃，再回家时想着也买些来尝尝。"

杨永芹的父亲说这话的时候，是 1989 年 11 月的一天。当时她就想下周末回来，猪肝猪肚一块买。可是，到了周末，工地上正搞抽水实验，负责技术的杨永芹根本无法离开。再一周，还没到周末，家里有人来工地告诉她，她父亲心脏病复发住院了……

杨永芹一听就蒙了，急忙放下手中的资料，坐上来接她的汽车，向医院飞奔。谁知道，他们没有去往医院，而是径直到了家中。

一到家，布满杨永芹眼帘的竟然是一片花圈和挽幛，她的心一下子绷紧起来。父亲那个小小的愿望让她驻足了十多秒钟，继而迅速反应过来，愧疚地大哭道："爸爸——"飞也似的向屋里跑去……

杨永芹每每回忆起这些事情，就说："我不是孝顺的女儿，也不是合格的妻子和妈妈。"

但是，杨永芹已无愧于英雄六队的一员。1992 年，作为英雄六队的代表，她光荣地出席了国务院表彰授勋大会，并上台接受了国家领导人授勋。

保尔·柯察金有句名言："人的一生应该这样度过：当回首往事时，不因虚度年华而悔恨……"

杨永芹，已经做到了。

任青云，厨师也能成为国家级先模

炊事员，一个普通得再不能普通的岗位，却能赢得国家级的表彰和奖励，地矿部劳动模范、全国三八红旗手。她就是山东地质六队的任青云。

任青云是潍坊寿光人，家在农村，当年是接父亲的班当工人的。那年她23岁。她12岁就失去了母亲，上有两个哥哥，下有两个妹妹。在姊妹中她是老大，自然也承担起家里洗衣、做饭、喂猪等家务，还要照顾好妹妹。生活给了她较同龄人太多的苦楚。上学的事不能指望，她和村里大多数姑娘一样，在家里上了一年的夜校和季节性的学习班，大字识不了一箩筐。

临去上班前，任青云的父亲把她叫到饭桌旁，叮嘱说："到了队上，一定要听领导的话，尊重长辈，团结同志。工作上要服从分配，叫干啥就干啥，干啥要像啥，干就必须干好。"任青云点头答应着，能接班当工人，是她梦寐以求的事，全村没有几个人能有这样的机会。

报到后，队上根据任青云年龄偏大的现实，征求她的意见，说："干野外工作，转正需要2年，而干炊事员，转正只需要1年。"因此，队上建议她干炊事员。任青云想起了父亲在家说的话，便说，服从分配，听从安排。

于是，任青云被安排到伙房实习。进了伙房，她才知道，这里的做饭跟在农村做饭不太一样，农村的一日三餐的饭菜比较简单，有时候则是将就，能吃饱就行，而这里则要一日三餐不重样，三天之内的菜还要变着花样做。这样一来，她就认为这里面有学问，便虚心向师傅学习，从头开始。除此之外，一天到晚都不让自己闲下来，她也想着村里婶子、大娘说的话，姑娘家要勤快主动，搁下耙子捞扫帚。她主动搞卫生，将面板、菜板、木头做的大锅盖和饭桌等木器品都洗刷出原色，没有丝毫灰尘。就连那陈旧多年、结满灰垢的老风箱，也被她弄到院子里洗得干干净净。看着她忙里忙外的身影，师傅们都感叹不已，连连夸奖。

师傅炒菜，任青云就拉风箱。外行人会认为，拉风箱就是个粗笨的力气活儿，只要有力气，把风箱拉得如刮风样呼啦啦地响，灶膛内的火热烈地烧着就行了。其实不是这样的。就拿炒菜来说吧，火小了，油烤不开，炸不开锅，做出的菜就不香；火大了，油开了，葱花等作料就被烤煳了，出锅的菜口感自然不好。不长的时间，她就掌握了火候，该小火的时候她不会烧大火，该大火的时候也不会烧文火。

不到一年，队领导便让任青云独立工作了，让她去负责一处伙房。在这个伙房吃饭的有 50 多个队员，过去由于亏损严重，队员们的意见很大。任青云来到后，先将里里外外的卫生进行了彻底清扫，让伙房的面貌焕然一新。干净的环境，让从野外回来满身尘土的队员们都不好意思了，开玩笑说自己是来“污染”环境的。

任青云心想，不要考虑自己累不累，让大家吃好喝足，才是本分。为了学习厨艺，她特意去城里的新华书店买来烹饪书籍。不认识上面的字，她就一边看图一边琢磨。时间一长，加上队员们的帮助，她竟然认识了上面的许多字，学习起来一天比一天容易多了。

很快，任青云赢得了队员们的信任。不长的时间，伙房盈亏持平了。这时领导又把她调到物探分队伙房，这里有 30 多位队员就餐，也出现了伙食差、亏损等问题。经历了两个伙房，她也琢磨出其中的因果了。厨师与队员的关系一旦不在一条道上，就会出现这样那样的问题，甚至形成对立面，严重影响着全队齐心协力的大局。

任青云来到后，了解了一下，其实大伙的要求很简单，多变花样，避免单一，吃着顺口就行。于是，每顿饭下来，她就找队员了解情况。根据反映，下一顿就改进。同时，她制定了一周的食谱，拿出来征求大伙的意见。直到全体人员都满意了，她便贴在墙上，按着上面的样式做。每一顿饭，都是等队员们最后一个吃完了，她才吃。中午外出的队员要下午两三点钟才下山回来吃饭，她也是照样等。队员们亲切地感觉到伙房有一种家的温暖，连汽车队的司机们都赶到这里吃饭。

任青云认定，勤劳比懒惰好，应该付出就付出，心里就不累，想想一切都是应该做的，也不会感觉累。对别人好了，别人才会对自己好，做人做事就是这个道理。

一有时间，任青云就去打水。打水的路有两段，一段是相对宽平的机耕路，另一段是山间路。遇到机耕路时，任青云就拉着平车，驮着一个能装200多斤水的大油桶去装水，装满车再往回拉。山村的机耕路从来没有一马平川的，一会儿是上坡，一会儿是下坡。上坡时，她让车袢勒紧肩膀，整个身子几乎是匍匐在地上，一步一步地往前挪动；下坡时，用娇小的身体死死地顶着下滑的平车。有几次，她险些被压到车底下。走山间路时，她就用勾担挑。这样的山泉水，一般都是在沟底，需要小心翼翼地一小步小步地攀登，一旦脚下打滑，身体摔倒，不仅水洒了，人也有摔到沟里去的危险。不管天好天坏，伙房里的大水缸都是满得往外溢。

其实，这些累对任青云来说还是轻微的，让她最担心的就是搬家，其中有一年光搬家就搬了4次。

每次搬家，任青云都要做好周密的安排和精心的准备。她的想法是走一步看三步，多做了，才能有备无患，免得被动。她先要提前准备一到两顿的干粮。因为搬到新居后，都要重建锅灶，但多数新建的锅灶都不太好用，有时要么重新建，要么修整。每次砌灶台都是任青云亲自动手，一回生二回熟，干着干着，她就成了“大工”了。锅灶安置好，她就放下瓦刀拿起竹筢子去划拉干草，引火用，也积攒一些，以防遇到阴雨天气。

就这样白天黑夜连轴转，任青云不能回家看望老父亲，一年中只有春节放假时才能回家。后来，结婚生子，她更是无法去做一个好妈妈了。休完产假，她就把孩子放在婆婆家里。头两年，工地离她婆婆家8里地，为了孩子，她便开始了早起晚归披星戴月的奔忙路。早上天不亮她就起床，孩子没醒，晚上九点之后回家，孩子又睡觉了，尽管在家里，但也不能照顾一下孩子。

一年四季，最难走的是冬夏两季。冬天大雪封门时，没法骑车子，只能步行，一个人在寂静的山野路上前行。前面的路，没有一个脚印，她踩下脚印的声音在空旷中是那样响亮。凭着熟悉的路线，她迎着黎明前的雪光一路向前。夏天雨水一多，昔日尘土飞扬的土路立即变得泥泞起来，黏泥纷纷钻进自行车飞轮内，让车轱辘转动起来十分吃力。这样，骑车便没有步行快了，她干脆将自行车扛在肩上，按时来到伙房。

1985 年，在“三八”国际妇女节到来之际，任青云被全国妇联授予“全国三八红旗手”称号。这对没有豪言壮语、踏踏实实做事的任青云来说，实至名归。

李红伟，身在陋室

直到今天，李红伟还清楚地记得自己当年第一天到六队野外上班的情景。

1990 年 7 月，那个炎热的夏天，李红伟豪情万丈地走进了六队的大门，满怀激情地参加了上岗前培训。李红伟自我感觉，当初填写地质这个第一志愿是多么的正确，自己的人生将在这里开启新的篇章。

岗前培训结束后，一辆送岩芯的货车把李红伟拉到了招远台上勘查项目组。终于可以到工作岗位施展才华了，她一边欣赏着窗外的风景，一边哼着流行歌曲，心里那个高兴劲就甭提了。

没想到，一到项目组，李红伟就傻了。整个项目组就她一个女生，安排宿舍时，没有合适的房子，最后，只能把她安排在台上选矿厂一栋废弃楼房的一间闲置厕所里。带领她来的一位队员安慰她说：“咱这里就这条件，委屈点吧。”

这让刚才还满怀憧憬的李红伟一下子找不着北了，这个落差也太大了吧！尽管在大学里就知道地质工作野外生活简陋，心理上早就有所准备，可是自己做梦都没有想到，自己的宿舍会在厕所里。看着眼前的一切，再想想这个地方……她一天没有吃一口饭喝一口水。就在这样的环境下，她把所有能灌输给自己的心灵鸡汤都用上来安慰自己，什么人没有享不了的福，没有受不了的罪，什么天将降大任于是人也，必先苦其心志……心想大概前辈队员连这个也住不上，自己应该庆幸不用住帐篷，这才让心情慢慢地平静下来。她开始告诫自己不能放弃，否则4年的大学就白读了，4年的青春也就付之东流了，坚决不能！想到这里，她找来工具，打扫卫生，安置床铺，从此，便认定这里就是自己在六队工作的新起点。从这里出发，她让自己快速进入地质队员这个角色，迅速融入大集体中，一路冲锋，冲向人生的制高点。

熟悉了周围情况后，李红伟便期待着去参加实际工作。最后，项目组分给她的工作岗位是由一位老地质队员带领，负责一台钻机的钻孔地质编录。

在决定去机台的头一天晚上，李红伟竟然兴奋得睡不着，一遍遍地翻着崭新的地质包，将里面的罗盘、地质锤、放大镜、记录本、铅笔、尺子、橡皮等反复检查着，对新工作充满了期待。第二天起床后，她又仔细摆弄了一遍，确定无误，才将地质包收起来。

吃过早饭，李红伟跟着那位老地质队员，每人骑着一辆大金鹿自行车出发了。清晨后的乡间土路，泛着浓郁的乡村气息，两边郁郁葱葱的庄稼正在阳光下拔节，一股股清新的空气扑面而来。她沿着乡村的土公路，快乐得如出笼的小鸟在飞行，大学里向往的乡下场景在这里拉开了序幕。快乐的路程总是短暂，不一会儿，他们就来到了山脚下。老地质队员指着罗山半山腰那座矗立的钻塔对她说，那就是我们要去做编录的机台。李红伟顺着老地质队员指的方向目测了一下距离，感觉一口气就能爬上去。她锁好自行车，背起地质包开始沿着裸露的石头自然形成的小路爬山。路边开满了野花，她忍不住停下来采上几朵，放到鼻前深深地吸一口，芬芳的花香顿时沁人心脾，让她兴奋得不禁哼起山歌来。都说地质工作是免费旅游的职业，这话还真不假！从今天开始，天天有花香润肺，有鸟语陪伴，这是人生多么惬意的时光啊！实践再一次证明当初自己选择地质这个专业是百分之二百的正确。

爬了一阵，一路上兴致勃勃的李红伟忽然感觉有点累了，一抬头，发现钻塔不见了。她忙问老地质队员还有多远？没走错道吧？

老队员笑呵呵地说："现在还只走了一小半的路程，上山还需要两个多小时。"

啊？李红伟听了，不禁张大了口，原来是这样啊。那现在连一半的路程都不到呀！革命尚未成功，同志仍需努力。继续攀登吧！

身后的羊肠小道没有了，前面的山坡越来越陡。李红伟这次不敢再在前面跑了，而是跟在老队员的身后，先是双手摁着膝盖上面，一步一步地往前攀登，后来，直接将手中的花儿扔掉了，手脚并用，匍匐前进。

终于到了。李红伟扶着岩芯箱子坐下来，吁吁的气喘让她张圆了口都感觉不够用。但是，她又不能只顾歇息，误了工作。稍微缓了一口气，她便急忙开始学着编录。因为是第一次，她知道工地上所有的眼睛都会盯着她，看看这个新来的大学生身手如何，工作靠不靠谱。生怕其他队员瞧不起自己，一个四五十斤重的岩芯箱，她都是自己一个人搬上搬下，然后一个一个地认真编录，仔细核实，唯恐落下。直到编录完最后一条下山时，已经是下午了。返回的路上，她感觉到自己累并快乐着，不禁哼起歌来：踏着余晖，走向斜阳，暖暖的大罗山……

以后的日子，就这样有序地进行着。直到有一天，队总工办的一次检查打破了李红伟的平静。那天，队总工办技术检查组来项目组驻地检查技术工作。当时，她正在山上的机台做编录。等他们这些野外施工的队员回来之后，每个人的岗位检查结果都放在了个人的办公桌上。

一直自我感觉良好的李红伟坐在桌前，拿起检查意见阅读时，出乎意料，上面不是赞美之词，竟然是21条整改意见。李红伟的脸一下子红到了脖子根，第一次感受到“无地自容”这个词的内涵。看着这么多条整改意见，李红伟甚至怀疑自己到底是不是干地质的材料？一时间，她陷入了极度彷徨的状态。这时，个别同事还直接说在她当面：女同志根本不适合干地质。当然，大多数都是鼓励的，检查就这样，有则改之，无则加勉。人家就是来“挑刺”的，那是人家的工作职能，咱们就是继续干好本职工作，不去触摸纪律的红线就行。

山村的夜十分静谧安详，而李红伟的心却十分孤寂，她于漫漫长夜中反复拷问着自己，到底能不能胜任地质这一工作？实在不行想办法调动工作，离开地质队吧。一连三个夜晚过去了，她依旧在十字路口上徘徊思考着。直到有一天，她看了一眼外面发亮的天空，便想，与其翻来覆去睡不着，不如早起去迎接新的曙光。她起床跑到外面空旷的原野，面向东方张开怀抱，迎接清晨的第一缕阳光。那天早上，连续多日阴雨连绵的天空骤然晴朗，她的心情也豁然开朗，天都有阴晴风雨，人呢？这么简单的道理应该在小学时就已懂得，为何已经大学毕业的自己还在迷茫呢？阳光总在风雨后，于是，她又对着日出的东方，再次默念道："天将降大任于是人也，必先苦其心志，劳其筋骨……"

人生无处不艰难，只要日日去拼搏。有志者事竟成，李红伟决定不能让自己的学业和选择半途而废。她要留下来继续工作，只要精神不滑坡，办法总比困难多，别人能干的，自己也能干，而且一定能干好。

以后的日子里，遇到困难时，李红伟毫不退缩，迎难而上，一次又一次的历练，让她在较短的时间内进入最佳工作状态，逐渐地开始独当一面，成为一名优秀地质队员。以她为主编写的《山东省招远台上金矿床破头青矿段地质勘探报告》荣获国家找矿一等奖。之后，她又参与了《山东省莱州市焦家金矿床地质勘探——生产勘探总结报告》的编写工作，该报告荣获国土资源部科技进步奖二等奖。

六队有一群芳华绽放的女队员，她们每个人身上都有着一个个感人至深的故事。像早期的女子机组，与男队员一样长期在野外施工，不顾夏天的蚊叮虫咬、冬天的刺骨寒风，勇于拼搏，无私奉献，将美丽的青春献给地质工作，为"英雄地质队"这面功勋旗帜增光添彩。

赵顺红，离退休职工的"志铁"

已退休20余年，82岁的六队老纪委书记庄福来，饱含深情地对大家说："我们六队的离退休人员很幸运，因为我们有一个赵顺红。"

赵顺红，2002年参加工作，现任六队离退休工作科科长。工作20年来，她爱岗敬业，始终对老同志怀有一颗敬重之心，倾注关爱之情。而对于老同志来说，早已把她当作家人看待。

赵顺红是离退休干部党委书记，时刻用政治武装自己，努力当好组织员、宣传员、帮扶员、协调员，成为老同志们的知心人。她上起党课也不呆板，在讨论和互动中愉快地完成，让大家获益匪浅的同时，也都乐意来听她讲党课。

赵顺红在对待工作时向来认真负责，抱有热忱之心。忙起来更是没有节假日和星期天，即使在产假期间，她若知道哪位老同志遇上急事、困难事、闹心事时，都会在第一时间积极行动，排忧解难，帮助他们解决问题。她告诉身边人："老同志心里搁事，会整宿整宿地睡不着觉，务必解决好。"

赵顺红在对待老人时，就像照顾自己的父母一样，细心体贴，关怀备至，用诚心、爱心和耐心，将温暖传递到每一位老同志的身上。

赵顺红在对待老同志时，做到务实服务，把离退休职工 868 人全部建立档案，首要是现住址、本人及子女电话，紧接着又建立了大病、高龄、空巢老人等档案，将全部离退休人员分类管理。她始终把第一手资料掌握在手里，并做到自己的手机 24 小时开机，从不离身，以便随时可以联系和帮助老同志。

那是一个初冬的深夜，在睡梦中，赵顺红被一阵刺耳尖厉的声音给惊醒了，仔细听后，是有人用铁器在敲打暖气管道。她急忙穿衣下床，出门寻找声源，声源在楼下的一位老同志家里。赵顺红立即敲门询问，老人气息微弱，隔着门发出痛苦的呻吟声说："我从床上掉下来，自己一人在家，动弹不了了。"赵顺红保持着清醒的头脑，立刻拨打 120 急救电话，随即联系队安全科科长李振军，再将自己的爱人叫醒，一人在门口保持和老人通话，别让老人昏迷过去，另一个人跟着她边联系老人的闺女，边往她闺女家跑。待拿回了钥匙，将老人的门打开时，120 救护车也赶到了，大家一起将老人送上了救护车。

因送医及时，一周后老同志康复出院。赵顺红前来探望，老人激动地紧紧攥住她的手，感谢地对她说："要不是有你的及时相救，我这一晚上就要在地板上冻瘫了！遇到你是我的福气。"赵顺红却表示："您老太客气了，这是我应该做的，不用谢！"

还有一次，赵顺红还在济南回莱阳的高铁上，刚想闭上眼睛休息一会儿的她，手机铃声却响了，是一位已经搬离到烟台的 80 多岁老同志打来的。在电话里她听得出，老人情绪悲痛，带着哭腔和急迫。老人告诉赵顺红，因儿子突发心脏疾病，现在着急手术，需要交钱，交不上钱就没法做手术。在紧急情况下，赵顺红努力地安抚着老人的情绪，让他们放心，一定帮助解决困难，别担心再急坏了自己的身子，现在医疗条件发达，绝不会有事的。她挂了电话后，因身上没带钱，下班时间，又在高铁上，她几乎是没有犹豫地给爱人打去了电话，她告诉爱人这是救命钱，一定要帮忙借到。她的爱人也是热心肠，很快将钱筹集好，她马上转给老人。老人的孩子及时进行了手术治疗，摆脱了生命危险，真正解了燃眉之急。

久而久之，赵顺红就成了老同志们的主心骨。

有一天，一位老同志的儿子急匆匆地找到赵顺红说，他的父亲不想治病，全家人齐上阵，轮番劝都不听，已束手无策。在得知情况后，赵顺红立马赶去了他家，只见老人背着身朝着墙壁，呆呆地躺在床上，一副拒人于千里之外的架势。她知道老人心中的想法，是觉得自己年纪大了，治病遭罪还要花钱，就想放弃。赵顺红就坐在老人床前，和他推心置腹地聊了许多，用换位思考的角度，说明了儿女们对他康复的殷切希望。她终于说动老人，然后，和他的家人一起把老人送到了医院。

不论哪家老人有事，都会有赵顺红的身影出现，大家都知道，她是老同志的知心人，有她在，所有问题都能被妥善地处理好。有时不知情的外来人见了，都不禁感叹道，这家的“女儿”真能干……

在家庭中，孝敬父母方面，赵顺红在六队家属大院里的口碑也是响当当的。当年赵顺红贷款买了套新房还未入住，在得知公公身患重病后，考虑在老家不方便就医和照顾，小两口商量着把公公、婆婆接来住。这一住就是十几年。在这十几年里，公公不幸患上了四种癌症，出过两次车祸，她忙前忙后地悉心照料，奔波在医院和单位的路上。全胃切除手术后，公公在饮食方面和常人不同，无论多忙，无论几点，她坚持保证饭菜可口，营养均衡，令老人满意。即使到了今天，她只要进了超市，心里也全是想着，这是公公爱吃的，那是适合公公吃的，长时间地照顾人，已然成了她的生活习惯。2021 年，她的爱人工作调动被派往烟台，面对着上有两老、下有两小的局面，爱人在征求她的意见时，她却不假思索地一口答应：“你自己的事你做主，家里你放心吧，我会照顾好。”可等爱人开车离去后，她的泪水早已模糊了视线……

赵顺红是把自己的儿子“圈养”长大的。因为公公、婆婆的身体不好，照看孙子的精力有限，根本不能抱，也不敢抱。赵顺红便在客厅里用围栏圈起来一块小地方，上班时便把儿子放在里面，爷爷奶奶就在外面看着，只要不磕着碰着，就基本不用管他，让他自己玩耍，等到赵顺红下班后才能“出圈”。

在新冠肺炎疫情期间，为了方便老同志进行核酸检测，队里出面沟通，将核酸检测点设在了大院里。赵顺红主动报名当起了志愿者，帮助申领核酸检测码，为老人和小孩做好便利服务，引导测体温等，同时为不方便外出的老同志上门送药送粮送菜。对所处高风险区域进行排查，根据离退休职工的居住地址，及时联系老同志，安抚老同志的情绪，帮助其克服恐慌心理，送去院党委的关怀，让他们配合社区和政府工作，共同渡过难关。外地的老同志们，在接到她的电话时都很激动，纷纷表示，一定同单位保持高度一致，共渡难关。

在招远“职工之家”的活动室里，赵顺红给老人们讲授抗疫知识，教他们学会使用健康码，确保出行方便，还建立了微信群，让大伙及时沟通联系。她的这一行动，得到了老同志们的纷纷响应和拥护。刘崇群老人让赵顺红带着他去买智能手机，又跟着她学会了使用微信和上网，高兴得老人逢人便说，没想到咱86岁也“智能”了！

在工作中，为了让离退休同志老有所乐，老有所为，生活充实而有价值，赵顺红组织起太极队、门球队、舞蹈队、乒乓球队、书画组等11个兴趣队组，满足了不同老人的需求，丰富了老人的兴趣爱好，引导他们发挥各自的特长。之后，她积极鼓励老年团队，代表六队参加省市各级老年组织比赛，一等奖、优胜奖，场场不落，社会各界好评如潮。

一片丹心为民生，满腔热血写春秋。赵顺红身体力行，担起了服务老干部的职责，细致入微赢得了离退休老同志们的一致称赞。她恪守工作职责，未辜负党组织的栽培，默默付出，对得起老同志的信任。

袁星芳，不仅是女研究生

2014年7月15日，对袁星芳来说是一个不平常的日子。这一天，中国地质大学研究生毕业的她，从山西省的老家一路颠簸来到六队报到。临行前，前来送行的亲朋好友中有人就不理解，已是名牌大学的研究生，干吗要去那么远的地方上班呢？

袁星芳笑着说，那里有黄金。在读研究生的时候，她和同学们就开始研究山东胶东这块美丽富饶、储满黄金的半岛，向往着毕业后能来这里为国家找金矿。这一天，没想到这么快就到来了。

来到六队的当天晚上，队领导在酒店里安排包间为袁星芳接风。席间的氛围十分融洽，大家其乐融融，让初来乍到的她感觉就跟在自己的家里吃饭一样。

袁星芳学的是水文专业，队里便安排她到地质环境处工作。地质环境处是六队为适应市场经济而成立的科级单位，主要承接政府部门的城市地质、地热地质、海洋地质等勘查项目。

政府方面的项目，要求透明、公平、公正、公开，所以都需要进行招投标。尤其是暗标，各方面的要求极为严格，不准透露一丁点儿单位和个人信息，稍不注意，就会废标，给单位造成不应有的损失。整个过程都要十分细致，按照每页27行、每行32个字的格式书写标书，字体大小必须统一。这年他们处里参与“山东半岛蓝色经济区重点规划区1∶50000海岸带综合地质调查（威海湾）”等5个项目的竞标。地质环境处的5位职工，每人负责一个项目。袁星芳是第一次制作标书，是一个十足的“小白”。虽然面临着标书制作任务重、资料收集难度大、投标工作未知多等困难，但她没有气馁，不会的地方就虚心请教，每天加班到深夜，所有的心思都用在了标书制作上。尤其是临近投标的前一天，近30个小时的紧张工作，5个人完成了5个项目的封标任务。第二天一大早，他们把沉重的5大箱资料搬上车，直奔济南开标现场。

功夫不负有心人，他们的付出得到了高额回报。他们顺利承担了“山东半岛蓝色经济区重点规划区 1∶50000 海岸带综合地质调查（威海湾）”项目。之后，处里每年都有投标项目，最小的额度也都在二三百万元。时间一长，他们就总结出了经验，探索出了捷径，但依旧踏踏实实、一丝不苟地制作标书，“逢投标，必通宵”。

中标后的项目是有时间限制的，在这段时间内，地质调查大部分在野外，哪怕是雨雪天也不例外，一到时间，必须完成。所以，地质环境处里的每个人都不敢懈怠，全身心地投入野外地质调查中。

在野外施工作业，有时顺利得让你意想不到，但也有让人难以预料的困难。袁星芳去选择钻探点时，常常踏着没脚的野草，在没有路的山野上小心翼翼地前行。选好井口，便开始架钻机进行打井抽水普查。这项工作需要与村干部和村民打交道，常常遇到不和谐的音符。在这之前，袁星芳也听老队员说过，当年钻机组在上钻机之前，先修好路，准备第二天将钻机用汽车拉进来。哪承想，汽车拉着钻机来的时候，一夜之间，新修的土路上已变成了小树林。说是树，其实大部分是扦插的杨树枝子，目的是要钱。钻机组组长没办法，自己掏腰包给了点钱，才得以通行。

袁星芳刚开始听到这个故事的时候觉得太过分，却没想到，她自己遇到的比这还要过分。

选好探测井口位置后，袁星芳让村干部带着去找这家农户。如果农户不同意，就再重新选择位置。让她没有想到的是，农户当时同意了。可钻机打井到一半时，农户又反悔了，而且让将机器撤走，强行阻止施工。队员们赶紧去找村干部，村干部也调解无果。

工期不饶人，另找地方已不可能，袁星芳他们便去村里门市部买来牛奶和烟酒送给这家村民，好话说了一箩筐，才将这事处理好。

这个井眼开了头，后面有关村民便开始狮子大开口，迎风涨，不要牛奶直接谈钱了。村民说国家的政策是土地 30 年不动，现在的井口所占土地直接影响 30 年的粮食产量，一年按 100 块钱的损失计算，30 年就是 3000 块。

袁星芳他们一边做村民的思想工作，一边就地还价。村干部更提出要求，打井可以，打完后必须把水泵给下上，直接把六队当成精准扶贫小组了。

陆地上再苦再难，也比海上勘查好得多。2021 年，袁星芳参加了山东省威海市刘公岛及周边海域综合地质调查项目。对她来说，这是一个全新领域的项目。她为了让自己尽快适应这项工作，先去网上搜集了大量的相关规范和文献，遇到不懂的地方，就请教老师和前辈，学习相关的知识。

人们都知道刘公岛是著名的旅游风景区，能在风景区里勘查，一边工作，一边免费旅游，说出来让外人是多么的羡慕。其实呢？没人们想象的那么美好。先说交通，人人都会认为景区内交通很发达，但那是前山的交通，因为前山是景区。而袁星芳他们调查的后山则是封闭区，悬崖峭壁多，基本上无路可走。因此，他们的调查主要靠步行，每天从岛西边走到东边，再从东边返回西边，大约 13 公里。海上施工，潮起潮落，风大浪急，不确定因素太多。每一次出工，他们都要做好随机应变的准备。海上地质遗迹调查是勘查中的一个重要项目，但这些遗迹大都依附在悬崖峭壁之上。他们便借着涨潮的时候租来船，从海面上攀岩而上，那被海水浸泡得长满苔藓、十分光滑的石壁，稍不小心，随时会有滑落的危险，连船老大都为他们捏了一把汗。

要说危险，还是在后山的蛇村。茂密的树林里密不透风，与其说杂草丛生，不如说险象环生更为确切。来到岛上没几天，袁星芳就从岛上的渔民那里知道蛇村的来历和险恶。从小就怕蛇的袁星芳，只能走一步，看一下，看看前面有没有蛇。即使这样谨慎，照样一路惊扰了几条蛇，吓得她晚上连睡觉都做噩梦……

每一次做完野外勘查项目后，袁星芳便全身心地投入编写地质调查报告的工作中。至今她还记得自己第一次编制《山东省威海城市地质调查报告》时情形，因为是第一次，有点老虎吃天，无处下口。她先向老队员请教，借着老队员的指点，再去网上进一步搜索，遇到好的资料文献，需要花钱的便自己花钱下载。每攻克一个难点，那种成就感，会让她兴奋得一晚上都睡不着。就这样，她是越做越有兴趣，越做越有信心。半年多的时间里，她每天都是食堂—办公室—单位职工宿舍，三点一线，晚上加班到 10 点多。为了让报告更有视觉冲击力和感染力，她想在报告中每二至三页做上一个插图或者一个表格。然而想法很美好，现实却很骨感，自己对图片制作一窍不通，单位的老队员们也从来没有做过这样的报告。为此，她也想过放弃，但创新的念头又让她不想舍弃。她就从头开始学习制图，下载软件，学先进的三维制图，学习应用数据，然后再找资料。

一分耕耘，一分收获，袁星芳终于做成了让自己满意的三维地质结构模型，首次搭建了威海市环翠区的三维可视化地质结构模型，直观展示了区内的地层岩性、地质构造、地下空间展布等信息，为威海城市规划建设提供了重要技术支撑，得到了专家组的高度好评。

袁星芳成功了，但成功的背后是鲜为人知的付出。每天晚上加完班回家时，大街上早已行人稀少。曾经与自己在行业技能比赛中均拿第一的丈夫已于 2018 年去读博士了，当时她正怀着身孕，家里所有的担子都压在了她孱弱的肩上。生育后，她只好把母亲从山西接来，帮忙照顾女儿，让自己有更多的精力投入工作中。

梅花香自苦寒来。袁星芳的每一分付出，都有着丰厚的回报，每一个项目成果，质量等级均为优秀。依托项目成果有效进行成果转换，她先后荣获中国黄金协会一等奖 1 次，山东省自然资源厅科学技术奖二等奖 2 次、三等奖 4 次，山东省矿业协会、山东省环保协会等奖项 4 次，发表专业论文 10 余篇，申请专利 3 项、软著 1 项，出版专著 1 本，得到了省内外专家的高度赞扬。

（山东省当代文学院　王良葆）

为共和国寻找金钥匙

招远这地方靠海环山，相传有这么一个神话故事，说是罗山脚下住着的人家每逢夜深人静的时候，都能听到山里面传出的隆隆的拉磨声。金骡走，磨子转，磨下的全是蹦蹦跳跳的金豆子。人们想进进不去。后来打山里传出话，要想弄到金豆子，就得先寻找那把开山的金钥匙。

许多年过去了。

1958 年春天，为共和国寻找金钥匙的职业找金人受命组建了山东省地矿局第六地质大队（以下简称“六队”）的前身胶东四队，然后首次踏入招远地界开展寻金工作。

风风雨雨的 34 年中，我们六队人付出了宝贵的青春和智慧，不避艰辛和血汗，在短暂而又漫长的岁月里顽强奋争、无私奉献、科学求实、团结进取，转战在齐鲁大地，足迹遍布胶东半岛 17 个县市的山山水水，一步一步攀上了黄金找矿事业的高峰，终于实现了几代职业找金人的梦想，向共和国交出了一份满意的答卷。截至 1991 年，全队共完成钻探工作量 74 万米，相当于用我们的钻机钻透了 80 多座珠穆朗玛峰。我们已向国家提交了各类地质报告 210 份，探明特大型金矿 5 处，中小型金矿 28 处，提交的黄金储量约占全国已探明的岩金储量的 1/3。同时，我们还向国家提交了储量可观的银矿、铅锌、硫铁、稀土、滑石、萤石、钼、磷、煤等矿床和水资源勘查地质报告 95 份，这些矿产储量的潜在经济价值约合 400 亿元人民币。目前，我们提交的金银矿地质成果已全部被矿山建设利用，使胶东地区成为中国最大的黄金生产基地，闻名神州的采金第一县、第一镇、第一村全都位于这里。

为了取得这些成果，六队人走过了一段艰辛的历程。

招远虽说有上千年的采金历史，但自近代以来，国运衰败，采金业逐渐黯淡没落了。加上日本侵华时期曾对招远玲珑金矿田实行了掠夺性开采，使这座百年老矿千疮百孔，面临资源枯竭的困境。新中国成立后，大规模经济建设的蓬勃发展，急需探明和开采黄金资源。正是在这种紧迫的形势下，我们这支刚刚组建起来的年轻地质队伍，冒着料峭的春寒，一路风尘地开进了招远玲珑镇，在缺资料、少图纸，更无任何经验，装备又极其简陋的情况下，迈出了寻找黄金的第一步。

当年的招远还是个穷山区，生活条件相当艰苦。我们的地质队员住茅草房，睡门板，铺干草，打地铺，粗茶淡饭，白天奔波在山间的小路上，走村串户，向当地群众调查访问，寻找线索；晚上就点着小煤油灯抓紧学习研究资料，制订方案，制订计划。刚从地质学校毕业的王化江、朱云德、刘连生、李闻景等同志一趟趟钻进阴气森森且早已废弃的采金老硐，冒着随时都可能出现的死亡威胁，一步一步地摸索着，进行地质观察和编录。这的确是需要勇气和胆量的。有一次，朱云德在做地质编录的时候，不慎一脚踩空，掉进硐中的一个几十米深的暗井里。他死命扒住井壁上的一块石头，两脚悬在半空中晃荡着，一直坚持到大家闻讯赶来营救。大家吓出了一身冷汗，说他是捡了条小命。他只是笑笑，拍拍身上的泥土又朝老硐深处摸去。

在玲珑金矿田勘查工作初期，全队还没有钻探手段和相应的设备。六队人没有等，利用当时一切可能的装备迅速展开了山地工程，打平巷，掘浅井，作业面上机声隆隆，粉尘浓度往往达到面对面看不见人的惊人程度。从硐子里钻出来，每个人身上都蒙上了一层厚厚的白粉，耳朵嗡嗡直响。由于当时劳动防护条件很差，不少职工只好在鼻子、嘴上围条毛巾坚持作业，导致大量粉尘被吸入肺里，有的人患了矽肺病，过早地离开了人世。即使这样，也没有一个人退缩，因为大家知道，祖国需要黄金资源。

“千淘万漉虽辛苦，吹尽狂沙始到金。”经过全队职工的艰苦奋战，在这个濒临绝境的金矿田上相继发现了48条含金石英矿脉，获得了相当可观的金矿储量。玲珑一夜之间焕发出神奇的勃勃生机。如今，这里已经成为我国黄金生产规模最大的矿山企业。

类型金矿床，推动了黄金生产在中国的划时代大跨越。苏联、美国、加拿大、澳大利亚等许多国家的著名金矿地质专家纷纷慕名而来，参观考察，一位苏联学者表示要把这一理论写进他们的教科书中。

的确，这是我们的光荣，也是我们的梦想。在奋斗和跋涉的路上，我们付出了很多很多，我们的故事，可以从每一个普通人讲起。

曾经有过这样一段插曲。1970 年，焦家金矿勘探进入关键时刻，可全队在几个月里竟没有一分钱的拨款。停工或者撤出来不是我们六队人的性格。大家毅然决定：节衣缩食，捐钱捐物，坚持矿区勘探！有个叫王玉祥的老职工，家里很穷，养的一头猪是他家最大的一笔财产，但他还是决定把猪卖了，然后把钱全部交给了队上。在卖猪的头天晚上，他和老伴儿整整一夜没合眼。

1959 年 7 月，年轻的测量员汤光河在牟平金牛山矿区进行井下测量，因劳累过度，在顺着软梯朝上爬的时候手一滑，掉进深井，再也没有上来。

1990 年 12 月 1 日，胶东大地风雪苍茫。607 号钻机班长董奎胜在黎明中踏着一尺多厚的积雪去钻机接班。当他走到离机台只有百十来米的时候，掉进了大雪覆盖的水井里不幸身亡，年仅 36 岁。

34 年来，为了祖国的黄金找矿事业，六队有 16 名职工在工作岗位上献出了宝贵的生命。

在六队，有位老地质员曾这样说："我们找矿、找黄金，不知道里面凝聚了多少鲜血和生命！至于吃苦和流汗就更不用说了。"

进入 20 世纪 90 年代，社会发生了许多变化，但六队人为国寻金的信念没变。1990 年春节刚过，作为国务院"892"工程首场战役——仓上金矿会战拉开了序幕。正月初五，会战指挥部就率先遣组直奔矿上。正在过春节的职工，接到会战的电报，十天之内就全部赶回队上。300 多号人的队伍，冒着零下近十摄氏度的寒风，开进冰凉的盐碱滩。钻工们跳进冰冷的盐田里筑坝、修路，挖绷绳坑，安装钻机，不一会儿工夫就冻得直打哆嗦，实在坚持不住，就喝口酒，取取暖。不到 10 天，10 台钻机就摆开了阵势，轰鸣声回荡在莱州湾畔。在一个强台风之夜，为了安全起见，钻机卸去塔衣，在风雨中持续钻进。就在那天晚上，张卫国班创造了仓上会战的台班进尺最高纪录。

年仅30岁的地质中专毕业生阎承章在改革之年主动请缨，担任了一个地质普查组的组长。在4年时间里，他和同事们风雨奔波，连续发现了5处金矿产地。然而，这个小伙子的3口之家却还没有一个固定的住址，生活上也时常要靠远在天津的父母接济。

如今，胶东富了，招远富了，招远人靠采金带动了黄金选矿、冶炼，黄金机械制造、维修，电器、化工、纺织等工业的大发展。黄金矿山的职工实现了住宿旅馆化、食堂饭馆化。靠采金致富的老百姓盖起了一栋栋别致华丽的“将军楼”。由于历史原因，队上欠账太多，虽然这几年六队在住房和夫妻分居问题上做了很大的努力，但至今仍有212户职工租居民房或拥挤在简陋的平房里，不少夫妻还在两地分居。

尽管如此，经过艰辛苦难的六队人在寻金的道路上依旧矢志不渝，优良的传统代代相传，奋发进取的精神不断发扬光大，为共和国寻找金钥匙，再苦再难我们也心甘情愿。六队人谈黄金从来不以克、两或者盎司为计量单位，而是用吨来计算，可我们六队人的妻儿老小披金戴银的却很少。不是我们不新潮，更不是我们不爱美，不爱打扮，而是我们一没时间，二没精力，更没有雄厚的经济实力。

我们并不觉得这是伪饰的光荣，更不觉得这是耻辱和穷酸。

一代人有一代人的追求和向往，一个集体也有一个集体的光荣和梦想。

六队人忘不了英年早逝的工程师张裕之。几十年中，他对4个孩子从没好好管过，可胶东的山山水水却那么清晰精确地装在他心里。他的大儿子回忆说，跟着这个一心扑在事业上的父亲，他们一家先湖南后江西又是山东，南北迁徙，涉水爬山，住草棚，租民房，远离城市，无数次转学，弄得他南腔北调，因此很怕别人耻笑而不愿和同学讲话。当队上看到张裕之长年累月地紧张工作，体质越来越差，想把他调到机关时，他说：“国家给我们的任务是找金，离开野外找什么？！”在弥留之际，他对妻子表示出的唯一不满是送他来医院的时候没把他的登山鞋带上。他坚持让妻子回家去取，妻子只得往返60公里把鞋取来。他立刻穿上登山鞋，在病房里走来走去，直到扑通一下摔倒，再也没有站起来。当妻子问他“你想什么”时，他吃力地睁开眼说：“我想把那篇地质论文提纲写好。”妻子再问：“我跟了你大半辈子，你就对我没句话？”老张眼里滚出一颗颗泪珠，想了想说：“如果我不行了，你千万别给队上的同志添麻烦……”

第九任队长干凤林说，张裕之的大多数论文都是在野外，趴在炸药箱上写成的。

金子是宝贵的，赤子之心比金子更宝贵，六队人的精神、六队人的品格所体现的正是一颗颗忠诚于共和国的赤子之心。

共和国没有忘记我们。党和人民给了我们很高的荣誉。1980 年，地矿部授予我们“功勋地质队”的称号；1991 年，在第三次全国金矿工作会议上，六队荣立金矿地质勘查工作特等功；1992 年 1 月，经国务院批准，国家四部委授予六队“全国地质勘查功勋单位”称号；1992 年 6 月，山东省人民政府授予六队“黄金勘查功勋队”的荣誉称号。34 年来，六队涌现出全国劳动模范 1 名，全国优秀企业政治思想工作者 1 名，五一劳动奖章获得者 2 名，部、省级劳模，全国三八红旗手等先进人物十几名；有 5 个机台获得部级文明机台的光荣称号。

成绩的确来之不易。六队能有今天，靠的是全体职工以及家属的奋勇拼搏，无私奉献。我作为这支英雄队伍的第十任队长，感到十分光荣。

中国科学院一位科学家曾经指出，一个世界级的特大型金矿的发现和开发，可以从根本上改变一个地区甚至一个国家的经济状况。

依靠科技进步取得更大的突破，是黄金地质工作者的世纪使命。有人说六队人找金已经到顶了，但我们决心继往开来，掀起一轮新的“造山运动”，再造一座“珠峰”！

我们的目标是：抓住机遇，迎接挑战，以科技为先导，以强化管理为手段，努力实现地质找矿的更大突破，立足胶东，面向全国，走向世界。

愿我们六队能为中国人寻找更多的金钥匙！

愿我们的祖国更加富强。

（1992 年　时任山东省地矿局第六地质大队队长　刘广义）

甘为马前卒　力争排头兵

王祺鸿是 2003 年 5 月 23 日被任命为山东省地矿局第六地质大队（以下简称“六队”）队长的。班子调整集体谈话时，其他队的领导都纷纷表态，王祺鸿却沉默不语。直到临行前，他才憋出了两句：“感谢局党委给我这么一副担子，如果有架梯子搭到天上，我王祺鸿就能带着这支队伍摘星揽月。”

这年，王祺鸿 48 岁，是六队的第十任队长。之前，他在共青团蓬莱县委做过宣传工作，任过北沟镇镇长、蓬莱市地矿局局长，2001 年下半年任地质三队副队长。4 年后，捷报传来。六队从莱州寺庄地下 321 至地下 926 米深处抱出了一个 51.83 吨的大“金娃娃”。9 月 8 日，消息一经发布，股市上的“山东黄金”股票连续三个涨停板。这次“深部探金”工程，还创造了几个全国第一。怀着喜悦的心情，9 月 18 日，王祺鸿随山东省地矿局领导进京向国土资源部汇报工作，并特请徐绍史部长向温家宝总理转呈了——

一封信

敬爱的温总理：

您好！

在党的十七大即将胜利召开之际，我们山东地矿局六队全体干部职工怀着激动的心情向您报喜：在胶东深部探明一处特大型金矿——莱州寺庄金矿，地质储量 51.83 吨。近日在这一地区又有新的重大发现，目前正在做进一步的勘查工作，在不久的将来请总理再听我们的捷报。

在15年前，那是1992年10月19日，我们非常荣幸地被国务院授予“功勋卓著无私奉献的英雄地质队”荣誉称号。全队以此为巨大荣耀和动力，始终充满着创业的激情。大家不管是跋山涉水，还是风餐露宿，总感到有使不完的劲。这几年，中央更加重视地质工作，心系地矿职工，特别是去年《国务院关于加强地质工作的决定》(以下简称《决定》)实施以来，地质勘查和科学研究更是政策好、环境优、人气旺、事业兴。我们根据省委省政府提出的“资源山东”建设战略和局里“五年内找回一个矿产资源新山东”的安排部署，下决心“攻深找盲”“探边摸底”。经过艰苦攻关，终于在“焦家带”深部取得了重大突破。现在，能为国家经济建设作出贡献，大家欢欣鼓舞，感到无比骄傲和自豪。

在《决定》精神指引下，我们的日子比过去好多了，职工住进了新房，收入有了提高，新的基地也在建设中。大家都表示，六队曾经为国家探明三分之一的黄金储量，拥有过硬的技术和顽强的作风，有信心、有能力、有责任继续多找矿、找好矿、找大矿。我们一定高唱《勘探队之歌》，为早日实现您提出的“寻找有宏观影响的大矿床”而不懈努力，为经济社会又好又快发展作出更大贡献！

十分感谢您！大家都很想您，热切地期盼着您方便时来六队视察工作！

此致

敬礼

山东地矿局六队队长王祺鸿携全体职工

2007年9月17日

9月19日，温家宝总理看信后，当即作出批示：“请国土资源部转告山东六队职工：祝贺他们在金矿勘探中取得重大发现，向大家致以亲切的问候。”喜讯传山东，9月25日，时任省委书记李建国作出批示：“希望山东六队和省地矿局全体职工同志以温总理的亲切关怀为动力，继续解放思想，坚持科技创新、顽强拼搏、无私奉献，多找矿、找大矿、找好矿，为国家的现代化建设和实现富民强省新跨越作出更大贡献。”同日，时任代省长姜大明作出批示：“温总理的重要批示是对山东地矿工作的肯定和鼓舞，全省地矿系统要认真学习、全面贯彻、努力开创找矿工作的新局面。”分管地矿的时任副省长才利民提出了明确具体的要求。9 月 28 日，省国土资源厅厅长王文升作出批示：“欣悉地质六队获金矿勘查重大发现，省地矿局地质六队无愧为一支无私奉献的‘英雄地质队’。近年来，省地矿局工作取得诸多丰硕成果，思路新、措施硬、效果好、班子强，受到部省领导一致好评。特别是温家宝总理作出重要批示，是对我们全省的鼓舞、鞭策、支持。望再接再厉，为山东经济社会发展作出更大贡献。”9 月 30 日，山东省人民政府下发了《关于开展重要矿产资源深部找矿工作的通知》(鲁政发〔2007〕72 号)，其中重点矿种第一个就是金。开展深部找矿的重要成矿区带首先就是三山岛—仓上成矿带、龙口—莱州成矿带、招远—平度成矿带等。

动静“整”得太大了，全省乃至全国的地质工作者都感到振奋。王祺鸿告诉我们：“温总理说我们是重大发现，我很高兴。要是说重大贡献，我就受不了了，才 50 多吨，刚算大矿吧。重要的是我们丰富了‘焦家式’理论，解决了深部找矿问题，对全局是抛砖引玉，对全国是抛砖引玉，对全世界也是抛砖引玉。下一步会有 5 个甚至更多的 50 吨被发现。要说这 50 吨是地雷的话，再往下我们就该扔导弹、原子弹、氢弹了，一个比一个响。我们的目的是通过宣传，把我们的工作方法、找矿理论向全国乃至全世界宣扬出去，让他们借鉴我们的经验，少走弯路。同时，我们要用好我们‘英雄地质队’的‘品牌’，走出去，到省外甚至国外去找矿。”

其实，六队目前有 17 个机台班组在省外、国外施工，品牌效应早就显现出来了。在该队机关大院的宣传栏里，竖着写有“六队精神”和“六队使命”的——

俩牌子

两块牌子，红底白字，立于油松树下、红玉兰旁，格外醒目。六队人说今年是个好年景，有预兆，玉兰花开了5次，都上了招远电视新闻和《烟台晚报》；大松树长了“龙斑”，并第一次结了那么多的松球；夏天的时候，成百只燕子天天成群结队地在办公楼前飞舞。

“六队精神”的牌子上写的是“高举英雄队旗帜，重振英雄队雄风，再造英雄队辉煌”，这是王祺鸿初来乍到的那天当众“吼”出来的。2003年5月23日傍晚，王祺鸿在济南表完态后马上返程，疾步跨上了位于招远市泉山路的六队办公楼。站在主席台上，面对台下翘首以待的干部和职工，王祺鸿说了三段话。第一段：“六队在历史上曾经是辉煌的，为国家为人民作了很大贡献，据说找了1000多吨金子，占全国的1/3，是国务院授予的全国唯一的‘英雄地质队’，确实了不起。在向市场转型的十几年里，由于思想观念落后等多种原因，现在落伍了。今天我来了，我有信心干好。一是我们有‘英雄地质队’这个品牌；二是当年的老同志还在；三是老英雄又养了一批小英雄，都成长起来了。只要有了人，有了好的品牌，六队肯定还能干起来！”话音一落，掌声四起。王祺鸿摆摆手，示意大伙儿安静。接着嗓门一提，他又说了第二段：“下一步我们怎么干呢？以‘六队文化’为先导，高举英雄队旗帜，重振英雄队雄风，再造英雄队辉煌！这是我们的队魂。”第三段：“我才来，要搞调查研究。这段时间各司其职，各就各位，不允许再出现新的问题，出了问题我随时拿下，不管你是正处副处，有门子没门子，在我王祺鸿面前就是一条道——那就是发展。”接下来，他又双唇一碰：“散会！”

王祺鸿三句话不离“英雄”，让六队人长长地出了一口气。此时，离国务院表彰已过去了11个年头；此刻，英雄无用武之地的六队职工在郁闷中已度过了10年。接下来，王祺鸿白天跑项目，找米下锅；晚上找机关人员谈话，43个晚上，100多人谈了一遍。他总结了两条，一是观念滞后，二是机制不活。年底前，按照“以好人为本，让好人在政治上得到提拔，在经济上得到重奖”的理念，他大刀阔斧，把机关人员由124人精简到64人，其中科级干部由84人精简到38人，其余的全都充实到野外一线。老技术人员被请出来待为上宾。据说当时的景象特别“惨烈”，哭喊叫骂的，打人的，闹着要跳楼的，但都被他一一“摆平”了。

社会上的人知道六队又开始“火腾”起来了，有的就打电话来，说：“六队还欠着俺十几年的钱，都说没有希望了，听说您来了，我们再问问。”王祺鸿说：“只要俺家有账，我一定还你们。”话语斩钉截铁且说到做到，拿到钱的人开始到处给他做“广告”，说六队新任队长仗义、可交，够哥们儿！

在“六队使命”的牌子上，也写着三句话：“培养人才的摇篮，成就事业的高地，幸福美满的家园。”后面两句，所有的山东地矿人都知道，这是前任书记局长刘战在2002年刚到地矿局时提出来的奋斗目标。2003年10月，胆大心细的王祺鸿根据自己的思考，加了前面的一句。据说为这件事，他有一次出差到省局，还专门和刘战“交流”过一次。刘战说：“听说你在下面直叨叨我？有这回事吗？”“我感谢你还来不及呢，哪能背后叨叨你，我叨叨你就在当面。”“我说成就事业的高地，幸福美满的家园，你说少一句，没这么回事？”“哦，就说这个啊？！我是加了一句‘培养人才的摇篮’。这是结合六队的实际情况，要找大矿找好矿，离开科技和人才不行。发展要以人为本，科学发展观也是以人为本。我们更提倡以好人为本，让好人在政治上得到提拔，在经济上得到重奖。提拔了，倒出位置再提拔，要把六队变成培养人才的摇篮……”说得刘书记连连点头，哈哈大笑。

其实，像上面包含哲理的话语，王祺鸿讲了很多。六队办公楼下的玻璃橱窗里，现在就张贴着几条——“头顶一片天，手抓一支队伍，肩上有指标”“职工的利益无小事，你心里有职工，职工心里才有你”“机遇处处在，有识才能识机遇，有本事才能抓住机遇”“有创新才能利用机遇发展自己”。语言朴素得如同大白话，人人都看得懂。

后来，王祺鸿请来书法家，把“六队精神”写出来装裱好，挂在会议室里。当时，书法家还专门给他写了一幅隶书“高怀观世，壮气横天”相赠。王祺鸿连称好诗好字。其实他自己的毛笔字写得也很有特色，笔者这次采访还有幸见到了他的杰作——

三首诗

2007年10月22日下午，记者随王祺鸿队长到野外机台检查指导工作。开始没注意，我后来发现他身上穿的和钻工们的服装如出一辙，只是颜色稍有不同。相同的是，他们上衣的左前胸都绣着“英雄六队”，右臂上都绣着“山东地矿”及徽志。一个个穿在身上，倍显精神。

来到605机在莱州市南吕村的一个钻工宿舍，我发现黑板上写有粉笔字。仔细一读，原来是一首诗，题目是《观焦家矿区会战铭记》，诗句为：攻深找盲当尖兵 / 寻金夺宝吾请缨 / 安全生产铭心间 / 会探能采真英雄。落款是王祺鸿，时间为2007年9月1日。字写得龙飞凤舞，后又被年轻的钻工们拿粉笔重描过，显得古朴厚重。说真的，我们走过好多地质队，但很少见过写诗的队长，当场作诗并写给钻工，可以说绝无仅有。我问他经常写吗？他说诗兴不常发，但最近常有作诗的冲动，说着说着就朗诵起了9月27日写的那首《地质队之风》：与高山说话 / 与溪流共舞 / 与矿石谈情 / 与长风同行。并认真地解释了一番当一个地质队员的“优势”。

是的，地质工作是最艰苦也是最浪漫、最富有挑战性的工作，地质人生更是五彩缤纷、苦乐同行。王祺鸿，从21岁参加工作，取得的成绩有目共睹。1992年，80多岁的老部长孙大光到蓬莱调研。他向部长要墨宝。部长说限你三分钟给弄个词，王祺鸿眉头一皱，说出了“经济发展，地质先行，依法行政，为国为民”16个字。后来孙大光部长写好后，让人捎了回来。

2001年，相信“经济发展，地质先行”的王祺鸿加入地质行列。他先前曾在莱阳农学院、省委党校学过农业经济，后在山东大学研究生班学过经济管理。来到地质队后，他又认真地自学了《普通地质学》《岩石学》等专业书籍。2004年，改革到位的王祺鸿决心发挥一下“英雄队”找金的优势。结合过去的资料和经验，通过分析与研究，他决定在过去被人们认为“五毒俱全”（矿体薄、品位低、规模小、变化大、埋藏深）的莱州市寺庄地区布钻，向深部和“盲矿区”挺进。但当时队上面临的情况是：1600名职工嗷嗷待哺、3000万元外债需要偿还。一个钻孔就是几十万元，弄不好丢人事小，花钱事大。“不能有钱再干事，没有钱也要干事。”在组织新老专家充分论证的基础上，王祺鸿一狠心，自筹了部分资金，先在最有可能成矿的地方布置了两个钻孔，把最好的钻探设备、最强的技术人员集结到工区，准备“背水一战”。开钻之前，王祺鸿来了一个大胆的仪式，在风雪交加中，跪在地上冲着钻机磕了三个响头。没想到，“男人膝下有黄金”的古语在这里应验，结果两钻捅下去钻钻见矿，一个还打在了主矿体上。这下子王祺鸿可来了信心，他跑到局里汇报，局里研究后马上批了 200 万元买设备，队上又把过去的老钻机拿出来修理了一批。因此轰轰烈烈的“寺庄会战”在 2005 年 2 月 23 日（正月十五）打响了，到最后一个钻孔完工，共钻孔 52 个，完成工作量 40478.85 米，等于钻透了 4.5 个珠穆朗玛峰。此次共求得黄金地质储量 51.83 吨，潜在经济价值 80 多亿元。

古人云，男人有三跪：跪天跪地跪父母。采访那天在野外吃晚饭，当着好多人的面，我问起王祺鸿磕头的事。他说是的，纯属个人行为。我又问他当时的所感所想，他说：“没有什么，就是突然想起了参观韶山时听到的一件事，说 1959 年毛主席回到韶山到毛家祠堂，一进门就说‘不管三七二十一，先拜上三拜再说！’老祖宗我要去拜，在这里我也要拜。因此学毛主席，磕了三个响头。第一个响头我默默地祈祷，安全第一，弟兄们要安全。第二个响头祈求找到矿。第三个响头祈求找出大矿来多卖钱，我好把饥荒债务还还。我不能让弟兄们 12 年还过不上好日子。我是祈求安全，祈求找出大矿，祈求有好效益，就这么简单。”实际上，他患有严重的关节炎，跪下再起来，滋味并不好受。队员们也插话，现在我们这一行的平均见矿率是 3% 左右，风险太大了，王队长一拜让我们看出了他的决心和用心，大家都深受感动。尽管急了有时也骂人，但他平时喜欢和队员们聊天，常挂在嘴边的一句话就是把活儿干好，对得起党，对得起爹妈丈母娘，对得起老婆孩子……有一年春节，他就是和钻工们在河北省的工地上过的。

那天晚上，王祺鸿还朗诵了 10 月 17 日凌晨 3 点去临沂参加地质七队 50 周年庆典时，在车上写的一首诗《参加七队建队五十周年和看望沂南勘探职工》：夜辞招远奔沂南 / 鞭炮齐鸣庆华诞 / 举杯之时想勘探 / 明日下山谈笑还。举杯的时候还想着勘探的事，看来他找矿上瘾了。据说他通过自学，还写过一首《找矿打油诗》：“沿着构造走 / 围着异常转 / 敲块石头看一看 / 看准了验一验 / 验好了钻一钻……”

回到大队部，我看到了王祺鸿用毛笔重新书写的第一首诗，还有两个大大的虎字和福字。

寺庄会战的成功，让六队打了一个漂亮的翻身仗。队伍及各部门找回了鼎盛时期的协调和团结。有人把取得的成果总结为——

“N”个第一

一是“既攻深又找盲”，在地下 300—926 米的地下找出特大金矿，丰富和发展了“焦家式”金矿找矿理论；二是 52 个钻孔，见矿率达 96%，为全国第一；三是千米以上的深钻打斜孔，72 孔径“一径”到底，创我国金矿勘探史第一；四是钻机台效高达 7000 米 / 年，也创了有史以来的最好成绩。

再有，一个大国的总理为一个地质队作出批示是第一次；省委书记、省长一起为一个地质队作出批示也是第一次；找出金矿并和黄金集团结成联盟共同发展，在六队也是第一次；况且六队本身就是全国唯一的“英雄地质队”。

据悉，王祺鸿在蓬莱市任北沟镇镇长时，成绩曾是全市第一；后来干地矿局长，省厅、部都在此先后两次开过现场会。王祺鸿曾被评为“全国地矿十大新闻人物”，但他从没宣扬这事，他的观点是“干点事是个党员起码的本分”。他来到六队后，综合考核中当年就从全局倒数第一变成了第八，第二年进了前五名。3 年过去了，2006 年一跃成了第一。职工宿舍楼盖了一栋又一栋，职工的收入成倍增加。局领导问王祺鸿当了第一后下步咋办？他说，我们的目标是打造全国一流的地质队。

王祺鸿还说：“人要有上进心，我就是要当一个马前卒、排头兵。温总理要求攻深找盲，省里要我们在东部继续突破。只要地下有，我就想法找出来，要找有宏观影响的大矿。不光会找矿，还要会开矿，还要搞资本运作……党给我这 1600 人，我就把这 1600 人带好。我要对得起干部职工，对得起先烈，要让领导和弟兄们受益。”

4年下来，王祺鸿的身体也创了“双高”：血压高、血糖高！

知情者说，他手里还攥着“N”个第一，不到时候他不“露实”。

（2007年　山东省自然资源资料档案馆　吴文峰

山东省地矿局第一地质大队　秦幸福）

擘画新时代

2021 年 11 月 23 日，这是丁正江人生中重要的一天，山东省地矿局党委重新调整了第六地质大队（以下简称“六队”）的党委领导班子，他被任命为党委书记、大队长。从那时起，丁正江感到了肩上的千钧重压。

六队是全国地勘行业响当当的唯一的“英雄地质队”。自建队以来，在党组织的坚强领导下，六队始终不忘地质初心，牢记报国使命，全心全意为国家找金矿，所找金矿数量一路上升，从一开始的十几吨到几十吨，再到现在的上千吨，迄今已累计探获特大型金矿 14 处，大中小型金矿 128 处，探明金资源量 2810 余吨。由六队提出的“焦家式”金矿成矿模式和找矿理论，不仅为我国金矿勘查实现重大突破发挥了巨大的指导作用，而且在国际上也产生了重大而深远的影响。1985 年，《焦家式新类型金矿的发现及其突出的找矿效果》荣获首届国家科技进步奖特等奖。1992 年，国务院隆重召开命名大会，授予六队“功勋卓著无私奉献的英雄地质队”荣誉称号。2007 年，时任总理温家宝作出批示，祝贺六队在金矿勘探中取得重大发现，向六队职工致以亲切问候。真是哪里有六队，哪里就有黄金大矿；哪里找出黄金大矿、好矿，哪里就有六队。

曾有人计算过，如果用六队勘探出的黄金打制每枚 4 克重的金戒指，能让 6.88 亿位女同胞人手一枚。

六队，一个充满激情、不知疲倦、斗志昂扬的英雄团队；一个埋头苦干、刻苦钻研、不断创造奇迹的英雄团队；一个无私奉献、知难而上、勇于拼搏进取的英雄团队；更是一代又一代恪守地质报国初心，牢记为共和国找矿的使命，坚忍不拔地从胜利走向胜利，从辉煌步入辉煌，一路高唱凯歌的英雄团队。同时，六队又是一支实力雄厚的队伍。目前，职工总数 1400 余人，其中在职职工 438 人，涌现出省部级以上先模人物 80 余人次。

丁正江，作为六队新的掌门人，当前重任是怎样才能使六队的崇高荣誉保鲜，让英雄旗帜屹立不倒，且更加鲜艳。

蝶变中的突围

丁正江虽然年轻，但也是一名老地质人了。他生在江淮平原，山川大地的广阔与深邃令他神往。报考大学时，他毫不犹豫地选择了地质学专业。他从国家重点大学长春地质学院毕业后，怀揣着梦想，来到了山东，奔向胶东黄金地带，驻地烟台的山东省地质第三大队，成为一名光荣的地质队员。他坚信“一把铁锤走世界，阅遍群山始见金”，追求为国家“多找矿、找大矿、找好矿”。他从一名基层的地质队员干起，踏石留痕，一步一个脚印，取得了一个又一个骄人的成绩。他先后在《Precambrian Research（前寒武纪研究）》《岩石学报》《地学前缘》《中国地质》等各类学术期刊发表论文 62 篇、专著 5 部，发明专利 3 项，并荣获 2015 年中国青年地质科技奖——金锤奖，2018 年杰出工程师青年奖，成为山东省有突出贡献的中青年专家，先后入选自然资源部高层次创新型科技人才培养工程（青年杰出人才）、科技领军人才。博士后出站以后，他还主持承担国家、省自然科学基金，省重点研发课题，国土资源部重点实验室 / 山东省重点实验室开放课题等各类别科研项目 30 余项，主持大中型以上矿产勘查项目 6 项。通过开展胶东地区成矿 / 找矿理论技术攻关，他提出并建立了“辽上式”黄铁矿碳酸盐脉型金矿床式，参与探获的金资源量超过 1300 吨。

山东省地矿局将身为局总工程师、学者型的丁正江委以掌管六队的重任，也是经过深思熟虑、全面权衡的。

丁正江有坚定的政治信念，有献身地质事业的赤子之心；有行业领导和业务统领能力，技术上精益求精、锲而不舍；有团结精神，组织原则性强，能把上上下下凝聚成集体合力；有丰富的野外作业经验，吃苦耐劳。

丁正江在烟台4年，大部分时间都在野外。干到腊月二十八时，他会在头一天买好火车票，坐上火车回家过年。春节后，他又马上返回，继续上班。当时，丝毫没感觉到苦和累，认为这就是工作，纯属正常。

接任“班长”，丁正江没有搞大型的就职演讲，而是去了一线工地调研，掌握第一手资料。虽然在局机关担任总工程师和科技与国际合作处处长时，对六队的一些发展情况关注和指导过，但他知道这完全是两码事。通过一个多月的“沉潜”，集思广益，他基本上掌握了眼下六队的家底。步入新时代，就得用新时代发展的眼光看问题谈发展，只有不断更新观念，跟上时代的步伐，才能让六队这面英雄旗帜永远高高飘扬。

丁正江来到六队荣誉室，注视着“英雄地质队”的锦旗，心中顿生崇敬和豪情：组织上把六队的担子放到自己的肩上，是高度信任，“英雄地质队”的旗只靠“保”是保不住的，必须进取，打开一片新局面，让“英雄地质队”的旗在新时代更加亮丽夺目，将六队的光荣传统发扬光大。这是义不容辞的责任，也是一个共产党员的本分！

自此之后，丁正江一次次思考着，寻找六队在新时代谋发展的思路和突破口。他充分认识到，新时代开启新征程，赋予新使命，想有大发展，就必须有大突围，突围首要的是在思想上“破冰”，才能实现产业发展的“蝶变”。奋进的蓝图在心中绘就，丁正江对实现宏伟目标充满信心。

新起点谋划新思路

新时代，习近平总书记对地质工作和生态文明建设作出一系列重要指示，对山东工作提出了“三个走在前”的总遵循、总定位、总航标，局党委要求大力践行“地质报国、事业立局、科技引领、有为有位、争创一流”的工作理念，努力建设全国一流新时代现代化地质强局。从六队的实际情况出发，以“英雄地质队”授勋30周年为契机和动力，共同谋划新思路，全队达成了全新的共识。

坚持以党建统领，聚焦高质量发展这一中心目标。

放眼国内国外两个服务领域，紧紧抓住科技创新与地勘信息化建设两大引擎，解决发展动力问题。

坚持问题导向、目标导向、绩效导向，强化科技、管理、人才三大抓手，促进发展提质增效。

统筹事业发展与疫情防控、安全生产、和谐稳定四大关系，推进物质文明、党建精神文明、技术文明、政治文明四大体系建设，提高治理能力与治理水平。

贯彻创新、协调、绿色、开发、共享发展理念，推动自然资源与环境调查、地质找矿、清洁能源勘查、生态环境修复、测绘地理信息与地质大数据开发应用五大板块协同发展，构建发展新格局。

坚持系统管理、贯通式管理、闭环式管理、数字化管理、双轨制管理、大安全管理，努力实现党的建设、服务管理、科技创新、人才培养、文明建设、民生保障六项工程建设水平全面提升，打造国内一流、国际知名新时代现代化创新型幸福和谐美丽新六队！

丁正江和他的团队将这些确定为“123456”发展思路，尔后全队上下紧紧围绕这个思路，各项工作有条不紊地全面展开。

而他们尤为重视的是：抓人才、抓科技、抓管理。

人才是决定事业成败的关键。六队坚持党管干部、党管人才原则，大力倡树“有为有位”的工作理念，深入实施“六大人才工程”，为青年人才成长铺路搭桥，着力营造“人尽其才、才尽其用”的良好环境。

实施“头雁”工程，激发干部内生动力；实施“菁英”工程，强化高端人才培育；实施“雏鹰”工程，加快青年人才培养；实施“引凤”工程，搭建人才成长平台；实施“工匠”工程，加强技能人才培养；实施“暖心”工程，提升人才保障水平。“六大人才工程”的实施，已成为六队留住人才干事、激励人才创业、鼓舞人才创新的“法宝”。

六队要的是“干多干少不一样、干好干坏不一样”的公平环境；干事创业形成“头雁先飞领飞、群雁跟飞齐飞”的良好氛围；科技创新实现“一马当先”带动“万马奔腾”的崭新局面，最终实现“推出一个人才、带出一支团队、支撑一个项目、发展一个产业”的美好目标。

人才工程的新思路带来新气象。六队组织申报何梁何利基金科学与技术创新奖、泰山学者特聘专家、黄汲清青年地质科学技术奖、中华国际科学交流基金会杰出工程师奖、地学百年百人等国家级、省级人才奖励称号，其中获评中国矿业联合会2022年度地质师6人。六队党委在2022年3月一次性拿出27个科级干部岗位，面向全队采取竞争上岗方式进行公开选拔，经过笔试、面试、考察，最终25名优秀青年干部脱颖而出。全队中层干部平均年龄由原来的45岁下降至39岁，优化了干部队伍结构，释放出了促进干部积极作为、奋进奋发的强烈信号，为高质量发展注入新活力。

科技创新是事业兴旺发达可持续发展的原动力。六队着力强化科研平台建设。建实已有创新平台。六队以省深部金矿探测大数据应用开发工程实验室为第一单位，获得中国黄金协会科学技术特等奖1项，面向全国公开发布开放课题指南，审批通过24项，提升了省工程实验室的创新实力和行业影响力，为培育国家级工程实验室夯实了基础；博士后创新实践基地，联合中科院广州地球化学研究所博士后流动站，引入首位博士后。获批创建新的创新平台。六队联合中国地质大学（北京）、山东黄金集团获批建设自然资源部深部金矿勘查开采技术创新中心，围绕着制约深部勘查开采的“卡脖子”问题开展攻关，目标是将其打造成为国内唯一的深部金矿勘查开采全链条技术创新中心；获批国家自然科学基金依托单位；获批地质勘查科普工作室。组建融合发展创新平台。六队联合威海、烟台两地职能部门和驻地高校，共建地质大数据研究院，联合研发攻关，推进融合发展；与吉林大学、山东大学等知名高校签署了产学研用合作协议。

打造科研创新团队。通过梳理、摸底人才结构，六队制定不同专业、不同层次科技人才的培养方向和培养目标，实施队人才培养工程，建立了6支高层次科技人才创新团队和5支特色专业培育团队，以点带面，形成科研群体。

完成科研项目规划。六队加大科研项目投入，购买科研设备扫描电镜，加强矿石矿物精细化研究，进一步提升成矿信息的挖掘能力。申报高层次项目。积极发挥局深部找矿创新团队的引领作用，组织申报中国地质科学院等10家单位申报国家重点研发计划专项，其中申报国家自然科学基金项目3项，国家重点实验室开放课题1项。组织申报山东省科学技术进步奖1项、自然资源部优秀找矿新发现成果4项，联系出版专著2部。在中文核心期刊《地质通报》正式发表《胶东金矿深部找矿技术和成矿机理研究》专辑。

科学管理，是新时代发展的要求，也是事业成功的保障。科学治队，补短板，强弱项，与时代合拍。不在依靠中滋生懈怠，更不能在索要中默认平庸。六队通过开展"作风建设年""制度落实和强化管理年"等活动，深度落实"系统管理、贯通式管理、闭环式管理、数字化管理、双轨制管理、大安全管理"六大管理要求，推行"系统化、清单化、数字化、程序化、标准化、刚性化"六化工作法，强化"目标责任体系、制度执行体系、质量保障体系、考核监督体系"四个管理体系建设，管理效能持续改进。六队通过"督办事项月调度""全队工作周例会"等形式，倡树"严真细实快"工作作风，开创了六队工作新局面。

在时代大潮中谱写新篇章

思路决定出路。新班子，新作为，新气象。在前人奋斗创业的基础上，今天的六队已能够"上天、入地、下海"。所谓"上天"，就是能利用遥感系统数据，进行找矿；"入地"，则是六队的强项；近两年为融入地方发展，六队又增添了海洋生态环境建设。2022年上半年喜报频传，六队精彩的故事层出不穷。

作为主业的地质找矿，六队对标高杆孜孜以求，连续刷新了两项历史纪录。六队在林家埃子矿区，终孔孔深3001.80米，刷新了招平断裂带孔深新纪录。在山东省招远市大尹格庄金矿区，3000米科学钻探项目仅用时187天就突破3000米，刷新了全国小口径钻探同类型钻孔钻进效率纪录，再次赢得了同行业的赞叹。

蓝色海洋产业是六队新开发的产业项目。六队承揽的“山东省威海市东部滨海新城北部海域海砂资源调查”“山东省威海市刘公岛及周边海域综合地质调查”两个海洋类省级地质勘查项目，以海洋生态环境突出问题为导向，以海洋生态环境持续改善为核心，以聚焦建设美丽海湾，维护人与海洋的和谐关系为主线，交出了一份令人满意的蓝色答卷。

改善民生时刻牵挂着六队人的心。近年来，六队积极参与乡村振兴专项行动。在招远市夏甸镇陡崖曹家村走访群众时得知，因其是山村，加上十年九旱，村内水源少，常常受到吃水难、灌溉难的困扰。水是生命之源，没有生命的源头，乡村振兴就是纸上谈兵。六队想村民之所想，急村民之所急，决定自筹资金，打一眼一劳永逸高质量的深井来服务村民。通过勘探和规划，六队对井位进行了科学选址。这一眼深井，不但解决了村里吃水难，也解决了农田灌溉难的问题，还成为山林防火的主要水源井。村里人逢人便说，六队把好事做到了他们的心坎上……

面对各行各业方兴未艾的新气象，面对神州大地日新月异发展的新时代，六队领导班子以睿智的眼光，审时度势，大刀阔斧地改过去单一专业发展为多业并举、齐头并进式的向前发展，融入社会各行各业，凸显特色优势，走出去引进来，做专做长大地质服务业，逐步构建起大地质工作格局。

六队先后与威海市环翠区、文登区、高区、荣成市，烟台市招远市、龙口市、栖霞市等区（市）政府以及驻地自然资源、生态环境、应急管理、水利、大数据等部门对接，积极参与政府和部门相关业务的开展。

六队对接省重大发展战略和地方发展需求，牵头组建烟台黄渤海新区地质资源环境研究院，围绕新区生态与双碳发展目标，聚焦新旧动能转换、双碳目标、经略海洋等重大战略，全面推动黄渤海新区高质量发展。

六队积极对接威海市自然资源和规划局、科技局、高区政府、山东大学、威海市海洋研究院等部门单位，牵头组建威海市地质资源环境研究院，建立起“政产学研用”的联动机制，提供专业化科技服务，主动解决地方需求，创新平台建设，助力威海打造“千里海岸线，一条创新链”的国家级创新型城市。同时，六队成功中标“透视山东—焦家—三山岛金成矿带三维地质精细化模型建设与找矿预测”“山东省威海市荣成海岸带综合地质调查”两个山东省 2022 年部省协议地质勘查项目，并承担“威海市活动断层项目”“山东省地震科学台阵探测站点胶东片区建设项目”两个省地震局项目，进一步拓宽了地质工作服务领域。

六队主动和地质勘查与地质灾害应急技术指导中心对接，抽出专业技术人员协助龙口、招远等地对 28 个地质灾害隐患点进行了汛期前地质灾害隐患排查，发现问题后，当场提出解决措施，并督促相关责任人进行整改，将危险隐患消除在萌芽之中；联合自然资源主管部门建立各方应急联动机制，组织矿山地质灾害应急演练，提高了专业技术人员防汛抢险的实战水平，部门之间应急救援处置的协同作战能力得到了迅速提升。

六队主动承担推进地质灾害风险普查工作，双脚踏在山水间，一丝不苟地记录着每一个数据，先后更新了威海市荣成市、威海市高技术产业开发区地质灾害信息数据库，为地质灾害防治工作提供了基础依据。

六队为烟威地区开展城市地质调查工作，基本完成“威海市、烟台市地下水环境状况调查评估项目”“威海市中心城区城市地质调查项目”；持续开展威海市地下水监测工作，实施“威海生态地质环境监测项目”水位检测、水温监测，基本掌握了威海市年内地下水动态变化特征。

在内部融合发展方面，六队树牢全局一盘棋思想。加强同兄弟单位间交流合作，与三大队加强科技创新领域合作，联合共建山东省地矿局近海海洋地质调查与监测评价创新团队；与二、七、三大队加强矿权、机械加工等领域合作；与二、四、八大队就基地综合管理、后勤服务及离退休工作互相交流经验，充分调动胶东片区单位各自的优势；积极向测绘院、八大队学习，并与之交流，探索测绘地理信息产业合作发展机制，取长补短，实现互利共赢。

2022 年 8 月 26 日，《人民日报》以《阅尽群山始见金》为题，刊登了丁正江大队长署名的地质找矿的体会文章。这在全国几百家地质队中尚属首次，引发了强烈的社会反响。丁正江认为，这是“英雄地质队”的幸运和殊荣，更是国家主流媒体对地质人奉献报国的褒奖和地质工作大发展的期许。

路漫漫其修远兮，吾将上下而求索。新起点新思路，新目标新动力。六队，站在新的起点上，大步踏上新一轮改革发展的征程。不忘初心，砥砺前行，六队让“英雄地质队”旗帜高高地飘扬在祖国地质勘查的大地上。

（山东省当代文学院　王良葆）

攀登金矿科研的珠峰

1992年11月2日，当看到国务院通令嘉奖六队的决定时，抑制不住内心的激动，我想了很多。几十年来，六队的几代人——活着的或者去世的，在职的或是调走的，为之奋斗，为之献身的事业，得到了党和国家的最高奖赏，心里感到无比欣慰和自豪。

1960年，我从山东大学地质系毕业，随后调到山东省地矿局第六地质大队（以下简称“六队”）工作。当时正逢金矿找矿大会战，在招远玲珑九曲和灵山沟两个矿区，聚集了上千人的队伍。大家知道，招远地区采金已有上千年的历史，被称为“金城天府”。九曲和灵山沟都是石英脉型金矿，是老矿区。就在这两个矿区的南侧有个破头青断带，像一个放倒的大树的主干，九曲和灵山沟矿床则像它伸出的枝条上的果实。当时由于受苏联教科书上“大断裂只导矿不储矿”理论的影响，我们只把破头青大断裂带填在图上，看在眼里，踩在脚下。作为找矿禁区，我们从未敢越雷池一步。

但是，敢吃螃蟹的人还是有的。1966年初，在玲珑矿区做金矿普查的青年技术员张志敏、黄德业同志发现南侧大断裂带的蚀变矿化与相邻的石英脉型金矿有可比性，于是冒着风险，偷偷地在大断裂带上布施了一个探矿浅井。由于打得浅，也许是老天爷有意作难，没能打出矿来。这还了得，当时有些人对此事抓住不放，看成是“阶级斗争新动向”。他们把这口井叫作“阶级斗争井”，并组织技术人员到现场参观批判。一次向传统金矿地质理论挑战，探索新的成矿类型的可贵实践，就这样夭折了。

1965年底，六队普查组踏上莱州湾东北荒芜的三山岛。他们冒着寒风，扫开积雪，进行系统采样。经化验，六队发现这是一个与玲珑石英脉型金矿有根本区别的破碎带蚀变岩型金矿。这一划时代的发现，推翻了“大断裂只导矿不成矿”的片面结论。不久，我们又在另一个大断裂带中段发现了特大型的焦家金矿。顺藤摸瓜，我们向北又摸到了特大型的新城金矿，向南摸到了马塘、东季两个大型金矿。

这一系列的重大发现，极大地鼓舞了广大技术人员。他们进一步解放思想，大胆进取。1967年初，因闯禁区而遭批判的黄德业，带领一个小组二上玲珑山踏勘，在断裂带上选择钻探井位。走到一棵高大的柿子树附近时，他唱起了黄梅戏《天仙配》：“大路不走走小路……不觉来到槐荫下……”他对着柿子树鞠了一躬，诙谐地说：“柿子树，柿子树，你说矿在哪里，矿在哪里啊！”他又望着远处的“阶级斗争井”，向着苍天大喊：“老天爷，你听着，我姓黄的非在这里创造个奇迹不可，让老柿子树看看我行不行！”经过踏勘，他们就在“阶级斗争井”旁布施了钻孔。一钻下去，他们便见到了工业矿体。这就是后来有名的台上大型金矿。地球老人开了个不大不小的历史玩笑，还是原来的这块地方，还是原来的那帮人，硬是从原来的“禁区”之中，捧出一个“大金娃娃”！

毛泽东同志说过：“感觉到了的东西，我们不能立刻理解它；只有理解了的东西，才能更深刻地感觉它。”发现破碎带蚀变岩型金矿，发现大断裂可以成矿，是找矿实践的一个飞跃。但开始时，我们一度产生过盲目性，即不分析断裂形成的时代、性质，一见大断裂就取样，结果从胶东西部普查到东部，从鲁中又进军到鲁西，收效甚微。

这时，全队认识到研究成矿控制因素、区域成矿规律、石英脉型金矿与破碎带型金矿的成因联系的重要性，于是综合研究组应运而生。

1976年，综合研究组深入新城矿区，对破碎带型金矿成矿特征进行了深入细致的研究，得出的结论是：两种不同类型金矿的物质来源，控矿构造体系、成矿时代、矿石建造是相同的；不同的是控矿断裂的性质和规模。编写完研究报告，我们四条汉子——刘连生、安家桐、王文志和我，兴冲冲地来到矿区地质组，与崔春池、谢伦司等老地质人一起，讨论起对新的金矿成因类型如何定名。孩子生下来了，总得起个名字。那是一个农家小院，苍蝇的嗡嗡声、猪圈里老母猪和小猪崽的哼叫声与我们的争论声交织在一起。安家桐大声地说："美国有个卡林型、霍姆斯塔克型，南非有个兰德式，我们为什么不能有个焦家式？"我接着说："这种类型非我莫属，我们必须标新立异。"刘连生说："这种定名，必须把'破碎带'这一主要特征冠上去。"就这样，大家七嘴八舌，把"焦家式破碎带蚀变岩型金矿"的名称确定了下来。一个新的引起世界瞩目的金矿成因类型，诞生了！1976年，《山东省焦家式破碎带蚀变岩型金矿地质特征》科研报告获得全国科学大会奖。1985年，该项成果连同六队突出的找矿成果，荣获国家科技进步奖特等奖。

焦家式金矿成因类型的提出，揭开了我国黄金勘探史上的新一页，在国内外产生了巨大反响。到目前为止，我队共找到5个特大型焦家式金矿，占全国的5/6。广东、广西、河南、辽宁、河北，也相继发现许多该类型金矿，大幅度地提高了我国原生岩金的探明储量。

为全面推进金矿勘探工作，我们综合研究组从1977年起，开展了山东省1∶500000构造体系及金矿分布规律图的编制工作。这是一项更加繁重、复杂的科研课题。

为了弄清胶东地区S型构造的受力情况，有一段时间，我满脑子都是构造、应力、变形，简直达到了痴迷的程度。有时去食堂买饭，递上饭票，馒头还没拿，我扭身就走了；有时上街买东西，东西没买到，我手中的兜子却丢了。有一次，老伴儿让我上街买白菜，跑到街上，见到第一份菜就买了回来。老伴儿一看，白菜是空心的，一气之下，菜全剁碎了，喂了鸡。还有一次，我们全家人正吃着饭，我的思维又进入了对S型构造受力情况的思索，傻愣愣地待在那里，用手比画着，我儿子说："妈，你看我爸又犯神经了！"

经过2年的综合研究，我们确认了中生代新华夏系构造对胶东金矿的控制作用，总结出多级控矿、复合控矿、区域性矿体侧伏等规律，对全省以及全国焦家式金矿的勘探起到了重要的指导和推动作用。这一研究成果，荣获了1986年山东省科技成果二等奖。

长期的地质找矿与综合研究的实践，使我深深体会到，科研必须紧密结合地质找矿，并用来指导地质找矿。1984年4月，为了弄清楚山东省金矿资源量到底有多少，以我们六队为主开展了山东省金矿总量预测研究，这是我们在金矿科研中承担的一个最艰巨、最复杂的高难度科研项目。

1985年腊月，寒风刺骨，滴水成冰，我们科研小组的几名老同志猫在山东地矿局区调队的招待所里搜集资料。没有桌凳，我们就把被褥掀起来，伏在床板上，坐着小马扎，摘抄数据和资料。没有暖气，干一会儿，我们就用嘴里的热气哈一哈冻僵了的手，继续干。在这里，我们总共搜集整理了几万个基础数据。

离春节只有10多天了，我又一人到省城济南搜集资料。省地矿局招待所冷冷清清，已很少有人住了。当我得知一个单位有1/200000中间性重力成果后，喜出望外，急忙赶去借阅。不想这个单位的同志说："这是中间性成果，还没提交报告，怎么能给你呢？"我连续去了四次，都碰了钉子。第五次去时，我边走边想着怎样才能感动上苍，一不留神，在路上摔了一跤，手上、衣服上、帽子上，全沾上了泥巴。我爬起来后，心里感到很委屈。我心想："快过春节了，何必遭这个罪。"但又觉得来一次不容易，再试试看吧。"精诚所至，金石为开。"当我一瘸一拐地走到那个单位时，管资料的女同志感动了，说："要不是看你摔成这个样子，说啥我也不能借给你。"真谢天谢地，我终于获得了全部资料。

搞总量预测，我们有将近8万个数据需要测试处理，这样才能将全省金矿定类型、定位置、定储量，从战略和战术上指导找矿。如此浩大的计算工程，我们只能依据数学地质理论，靠电算来完成。我们研究组的同志都是四五十岁的人了，谁也没学过数学地质和微机理论，老工程师文子中主动地承担了这一艰巨的任务。一切都得从头学起，他整天耗在办公室里，埋头学习。他家离他的办公室有一里路，他要老伴儿把午饭送到办公室来吃，说一回家吃饭，思路就会被打乱。他老伴儿说："那些日子，老头子像着了魔一样。"苍天不负有心人，这位老地质人硬是攻下了数学地质和电算理论，学会了微机操作，出色地完成了数据处理任务。我们的这一研究成果，在1987年经地矿部数学地质专家们评审，确认为具有国内先进水平，变量提出的研究部分具有世界先进水平，对变量的收集、筛选达到"多列一个不可，少列一个不行"

的最佳状态。这项科研成果，1989 年荣获地矿部科技成果二等奖。

几十年来，在金矿地质工作中，我们经历了认识，实践，再认识，再实践，从必然王国向自由王国不断前进的过程。自 1976 年以来，我们共完成了 17 项地质科研项目，其中 15 项获得国家科委、全国科学大会、地矿部、山东省、山东省地矿局的奖励。

焦家式金矿类型的发现，六队的找矿和科研成果，引起国外地质界的高度重视和评价。美国、加拿大、苏联、澳大利亚等资源大国的金矿专家先后来到六队和胶东考察。他们一致肯定，焦家式金矿是国外金矿难以对比的新类型，并为我们的找矿难度、金矿地质工作的广度和深度所折服。美国专家本想帮助我们在胶东找金矿，参观后放弃了这一打算，转而邀请我们去他们那里指导找矿。澳大利亚弗兰德公司的高级专家表示，希望我们派专家去澳大利亚指导工作。

我于 1962 年到六队。自 1971 年起，我作为六队的综合研究组成员、组长，科研室主任工程师和大队副总工，一直从事金矿科研工作，和同事们一起跋涉在金矿科研的崎岖道路上，既当指挥员，又当战斗员，在推进六队的科技进步、不断提高找金水平方面做了应做的工作。党和国家给了我崇高的荣誉，我先后荣获全国五一劳动奖章和首批国家级有突出贡献的中青年专家称号，并被评为教授级高级地质工程师，选为第七届全国人民代表大会代表。这些荣誉常常使我不安。此时此刻，我想起了为勘查三山岛金矿作出贡献的张裕之同志，他英年早逝，把毕生献给了找金事业；我想起了许许多多当年的创业者，他们有的退休了，有的调到了别处，有的长眠于地下，他们都是六队这个英雄群体的一员。此时此刻，我也想起了去世的老伴儿。我们俩结婚 30 多年来，可以说是患难相知，相濡以沫。她既是我的妻子，又是我生活上的保姆。她为了让我不分心，搞好科研工作，把全部家务活都担下了。我要出差了，她会提早给我准备好衣服、鞋袜，洗漱用品，甚至卫生纸；我出差回来的前一天，她又会为我晒好被褥，把饭菜准备好，就连买车票、报账也是她的事儿。她除了自己的财会工作外，几十年如一日，把一切都给了我和孩子。长期超负荷的劳累，使她患了突发性类风湿关节炎，发作起来连动都不能动。1991 年 6 月在天津住院期间，她忍受不了疾病的折磨，尤其不想拖累我和孩子，竟吃下过量的药自尽了。她在遗书中嘱咐我，不要惊动队领导和孩子，丧事办完后，休息几天，回去好好工作……临终前，她依然为我想得那样周到。我总觉得对不起她，对她的关心照顾太少了。如果说我在事业上是成功的话，那么有一大半是她的功劳。倘若苍天有灵，我想对她说："老伴儿，你安息吧！六队的事业从来没有像今天这样辉煌、壮丽！明天，我们会创造出更加美好的未来。"

（1992 年　时任山东省地矿局第六地质大队高级地质工程师　李士先）

1958 年，六队人员合影

1959 年 12 月，六队地质普查找矿工作

1961 年，野外考察

1964 年，“九曲会战”人员合影

1964年3月，六队探矿人员在九曲矿区钻探施工，当时运送钻探设备全靠肩扛人抬。此图为寒风刺骨、滴水成冰的冬季，组织机关及一线人员100余人往20多度陡坡上搬运设备休息时的场景

1972年6月，六队车间人员在大队门前合影

1975年6月5日至6日，国务院副总理王震（前排左六）来招远视察黄金生产和地质工作，听取了副队长朱明恕（中排左六）和地质工程师白光荣同志（后排左一）的汇报，并与队员合影纪念

1976 年，六队四分队地质普查组在招远辛庄镇野外工作

1977 年 11 月，地质部部长孙大光（前排左四）来六队视察时同队领导及部分中层领导合影

1981 年 12 月，六队第四次党代会

1985 年 1 月，《山东省掖县焦家金矿带新城矿区详细勘探报告》被地矿部授予“地质找矿特等奖”，崔春池代表领奖

六队举行拔河比赛

用科技“点石成金”
——第七届全国优秀科技工作者　宋明春

以旷野为家，与山水为邻，视岩石为伴，在这样30多年的工作中，他从一名普通的技术员成为地质队总工程师、地矿行业的技术业务带头人。

他的相关科技成果曾获得国家科学技术进步二等奖、山东省科技进步奖、国土资源科学技术奖、中国地质学会2011年度十大地质科技进展等；他公开发表学术论文100余篇，以他为主出版的专著有6部；他在2007年获得国务院政府特殊津贴，2013年荣获“第五届山东省十大杰出工程师”，同年入选国内首批澳大利亚拉西亚矿业及冶金学会Fellow级会员，2015年获批山东省“泰山学者特聘专家”和国土资源部“国土资源高层次创新型科技人才”，2016年获选第七届“全国优秀科技工作者”称号。

他就是地矿科技工作者宋明春。

创新科技，撬开深部金矿之门

胶东是我国金矿资源比较丰富的地区，累计探明金矿资源和黄金产量均占全国1/4以上。而从20世纪末到21世纪初，国家经济快速发展，资源、能源高速消耗，矿产资源开发强度比较大，浅层矿产资源已被基本开采完，出现了金矿资源危机。在这种形势背景下，深部找矿成为必然。宋明春带领课题组勇敢地承担了山东省地矿局重大科技攻关项目，率先开展胶东金矿深部找矿研究。

胶东的许多金矿延伸到地下四五百米左右的深度时就消失了，500米以下的地下深部是否还有金矿？这是亟须地质工作者解决的重大理论认识问题。宋明春带领课题组经过深入研究、大胆探索、科学实验，创建了胶东型金矿“热隆—伸展”成矿理论和“阶梯式”成矿模式。胶东地区的金矿是流体成矿，在岩浆活动强烈所导致的地下热量较高的情况下，含金量较高的流体就会沿断层由地表深部向浅部活动，随着压力、温度降低到一定条件，流体中的物质就会沉淀，形成金矿。宋明春进一步研究发现，金矿沿断层分布是有规律的，即断层不是呈直线式向深部延展，而是在从浅部向深部延展途中出现一系列倾角陡、缓交替变化的台阶。金矿主要沿台阶的平缓部位和陡、缓转折部位富集，构成“阶梯式”分布形式。“就像河流携带的泥沙在陡的地方不容易沉积，在缓的地方容易沉积一样，地下流体在陡的地方运动比较快，不易沉淀，在缓的地方运动比较慢，流体就容易沉淀成金矿。”宋明春解释道。以往探明和开采的金矿只是成矿阶梯的第一个台阶，其下还会有第二、第三个台阶。这一理论认识反映了断裂控矿的自然规律，解决了深部成矿空间、赋矿位置、找矿方向问题，揭示了断裂缓倾段赋矿、陡倾段无矿的规律，开辟了深部“第二找矿空间”。

基于新的成矿理论技术，2007 年，山东省地矿局第六地质大队在莱州寺庄深部发现金矿，实现了深部找矿的重大突破，时任国务院总理温家宝亲笔批示表示祝贺。自 2005 年至今的 10 多年间，山东省地矿局所属地质勘查队伍在胶东地区累计探明金矿资源总量 2000 余吨，超过 2005 年以前 50 余年山东省累计探明金矿资源储量的总和。

踏遍山水，科学绘就地质图

在野外从事区域调查是宋明春的主要工作之一。区域地质调查是通过大量野外实地勘查、实验测试和综合研究，将选定地区的地质矿产信息标绘在地理底图上，形成地质图件。这是地质勘查工作中最艰苦、最具探索性的一项工作。

宋明春曾经到新疆天山进行区域地质调查，克服了高山缺氧、冰川峡谷、山石崩塌等困难，出色地完成了地质调查任务。宋明春和团队其他人员住在一个搭建在空旷地方的大帐篷里，有时候分头开展野外工作的路途较远，经常有晚上勘查到深夜的情况，还会带个小帐篷随地住宿。他的午饭是好携带的饼或冷馒头，晚上就在帐篷附近临时支锅烧水、做饭。他进行野外调查的交通工具是马，“有一次马陷进沼泽地里边了，费了好大劲才把它拉出来。”宋明春说道。因为受物理风化的作用，新疆的山石破碎比较严重，在爬山的时候会有碎石滑下。回忆起这些，宋明春笑笑说：“虽然条件艰苦，有时候还很危险，但是那边风景还是挺美的。”

区域地质调查一方面可以为找矿提供依据，另一方面可以为工程建设的选址提供基础资料。宋明春主持完成了多项区域地质调查、全省系列地质图编图、重大工程项目地质论证等项目，发现和厘定了一些新的地理单元，与其他团队成员共同建立了全省较完善的地层、侵入岩、大地构造单元划分方案；在苏鲁超高压变质带新发现大量新元古代花岗岩和超高压变质岩，确定了山东省威海—日照地区的大地构造属性、形成演化等重大基础地质问题，完善了中国大地构造单元划分；编制的山东省系列地质图根本改观了山东省第一代地质图图面结构，客观真实地反映了主要地质规律，被全省地质工作者广泛使用。

孜孜以求，勇攀科技更高峰

地质工作探索性强、成果周期长，需要一个长期的学科积累过程，更需要地矿科技工作人员耐得住寂寞、扛得住艰辛。宋明春 30 多年的勤学不辍、执着追求、敬业奉献，打造了他一身的硬本领。

面对地表浅部矿产资源越来越少的形势，宋明春意识到深部找矿是解决国家资源短缺的关键途径。他深知已有的成绩仅代表过去，自己在地质工作上还有更多难题去探索和攻克。“上天难，入地更难，”宋明春说，“深部找矿还面临着诸多的困难，一是技术工具尚不能满足深部勘探需求，不能清楚地了解深部资源情况；二是理论认识还需进一步深化，需要科学预测深部资源潜力，有效解决深部是否有矿及矿在哪里等重大理论难题。”

宋明春，一个“点石成金”的人，一个不断探索的人，一个能吃苦、能奉献的人。攀登科技更高峰，他始终走在前面！

（2016 年 6 月 24 日 《大众日报》

毛鑫鑫 山东省地矿局第一地质大队 秦幸福）

为了祖国不再贫穷

黄金，是富有的象征。我为自己是一名共和国的找金人，感到骄傲和自豪。

我叫刘长春，生长在鲁北平原一个贫穷的小村子里。在我的家乡，贫穷像一柄达摩克利斯剑，世代高悬在农民头上。如果年成不好，农民只有靠地瓜和野菜充饥度日，就算遇上好年景，人们也很难填饱肚子。直到党的十一届三中全会前，我们村还有讨饭的。那时候，我家六口人，全靠父亲一个人的劳动收入生活，日子过得十分窘迫。可以这样说，父亲几乎是靠讨饭供我上学的。1979 年，我以优异的成绩考上了南京地质学校，两年后毕业，分配到全国著名的黄金地质队——山东省地矿局第六地质大队（以下简称“六队”）。黄金，这在我的家乡只是传说中的东西。现在，我这个农家出身的孩子，也成了堂堂正正的找金人。

参加工作后的第一个月，我把发的 35 块钱工资，留下 5 块钱作生活费，剩下的 30 元都寄给了远在家乡的父母。那年月，30 元钱让穷困半生的父母兴奋得一宿没有合眼。这件事使我想了很多，我想起了自己贫苦的少年时代，想到了依然在那片瘠薄的土地上生息的父老乡亲，想到了我们依然贫穷的祖国。从那时起，我就暗下决心，努力向老一辈地质工作者学习，献身地质事业。为改变祖国的贫穷面貌，我要亲手捧出几个大“金娃娃”来，向生我养我的父母，向哺育我成长的祖国，献上一颗赤子之心。

刚到六队时，我被分配到一个离县城 30 多公里的偏僻乡村的徐家疃地质组工作。这里的生活条件与城市无法相比，住的是老百姓多年失修、充满霉臭味的老房子，夜晚点的是煤油灯，吃饭是几个人围一个小铁锅，工作就是爬山越岭下坑道。可就是在这里，我看到了老一辈地质工作者闪闪发光的奉献精神。

我所在的地质分队，有一名叫崔春池的同志，他是分队的技术负责人，还是全国五一劳动奖章获得者。作为一名老地质工作者，他在山野中奔波了大半生，和他的同事们为国家找到了一个又一个大型金矿床，可是他的四个孩子出生时，他都不在妻子身边。他长期与农村的妻子分居，顾不上照顾家庭。他失去的很多，却无怨无悔，并经常对我们说："要干好地质工作，就要有一种牺牲精神。"少年时贫苦的经历和老一辈地质工作者无私奉献的精神，以及他们的言传身教，对我影响很大，无形中成了我吃苦耐劳的动力源泉。

1984 年，我被任命为河西地质组副组长。河西地质组是六队较大的地质组，负责特大型河西金矿床河西矿段的勘探工作。我当时负责全部探矿工程的布置及编录，工作十分繁重。记得有一次，我正在一条 90 米深的坑道井里编录，刚取完矿样，突然就停电了。我和其他两位同志都被困在坑道里，水没住膝盖，身上的衣服都被岩缝里渗下的水淋湿了，点燃的电石灯也被淋灭了，四周一片漆黑。坑道错综复杂，每走一步，都有掉进斜井中的危险。我们每个人身上都背了 100 多斤重的矿样，在迷宫般的坑道里摸索着寻找洞口，坑道里的积水在不断上涨，如果走不出去，就会被水淹没在坑道里。我们仿佛落入了死神的魔掌中。有的同志见此情景，建议将样品先放在井下，待以后再下来取。我深知下一次井是非常困难和危险的，既然下来了，就要把样品带上去。我告诉同伴不要怕，自己背起百十来斤重的矿样走在前面，在坑道里摸索了两个多小时，终于将样品背上地面。由于高度紧张和劳累，爬到井口时，我扑通一下跌倒在地，晕了过去。两个同伴忙往我脸上喷冷水，半个小时后我才醒过来。

地质工作苦、累、危险，这些我们都不在乎。但是，有时候我们的工作却得不到人们的理解和支持，这使我们感到困惑和不解。记得有一次，我们正在一处破旧的民房里整理地质资料，工作很繁忙。这时，村里突然提出让我们立即搬家。我和几个同志急得不得了，四处找房子，但找了一天也没找到。我们只好苦苦地哀求他们，宽限几天再搬。我长这么大，除了父母，从没给人跪过。那天，我忍住眼里滚动的泪水，给他们跪下了。可他们还是不答应，硬是把我们的办公用具和行李全部从屋里扔了出来，并锁上大门，然后扬长而去。我们望着门上的铁锁，看着天渐渐黑下来，孤立无援地站在沉沉的暮色里，谁也不说话。这时候，野外工作的酸咸苦辣一齐涌上心头。那天晚上，幸好遇到邻村一个好心的老大爷，说他村里有三间破旧失修的牛栏，就是太脏，也没有门窗，问我们住不住。我像抓住了救命稻草，一把握住那个老大爷的手，连声说："行，行，牛栏也行！"我们跟着老大爷找到那三间牛栏，发现里面还堆着一些牛粪和乱草，满屋弥漫着一股浓重的臭味。尽管这样，毕竟能够遮风避雨啊！我和同伴们连夜清扫了三间牛栏，披着月光，搬完了家。这三间牛栏，我们 8 个人整整住了 1 年。

艰苦的环境并没有使我退缩，反而更加激发了我干好工作的勇气和决心。那时候，我家住在招远县城，离矿区只有 30 多公里，可我几个月才回家一次，几乎放弃了所有的节假日。由于长时间不回家，家务活儿全部落在了妻子肩上。小女儿与我也渐渐生疏，见面时总瞪着陌生的眼睛远远地跑开，不肯叫一声爸爸。我心里真不是滋味，深深地感到对不起自己的妻子和女儿。家里几次搬家，妻子都没有让我回去。有一次，妻子搬家时，不慎扭伤了腰，腿也肿得老粗。我知道后，很难过，也很心痛，可妻子却对我说："为了你的工作，我多干点家务活儿是应该的。"人们常说，成功的男人背后，总是有一个支持他的女人。我虽然算不上是个成功者，但我要说，是我勤劳、贤惠的妻子支持了我的工作。人们常说，军人的妻子是可敬的，我认为地质队员的妻子同样是可敬的！

1989 年 8 月，我突然接到父亲病危的电报。年仅 49 岁的父亲积劳成疾，身患癌症且已到晚期。我手捧电报，眼泪止不住地往下流。想起父亲为抚养我们兄弟姐妹日夜操劳，想起父亲供我读书时经受的苦累，我仿佛看到憔悴的父亲在病榻上呻吟着呼唤儿子。我多么想立即回到父亲身边，伴随饱受病痛折磨的父亲，度过他人生的最后时刻。但是，报告编写工作正在关键时刻，自己又是项目负责人、报告的主要编写者，实在难以脱身。考虑再三，我还是没有回去。不久，当我接到父亲去世的电报时，不禁失声痛哭，为在父亲去世前没能尽孝而深感内疚。我匆匆赶回家，为父亲办了简单的丧事。这时，体弱的母亲因受精神打击太重而患心脏病，也住进了医院。消瘦的母亲躺在病床上，拉着我的手说："孩子，在家多住几天吧。"听了母亲的话，我眼含泪水不知如何回答。我理解母亲失去亲人后的悲痛，理解她需要儿子在身边护理的心情。我难过极了，真想跪在母亲面前痛哭一场。然而，工作的重担压在我肩上，我晚回去一天，报告就会迟交一天。我把母亲托付给亲友，含泪返回了矿区。领导和同志们多次劝我休息几天，我还是立即投入紧张的工作。在我的带动下，全组人员共同努力，出色地完成了报告编写工作，提交的黄金储量比原预测的翻了一番多。

我从事黄金地质工作已经有 11 个年头了。这些年，我从六队这个英雄的群体里得到了锻炼，我和我们小组在地质找矿工作中也取得了一些成绩，1990 年获地矿部找矿一等奖和勘探成果三等奖，1992 年获地矿部找矿三等奖。我还连续多年被评为先进生产者和队级标兵，多次被省、局团委授予"新长征突击手""学雷锋先进个人""十大优秀青年"等光荣称号。这些成绩的取得只能说明过去，党和人民的奖励是对我的鼓舞和鞭策。我要在今后的工作中，再接再厉，多找矿，找大矿，为改变祖国的贫穷面貌作出新的贡献！

（1992 年　时任山东省地矿局第六地质大队工程师　刘长春）

献身地质，青春无悔

记得从山东地质学校毕业来到野外工作场所的第一夜，我是坐在床板上哭着熬到天亮的。那年我18岁，没想到，当时我所在的野外分队地质组里竟然找不到一盏煤油灯。作为全组唯一的女性，面对黑夜，我生平第一次感到了孤独。从18岁到28岁，当其他女孩子的爱好从迪斯科旋转到健美操时，我却在阴暗潮湿的矿井和隆隆的钻机声中品尝了一个女地质队员的酸甜苦辣。连我自己也没料到，10年后的今天，那个哭泣的小女孩闯过来了，并在她走过的山野里留下一串坚实的足迹。

我是个要强的女孩。1982年7月，我来到距招远县城百余里外的山东省地矿局第六地质大队（以下简称“六队”）四分队新城矿区水文组，是组里技术人员中唯一的女性。记得第一次下井测矿坑涌水量时，老组长看我个头矮小，又是女孩，便分配我做地面工作，好心的男同事吩咐我在上面看东西。我心里不服，男孩子能下，我为什么不能。我谢绝了男子汉们的照顾，穿上肥大的雨衣，吃力地下到百米深的井底。一股阴冷的潮气袭来，令人生畏。还未测完涌水量，我已经满身都是泥水，活像个“落汤鸡”。1983年春天，我和另一位同事到井下测涌水量，此时正赶上负100米中段放炮。为了节省时间，我俩还是匆匆地下到井底。炮烟呛得人喘不过气来，我们以最快的速度测完涌水量便向井口跑去。突然，脚下有什么东西绊了我一脚，低头一看，妈呀！可吓死人了：两个满脸血迹、奄奄一息的矿工躺在泥水里，显然是炮烟中毒了。我们试图把两个受伤的矿工拖到井口，但拖不动。我拼力地跑到井口，爬上地面喊来人，把危险中的矿工救上地面。由于在井下耽搁得太久，我突然感到胸口发闷、头晕目眩，一下瘫倒在地上。这次经历我现在想起来还有些后怕。由于长期在潮湿的井下爬上爬下，我不幸染上了地质队员的职业病——风湿症，每逢阴天下雨，腰关节和膝关节都钻心地疼，有时疼得直想哭。但每当看到年过半百的老组长忍着关节炎和腰疼病钻巷道的身影时，我就觉得自己太脆弱、太娇气了。没有时间到大医院治疗，我就在当地一边治疗一边工作。

4年的矿区工作令我忘记了连衣裙，忘记了琼瑶，失去了属于正常女人的许多许多。但我不后悔，因为我收获了优越环境下难以收获的坚强和自信。当我得知参加编写的《山东省上庄金矿区地质普查报告》获得地矿部找矿三等奖时，心里说不出的高兴。我觉得自己很充实，很幸福。

1986年4月，因开拓地质市场的需要，我调到六队刚成立的勘查公司，独立从事工程地质勘查、供水地质勘查、基础施工等技术方面的工作。到勘查公司的第三天，我就随刚组建的工程钻队搞楼基工程地质勘查。我当时正参加中国地质大学5年制水文地质工程地质专业的本科函授学习，白天工作在机台上，晚上整理完资料才有时间看书。我在函授学习中学到的知识在施工中派上了用场，第一个勘查报告提交后，受到设计部门的好评。他们还主动向我们提供施工信息，9月，公司承揽了莱州市仓上金矿灌注桩工程，合同额达30万元，我负责该工程的技术工作。这还是我第一次独立负责基础施工的技术工作，心里没底，正月十五元宵节都是在工地上度过的。打试验桩时，因灌注混凝土时遇阻，我和工人师傅们从下午4点一直干到半夜12点。正月的渤海湾畔，海风刺骨，滴水成冰，我们在露天里施工，冷得发抖。一位工人师傅借给我一件棉大衣，我仍然冻得四肢麻木，灌注完毕后，也不知道怎样摸回宿舍的，腿脚仿佛不再属于自己。第二天我就病倒了。没有想到，开总结会时，有人不是从施工的各个环节找问题，而是一味地责难工程技术人员。我感到委屈，找领导提出调离申请。谁知，领导还未答复，仓上金矿大批基础施工又开始了，工程技术人员的责任感，又把我推到了工地上。俗话说："失败是成功之母。"这次施工中，我们遇到的第一个难题就是桩长达不到设计要求。如果按原设计施工，我们整个工程将赔个底朝天。从质量要求来说，我们也没必要按原设计的桩长施工。为了取得让设计部门变更设计的依据，我和有关人员取岩样进行实地测量和计算，终于取得了可靠数据。随后，设计部门根据我们测算的数据，对原设计进行了更改。实践证明，更改后的桩长，质量不仅完全达到要求，单桩承载力还比原设计还增加了 30 吨。我们反败为胜，不仅减少了设计部门的成本，同时也提高了我们在设计部门的威信，创出了较好的经济效益。1992 年春天，我们又到仓上金矿施工，一下车，矿长便亲切地握住我的手说："小杨，你们干的活儿，我们免检。"

每当听到别人的赞美之词时，我由衷地高兴。在别人眼里，我已不再那么矮小，已不再是一个被人轻视的女孩。有时，我甚至感到周围的人已经忽略了我的性别。我为这种特定环境下的成熟而感到骄傲。然而，我又不得不面对现实，我是一个女人，一个地质队的女人。记得一位电影明星曾说过："做人难，做女人难，做一个名女人更难。"我想告诉她，做一名地质队的女人难上加难。

1988 年的一天，男朋友来到队上兴奋地告诉我："永芹，爸爸从国外回来了，想见见你。"我知道未见面的公公是一个常年漂泊在海外的海员，难得回家一次。可当时我正主持招远大沽河曹孟河段供水勘查工作，这是我队有史以来第一次进行的中型水源地勘查。提交报告的时间只有一个月了，机台上又只有我一个水文地质技术人员，需要出野外。第二天早晨，男朋友遗憾地把我送到车站，望着他远去的背影，我心里说不出啥滋味，眼泪止不住地流出来。我想，连这点要求都满足不了他，将来结了婚，我能做一个贤妻良母吗？说起结婚，我们的婚礼还有一段小插曲呢。我的个头不高，脚很小，但在婚礼上，我却穿上了一双 40 号的棉皮鞋，引得亲戚朋友们叫我"卓别林新娘"。原来，婚礼前一段时间，正是我提交报告最忙的时候，连吃饭都在办公桌前边吃边干，结婚用品全是双方父母一手操办的。在我们家乡，新婚从头至脚、由里到外的穿戴都必须是新的，可临近婚礼时，双方父母忽然想起我的内衣和鞋袜还没买，便催促我们尽快置办。在报告提交的第二天，我和男朋友赶到县城去采购。谁料，我的脚太小，跑遍了整个招远县城，也没有买到一双合脚的棉皮鞋。无奈，我只好买了一双 40 号的黑色棉皮鞋应付一下，算是交了差。至今，爱人谈起这件事还开玩笑："等你长高了再穿吧！"

可我总也长不“高”。我患上了严重的风湿性关节炎，疼起来让人落泪。为了减轻我的痛苦，在家电厂从事技术工作的爱人熬了几个通宵，为我设计了电动按摩垫。而我却很少有时间去关心他、照顾他。左邻右舍都知道，我们家经常是“铁老虎”把门。我一出野外，爱人便一日三餐在单位食堂瞎凑合。从小饱尝了父子离别之苦的爱人，给予我那么多的理解和支持，我却常常因为工作忙而忘记了他的生日。有一年在野外，我忽然想起那天是他的生日，就按胶东人过生日的习惯，给他做了满满一锅香喷喷的寿面。虽然当时他远在几十里外的县城，可我还是觉得他一定能感知我的祝福。说实话，我真想回到家中，坐在他的面前，静静地瞧着他津津有味地吃面，直到他把锅里所有的面条都吃光，然后抹一把嘴，抬起头来说一声：“好吃，太好吃了。”值得欣慰的是，大沽河曹孟河水源地勘查报告在1990年荣获地矿部找矿四等奖，为缓解招远县（今招远市）的旱情起了非常关键的作用。此外，我通过5年的函授学习也拿到了大学本科毕业证，并以优异的成绩取得了学士学位。

1990年12月，我休完了半年的产假。因工作太忙，照顾不了孩子，我和爱人不得不把未满周岁的女儿送到隔海相望的大连婆婆家。临走时，公婆抱着孩子送我们到港口。我紧紧地抱着女儿，生怕被别人抢走。开船的汽笛声响了，我的心一揪一揪的，怕让公婆看见心里难受，就装成若无其事的样子把女儿塞给婆婆，头也不回地跑上甲板。船徐徐地驶离码头，我的泪水像断线的珍珠，落满衣衫。回到公司后，我随施工队南征北战，没有时间去看一看女儿，一直拖到春节，才请了几天假去大连看孩子。见到心爱的女儿，我真想疯狂地抱一抱她，让她甜甜地叫一声“妈妈”。可女儿怎么也不叫，一双陌生的眼睛警惕地望着我。婆婆拿出我买来的一堆零食和玩具引逗女儿，她才怯生生地喊了一声：“阿姨！”听到这话，我的心都碎了。

世上有什么比母女之情更让人牵肠挂肚的呢？那是在烟台市幸福镇进行钻孔灌注桩，当时我是该项目的技术负责人，工程的质量直接关系到公司能否打进烟台市场，因此，活儿干得很辛苦。深夜，当我整理完当天的资料，疲倦地倒在床上时，却怎么也睡不着，女儿那双陌生的眼睛，一直在我眼前晃动。窗外，灌桩的撞击声，阵阵汽笛声敲打着我的心。烟台港口近在咫尺，登上甲板，几个小时就可以到大连，去尽情地拥抱女儿。我真想丢下工作，偷偷地离开烟台，去大连看看女儿，即使为此而受到批评、处分也在所不惜。我太想念女儿了，想得食不甘味，夜不安寝。在烟台施工的两个半月里，悄悄离开去看看女儿的念头，几乎天天折磨着我。然而，一想到自己是共产党员、技术负责人，一想到打开烟台市场将给公司带来的经济效益，我又暗暗羞愧，责备自己的自私和软弱。

对丈夫，我不是一个合格的妻子；对女儿，我不是一个称职的母亲；对父亲，我更不是一个孝顺的女儿。

父亲是一位老实忠厚的民办教师，课余时间喜欢喝几盅，最好的下酒菜莫过于猪肝。我每次回家都要买些猪肝给父亲下酒。1989 年 11 月的一天，我照例买了猪肝回家看望有心脏病的父亲。吃饭时，父亲忽然对我说："永芹，你每次回来都买猪肝，听人说，猪肚很好吃，再回家时想着买些来尝尝。"我还是第一次听到父亲向子女提这种要求，我想，无论如何也要尽到这份孝心。星期天，正值 52 抽水试验，一忙起来，买猪肚的事竟忘得无影无踪，我当天也没能赶回家去。几天以后，家人开车来接我，说是父亲心脏病复发住院，让我赶快回去。可汽车并没有开往医院，而是径直开到家中。当满院的挽联和花圈扑面而来时，我惊呆了，忽然想起父亲生前那个没实现的小小的愿望，我失声痛哭。我不是孝顺的女儿，也很难做一个合格的妻子、称职的母亲。但我想，正是地矿工作者默默地奉献和牺牲，才赋予幸福以更深的内涵，才使得山野如此辉煌。从这个意义上讲，我自信是一个名副其实的水文地质技术人员，是一个无愧于六队找金人这一称号的后来者。

我付出的很少，党和人民却给予我很多的鼓励。1989 年，山东团省委授予我"新长征突击手"称号；1991 年，被省地矿局评为"山东地矿局十佳青年"称号；1987 年、1988 年连续两年被省地矿局授予"优秀共产党员"称号。1992 年 6 月份，我应邀参加了山东省组织的"大学生理想报告团"。当我的演讲赢得阵阵掌声，当 90 年代的大学生们向我伸出理解的双手时，我哭了。我想，这不单纯是对我 10 年野外工作的肯定，也是对第六地质大队所有无私奉献者的肯定，更是对所有地矿工作者辛勤劳动的肯定。

保尔·柯察金说过："人的一生是应该这样度过的——当回首往事的时候，不因自己虚度年华而悔恨，也不因自己碌碌无为而羞耻。他就会说，我的整个生命都已献给了人类最壮丽的事业——为共产主义而奋斗。"

今天，当我回顾走过的10年历程的时候，我会说：献身壮丽的地质事业，青春无悔！

（1992年　时任山东省地矿局第六地质大队助理工程师　杨永芹）

相逢十七载　伴你辉煌路

2006年的夏天，我正式成为山东省地矿局第六地质大队（以下简称“六队”）的一员。这也是我跟六队这支“英雄地质队”故事的开始。

在融入六队这个大家庭后，我参与的第一个重要地质勘查工作就是《山东省莱州市寺庄金矿床深部详查报告》的探矿施工会计核算。该矿区最终提交金矿资源量51.83吨，潜在经济价值80多亿元，被认为是省局当时金矿勘查所取得的最优秀的成果。2007年9月19日，时任国务院总理温家宝对六队在莱州寺庄金矿勘探中取得的重大发现作出重要批示：“请国土资源部转告山东六队职工：祝贺他们在金矿勘探中取得重大发现，向大家致以亲切的问候。”我记得该批示是傍晚时收到的，因为我住在单位职工宿舍，就有幸参加了临时召开的通报会，大家群情激昂，非常开心。作为一个年轻人，能看到单位获得这样的荣誉，我的内心是自豪的，这份肯定也让我对自己地质队的未来充满了信心。后来，我又参与了六队在焦家深部金矿区开展的山东省莱州市焦家金矿床深部详查探矿施工会计核算工作，并在焦家金成矿带深部发现超大型金矿，探明金矿资源量105吨，潜在经济价值200多亿元，成功为山东地矿局建局50周年大庆献礼；在纱岭金矿开展了山东省莱州市纱岭地区金矿阶段性普查、详查以及勘探矿施工会计核算工作；在内蒙古自治区西乌珠穆沁旗白音查干矿区开展了多金属勘查会计核算工作。这些大型金矿的勘查会计核算工作虽然辛苦，但过程中有欢乐、有痛苦、有思考、有收获，也使我在地质勘查、会计核算、成本控制方面积累了丰富的工作经验。

2015年，国家审计署驻深圳、重庆、长春三个特派办组成审计组，于3月中旬开始对山东省矿产资源开发利用保护和矿产资源相关资金征管情况进行全面审计。审计署驻深圳特派组成员从 3 月中旬开始至 7 月底到六队进行矿业权经营审计，我作为联络员，全程配合了本次审计工作，对六队矿业权经营有了深入而全面的了解。

2016 年，我开始了自己的审计生涯。为了建立健全内部审计制度，明确内部审计工作的职责，提高审计工作质量，六队修订并印发了《内部审计工作管理办法》。这是我职业生涯主持制定的第一个制度，那种成就感，现在想想都很激动。这份制度，强化了内部审计工作机制，推进了内部审计规范化。从此开始，我踏上了六队规范化管理的道路，参与修订了一个又一个制度，审计了一个又一个项目。其间虽有挫折，但我依然保持正气凛然，勇于向前。

2022 年，队领导提出了“123456”发展思路和六大管理理念，我必将不负重望，奋力前行。新发展思路擘画了六队未来发展的宏伟蓝图，为建设国内一流、国际知名的创新型幸福和谐美丽新时代现代化地质强队指明了方向。六大管理理念的提出，将我队的管理标准、管理水平进行了质的提升，制定制度、完善制度、按制度办事的精细化管理理念深入人心。我有幸成为“制度落实和强化管理年”的参与者和推动者，以实际行动推动制度的完善、贯彻落实成为我义不容辞的责任。我将以六大管理理念为指导，为六队管理水平的提升，尽自己的应尽之力。

一枝独秀不是春，百花齐放春满园！在六队领导的带领下，我们将继续秉承“地质报国、事业立局、科技引领、有为有位、争创一流”的工作理念，始终牢记“地质报国”的初心和使命，在六队这个大家庭里共成长、共经历、共坎坷、共奋斗，一起继续为实现地矿事业高质量发展而不懈奋斗。相信，在铺满鲜花的道路上，我们每个人的明天都会更加精彩。

“不积跬步，无以至千里；不积小流，无以成江海。”瞭望远方的天空，一轮骄阳之下，六队和我，都在成长。总有一天，暗淡无光的沙砾会在不断的磨炼中成长为耀眼的珍珠。让我们同舟共济，挥戈猛进，让生命之风雄起，让六队这条大船载着我们扬帆远航！

（山东省地矿局第六地质大队党委委员、副大队长　刘志宁）

我和“英雄地质队”的故事

老兵带新徒，攻深找盲立新功

寺庄深部找金首战告捷后，山东省地矿局第六地质大队（以下简称“六队”）迅即挥师北上，将“攻深”的新靶子锁定在焦家深部。

2007 年 11 月 5 日，焦家深部勘探会战指挥部成立，姜洪利任副总指挥和项目技术负责人，并有 12 台钻机开赴矿区。姜洪利作为矿区的技术“大拿”，按说坐镇指挥就行，可他却骑着自行车满矿区跑。一开始时地质技术人员抽调不及，他一个人最多同时编录过 7 台钻机的岩芯。

对“翅膀”底下的青年人，姜洪利既严格要求又放手使用，知人善任，敢压担子。所有技术工作都让青年人参与，从施工地质孔、水文孔，到封孔、透孔，再到质量检查，姜洪利全部陪着指导大家，生怕青年们漏掉每一次学习机会。对新来的大学生都要求做野外记录，并作为每天的作业进行检查，哪里不对，就要求用橡皮擦了修改，直到符合要求。大队需要的材料如月报、季报，都让青年人干。

我是小鲍，是青年中的普通一员。焦家深部金矿储量计算的任务，就全部交给我负责。师父私下说，严格要求和检查野外记录，目的是让大家尽快地熟悉情况，尽快掌握找矿环节的必备知识。师父的良苦用心，对我们年轻人既是鞭策又是激励。2009 年 2 月，《山东省莱州市焦家金矿床深部详查报告》圆满完成，第一人称发表论文一篇，成果先后获中国地质学会十大找矿成果和国土资源部一等奖。

地质找矿，关键在人才。从2005年开始，姜洪利亲手带过十几个徒弟，像我这样能独立带项目的技术骨干就有八九位。姜洪利的师父、老专家王化江先生这样评价自己的学生："洪利对六队的贡献，就是培养了一批年轻技术骨干，这比几百吨金矿宝贵。"王老的评语，足以说明在山东六队黄金找矿人才链条上，姜洪利在承前启后、继往开来中作出了重要贡献。

苏丹出奇兵，"走出去"战略结硕果

2009年，受中国保利集团委托，六队到苏丹北部尼罗河畔百优达地区开展金矿普查。该区是半沙漠地区，传说中的只见星星不见月亮之地，到处都是淘沙金的民采坑，就是没有找到一处较大的矿体。这个区还是一个几进几出之地，苏丹勘查队伍和河北勘查队伍多次开展过勘查，都未取得重大突破。

我们用"河里养鱼"的理论解释了构造控矿的重要意义。要钓鱼就要到河里找，你到大森林是找不到鱼的。要找矿就要找构造蚀变带或者含矿建造，而不是在老地层找金矿。我们通过调查迅速锁定主要控矿断裂为矿区内近东西向的韧性剪切带，提出该韧性剪切带和继承性韧性剪切带发育的断裂构造是该区金矿的定位因素，既是导矿构造，又是容矿构造。

我们用"雁列控矿"的定义回答了在构造什么部位找矿的问题。知道矿在哪里，下步就是解决怎么找矿的问题了。在国内不是问题的问题在这里都是问题，语言不通，生活习惯不同，在主要劳动力都必须用苏丹人的矿区，我们的勘探举步维艰。工作中，我常常会看到手舞足蹈，用单词蹦字同苏丹人沟通的队员。

为了克服40—50摄氏度高温，我们野外工作就是早3点起床，9点收工，中午和下午就是室内整理研究。为了赶进度，年只能在苏丹过，我自学了做饭，包饺子。为了节约人力，我们都是六重奏，既可以是地质师也可以是厨师，既可以是技术员也可以是驾驶员，既可以是翻译也可以是……项目最终探获中型金矿一处，获省局科技进步奖三等奖，第一人称发表论文一篇。

招北新认识，老矿山再增储续写传奇

2014 年，招平断裂带北段阜山金矿资源匮竭，申请中央财政资金开展深部探矿。我作为项目负责人，首次采用了构造叠加晕方法预测矿体，以施工坑内钻和地表钻相结合的方式，在第二找矿空间新增金 20 余吨，破解了资源匮竭难题，让矿山续写传奇。

当时矿山井深已达到 –780 米，井下主要是探矿期，通风设备不能及时跟进，井底温度高达 35℃以上。施工季节正值寒冬腊月，每天上下班都是两重天。早上穿上厚厚的棉服，在冰天雪地中穿行，到了井下，就要换上短裤和背心，汗流浃背地开始一天的工作，中午井下吃的是自带干粮。长期两重天式的工作，地质人的通病，胃病、风湿都是标志性伤痛。不过，越是这样越能激发人的潜能，用最新方法预测矿体，并成功揭露到了厚大矿体。通过总结招平北段的新认识，提出九曲蒋家断裂是主要控矿断裂，在招平断裂北段开启了找矿新篇章，六队先后申请局控项目，省财政 3000 米科钻，进行水旺庄大会战，取得找矿新突破，新增金 200 余吨，第一人称发表论文一篇，先后获中国黄金协会一等奖 1 次，厅二等奖 3 次，局一、二等奖各 1 次。

内蒙古新模式，冰封企业换新颜

284 金矿始发现于 2002 年，2009 年前开展过多轮勘查，先后有山东、内蒙古等多家单位进驻，取得了一定的找矿成果，但终因寻找到的矿体小、品位低暂时无法探转采而暂停。这一停就是 8 年，这一冰封就再无人问津。直到 2017 年，时任地矿五院副院长周明岭到矿区考察，才使得矿山企业迎来了春天，冰山开始融化。

初到现场，采坑就出现黄金端倪。周院长的野外工作经验丰富，到现场直奔采坑，敲打中在泥质板岩中发现了明金薄片，引起企业高度重视，即刻与周院长探讨下步的勘查建议。

周院长亲自带队，两个月吃住都在矿山，硬是通过查阅原始资料和以往钻孔，找出了勘查新思路。以往勘查工作认为矿体赋存于破碎蚀变的石英闪长岩中，但认为矿床规模不大。在对以往地质资料进行分析总结和实地踏勘工作的基础上，周院长提出了以区内炭质千糜岩为主要赋矿岩石的找矿新思路，并通过对以往施工钻孔岩芯的重新编录和取样分析以及坑道施工，对找矿思路进行了验证。通过工程揭露，在炭质千糜岩中发现了金矿体，矿体规模达到中型。

勘查取得圆满成功，仅新增钻孔 6 个，投资百万元，就实现了找矿的巨大突破，新增金资源量达 4 吨，潜在经济价值十几亿元。最近几年，企业得到了实惠，胆子也大了起来，加快了勘查力度。在周院长指导下，在邻区又先后探获两个中型金矿。企业赚得盆满钵满，冰封的企业再次充满了活力。

（山东省地矿局第六地质大队安全总监　鲍中义）

1993年新疆找矿

1993年4月下旬，分队领导找到我说："小李，队上有个去新疆地质找矿的项目，想让你去，你考虑一下。"我说："好的。"其实，分队领导跟我说的时候，我就想："反正马上面临下岗，没有活儿干，还不如去锻炼一下呢。"后来，我就找到领导说："我报名去新疆。"以后，我听说队里动员了好多人，都不太愿意去，毕竟离家远，生活艰苦，环境恶劣，不知还能不能回得来。其中有一个技术人员坚持不去，还受到了处分，据说他受处分后，还被调去别的单位了。

定好人员后，我们成立了新疆分队，于海新同志任分队队长。出发之前，队长刘广义亲自宴请了我们，为我们饯行。我们新疆分队总共11人，第二天便启程了，当时是与位于吐鲁番地区托克逊县的新疆十一地质队联合找矿。到了新疆十一地质队以后，我们休整了几天，组建了联合分队，准备齐了生产、生活物资后，我们便开赴矿区目的地。

大概多半天的路程，车辆驶入了茫茫戈壁滩，四下荒凉，没有人烟。到了目的地，我们联合分队开始扎帐篷、建营地。我们搭了5个大帐篷，在不远处安装上发电车。晚上照明靠发电车，吃水靠拉水车，五六天回去一趟拉水拉菜，菜基本上是洋葱、土豆等能放得住的。与外界联系靠步话机、电报机，晚上无聊，又没有电视信号，我们就把带来的收音机并联起来。我带了个单放机，有几盒磁带，我和郭师傅稍加改装，在每个帐篷挂一个收音机，再连上我的单放机，就都可以听到歌曲了，后来美其名曰"联合分队广播电台"。

印象最深的有两个事件：一是水荒，二是工作人员饮酒。

有一次，工地上的水已经不多，拉水车把剩余的一点水放到大桶里，又去拉水了。可是拉水车并没有按时返回，这下可把大家急坏了，在茫茫戈壁，没有水那是要面临死亡的。于是，领导安排剩余的水在保证吃水的前提下，用洗菜后的水来洗脸、刷牙，后来干脆也不洗漱了，先保证饮水，菜也不洗了，用手捋捋做熟将就着吃吧。再到后来，水紧张得只能定量，分一点水还带着锈。好多人嘴边都起了火泡，有几个工作人员也包括我，都有点绝望了，后悔当时为啥就痛快答应来这兔子不拉屎的地方。不过，同志们尽量掩饰痛苦、悲观的情绪，但从嘴边和忧郁的眼神中都能看到对生命之水的渴望。我们每天都在进入工地的路口翘首期盼着拉水车辆的身影，然而每次都是失望而归。难道，这一百多斤就要交待在这茫茫戈壁啦？据说，有的同事含着热泪悄悄地准备了遗书。那种场面是多么的悲壮和痛苦。

过了几天，救命的拉水车终于回来了，我们欢呼着、高兴着，迫不及待地痛饮了一番，大家抱着拉水的司机师傅久久不愿松开，感谢他送来了救命之水。我们都急切询问是怎么回事。原来是返回的路让洪水冲垮了，修了好几天才修好。戈壁滩上的路，平时没有雨，有雨的时候却很容易形成洪水和泥石流。

还有一件事是酒后出事。有一天，新疆十一地质队有一位工作人员晚饭时饮了酒，因为饮食和生活习惯不同，他自己住一个帐篷。不知什么原因，他前边别着匕首，后边别着菜刀，每个帐篷里乱窜。这下可把我们吓坏了。我们哪见过这阵势！十一队地质人员说他在找人，看不惯有些人，要打人。当时年轻的我不太懂太深层次的原因。他到我住的帐篷里转了一圈，瞪着大眼到处打量，可能是没找到要找的人，冲我们大吵大闹。因为语言不通，我们也听不懂，一旁的十一队地质人员和他理论，他二话不说就打了十一队地质人员。我在旁边站着，拳头也划到我的身上。然后，他转身出去了，一直折腾到下半夜才回自己帐篷里打起了呼噜。我们赶紧把帐篷门锁好了。但是，我整夜也没睡着，提心吊胆地挨过了一夜。唉！这兄弟太任性了！后来此人被驱离出联合分队，受到了行政处分。看来喝酒多了真是误事。

经过半年多的艰苦工作，我终于圆满地完成了工作任务，回到了“英雄地质队”的怀抱。据说当时的找矿成果，现已形成了一座金矿。

（山东省地矿局第六地质大队招远基地综合管理办公室主任　李成强）

用照相机说话的地质人

王子勇，山东省地矿局第六地质大队（以下简称“六队”）的一名野外技工，18 岁时迷上摄影，在相机快门的“咔嚓”声中已度过了 20 个春秋。2007 年下半年，他被中国摄影家协会吸收为会员，从单纯的爱好到作品屡屡获奖，不善言谈的王子勇，用相机表达自己的爱憎，为他人留影，为社会存照。5 架相机陪伴春夏秋冬、酸甜苦辣，4 万张照片见证沧海桑田、社会发展。至今，他还天天跋涉在勘探路上，相机与他更是形影不离。

痴迷摄影　乐此不疲

1988 年，18 岁的王子勇考入湖北地质技工学校。因为多才多艺的班主任喜欢摄影并经常讲解和示范技术要领，近朱者赤，也让他对这门光与影的艺术产生了浓厚的兴趣。随后他便省吃俭用，买了一架旁轴取景的虎丘牌 135 机械相机。周末和同学一起，逛名胜游古迹时，他便充当随行“摄影记者”。白天照了，晚上在自己的宿舍里学着冲洗，没有专门的设备，就用开关日光灯来控制曝光，用同学们的脸盆来盛显影液、定影液，洗出的照片也是有模有样，成了同学们最珍贵的青春记忆。

1991 年，王子勇被分配到驻山东招远，素有“英雄地质队”之称的山东地质第六大队，当了一名物探工。半年后，他用积攒的工资买下了自己的第一部单反相机——海鸥 DF1 相机，并利用工余时间去拍摄自己喜爱的场景。可惜，几年后，因当时地质工作陷入“低谷”，王子勇下岗了。接下来的几年，他与朋友合伙开过影楼、卖过电脑，甚至到深山给学生们拍过毕业照，在小县城举办的灯展、花展上，做过流动摄影人，虽然收入微薄，但始终没放弃心爱的相机和梦想。最让朋友、同事们称道的是他的“有求必应”，不管是结婚照、生日照，还是孩子的满月照，只要一声招呼，他随叫随到，且多数时候都是他出力又出钱。

2005年春天，停薪留职在社会上飘荡了7年多的王子勇被召回来，继续做他的物探工。第一个工区在新疆的阿勒泰哈巴河县，那里是塞外边城。临行前他狠狠心，倾其所有，跑到烟台买了一部近乎专业的数码相机——尼康D70。端着喜爱的相机，王子勇在从山东到乌鲁木齐的火车上，透过窗户照大漠，照戈壁，一气拍了400多张照片。在接下来的半年工作时间里，他天天抱着仪器跑路线，每天行程15公里左右，至少需要5个小时，但相机仍经常带在身边。有时磁法仪器“怕”干扰，他作为操作员，身上不能带含铁的材料，他就让同事背着相机，操作仪器时离得远远的。遇到美景、动物时，他就忙里偷闲地拍一张。下雨天出不去，他就拍帐篷外的白桦林、小溪流……这期间，他还利用难得的休整间隙，远行数百里去拍喀纳斯湖的风光，赶上天气突变，冻得够呛……

屡获大奖　名气飙升

3年前，一位搞摄影的朋友曾说过：“我的摄影水平应该说是可以的，但看了王子勇的照片之后，感觉他应在我之上。”话中有谦虚的成分，但从说话者的表情和语气中，我感觉到这话是由衷的。

2005年深秋，王子勇从新疆回来之后，摄影活动几乎成了他业余生活的全部。相机天天不离左右，有时间就上网看照片，发照片。3年来，他几乎每个冬天都要去威海荣成的天鹅湖拍天鹅。2005年底赶上大雪封山，他从招远赶到威海，正逢客运停止。他一咬牙，从威海花350元“打的”赶往荣成的拍摄地点。路上打滑，出租车车头来了一个270度的大转弯，吓得司机和他都惊慌失色。但只要有时间，他每年寒冬还是雷打不动地去拍。2006年底拍摄的白天鹅在《中国国土资源报》《地质勘查导报》发表了，编辑都加了点评。

2007年冬天，他到福建勘探，没能拍成白天鹅，但拍了一组反映当地风情的《大地小学的孩子们》，在《中国国土资源报》社稷坛发表，并配以文字，让人们了解了大山中学子的真实生活。

为了摄影，王子勇在2006年东拼西凑，花9万多元钱买了一辆捷达牌家用汽车，利用工余时间几乎转遍了胶东半岛所有的市县区，拍山水风光，拍风土人情，拍社会现象，不到2年就跑了4万多公里。有一次，在一个荒无人烟的山中拍照倒退时，不小心掉进了湖里，全身湿透了，好在相机被他高高举起后没有进水。但手机湿了，打不出电话，他只好一步步地走出深山。

这2年，他有近200幅照片及新闻作品在《人民日报》《大众日报》《烟台日报》《中国摄影报》《中国摄影家杂志》《中国国土资源报》《地质勘查导报》等报纸发表，70多幅作品获奖。其中，《山里娃》荣获第二届中华青少年文学、书画、摄影大赛青年组一等奖，《和谐，和平》获“2008我们一起保障”摄影大展优秀奖，《和谐》获中国金都杯摄影收藏展银奖，《道路宽宽，行走有些难》获第一届公益中国数码摄影大赛优秀奖，《欢笑满老街》获第二届早码头国际摄影大赛优秀奖，《飞瀑》获网上民生庆典摄影大赛一等奖，《同辉》获首届中国焊接摄影大赛一等奖。2007年7月，《山里娃》在北京人民大会堂颁奖，通知早就来了，可惜他正在内蒙古搞勘探，没能亲自去领奖。

王子勇的摄影关注行业，关注社会，曾发表了许多反映地质工作的图片，也曾把单位大院盛开的玉兰花印上《烟台晚报》。单位有重大活动时，他也偶尔充当一下“临时记者”。伴随着摄影的成功，他被当地媒体聘为了“特约通讯员”，有一些活动经常通知他前去参加，有时竟成了主力。2007年夏天，应《烟台晚报》之邀，他驱车80公里拍摄了一组栖霞某村缺水严重的照片，在当地报纸上刊发后，引起关注，停止了8年的自来水马上修通。等他第二次再去该村时，老百姓直拉他到家里坐坐，俨然成了贵宾。获奖作品《道路宽宽，行走有些难》就是他在栖霞出工时，路遇一队“盲人艺术团”，老的老小的小，拉着两辆地排车在山路上艰难跋涉的情景。王子勇帮着推了一段路后，随手拍下了几张照片。当他把照片发到自己的博客上后，立马引起了网友的跟帖赞誉。有人留言道："你拍的照片越来越有深意了。从大自然生活里的美到被人忽视的弱势群体，你都能用心地捕捉到！真好。"

固守寂寞　满怀赤诚

见过王子勇的人都知道，他长相平平但身材很好，不善言辞但言语风趣，遇到知心的、向他请教的也会妙语连珠。1991 年，通过自学函授，王子勇取得了汉语言文学专业专科、北京摄影函授学院专科、经济管理本科学历。38 岁（2008 年时）的他，还天天跑野外。白天忙工作，晚上就把抽空拍摄的好作品发到他冠名为"地质人一角天空"的博客上，再配上他以独特视角写成的图片说明，总能让人赏心悦目。有时，他也写一点文字的东西，很优美。在一篇名为《他们的名字叫地质人》的文章中，王子勇这样写道："这是一群拓荒者。他们用简简单单的'老三件'做装备，继承发扬着'三光荣'的精神，以'先行兵'的骄傲和使命，吹响新中国万物复苏、千帆竞发的春天号角，为祖国的繁荣富强披荆斩棘、引吭高歌……他们是一群拓荒者，一群智慧的拓荒者，一群科技的拓荒者，一群艺术的拓荒者，一群文明的拓荒者。"

那年，王子勇在新疆塞外边城哈巴河县进行物探作业，发现了一种类似于"沙漠魂"胡杨树的植物，被他称为"荒漠亚魂"。为此，他写道："矮矮的却执着坚定生命的信念，固守一方热土。我发现有它存在的地方，沙土会比周围高一些，这就是生命的高度吧。无论炽热干旱的风沙如何肆虐，也夺不走它固守的家园，夺不走它的信念……独自蹲在那里，我久久地注视着，直到视线变得模糊。没想到在如此荒漠中，自以为包裹得坚强的心，会被这相依为命、相濡以沫的生命感动，同时脑子里会无序地浮现出这样的词，坚韧、执着、自信、朴实、顽强、无畏、奉献、忘我、无欲……荒野里看不到别的人，只有勇敢坚忍的地质人远离故土，在这片陌生的领地上，日日与影子为伍，与'亚魂'为伍，在漠漠荒野，行进于松松软软的黄沙中，领悟生命的感动。"

笔者曾见过王子勇在新疆拍摄的一组《向日葵》，那金黄色的葵花镶着绿边，如同跳动的火焰，被他摄入了镜头。后来，我看了他为此写下的一段感悟：成片的向日葵是锦绣的神来之笔……置身在向日葵翻滚浩荡的花海之中，我显得是多么渺小与苍白。拿着相机我竟然无所适从。想拍张特写，却怕辜负满眼的气势如虹；想拍张整体的画面，更怕辜负了这浑然一体的天然与和谐，甚至连小憩在花朵上的小蜜蜂的那一份悠闲与从容都令我觉得无力表现了。终于，我相信了：真正的美丽只可远望而不可近观……也曾执着地相信：景出于心，拨开那份错觉，用平衡、平和、平静的心将自己融入身边的风景，或许会放眼尽是美丽。

王子勇还认为：摄影是减法的艺术，简单的美更动人；摄影是遗憾的艺术，虽遗憾犹美丽。他爱观察，曾经在勘探的途中捡到灵芝。他说过，"发现"远比技术更重要，好作品是勤奋中的不经意。

作为六队驻地招远市仅有的6名中国摄影家协会会员之一，王子勇经常被聘去做当地摄影活动的评委，每次都是用心地去评判每一幅作品。

王子勇的网名是"三叶虫"，问他为什么，他说上地质技校时捡过好多的三叶虫化石，原始、简单、透明。可透过他拍摄的照片，我们分明看到现代、深刻、厚重的内涵！

（2008年　山东省自然资源资料档案馆　吴文峰）

只要你过得比我好

——一个钻工的心里话

我是1970年从山东莱阳农村招工到山东省地矿局第六地质大队（以下简称“六队”）来的。当招工的人问我：“地质队可是很艰苦的，你怕不怕？”我说：“不怕，我们乡下长大的孩子苦点累点没啥。”到了队上后，我被分配到603钻机队当钻工。几个月下来，我体会到了钻工的苦楚，那滋味可真不好受。我们钻机一年到头在荒山野岭里打钻，钻工们成天跟钻杆、柴油、泥浆打交道，一个班下来跟个泥人差不多。有时在山上施工，根本没路可走，所有的设备器材全靠大伙儿用肩膀扛上去，肩膀也不知被磨破了几层皮，干完后浑身的骨头像散了架一样，连动都不想动。面对这一切，钻机上的老师傅却说：“这算啥，当年勘探玲珑金矿，那可比这高多了，700多米呢，还不照样得人拉肩扛往上搬吗，比起那会儿现在的条件好多喽！”

刚到钻机队时，我有个挺可笑的想法，六队是找金子的，所以我就盼着有一天能从地下打出一截截胳膊粗的金棒棒来。可是好几天过去了，也没看见打出金棒棒来，我挺纳闷的，实在憋不住了，就去问师傅。师傅一听就乐了，说：“世上哪有这种好事，要那样金子还值钱吗？要是一吨矿石里能有一个金戒指那么多的金子就了不起了，矿石要经过冶炼，最后才能出来金子。”我一听，这才明白了。后来，我就找了一小块金矿石，成天带在身上，回家探亲时就拿出来给人家看，给他们讲找金子的事。这时候我觉得做个六队人真是挺自豪的。一晃我在钻机上干了20多年，虽然没做出什么惊天动地的大事情，但我觉得自己尽到了一个钻机工人的职责，在一座座大型、特大型的金矿里，也有我们钻工的一份心血和汗水。

1977年，我担任了603机的机长。当了机长后，我就总琢磨着要把钻机的工作成绩搞上去，不能落在别人后面。所以我从早到晚都泡在机台上，一颗心成天地提溜着，晚上连觉都睡不安稳，一听有人敲门，心里就一紧，是不是又出啥事故了？有时去大队办事，心里也老挂念着机台，事一办完，一天也不愿多待，急着往回赶，直到看见钻机，我心里才踏实了。

我们钻机二十七八个人，全是清一色的老爷们。过去下了班，除了打扑克、喝酒，再没别的什么事可干。后来，我想了个主意，组织大伙儿利用业余时间修路、平地盘，用挣来的钱买了一台缝纫机、一台洗衣机和吉他、二胡、图书什么的。我不会针线活儿，可也学着踩缝纫机，给大伙儿缝补衣服、鞋袜。打这以后，下了班大伙儿看书的看书，下棋的下棋，小青年抱着吉他也学着歌星唱几句通俗歌曲。时间一长，大伙儿的心都给拢在一起，团结得跟亲兄弟似的，生活上互相关心、互相帮助，生产上心往一处想，劲儿往一处使，钻机上的活儿干得利利索索的。

有一年，我们在马家窑施工时遇上了十几年没有过的特大洪水，我们住的村子里的房子都进了水。大伙儿谁也没有去抢自己的东西，只是把刚发的工资收好后，就去抢搬仓库里的生产物资了。山上的同志蹚着齐腰深的洪水，把岩芯一箱一箱地搬到高处，脱掉自己的衣服把班报表包好。洪水过后，虽然我们个人的东西都被洪水泡了汤，但是地质资料和生产物资却没受到一点损失。

1990年春节刚过，我们队担负的国家“892”工程仓上金矿床的勘探任务上马。当时我们正在家里休假，接到队上发来的加急电报，就像军人接到了战斗命令，一刻都不敢耽误，马上赶回钻机队，投入到紧张的搬迁工作中。不到10天工夫，10台钻机就运到矿区，竖起井架开钻了，远处一看还真是气派。仓上矿区位于莱州畔，当时我们大部分钻孔都布在千亩盐田里，半米多深的海水，给施工造成了很大的困难。虽然钻机井场已经提前用沙袋子垒好了，但是钻塔安装好了以后，需要在塔的四角拉上安全绷绳。没办法，我们只好脱了裤子，跳进半米多深的海水里，一点一点地挖，把四个绳桩埋好。那会儿，海边的气温还在零下十多度，可我们没有一个后退的，争着往冰水里跳，等从水里上来，两条腿冻得都木了，站都站不住，就这样也没有说过一句熊话。到了六七月份，海边的蚊子开始跟我们找麻烦了。不知咋弄的，海边的蚊子白白的，个小毒大，不怕人，特别厉害，咬住你就不撒嘴。大伙儿被咬得浑身都是肿疙瘩，直往外流黄水，风油精成瓶成瓶地往身上洒也不管用。直到现在想起仓上的蚊子，我的心还直哆嗦呢。当时我们10台钻机聚在一起会战，场面挺火爆。矿区开展了流动红旗劳动竞赛，从一开始，大伙儿就憋着劲一定要把红旗夺过来。第一个月结束时，我们终于如愿把红旗挂到了我们的钻机上。红旗得到了，大伙儿又较上了劲，不能让红旗再动地方。6月的一天，我们接到通知，晚上可能有台风。为了减小阻力，我们把塔衣拆了下来。到了晚上，天空下起了大暴雨，由于没有塔衣，机场完全在露天地里，可是班长张卫国硬是领着全班人穿着雨衣干了一夜，打了20多米。直到会战结束，流动红旗始终没有流动起来，而是牢牢地“长”在我们的钻机上。望着大伙儿黑瘦的样子，我的心里又难受又激动，真为有这么一群好兄弟而高兴，就是我们这群普普通通的钻工，多少年来在为黄金勘探拼命地工作着。钻机上大部分同志的家在农村，那几年农村都实行了联产承包责任制，一到了麦收、秋收，我们都尽量把工作安排好，让家属在农村的同志轮流回家帮几天农忙。可如果赶上生产紧张的时候，那就没办法了，只剩下老婆一个人在家，边照顾老人、孩子，边收拾地里的庄稼。有一年正赶上麦收的日子，可当时的生产任务特别紧，谁也不能回家。有一位工人的家离我们机台只有50里路，可是他并未要求回家，仍在机台坚持生产。一天，我们去大队拉料，正好路过他们村，他便搭车跟着去了。他老婆一看他回来了，挺高兴的，满心欢喜地以为是回来帮助收麦子的。可听他说今年不能回来帮她时，他老婆脸上一下子露出失望的表情。这位工人也没再说什么，上车赶回了机台。钻工们常说，纪律是铁打的，国家的事比自家的事要大得多。

说实话，我们钻工的生活是很辛苦的，长年在野外工作，不光妻儿老小照顾不上，生活条件也是相当差的，刮风下雨，钻机不能停，泥一身水一身的。很多同志都落下了关节炎、胃病的病根，有的因各种事故造成了终生的残疾，还有的甚至献出了年轻的生命。

1990年12月1日，胶东下了十几年罕见的大雪，我们队607机班长董奎胜和伙伴们顶风冒雪去钻机上班。为了按时接班，董奎胜一个人抄小路朝机台赶去，雪下得太大了，打得人都睁不开眼。董奎胜走着走着，不幸掉进一口被雪封住的深井里，等找到他遗体的时候已经是第三天了，他的双手都露出了白花花的骨头。听到这一消息后，我们许多同志都掉了泪。多棒的一条汉子啊，正是要劲干活儿的年纪，钻机需要他，妻子、儿子也需要他，可为了找金子，他就这么匆匆地走了。

1991年，我们机台有两位老工人要退休了，临走时收拾东西，每人仅有一只用废木板做成的破箱子、两个小板凳和一个再简单不过的行李卷。大伙儿商量着从奖金里拿出100多元钱，买了两个镜框，写上我们的赠言送给他俩。走的那天也正好下起了大雪，全机台的人都出动了，送他俩到三四里外的车站坐车。他俩一边走一边回头看身后的钻塔，我知道，他们心里不好受，舍不得离开自己的老伙伴儿。在这小小的机台上，他们度过了一生中最好的时光。虽然他们带走的很少，可他们留下的却很多。我这人文化浅，不会说，但心里挺明亮。我听过这么一句话：人非草木，孰能无情。这话说得真好。我们钻工也是人，也有老婆孩子，也向往舒适安稳的生活，可是我们的职业就是打钻、找矿，用一句文明词来说，就是从荒凉走向荒凉。但是，我们的身后并不荒凉，而是繁华的城镇和热闹的乡村。

我已经结婚16年了，有2个孩子，家属承包了3亩责任田。这些年都是我老婆一个人担负着家庭的重担，除了过年，平时我几乎没时间回家。这些年我们说好了都不写信，一是怕一写信就让我挂着家里，影响了工作；二是怕写信反而勾起双方的思念。麦收、秋收本来是丰收的时候，却成了她发愁的时候，她一个人坐在地头，看着满地的庄稼掉泪，一边哭一边把庄稼背回家。我对不住她，对不住这个家，也是条堂堂的汉子，却没能叫她和娃娃过得舒服点。每次回家，我都尽量帮她多干些活儿，锄草，往地里送粪，浇地，可每次她都不让我干，说："甭干了，我自己能行，在外面干了2年，好不容易放几天假，好好歇歇吧！"我听了心里实在不是滋味。

1992年春天，有一位记者问我："你找了这么多年黄金，你给你太太买过什么金首饰吧？”我一听就笑了，说：“什么太太呀，咱就叫老婆，别说买金首饰，到现在我连块手表也没给她买过。”这些年改革开放了，党的政策也好，现在我们那边的农村也很富裕，就是种菜，做个小买卖，最不济一年也能挣个万儿八千的。不少亲戚朋友都劝我趁年轻赶紧调回去，就是挣不着大钱，也可以过上个安稳的日子，比在地质队挣那每月 200 多块死钱强得多。我不会用大道理去说服他们，就又拿出那块小小的矿石对他们说：“我们是找金子的，我们并不穷，你们知道我们找了多少金子吗？如果把它们全炼成金块的话，用 5 吨的大卡车也拉不完啊！”他们听了惊得连话都说不出来。

20 多年了，是地质队把我从一个农村孩子培养成了一名优秀的党员、劳动模范。我所率领的机台，从 1987 年开始，连续 5 年获得地质矿产部文明机台。到现在我也没有为当初选择这个职业而后悔。我爱地质队，爱钻机，爱那些伙伴们。相信有一天我还会再找到 100 多卡车的黄金，把它们献给我们的祖国和父老乡亲。我们机台有个年轻的钻工爱唱流行歌曲，记得有一首歌里有这么一句，“只要你过得比我好”。说真的，我打心眼里喜欢这句歌词儿。

最后，我想说的是，只要大家的日子过得好，我们当钻工的就心满意足了。

（1992 年　时任山东省地矿局第六地质大队一分队工人　宋修章）

有女嫁了地质郎

早就听人说，有女不嫁地质郎，可我还是嫁给了一名地质队员。

我的爱人荣学锋，1982 年从长春地质学院毕业后，被分配到山东省地矿局第六地质大队（以下简称“六队”），1983 年经人介绍我们相识，1984 年元旦结婚。尽管我在心理上早有准备，但我远远没有料到，做一名地质队员的妻子竟这样难。

我起先在文登城关医院工作，看到小姐妹们的婚后生活是那样充实、美满，我真希望也能跟爱人生活在一起。特别是怀孕期间，我反应强烈，经常呕吐，有时连床都下不来，这时就更渴望得到爱人的照顾和安慰。但是对于地质队员的妻子来说，这只能是一种奢望，生活的重担还得靠自己来挑。就说骑车买粮吧，我骑车的技术本来就不高，加上怀着孩子，就更加心慌。那是一年的冬天，寒风扑面，路面上残存的雪水都冻成了冰，我带着一袋沉重的面粉行驶在路上，摇摇晃晃，胆战心惊。可我越是心慌，就越抓不稳车把，扭来扭去，还是摔倒了。就在倒下去的一刹那，一下子想到了孩子，我的心紧张得就要跳出来了。我本能地侧转身子，在完全失控的状态下，最大可能地保护着肚子里的小生命。还好，这次摔倒没有给孩子带来什么危险……那天晚上，我躺在床上，全身疼得像散了架一样，怎么也睡不着。望着黑洞洞的房顶，沉重的孤独感压迫着我，我那个委屈，泪水像断了线的珠子，流啊，流啊，濡湿了枕巾和被头。就在那一夜，我一直想，说什么也得把爱人调回身边来！经过联系，文登市一个待遇优厚的单位了解了我爱人的情况后，很积极地想要他，甚至说如果六队放人有困难的话，他们可以简化手续来接收他。没想到六队的领导更重视人才，为了留住我爱人，并解除他的后顾之忧，决定把我也调到六队。

面对这一重大的人生抉择，怎么办？我爱人说：“我是学地质的，现在国家又急需矿产资源，正是用人的时候，大家都改行，祖国的地质事业谁来干？”他的话深深地打动了我。我当初不顾小姐妹的劝阻嫁给他，看重的也正是他是一个有理想、有抱负的人啊！我怎忍心让他放弃自己的事业呢！于是，我也成了英雄六队的一名职工。而且，在后来的岁月里，我们一起挡住了新的诱惑。那是1989年老家成立黄金公司后，公司经理甚至以副经理的头衔相许，要把我爱人“挖”去。当然，我爱人没有动心，我也再一次跟他站在了一起。

尽管我和爱人调到了同一个单位工作，可实际上仍然是两地分居。他们这些从事野外地质普查工作的人，十天半月难得回家一趟，赶上工作忙的时候，甚至几个月才能回来一次，而且在家待不上一两天，拔腿又走啦。

爱人回家来，总是带回一大包脏衣服让我洗，他自己呢，不是在家看资料，就是躲到办公室写报告，回家就像住旅馆！有一次洗他的衣服，我越洗越来气，心想，我又得上班，又得管孩子，还要干家务，天天累得够呛。听说不少老工程师一回到家里，总是跟妻子抢着干这干那，他可好……想到这儿，我心里一股怨气就直往上冒。可是，看到他衣服上的汗渍、泥土和划破的口子，我又心软了，想到爱人在野外也不容易啊。他难道就不想家吗？不知道家里舒适、温暖吗？不想我和孩子吗？他吃不好、穿不好、住不好，白天跑断腿，晚上还要熬夜写报告，图的是什么？还不是一心想找到矿吗？再想想他每次回来，总显得疲惫不堪，好像三天三夜也歇不过来的样子，我心里难受极了。不知不觉，我的眼泪涌出来，滴到了洗衣盆里……那天，我不但没有发火，反而为他做了一桌丰盛的饭菜。

说起家里的事来，也有很让我爱人头疼的地方。他有时问女儿：“你想爸爸吗？”孩子总是回答“不想”。孩子已经上小学二年级了，被评上三好学生时，在模范家长栏里总是填妈妈的名字。爱人问孩子：“你怎么不写爸爸（的名字）呢？”孩子说：“你不是好爸爸。”孩子甚至不希望爸爸回来，因为她害怕我骑自行车送爸爸去车站时，会把她一个人锁在屋里。

也难怪，孩子一直跟着妈妈长大，很少得到爸爸的疼爱，所以跟爸爸的感情就比较淡漠。这种情况在地质队太普遍了，地质队里有不少做爸爸的一提起孩子来总觉得气短。

我爱人总想找机会增加自己在孩子心目中的分量。有一天晚上，女儿学校安排开家长会，正赶上孩子感冒发烧，她就比平时更依恋我，一副小可怜模样，眼泪汪汪地说："妈妈，你不去行吗？"我心头一酸，说："行啊，那妈妈就在家看着你。"但是孩子想了想，像放不下一件心事似的，又试探地说："妈妈，你还是去吧。"就在我给女儿掖好被子，犹豫着要走时，她突然对我说："妈妈，要是爸爸在家多好！"那一刻，我恍惚觉得她一下子长大了许多。我的泪水再也止不住了，赶紧找借口走开。

不久，学校又一次开学生家长会，碰巧我爱人在家，真是一次难得的机会。他喜出望外，早早就说定晚上他去开会，由我在家陪伴女儿。为了这一许诺，女儿破例地跟爸爸特别亲近起来。我想起孩子也曾嘟囔过，老师说开会最好让爸爸来。可是，到了下午，爱人接到通知，他必须马上赶回分队。这一突然的变化，让我担心他怎么向孩子交代。就见他很小心地向女儿解释："爸爸有急事要走，下次一定去开你的会，一定去。"可女儿听不进去，不依不饶地说："说话不算数，你是坏爸爸。"爱人听了一怔，苦笑了一下，走了。

想想我们母女过的这日子，我还一直以为我们是天底下最受委屈的人，不想在六队大院待久了，就越来越多地了解到，比我们委屈大的人有的是。最感人的要数那些老地质队员的家属了。

王和立高级工程师的家属侯大婶当年在农村老家张罗着盖房子，送走请来的泥瓦匠们后，刚要歇口气，就见天色突变，要下大雨。看看打的土坯还摆在露天地里，谁忍心让雨给浇了。侯大婶赶紧往屋里抢运起来。那盘坑用的土坯有半个八仙桌桌面大，少说也有五六十斤重，就是一个男人搬起来也很吃力。侯大婶竟一口气搬了一个多小时，把几十块土坯全部搬进屋里码好。从此，她身上落下了坐骨神经痛的病根，好几年卧床不起，后来还时常地反复发作。

工会主席滕利远的家属王大婶说，现在想起来就后怕，孩子们能健康地长大真不容易。她说，因为忙地里的活儿，照顾不周，有的孩子掉进几米深的地瓜井里，有的栽进水缸里，有的被锁在屋里从窗子往外爬时摔下来过，最终都平安无事，真是万幸。她说，咱家的孩子没有能唱戏的，就是因为被锁在家时没完没了地哭，哭坏了嗓子。

现已退休的女地质工程师韩玉英的经历更是不一般。1960 年，她从山东大学地质系毕业，从此在野外找矿，一干就是 20 年。她的爱人也是找矿人。20 年里，他们搬家少说也有十几次。他们的儿子读小学时，一年中曾经转过 3 次学校。20 年来搬家的经验，使他们对房子有着特殊的认识。最不能提的是，有次实在找不到房子住，就让老乡把厕所填平，全家搬了进去。而这里，恰恰成了他们 20 年中住得时间最长的地方。在这里，韩工生了第一个孩子，做起了母亲。

……

说起这些往事，大婶们很达观，而最让她们感到自豪的是，不管多么艰难的岁月，多么不平坦的道路，就这么走过来了。她们真是太伟大了！人们常说每个成功的男人背后一定有一个支持他的女人，那么，一个英雄的男人群体背后，就一定有一个支持他们的女人群体。说句心里话，正是在老一辈地质队员家属的感召下，我也由爱自己的丈夫而深深地爱上了他的事业。

我看到爱人整天为找不到新的矿点着急，也替他捏着一把汗。他每次拿化验单回来，我总是很关心结果，我多么希望他能找出大矿来啊！1992 年，爱人到澳大利亚参加一个中外合作项目，我跟他打国际长途电话时，脱口而出的第一句话就是“找到大矿没有”。他一听就笑了，说：“哪有那么容易，才刚出野外一个礼拜嘛。”我也为自己的心急而笑了。

我知道，爱人出野外也很担心家里出事，他交代过，一旦家里有事，就打电话给他。可是，到现在为止，我从未打电话找他回来过，孩子有病，我自己尽心照顾；我有病时，同志们和邻居们也都跑来嘘寒问暖、悉心帮助。这也是我们在后方的同志们和家属们的默契，尽量不惊动那些在一线拼死拼活工作的“找矿迷”们。我们理解、支持他们，他们关心的和为之高兴的，也是我们关心的和为之高兴的。

我爱人于1986年担任马塘矿区组长，在两名组员被抽调走的情况下，他没日没夜地拼命工作，按时提交了报告，并被省局评为良好级，1988年获地矿部找矿成果四等奖。1986年11月，我爱人参加竞争承包毕郭金矿普查项目，一举夺标，成为全局第一个项目承包人。经过一年半的艰苦工作，他圆满地完成了承包任务，取得了好的经济效益和找矿效益，得到了上级的肯定和好评。他们普查组荣获1987年度局“先进集体”称号，他们的项目在1989年被局评为优秀地质项目，并获得地矿部1990年度勘查成果四等奖。1988年，我爱人被队长聘为六分队主任工程师，他肩上的担子更重了。在队领导的指导下，经过他和全分队职工的努力，工作取得新的进展，获得了省地矿局本年度地质找矿新发现奖。看到爱人一步一个脚印地成长，他的理想在不断地实现，我打心眼儿里高兴，我觉得自己的苦和累没有白受。当我与他共享成功的喜悦时，我是问心无愧的！我爱人去澳大利亚前，又一次讨论了我们家的“敏感问题”。他又问女儿：“我出国到很远的地方去，你想不想我？”“不想。”女儿还是那句话。我爱人不甘心，又说：“要一年半才能回来，你也不想？”而女儿的那个“想”字硬是没说出口。最近，我和女儿都在给她的爸爸写回信，女儿又为写不写想爸爸犯了难。我对她说：“这么远捎信去，你写‘不想’多没意思，爸爸要是怀里揣着你的信上写着不想他，他就会吃不好、睡不好，也会耽误找矿，他怎么回来见我们啊！”最后，女儿歪着小脑袋瓜想了想，还是一笔一画地写了个“想”字。

我心里说：“孩子啊，为什么‘不想’呢？我相信总有一天你会明白，你爸爸是属于很值得他的亲人、朋友和更多的人想念的那一类人啊！”

（1992年　时任山东省地矿局第六地质大队医务室护士　王玲）

两次宿舍搬家

一

自从在山东省地矿局第六地质大队（以下简称“六队”）参加工作后，前后经历了两次宿舍搬家，都给我留下了难忘的回忆。

第一次，是从地质队大院单身职工宿舍楼往办公楼搬。听老同志们讲，我们入住的这座建于20世纪60年代的两层小楼，曾是招远整个县城的第一栋楼房，在相当长的一段时期内都是地质队引以为傲的象征。尤其是20世纪80年代末，伴随着“焦家式”金矿成矿理论的发现，并取得国家科技进步奖特等奖，同时发现了许多大金矿，直接促成了“金都”美名的诞生。这些荣耀，都在地质队留下了深刻烙印。

但事物往往如此，曾经能有多风光，现在就有多落魄。随着时间流转，地质队如同大多数国企和事业单位一样，在进入20世纪90年代后举步维艰，地矿事业发展进入停滞期，这座小楼也逐渐成了落后的代名词。整个宿舍楼，除了几十个单身职工，还有没有房子的已婚职工混住。筒子楼隔音不好，还没有暖气，冬天漏风、夏天漏雨。全楼只有楼前院子中间一个水龙头，一到早晨就会排起打水的长龙。最差的是厕所，楼东侧的公共厕所臭味冲天，一到阴雨天更是下不去脚……这栋楼成了大院里的“钉子户”。

跨入21世纪后，地矿事业逐渐迎来转机，国务院发布加强地质工作的决定，地勘市场日渐兴旺，地矿事业发展也步入快车道。“英雄地质队”大胆试、大胆闯，从2007年发现寺庄深部金矿开始，率先实现深部找矿新突破，取得了一年一个大金矿连续斩获“五朵金花”的辉煌成绩。单位有钱了，人们的腰包鼓了，住房环境改善也被提上了议程。

我们要从这栋楼里搬走，就是当时院党委决定要把这个“钉子户”宿舍楼拆掉，再盖改善民生的新楼房了！得知消息后，大家奔走相告，一片欢声雀跃。

即将施工了，我们就从这座住了几年的小破楼搬到了当时的办公楼顶楼。

说起这栋办公楼，也有着自己的历史变迁。这座位于泉山路的六层楼，是六队于1992年被国务院授勋“英雄地质队”后，用英雄队的奖金建设而成的，曾一度辉煌。计划经济时代终结，六队靠财政拨款过日子的生活结束了，全部要“下海”向市场讨生活。穷则思变，于是六队就有了高级工程师路边摆摊卖菜的尴尬，就有了下岗职工倒卖金银首饰的艰辛。而这座办公楼，也被改造成了饭店、招待所……

后来，随着事业的发展，这栋办公楼又开始成为办公场所。但办公条件简陋，办公的地方逼仄不说，楼上的各项水、电、暖措施都已老化。冬天暖气不热，“小太阳”一开多了就跳闸；找了一间厕所作为临时洗澡间，还时常没有热水；最热闹的一次，是暖气管爆了，管道水从六楼沿着楼板缝淹了五楼几间屋子，直接来了出“水漫金山”……

第二次，是从招远泉山路办公楼搬到威海单身职工宿舍。乘着政策的东风，队党委勒紧裤腰带攒了点钱，在威海盖起了新办公大楼。为了从县级市搬到地级市发展，以拓展更大的发展空间，2011年六队将队部搬到了威海高新区。我们也随着一起搬进了威海的单身职工宿舍楼，居住条件得到明显改善，大家的工作环境更是实现质的飞跃。

现如今，曾经的单身职工宿舍楼所在的那片土地上，一栋栋住宅楼拔地而起，早已变成幸福家园；泉山路办公楼修葺一新，旧貌换新颜；而威海基地两栋住宅楼的竣工，让当时的无房户也已成为历史……人们的生活显著改善，收入持续增长，在职干部职工干事创业的心气更足了，离退休职工们也都过上了老有所养、老有所乐的幸福日子。

时代的车轮滚滚向前，十几年的时间弹指一挥间。两次宿舍搬家却让我看到了六队翻天覆地的变化，而这背后反映的更是中国连续多年高速发展的日新月异。步入新时代，相信在以习近平同志为核心的党中央掌舵引航下，伟大的祖国会更加繁荣富强；在局、队（院）党委的坚强领导下，地矿事业高质量发展的步伐会更加坚定，“英雄地质队”的前景一片光明。

（山东省地矿局第六地质大队劳动人事科科长　张丽辉）

我和六队的 25 年

择一城而居，守一业终老。从 1997 年毕业分配算起，我与山东省地矿局第六地质大队（以下简称“六队”）结下了 25 年的不解之缘。作为“英雄地质队”的一分子，我有幸亲历了六队从破败走向振兴、从低谷走向辉煌的巨大转变。我个人也从一线工人成长为科室负责人。2022 年恰逢六队荣获“英雄地质队”称号授勋 30 周年，特殊的时节，搜索特殊的记忆，有 4 个特殊的年份格外清晰。

1997，一心坚守

这一年，我 21 岁。我还是一个刚刚走出校园的懵懂青年，对地质事业有着美好的憧憬，以青年人特有的冲劲儿，一头扎进机台，立志干出一番大事业。但残酷的现实让我产生了怀疑，这就是我心目中的“英雄地质队”吗？艰苦的野外环境，繁重的钻探工作，苦吗？特别苦。但比苦更严重的是看不到任何希望，领着微薄且经常欠发的收入，在一片破败中干着时断时续的工作，难道我就要在这里蹉跎一辈子？

父亲是个老地质队员，作为六队子女的骄傲让我咬牙强撑，我从不敢轻易吐露想离开六队的心声。每次回家，父亲总询问我的工作情况，开导我坚定信心，踏实工作。他总说：“事业哪会一帆风顺，人生没有过不去的坎。困难都是暂时的，挺过去，一切都会好起来。”

是的，困难都是暂时的。由于国家给地质的投资锐减，六队的大批项目停产，大量设备被变卖，大部分工人下岗，多数职工只能靠着在外打零工、加工首饰维持生计。我在六队的困难时期来到这儿，作为新人，能有一份工作是多么来之不易的事情啊。我看到，可敬的同事们凭着对地质事业和英雄六队的热爱，拿着微薄的生活费，坚守岗位，坚持工作，圆满地完成了找矿任务和地质研究，他们从来都没有埋没“英雄地质队”的威名。我还看到，为了留住六队职工，为了保住六队传承，六队开始面向市场，成立了三大总公司，推行“院企合一”，推进运营体制改革，大家逐步开始转变思路、寻找项目、开拓市场。只要咬牙挺过了改革的阵痛期，日子总能一点点好过起来。我最终坚定了干好地质工作的信心，把青春交给六队，把汗水流在机台，我要像父辈那样，来了就是六队人，一干就是一辈子。

什么是“英雄地质队”精神？在困难时期“功勋卓著，无私奉献”的“英雄地质队”精神，是我一辈子的精神财富。

2007，屡创佳绩

这一年，我 31 岁。凭借着过硬的技术和深厚的底蕴，依靠队员们的不懈努力，仅仅 10 年，六队就再次迎来了振兴，取得了巨大转变。我满怀自豪，一年时间里见证了多件大事：一是六队在莱州市寺庄矿区发现一处特大型金矿，探明储量 51.83 吨，潜在价值 80 多亿元，在全国率先实现了“攻深找盲”战略突破，受到了举国关注。时任国务院总理温家宝对六队在莱州寺庄金矿勘探中取得的重大发现作出重要批示：“请国土资源部转告山东六队职工：祝贺他们在金矿勘探中取得重大发现，向大家致以亲切的问候。”二是六队与美国 SW 投资有限公司合作，六队实施“走出去”战略，进入美国市场。自此，六队开始大规模在省外和国外寻金探宝，六队旗帜遍及全国和中亚、东南亚、非洲、美洲、大洋洲等世界各地。三是国土资源部授予六队“全国地质勘查行业先进集体”荣誉称号，六队在全局兄弟单位考核中高居榜首，取得综合考核第一名，并获局“年度经济发展特别贡献奖”。

这一年，六队上下沉浸在巨大的喜悦中，总理的批示让六队职工倍受鼓舞；各项殊荣、各种褒奖让我们倍感自豪；六队大力推进“走出去”战略，也让大家对六队做大做强充满信心。这年7月，我也实现了人生的跨越，来到威海基地办公室，参与威海办公楼建设工作。该大楼从2007年开始建设，于2011年建成使用。楼内除办公场所外，还开辟一楼为职工活动室，二楼为阅览室，七楼为会议室礼堂、队史荣誉展示厅，同时制作六队地矿文化宣传牌、宣传栏，彰显了六队的文化凝聚和精神引领。

2018，见证辉煌

这一年，我42岁。迎来了六队建队60周年大庆，我们满心骄傲地见证了那场空前的盛况。10月30日上午，六队召开了地质六队建队60周年座谈会。除了各级领导、六队干部职工代表外，还特邀了原六队队长、为六队作出突出贡献的老专家们，这是“英雄地质队”的“英雄大会”！让我感触最深的是，老队长、老专家们深情回顾了一代代六队人响应国家号召，不畏艰难，前赴后继，积极投身共和国找金事业的艰难创业史。谈起过往，老队长、老专家们几度哽咽；听着这些故事，大家也忍不住落泪。六队的每一个人都深切地体会到，六队荣誉背后浸透着的热血与汗水！六队不仅是一支能找到大矿的专业队伍，更是地质队伍中的“精神大矿”！

60年来，作为地矿工作和生态文明建设的主力军，六队根植齐鲁大地，为全省乃至全国的地质找矿工作作出了巨大贡献。60年来，六队荣获省部级以上找矿奖、科技奖58项，荣获省部级以上荣誉称号37项，涌现出全国劳动模范、全国五一劳动奖章、省部级劳动模范、省中青年突出贡献专家等先模人物30余人。六队累计探明金矿资源储量2810余吨，约占全国总储量的1/4，为共和国经济社会发展作出了突出贡献。先后绽放的“五朵金花”在焦家带累计探明金矿资源量732吨，使得方圆仅仅十几平方公里的焦家金矿田成为世界级金矿田。

栉风沐雨六十载，波澜壮阔英雄路。正是六队几代人牢记使命、同心同德、勤勉奋进，共同创造了“英雄地质队”的精神财富。我们倍感自豪的是，老一代地质工作者坚持“三光荣”精神创造的“精神大矿”得以薪火相传，我们没有埋没“英雄地质队”的赫赫威名。

2022，再谱华章

这一年，我46岁。我们迎来了队第十三次党代会，这是六队的又一盛事，为我们建设新时代现代化地质强队提供了遵循，指明了方向。会议选举了新一届的领导班子，党委书记、大队长丁正江代表第十二届院党委作《求真务实　创新争先　为建设现代化创新型幸福和谐美丽新六院而努力奋斗》的工作报告，全面总结了过去5年的工作和成效，明确了今后5年的发展思路、奋斗目标，谋划了未来5年的重点工作，现场不断响起热烈的掌声，表达了全队职工的共同心愿。

新时期，六队将以精准服务国家重大战略、省委省政府重要部署和经济社会发展地质需求为导向，准确把握新时代地质工作使命任务，履行好保障资源安全和服务生态文明建设两大使命，做精做强地质勘查业，做专做大地质服务业，做优做实工勘施工业，强化事业、规范企业，全面构建事企协同发展新机制，奋力开创新时代现代化六队（院）事业发展新局面。六队的航船必将在新一届的领导班子带领下，行稳致远，破浪前行，为建设国内一流、国际知名的新时代现代化创新型幸福和谐美丽新六队而努力奋斗。

这一年，我作为六队工会干部，还筹备和参加了第十三次工会会员代表大会第三次会议、第十五届职工代表大会第八次会议。新时期，六队工会将在党委的正确领导下，一如既往地做好党联系职工群众的桥梁和纽带工作；工会干部将始终如一地当好职工群众的“贴心人”“娘家人”，不断开创工会工作新局面，作出更多新成绩！

（山东省地矿局第六地质大队工会办公室主任　姜兆君）

行与读

建队60多年来，山东省地矿局第六地质大队（以下简称“六队”）为了地质勘探跋山涉水，栉风沐雨，为我国的黄金找矿事业立下了不朽功勋。几代六队人在改革中不断创新，在探索中砥砺奋进，走出了一条波澜壮阔的英雄路。而我，也已沿着这条英雄路走了20多年。

一个人的气质里藏着他读过的书和走过的路。“读书”和“走路”都是开阔视野、充实本领的途径。通过读万卷书、行万里路，双管齐下，内外兼修，共同发力，我为测绘地理信息处及六队发展添上了自己浓墨重彩的一笔。

“行”是指测量人员要多参加野外项目，充分利用好手中的仪器设备资源，熟练掌握它们的使用方法，在团队中找到属于自己的位置，互相配合完成工作任务。铁杵磨成针，功到自然成。对于测绘工作者来说，“行万里路”是基本功。到六队参加工作20余载，从2005年开始，我有幸参与并见证了莱州寺庄、焦家深部、马塘、纱岭、前陈—上杨家“五朵金花”的绽放；从2006年开始，内蒙古、新疆、甘肃等西部地区市场化地质勘查项目，以及苏丹、美国、澳大利亚等国外地区，都留下了我的测量足迹，这些工作经历在我的脑海里时常浮现。测大江南北、绘锦绣河山就是测绘工作的真实写照。从最早的经纬仪、水准仪到全站仪、GPS，再到现在的无人机航测、三维激光扫描、卫星遥感等技术，从传统模拟测绘、数字化测绘到如今的信息化测绘，科技的进步彻彻底底地改变了测绘行业的面貌，也改变了我们的工作模式。

“读”则是要通过读《测绘通报》《测绘科学》《测绘学报》等行业内期刊，关注GIS前沿、地理信息世界Geomatics World、遥感加油站等公众号，学习国内外测量新方法新技术，尤其是摄影测量与遥感、地理信息系统等方面的技术，了解产业发展方向。随着5G、人工智能等信息技术的高速发展，传统单一的地形、地貌测绘工作已难以满足时代发展的需求，我们已从数字化测绘迈入信息化测绘的新时代。我们需要适应产业发展形势，以需求确立发展方向，以创新驱动发展，使测绘地理信息处跟上时代步伐，适应新形势，应对新挑战，实现新发展。

六十载英雄路披荆斩棘，七十年家国情气象万千。在局、队党委的坚强领导下，我将继续立足本职工作，践行使命担当，树牢自觉学习、终身学习理念，持之以恒练就干事创业的过硬本领，以实际行动助推六队地矿事业高质量发展再上新台阶。

（山东省地矿局第六地质大队测绘地理信息处主任　林永成）

英雄传承　再创新辉煌

时光荏苒，岁月如歌。光荣的英雄大队山东省地矿局第六地质大队（以下简称“六队”），在2022年已经走过了60余年的光辉历程。一甲子的时间见证了“英雄地质队”的发展与进步。怀着对未来美好生活的向往，我加入了六队这个温暖的大家庭，现已过去了20余年。但无论有多久，流淌的是光阴，不变的是传承。

习近平总书记曾强调：“红色基因就是要传承。”我们英雄的六队同样需要传承。60余年来，一代代六队人在党的领导下筚路蓝缕、披荆斩棘，在地质找矿的艰辛道路上，克服千难万苦，为祖国黄金找矿事业建立了彪炳史册的卓著功勋。六队砥砺奋进的60余年，凝结的“以献身地质事业为荣、以找矿立功为荣、以艰苦奋斗为荣”的“三光荣”精神和“特别能吃苦、特别能忍耐、特别能战斗、特别能奉献”的“四特别”精神，是我们宝贵的精神财富。我们要铭记光辉历史、传承英雄精神，在新的起点上把六队先辈开创的事业不断向前推进，鼓舞激励广大干部职工坚定理想信念、发扬优良传统、增强战斗作风，努力为实现六队和全局事业发展的地矿梦、助力中华民族伟大复兴的中国梦不懈奋斗。

牢记英雄传承，就要奋发有为，勇于担当扛起历史责任。打铁还需自身硬。随着事业单位改革进程的不断推进，势必会影响和触动部分人的切身利益，这就要求我们必须坚持和完善党的领导，切实增强“四个意识”，坚定“四个自信”，做到“两个维护”，毫不动摇地落实队“123456”发展思路，聚焦地勘主业，坚持事业立局，强化核心竞争力建设，全面推进党的建设新的伟大工程。攻坚克难，共产党员是排头兵；跨越发展，领导干部是领头雁。

能不能做到守土有责、守土负责、守土尽责，是不是能够在其位、谋其政、干其事、求其效，广大群众期待着我们的担当，历史凝望着我们的作为。我们既要政治过硬，也要本领高强，保持爬坡过坎的压力感、奋勇向前的使命感、干事创业的责任感，以“钉钉子”精神做实做细做好各项工作，一步一个脚印，为经济文化强省建设提供更加有力的地质服务支撑。

新时代，新担当，新作为。接过六队先辈的接力棒，时代在呼唤着我们继续奋斗、永远奋斗。踏上万里征程，心怀千秋伟业，让我们在局队（院）党委的坚强领导下，坚守英雄队初心，勇担英雄队使命，开拓进取，真抓实干，乘着改革之风，劈波斩浪，拓路前行，攀登地质事业之高峰，书写地矿事业新辉煌。

（山东省地矿局第六地质大队招远基地综合管理办公室副主任　徐恺）

“英雄地质队”旗帜飘扬在乌蒙山上

在2016—2017年的两年时间里，我有幸担任山东省地矿局第六地质大队“贵州省毕节市赫章县猪拱塘铅锌矿详查钻探工程”“赫章县洗线沟—老君硐铅锌矿详查钻探工程”“赫章县铜烘山铅锌矿详查钻探工程”项目负责人。两年间，在先后20余部机台、近200名钻探人的共同努力下，三个矿区共施工钻孔60余个，完成钻探工作量6.5万多米，为贵州省深部找矿事业作出突出贡献。

初到赫章，就被其漫山遍野的杜鹃花震撼。杜鹃花又名英雄花，英雄的队伍来到这里，似乎有着一种特殊的缘分。我们的矿区在海拔2000—2500米，地处乌蒙山区，逶迤连绵，雾气缭绕，往返矿区之间要经过一大片国家森林公园。这里有高耸的松林和静谧的溪流，风景优美，空气怡人，总是能给忙碌的心灵带来片刻的宁静。

受山区地形影响，矿区内机台星罗棋布，跨越数十公里，站在最高的地方，可以看见一面面“英雄地质队”的旗帜在一片片深绿中点缀出点点鲜红，就像山间怒放的杜鹃。每天，我们要挨个机台巡查，一趟下来天就要黑了。西部的日出时间较晚，每天早晨天还没亮，我们项目部就开始安排一天的工作。由于山路崎岖，怪石嶙峋，很多地方只能徒步前行，在路上多耽搁一会儿就会影响一天的任务，因此很多时候我们的午饭都是在车上或者在山上吃，长时间不规律的饮食，造成了一些消化功能疾病。这里常年阴雨，空气潮湿，长时间的野外工作，致使很多工友患上关节炎，刚刚入秋，晚上睡觉就用上了电热毯。

为提高项目质量，我们每周组织机长召开项目生产调度会，除了汇报部署机台工作外，总会留出学习讨论的时间。机长们轮流发言，谈谈自己近一段时间的学习、工作和生活。喜欢看新闻的机长给大家说说有什么重大新闻、奇闻逸事；出现孔内事故的机长谈一谈事故原因和解决思路。遇到棘手问题时，其他机长帮着一起出谋划策，一来帮助问题机台早日恢复正常，二来让其他机台对同类事故有所预防，一定程度上减少了项目的整体事故率。野外待久了，人都有厌烦情绪，如果发现职工有不好的情绪，也会在会上一起讨论讨论，组织一些业余活动或者聚餐，把生产调度会打造成互帮互助、吐露真情的生活会。

任项目负责人的两年间，我几乎成了马圈岩村的村民，一年 365 天中有 345 天都在村里的项目部。村里放羊的老汉、放牛的大妈，经常在山上碰见我，见面时都像本村人一样热情地打着招呼。而远在 2000 公里之外的家人，却只能偶尔在视频通话中看见我。两年间，我和项目组成员没有请过一次假。2017 年，为了能完成钻探任务，家里给定的婚期被我一推再推。那段时间，家人的一句句期盼就像刀子，割得心生疼。那种感觉，只有半夜的虫儿知道，只有清晨的鸟儿理解。彼时，正是那一面面鲜红的旗帜指引着我，是团队上下坚定的信念支撑着我继续走下去。

苍天不负耕耘者，经过六队和贵州省 113 地质队等多方团结协作、攻坚克难，深部找矿工作取得重大突破，我们成功探获贵州省第一个超大型铅锌矿床，铅锌资源量为 327 万吨，勘探取得阶段性胜利。

这两年的经历，是我成长路上的一个片段，也是每一位六队青年地质工作者的缩影。虽然身处深山密林，但我们心中有光，不惧路长，不怕路险；我们要将“英雄地质队”的旗帜插遍每一个山岗，为祖国贡献六队人的磅礴力量。

（山东省地矿局第六地质大队环境地质处副负责人　李凯舟）

为六队大家庭添砖加瓦

2005 年夏天，我迈出了学校的大门，步入了山东省地矿局第六地质大队（以下简称“六队”）这个大家庭。那时我仍旧懵懂无知，尚不知道“英雄地质队”这个名字代表着什么。岁月如梭，屈指算来我已经陪伴着“英雄地质队”度过了十多个春秋，从 20 出头的青葱岁月到如今即将不惑，是领导们真诚热心的微笑激励了我、同事积极向上的工作态度影响了我，使我能够在工作中继续学习，在逐渐成长的过程中明白了“英雄地质队”的荣誉背后矗立着 100 多处大中小型金矿和约占全国已探明岩金储量的 1/4 金矿资源量的丰碑。

“功勋卓著无私奉献的英雄地质队”，是国家和人民对六队往昔光辉历史的肯定，是对老一辈六队人满怀地质报国初心，顽强拼搏、奋发进取、披荆斩棘、辛勤耕耘的褒扬，同时也六队精神的最佳提炼。然而，我作为一个新一代的六队人，在六队 10 多年，既没有轰轰烈烈的事迹，也没有耀眼的贡献，甚至可以说是默默无闻。我要如何才能讲好我和“英雄地质队”的故事呢？

过去我曾在一本书里看到这样一段对话，禅师问他的弟子：“一滴水怎样才能不干涸？”弟子们面面相觑。禅师说：“把它放到江、河、湖、海里去。”这句富有哲理的话给予了我深深的启示，个人和集体是互相成就的关系。“大河有水小河满，大河无水小河干。”我们的六队大家庭不就是由像我一样的一滴滴小水珠汇聚而成的吗？是六队成就了我们，也是我们汇成了六队。既然选择融入这个大家庭，那就是其中的一员。虽然个人的职位、岗位、工种各有不同，能力各有大小，但只要时时心怀感恩、尽职尽责、互相扶持，不遗余力地为这个大家庭添砖加瓦，即使没有作出耀眼的成绩和贡献，也是对这个大家庭最好的回报。

就个人而言，自从踏入六队以来，我的命运就与六队的生存和发展紧紧地连在了一起，六队的发展决定了我的成长，而六队的发展又依赖于我们每一个干部职工的发展；我们是六队发展的根源，六队则是我们成长的舞台。如果一个在大海夜航的人看不到灯塔，他将迷失方向；反之，如果有了灯塔的指引，他就会朝着这个方向前进。而六队就是我们人生夜航的灯塔，是她给了我们茁壮成长的空间，为我们指引着前进的方向、奋斗的目标。虽然我的故事在这个大家庭里波澜不兴，但我仍将一如既往地贡献我的点滴力量，直至汇聚成为惊涛骇浪，续写出六队英雄故事传奇新篇章。

（山东省地矿局第六地质大队财务科副科长　张长江）

15 年的收获

2007—2022 年，16 年的时间，当年那个 20 啷当岁的年轻小伙儿变成了今天的油腻大叔，在这里，我收获了爱情，建立了家庭，有了可爱的孩子；在这里，我收获了友谊，认识了很多同事、朋友；在这里，我历经多个工作岗位的锻炼，积累了经验，学习了知识，提高了能力。

秋季是收获的季节，2007 年的秋天对于我来说收获颇多。这一年的秋天，我从青岛一名民办高校教师考回了老家招远，来到了“英雄地质队”。还记得，正在宿舍休息时，忽然被窗户外喧嚣的锣鼓声吵醒了，赶忙下楼观看，只见穿着节日盛装的锣鼓秧歌队队员正欢快地敲着锣鼓、扭着秧歌，是什么事情让“英雄地质队”这样高兴？原来是近年来我国第一个深部金矿——莱州寺庄金矿的发现，获得了时任国务院总理温家宝的亲笔批示。英雄的六队人多年的付出终于有了收获，其中的喜悦不言而喻，这一年恰好是“英雄地质队”授勋 15 周年，这应该是最好的生日礼物了吧。这背后不知有多少地质、勘探、管理、后勤人员夜以继日、无私奉献的付出，他们大胆向深部未知的领域探索研究，终于抱得金娃归。那时由于具体岗位尚未分配，我和同批来的同事们有幸在院办、党群办帮忙，组织座谈会、整理发言材料、制作汇报幻灯片，也深深地感受到了六队人在经历了 10 年低谷期后所迎来的丰收的喜悦。

也是在 2007 年这一年，我被分配到恒通机械厂，从此开始了与其 10 年的不解之缘，其中的酸甜苦辣成为我人生中不可磨灭的记忆。刚到厂里时，虽然早就了解到这个机械加工厂规模很小，来了也就干些体力活儿，所学的知识可能用不上，但毕竟这里离家近，并且还是事业单位，我就来了。我被分配到机械加工车间，干着抬管子、操作机床的苦力活儿。由于不适应工作环境，干不好活儿，我经常被车间主任骂，被其他工人瞧不起！记得刚到厂里，由于不熟悉加工参数设定，我设定了过快的加工速度，而把加工刀具崩刃了，既感叹书本知识与实践之间的差距，也感叹学艺不精，功夫不到家。巨大的工作环境落差，使我在几年时间里心情极度压抑，每天穿着油渍麻花的工作服干着最不擅长的苦力活儿，感觉所学无用武之地，心想，难道这十几年的寒窗苦读就换来这样的结果吗？！开弓没有回头箭，我没有退路，只能前进。我恶补机床操作方面的知识，积极向有经验的工人师傅请教，同时翻看相关的专业书籍。很快，我对机械厂的加工工艺、产品范围有了比较深的了解。在几年的生产实践之后，我开始协助厂领导绘制计算机图纸，对厂里面的钻塔、各种钻探接头、实验测试棒磨机、岩芯切割机、绳索取芯配件等进行图纸的电子化规范测绘、设计。

在机械加工车间工作 5 年后，2012 年 12 月 11 日这一天，让我铭记心头，久久不能忘怀。从这一天开始，我的人生轨迹发生了变化，从一名一线生产人员调整到探矿物资的销售负责岗位。从油渍麻花的车间来到办公室工作，我倍加珍惜，也许只有经历过，才能体会到其中的兴奋与喜悦，才能更加懂得珍惜！刚转换岗位，面对品种繁多、种类繁杂的探矿物资配件，我没有畏惧。记得有一次，我正拿着钻机装配图纸到配件库中熟悉配件，由于太过投入，竟然忘了中午的下班时间。突然听见库房的卷帘门下降的声音，我连忙大声呼喊，可是门依然关上了。这时，我才意识到已经到了下班时间，没办法，只能跳窗从仓库出来了。正是由于自己的努力钻研，所以在较短的时间内熟悉并精通了业务。其间由于工作出色，于 2018 年从恒通机械厂调到了物资设备科，专门负责探矿物资管理工作。在此期间，面对我队探矿一、二、三、基础 4 个公司的 30 余台钻机，为了保障生产，基本全年无休，经常深更半夜到仓库给机台上出现故障且急需配件的维修人员领用配件。自己苦点累点没关系，当得知六队探获了焦家、马塘、纱岭等一个又一个超大型金矿的时候，想想野外的一线地质、钻探人员，觉得自己的辛苦就微不足道了。此时的“英雄地质队”迎来了辉煌，此时的“英雄地质队”队员欢欣鼓舞，“英雄地质队”“爱国敬业、无私奉献、守正创新、勇毅攀登”的精神在一个个大型超大型金矿的发现过程中得到了彰显。

在负责探矿物资期间，由于工作原因经常核出入库明细账，和供应商、财务打交道，我深感财务知识的匮乏。于是，我利用工作之余如饥似渴地补学财务知识，通过自学的方式，从一名财务“小白”，先后通过会计从业资格、中级会计师、注册会计师考试，具备了系统的财务理论知识。备考的过程是艰苦的，1 年时间考出从业资格，2 年考出中级职称，4 年考出注册会计师资格。回望 7 年的备考之路，我利用一切可以利用的时间，晚上经常学习到深夜，并放弃了休闲娱乐时间。每当学习松懈的时候，我就回想起了当年在机械加工车间工作的辛酸，就又投入到紧张的学习中去。感谢我的爱人，是她承担起了照顾家庭、教育孩子的重担，让我心无旁骛地进行复习备考。感谢队党委新时期的用人导向，在我具备了系统全面的财务知识后，于 2019 年将我从物资设备科调到了财务科，从事会计核算工作，使我所学有了用武之地，让我的会计实务水平得到了提升。特别感谢以丁正江为党委书记的队党委的信任和重托，2022 年 3 月，通过竞争上岗，我成为审计科的副负责人。队党委鲜明的用人导向，给了我们施展才华的机会，让我们年轻一代倍受鼓舞。

2022 年，恰逢“英雄地质队”授勋 30 周年，鲜红的“英雄地质队”旗已经交到我们这一代人手上，我们唯有秉承地质报国初心，发扬新时期英雄地质队“爱国敬业、无私奉献、守正创新、勇毅攀登”精神，在平凡的岗位上干出不平凡工作业绩，使“英雄地质队”旗迎风高高飘扬！

（山东省地矿局第六地质大队审计科副负责人　王晓凯）

不一样的人生

2008 年的冬天格外特别。正月十四，我告别了 5 年的军旅生涯，转业回到地方。那时六队对我来说，是个陌生的词汇，更不知日后会成为我成长、成熟的平台。

直到在招远泉山路办公楼报到时，我碰到了时任探矿二公司的田经理，他正在汇报工作。他见到我后说："小伙子挺精神啊，来我们探矿公司吧，现在机台上正缺人，虽然苦了点，但你刚来还是在一线锻炼一下比较好。"我正在犹豫时，劳动人事科科长笑着讲道："怎么？军人还怕苦吗？"我一听，心想虽然脱了军装，但不能给部队丢脸，立刻坚定地说道："我服从命令，服从安排！"就这样我成为六队的一名钻工。

我参加的第一个钻探项目在栖霞尚家庄，这是一个钼矿勘探项目。虽然我有了心理准备，但是还是被眼前的施工环境给吓到了，住的是一个残旧的民房，从驻地到施工现场得徒步 40 分钟，吃的就更不用说了，每顿就是馒头再加一个菜。施工现场看到的是十几米高的钻塔和满地的钻杆，看到眼前的一幕，我感觉以前在部队上吃的苦都不算什么了。脚下有泥土，心中才有方向，既然来到这里，我就绝不能当逃兵。我下定决心一定要干出个名堂来。

在机台工作的这段日子，我秉承着吃苦在先的思想，一步一个脚印，脚踏实地地做好每一项工作，遇到脏活儿、累活儿的时候都会抢在前面。我一边干一边学，遇到不懂不会的事情，虚心地向老师傅、班长学习请教，靠着这股不服输的劲头，很快就适应了这个岗位，也迅速地融入这个集体中。那时候的机台还没有拧管机，提下钻的时候都是靠着纯体力干活儿，每天下来工作服都是湿透的。夏天还要忍受阳光的暴晒，冬天洗岩芯的时候，手被冻到红肿、失去知觉……

记得一次值夜班时突降暴雨，泥浆池被雨水稀释，由于钻孔快要打到设计见矿层，岩层破碎，岩粉被稀释的泥浆沉淀在孔内，无法冲刷出来，随时会有埋钻杆的危险。班长内心着急，大声地喊道："赶紧搅拌泥浆，把泥浆加厚！"大家立刻行动了起来，一袋袋的泥浆材料被搅拌均匀后，用泥浆泵打压到了孔内。我们就这样跟老天爷赛跑，终于在天快亮的时候雨停了，孔内的泥浆也恢复了正常。因为没有带雨衣，大家被这突如其来的秋雨毫不留情地浇了一夜。忙碌过后，大家坐在钻杆上休息的时候也分不清脸上哪儿是汗水哪儿是雨水了……"小隋，给我上根烟。"班长平时不抽烟的，听说以前也抽烟，后来好像是因为嫂子身体不好，一咬牙把烟戒了。"班长，没法儿抽了。"我掏出被雨水打湿的烟沮丧地说道。"哈哈，怎么遇到这么点困难就受不了啦，在胶东地区从事地质勘探已经很幸福了。老郭，来来，给他讲讲那年咱在青海无人区那半年是怎么过来的。"班长爽朗地笑着说道。是啊，这些年来地质队员们转战在白雪皑皑的东北、缺水少电的戈壁沙滩，甚至在"死亡之海"罗布泊还待了一年，那种滋味可不是用语言能表达出来的。哪里有矿产，哪里就有我们地质队员的足迹，那才是地质队员真实的工作写照。从那时起我才逐渐地理解了"三光荣""四特别"的含义。

当在 40℃的高温下经受炙烤时，当在零下 20℃的极寒环境中作业时，当和家人分别半年而不得相见时，内心没有一点委屈是不可能的。但我深知既然选择了地质工作，那就是选择了奉献和付出，选择了与家人的长时间离别。饭后之余，我坐在马扎上聆听老师傅跟班长讲述着他们打钻的故事，感受着他们人生的酸甜苦辣，一天工作下来虽然辛苦，但是内心感觉很踏实、很安稳，到后来渐渐地热爱上了这个行业。

如果你以为地质工作都是辛苦的，那就错了。在这里，你会感受到老师傅对你真诚的关心与帮助，会看到夕阳的余晖与绯红的晚霞，也能感受到清晨第一缕阳光穿透黎明的黑暗，太阳冉冉从东方升起，一天一切的美好从鸟儿清脆的啁啾声开始。你将领略着四季的冷暖变化，从莺飞草长到腊九寒冬，内心会很平静，乐山乐水，自在相宜。这就是我们地质队员朴实无华的生活吧，甘于奉献、甘于吃苦，年复一年、日复一日，深耕一线、默默无闻地为国家探寻矿产资源。

时光荏苒，离开机台生活已经10年了，那段成长的经历我始终珍藏在心中。我想正是一代代的地质人肩负着“功成不必在我，功成必定有我”的历史担当，才有了六队现在的成就。无论何时，我都将不忘初心、砥砺前行，和六队一起在高质量发展的赛道上全力奔跑！

（山东省地矿局第六地质大队安全和应急救援管理科副负责人　隋来伦）

六队印象

13年前的盛夏，我的毕业季。受2008年全球金融危机爆发的影响，当时记得身边听到的最频繁的一句话就是“今年能找上工作就不错了”。但是对于土木工程专业的我们来说有点不太相信就业形势如此严峻，毕竟我们所学为国内的热门专业。嘴上这么说，身体却很诚实，大家在3月初就开始到处投简历，找工作。我也不例外，加入了考公考编的队伍。5月的时候，一个来自烟台的电话，把我带入了人生的新征程。

2009年7月，我毕业于青岛农业大学，拿着录用通知书，坐着颠簸的公交车，搭上破旧的出租车，看着零散的城市建设……这是我第一次到招远时对它的印象，和家乡的建设比起来差距还是很大的。通过面试后，家人送我来到六队，第一次看到那座年代久远的办公楼，以后要到这地方上班？“不行就回家再考试。”父亲这样说。“不用，尽管这里条件一般，总比工地搬砖好啊，而且这里的领导和面试的同事都很亲切。”我回答道。然后就是报到的第二周，我被分到探矿二处。其实当时六队是干什么的我还是不清楚，只有第一周在档案室帮忙的时候看到国务院授予的“功勋卓著无私奉献的英雄地质队”锦旗图片，判断这个单位应该不一般。接着就是见到了探矿二处的经理田庆会，他和蔼可亲地说：“来了，好，我们处也有个大学生了，好好干，咱们可是英雄队！”我说：“好的！领导，我一定努力工作。”到底哪里英雄？带着疑惑，午饭后我就坐着皮卡车来到了莱州金城镇的项目部，一待就是半年：第一次接触到上班要听4种方言，第一次见到钻机，第一次上三班倒……“听说老大、老五考进住建局了。”“老二去了青岛建设集团。”和我同期毕业的同学到了不同的岗位上。我说：“我在拧钻杆。”和土木工程专业毕业生的就业环境大相径庭，这里看不到城市的繁华，却拥有鸟语花香；看不到塔吊的旋转臂，却听见钻机的轰鸣声；戴的都是安全帽，不是向白帽汇报施工情况，而是和地质人员交谈着岩芯、班报表。通过和同事们的交谈，我知道了地质工作具有先行性、基础性、公益性和战略性特点，看来这次是走上了新的征程。

（山东省地矿局第六地质大队测绘地理信息处副负责人　宋彬）

感谢六队给予我发挥专业所长的平台，感谢六队给了我成长的空间。我的奖项、成果、荣誉都离不开六队这个平台，是六队教会了我作为一名地质工作者，要吃苦耐劳、守正创新、担当作为、勇毅笃行。这就是我和“英雄地质队”的故事。

（山东省地矿局第六地质大队地质勘查处副负责人　闫春明）

2012年的春节

春节是中华民族最隆重的传统佳节，象征着辞旧迎新、祝福、团圆平安。记得那是参加工作的第二个年头，我们野外项目部全体人员度过了一个“别样的春节”。

2011年临近尾声，新年即将到来。阿尔及利亚项目由于前期基建未完成等多方面原因而迟迟未能开展工作，眼看临近项目截止日期，由地质勘查一处、物化探勘查处、测绘与地理信息处等多个二级单位组成的项目组再一次踏上了异国他乡的土地。

矿区位于撒哈拉沙漠内部，周围荒无人烟，最近的小镇距离矿区也要4个小时的路程。为了方便补给，项目组在小镇上搭建了临时项目部。项目部建设是由当地居民完成的，他们没有“过年”的风俗，所以即使在国内的“除夕”时，他们仍在正常工作。记得是除夕那天，小镇上的临时项目部正式建设完成，我们也准时赶到小镇并住了下来。此时，我们面临两个选择：多等一天，过完“春节”再进入矿区，或者在春节那天进入矿区。经项目组全体职工及甲方技术人员商议，为保障项目的工作进度，毅然决定“春节”时前往矿区。而今夜正值除夕，身处异国他乡，心头思绪翻腾得尤为剧烈。想念祖国的怀抱，想念远方的亲人，想念除夕夜的鞭炮声，想念妈妈包的饺子，想念……外面静悄悄的，没有鞭炮声声，没有张灯结彩，生活与往常无异。在如此平淡的环境下，我们却过了个别样而又难忘的除夕……

项目部内却是热闹得很，先是收拾行装，随后买菜、和面、剁馅儿、擀饺子皮、包饺子、烧水、煮饺子、捣蒜，一群大老爷们各显神通，不一会儿奇形怪状的饺子就端上了桌。大家还多加了几个小菜：老干妈、豆腐乳、武昌鱼罐头等。在异国他乡，能有这么多中国人聚在一起，感觉格外亲切。大家在一起吃吃喝喝，说话的声音很大，讲着各自的野外地质工作生活。有的在青海工作时被牦牛追赶，有的在青藏高原工作时因高原反应而晕倒，有的在澳大利亚遇见2米多长的巨型蜥蜴，有的在原始森林工作时遇见熊和狼等猛兽以及毒蛇，有的在非洲遇见过人体炸弹，有的在戈壁滩工作时中午用石头煎鸡蛋……饭桌上的气氛极为活跃。大家把对祖国、亲人的思念之情都装进酒杯的琼浆中，灌入流动的血液里，淌进每个人的心里。这一顿饭吃得很慢，先是在屋里吃，天黑了又在院子里吃。小镇很偏僻，空气极好，当夜深人静时，在孤独寂寥时，打开心底尘封的记忆来抚慰心灵。那一晚的天空很是耀眼，有一闪一闪的星星，也有飞向东方的飞机；那一晚想起来老家的一句话“大年三十坐一宿”。

大年初一的早晨，空气格外的清凉，大家没有熬夜的疲惫，整装待发。由于小镇的通信设施差，没有网络，整个队伍也仅有一部电话可以向家里报平安，进入矿区后则完全与世隔绝。大家和家人进行了“五分钟”的告别后，大队伍开始进军矿区。因为队伍确实很大，矿区临近叙利亚，当时战事紧张，加上撒哈拉沙漠内常见走私商队，所以为保障人身安全，我们雇用了当地军队进行保护。沙漠的天气依旧，沙尘、狂风、烈日。进入矿区后，大家马上进入工作状态，忙忙碌碌，兢兢业业。大家都把最真挚的情感倾注在坚守的工作岗位上，让别样的春节添上了浓浓的“地质”年味儿。

（山东省地矿局第六地质大队地质勘查处副负责人　杨真亮）

1985 年，由六队提交的《焦家式新类型金矿的发现及其突出的找矿成果》突破传统学术观念，填补了国际金矿理论及类型的空白，荣获国家科技进步奖特等奖

玲珑金矿田——六队于 20 世纪 60 年代探明的大型金矿田

新城金矿床——特大型金矿床。六队于1979年提交地质勘探报告

河西金矿床——特大型金矿床，六队于1987年提交地质勘探报告

1988 年，地矿部部长朱训（前排左三）来六队视察工作，到台上矿区进行实地考察

1989 年 5—6 月，外宾来六队参观学习“焦家式”金矿理论

1989 年 12 月 29 日，地矿部常务副部长宋瑞祥（左二）来六队勘查的矿区实地考察

1992 年，国务院授予山东地质六队英雄地质队命名大会

1993年6月，大尹格庄金矿，六队提交《山东省招远市大尹格庄金矿床勘探地质报告》

1996年9月23日，地矿部部长宋瑞祥（前排右二）来六队视察

2001 年 7 月 11 日，山东省副省长蔡秋芳（前排左四）视察六队时与六队领导班子合影

2003 年 9 月，国土资源部副部长寿嘉华（前排左四）到六队指导工作

2007 年 11 月，六队召开焦家深部探矿会战动员大会

2008年，六队招远基地建成10000平方米的休闲娱乐健身广场

2010 年 3 月，六队创小口径钻探 2401.12 米全国纪录

2011 年 2 月 14 日至 3 月 20 日，六队为淄博市淄川区的抗旱找水打井

2012 年 8 月 3 日，六队与招金集团矿产资源勘查开发战略合作签约仪式

2014 年 1 月 6 日，山东省副省长孙绍骋（左一）在六队纱岭金矿区视察

2014 年 10 月，与苏丹能矿部地质调查局局长优素福（左三）一行座谈

2017 年 1 月 4 日，山东省地矿局党委书记、局长赵志远（右一），六队队长崔书学（左二）、六队党委书记林少一（左一）走访慰问六队退休党员闫海兴，并送去慰问金

2017 年 3 月，六队“职工之家”挂牌运行

2018 年 8 月，六队钻探带头人董泽训（左一）在钻探施工现场指导技术工作

2018 年 8 月，水旺庄—李家庄大型金矿床深部及外围金矿调查评价 3000 米钻孔开钻仪式

2019 年 3 月，山东省地矿局党委书记、局长张忠明（右三）到六队调研指导工作

2019年5月，基础公司成功中标“融创－南海湾一期桩基”项目，中标总价2342万元。本次中标刷新了六队基础施工业单项最大合同额纪录，也是六队基础施工业首次与全国地产前20强企业携手合作

2019 年 11 月，六队在山东省地矿系统水文地质环境地质职工技能竞赛中获得多个奖项

2019 年 11 月，六队在中国技能大赛第二届全国地质勘查行业职业技能（钻探）竞赛决赛中勇夺团体第一名等多个奖项

2020 年 1 月，六队水旺庄矿区金矿勘探项目全面启动

2020 年 2 月，战“疫”复工两不误——六队临港区郝家山村北废弃矿山地质环境治理工程开工

2020 年 3 月，六队的《胶西北纱岭矿区深部找矿重大突破及关键技术研究》获得中国黄金协会特等奖、自然资源部二等奖

2020 年 7 月，六队成功获批山东省深部金矿探测大数据应用开发工程实验室

2020 年 11 月，六队在 2020 年山东省“技能兴鲁”职业技能大赛——地质勘查行业地质调查员职业技能竞赛中连获佳绩

2021 年 6 月，六队进行海岛物探

2021 年 10 月，六队组织开展新时代岗位建功职业技能竞赛

2022 年 7 月 16 日，六队成功举办 2022 年度职业技能竞赛（地质勘查）

2022 年 10 月 4 日，山东省副省长孙继业（左六）向六队全体地质工作者传达习近平总书记重要回信

2022 年 10 月 13 日，六队和威海文旅集团开展党建共建活动图

2022 年 10 月 16 日，六队组织党员收看党的二十大开幕盛况

2022 年 11 月 1 日，六队与中国移动通信集团山东有限公司威海分公司举行“党建和创”暨战略合作框架协议签约仪式

六队第一个国外自有矿权协议签订背后的故事

时光荏苒，转眼间我来到“英雄地质队”已经12年了。12年来，在“英雄地质队”旗帜引领下，足迹曾踏至内蒙古、甘肃、青海，以及国外的苏丹、老挝、委内瑞拉等地，其中在苏丹的工作尤为让我难忘。

2018年，为落实中非合作论坛北京峰会精神，我领队到苏丹进行矿权考察工作。苏丹位于非洲东北部，红海沿岸，撒哈拉沙漠东端，属热带沙漠气候，干旱和炎热是这个国家的特征，首都喀土穆更是有“世界火炉”之称。

经过十几个小时的飞机颠簸，我们一行三人终于来到了非洲这片神秘的土地。记得那是晚上9点左右，刚下飞机，就觉热浪扑面而来，立马感受到了来自“火炉”的热情。去往住宿酒店的路上，让我对这个国家有了第一印象，既没有代表现代繁华的高楼大厦，也没有一些人想象的贫穷杂乱，非洲式建筑倒是别有一番风情。

在经历10多天充分适应非洲节奏后，我们终于拿到手续踏上了矿区考察之路。我们穿过美丽的尼罗河，踏上了茫茫的沙漠戈壁滩，一路风尘仆仆，一路风光无限。司机也像脱缰的野马，伴随着欢快的非洲小调，撒欢于茫茫的原野。不知不觉速度到了一百七八十迈，砂石飞溅，仿佛到了起飞的边缘，看着路边时不时出现的牲畜尸体，心里难免害怕，我赶紧让翻译告诉司机降低车速。可能炎热的天气让非洲人养成了喜欢兜风的性格，我们一百迈的车速竟被飞也似的超车。正迷迷糊糊着，司机突然停下了车。眼前的景象不禁让我们大吃一惊，原来一辆皮卡车突然爆胎失去控制，车辆已歪斜于路边沙滩，车后厢里的人滚落一地，已没有动静。在经过短暂蒙圈后，我马上让司机打电话叫救护车，无奈处于无信号区。最近的城市至少要两三个小时车程，地面温度六七十摄氏度，再等下去后果不堪设想。在征得伤者同意后，我们两辆车在路人帮助下将10名伤者送至当地医院。由于送治及时，10名伤者全部得救。当翻译告诉院长是中国人救助了这些伤者后，院长紧紧地握住了我的手，通过翻译表达着他的谢意。中苏是友好合作伙伴，遇到这样的情况救人也是我们应该做的。

在经历了北方州、尼罗州等多次考察否定后，我们接着考察了位于红海州的RS13区块。RS13区块位于努比亚地盾，红海造山带，经前期考察，苏丹地质调查局工作人员认为该区不存在金矿化。通过收集资料综合分析，认真研判，六队专家委员会认为该区存在赋存于剪切带的造山型金矿的可能性较大。

目标已经确定，剩下的就是实践工作了。我们租住在当地豪华的通风"别墅"里，300平方公里的野外地质调查和化探取样工作正式开始。每天冒着40多摄氏度的高温，我们穿梭于造山带几百米高差的山区填图，不到一周，整个人蜕了一层皮，手上的皮肤像纸一样被撕掉。找矿的路也不是一帆风顺的，有一次为了更好地了解该区域矿化类型信息，我们邀请向导带我们深入红海山腹地考察英殖民时期开采的金矿。200公里的山路，预计5—6个小时的车程，不曾想前段时间的一场大雨冲断了原路唯一的桥梁，路已经改道了。绕了几个大圈后，在当地人的引导下我们终于回到了原路，到达矿区时已是凌晨1点。夜里山里的气温下降得异常快，冷风飕飕，与白天相比简直是冰火两重天，也让我见识到了"非洲火炉"的另一面。没有宾馆，我们就在当地牧民的院子里天作被地当床地蜷缩一夜挨到天亮。经历过超大沙尘暴，经历过沙漠误车排险，经历过未开化原住民部落阻拦，经历过野狗追赶，住过羊圈"露天宾馆"，历时近3个月，我们终于发现了重大找矿线索。矿区内发现6公里长1公里宽的规模剪切带，取样最高品位16克/吨，且见民采现象，部分地区可见明金，该剪切带具有较好的找矿前景。

RS13区块为六队签订的第一个国外自有矿权协议，开了六队在境外进行自主矿权勘查的先河，为国外矿权运作积累了经验，为新时代"英雄地质队"高质量发展开辟了蹊径。作为该矿权的经历者、见证者、促成者，我感到非常荣幸。虽然经历了很多，但每次谈起 RS13 矿权，一种自豪感便油然而生。

苏丹的自主矿权勘查是我重要的人生阅历，感谢“英雄地质队”的培养，我与“英雄地质队”的故事还将续写。

（山东省地矿局第六地质大队总工程师办公室副主任　吕军阳）

西行笔记

题记：30 年前，山东省地矿局第六地质大队（以下简称“六队”）受到国务院表彰，被命名为“功勋卓著无私奉献的英雄地质队”；20 年前，“英雄地质队”队员响应国家西部大开发战略的号召，积极投身西部寻找矿藏……岁月总在不经意间流逝，有感而发，作文以记之。

自 2002 年开始，我队赴西部地区开展地质探矿工作已整整 20 年。20 年来，“英雄地质队”队员牢记“三光荣”“四特别”的地质人精神，足迹遍布新疆、西藏、内蒙古、重庆、云南、贵州、四川、陕西、甘肃和青海等地，以强烈的责任担当完成了一项又一项找矿任务。我也有幸在西部地区工作几年，虽时间不长，但许多事情时时萦绕于脑海，回味无穷……

翻越野牛沟

2011 年是我参加工作的第二年，单位安排我到青海项目工作。作为当时六队最大的野外项目部，我满怀期待地踏上了前往青海的火车。火车不断向西行进，车外的颜色也由植被茂盛的绿色逐渐变为草少苗稀的黄色，一路跟随的蛋黄派也由于大气压强的降低而胀破了肚皮，这是我对青海的第一印象。

在项目上，我负责物资保障工作。当时各个子项目较多，最近的项目距离项目部所在地格尔木市也有 300 公里以上，而且施工地点均处在荒滩戈壁，因此货物的供给需要从格尔木调配保障。格尔木市区海拔 2850 米，其名字原意是河流密集的地方，季节性洪水很多，经常冲毁路基和桥梁，致使物资不能及时运达。为了不影响物资的装卸、保证安全行车，项目多是雇用两个司机。

记得有一次，卡尔却卡项目急需一批材料，项目领导安排我跟随货车一起运送。装好车已是晚上，司机是兄弟俩，在出发前还不断地告诉我多穿点衣服，晚上很冷。车辆开始了 520 公里的西行，途经的地方名字都很有特点：乌图美仁乡、那陵格勒河、野牛沟……随着高度的不断增加，我的耳朵开始有了反应，高原的夜晚冷得冻透了棉衣，司机好心地给我找了件大衣御寒。货车来到了此行的最高点——野牛沟，海拔有 4500 米。兄弟俩给我讲起了野牛沟的故事，说在青海最危险的动物就是野牛，它们脾气暴躁，经常对着车辆横冲直撞，遇到后一定要停车或者往回走，千万不要招惹。

经过 12 个小时的路程，在第二天早上我们顺利到达卡尔却卡工地。卸好车后，项目部安排我们在宿舍帐篷休息，高原反应让人头似针扎，根本不能入睡。时任 612 机机长郑彩兵给了我红景天和葡萄糖这两种抗高原反应药物服上，症状才稍好些。

听我说起路上的见闻，健谈的郑彩兵也打开了话匣子：有一次从矿区回格尔木就受到了野牦牛的攻击，单薄的车辆险些被撞翻；还有一次车辆经过那棱格勒河时，由于水流太大，行车似划船，直接漂在了水上，最后调来铲车才给拖出来……

卡尔却卡矿区海拔 4200—4700 米，山顶还保存有现代冰川，就是在这种常人待着都有不良反应的高原，项目机台还要保证完成修路、平整场地、供水、供电、钻进、封孔等诸多施工任务，需要克服的困难可想而知。但就是在这样的环境下，他们始终不忘地质报国初心，不说苦、不喊累，高质量地完成当年的工作任务，完成钻探工作量近 17000 米，最深钻孔超过 1100 米。

沙雪牛苦头

2014 年正月还没有过完，青海项目的所有人员就已到格尔木开展工作了，我和项目经理郝永刚负责牛苦头项目的施工任务。牛苦头项目距离格尔木市约320公里，海拔3800米，同样是地处荒滩戈壁，周围的井水由于盐度很高而不能饮用，每隔2—3天都是开着2个小时的“战旗车”到附近的五一河取水。“战旗车”由于车况和密封不是太好，而且有很长一段搓板路，车里的尘土比车外的还要大，大家都戏称它是“八面漏风”。项目部所在的地区周围开阔，土壤松散，“大漠沙如雪”，每当大风起兮尘飞扬，遮天蔽日，吃饭的时候飞进嘴里的沙子总是让人印象深刻。

高原的天气也是变化无常，内地五月为温暖时节，矿区却仍旧下雪，用“一天四季”形容也不为过，经常是飘过来一片云彩就下点雪，很有岑参“胡天八月即飞雪”的意境。太阳一出来，向阳的地方可以穿些单衣，背阳的地方穿上棉大衣还是能感到凉意，高原红和高原蓝终于在此刻握手言和。项目部设在离钻机不太远的废弃板房，这在当地已算最好的条件，早上机台交接班的时候经常是踩着雪上去，下午踩着泥泞的土路回来。

记得当时为了保证项目职工的健康，单位给每个子项目配备了血压检测仪等医疗设备和药品，大家都抢着学习使用方法给别人测量，说着一个又一个的健康血压，直到项目经理郝永刚测出了高压210毫米汞柱，我才知道，在繁重的工作中，他的身体也一直在硬撑，在努力克服高原反应，他也常说：“领导信任咱，咱就得把活儿干好……”（后续领导了解情况后，适逢组建贵州项目部，就把他调至贵州赫章，他才恋恋不舍地走下高原）

夜宿东洞沟

在完成牛苦头的施工任务后，我和现任613机机长吴明明前往甘肃肃北县东洞沟矿区开展施工任务。格尔木市距离肃北县500多公里，矿区距离县城也有两个多小时的路程，且多为山路，按照惯例我们在工地搭建了帐篷。由于此地水草较多，海拔虽然超过4000米，高原反应比青海还是轻了许多。

刚到矿区，甲方就提醒我们要减少外出，此处野生动物较多，有狼、熊、豹子、骆驼、旱獭等，特别是狼和熊，一定要当心，它们最容易攻击人，周围还有狼查沟这种让人听到名字就浮想联翩的地方。大家知道后也都小心翼翼，从不单独外出，同时减少离开驻地的时间。

有一天忙完钻机的例行检查后已是晚上，大家简短交流后就回到帐篷休息。恰巧当天有点雨雪，帐篷里暖和的炉子和外面的阴冷天气对比鲜明，很快周围就只剩下一片鼾声。第二天早上天刚亮，机台职工就过来说昨天晚上有“熊出没”，我们赶紧出来查看情况。只见帐篷上有许多熊的爪印，厨房帐篷由于放了较多的食物也被翻得乱七八糟。一个半夜听到动静的职工也是没敢吱声，战战兢兢了一夜……

“蜗行”十八弯

2015 年 11 月，青海大部分项目已完成野外作业。作为年度最后一项施工任务，青海海北藏族自治州门源县扎麻图矿区的钻探工作却开展得极为困难：地层破碎造成的塌孔事故频发，天气寒冷使生产生活用水极为不便。为了稳定职工情绪，使工作能顺利完成，我和时任青海项目经理王金平从格尔木出发，到门源县扎麻图矿区查看现场情况。

车辆越过达坂山就到门源县，达坂山依山开凿，道路曲折，冬春季节冰雪不断，当地有句谚语“千难万险的鬼门关，难不过雪天里的达坂”，足见其凶险程度。当时正值冬季，天空中的雪和路上的冰叠加在一起，使这段路途行驶起来格外缓慢。

到达矿区前还有最后一段山路，这是一段不为外人所知的山路，也是依山而挖，九曲十八弯，山上多雨雪，滚落的沙石使得原来内矮外高的路变成了内高外矮，转弯处也是异常狭窄。走到半山腰时，由于当时正在下雪，使得车辆出现了严重的打滑情况。我往山下一看，这才感受到路况的凶险，下方为百余米的深沟，双腿也是不停地打战，真是“千难万险的达坂山，难不过雪天里的十八弯”……真是胆战心惊地终于挨过了这段路。停下车后，王金平把手放在我的面前，只见上面已满是汗水，想必这种路他在西部十余年也是不曾多见吧！

这些是我的一些经历，可以肯定的是，每个从事野外工作的同事都有许许多多的故事，每个人都是一本书。一些记忆片段也使我经常想起当年奋斗的岁月：忘不了像魏益强、张德亮等这些扎根西部 10 余年、年龄相仿的同事；忘不了在哈日扎矿区大雪封山、冰洞中生炉取水的场景；忘不了在东洞沟矿区维修汽车悬挂、趴在冰冷地面上的机长……

我时常想，究竟是什么让“英雄地质队”的成员不畏劳苦、敢为人先？我想我已有了自己的答案：是“英雄地质队”队员不忘地质报国初心的激励，也是中国人从古至今厚植于灵魂深处的家国情怀，更是实现中华民族伟大复兴的坚定决心！

（山东省地矿局第六地质大队资产设备科科长　商振华）

不忘山野情怀　传承英雄本色

“嫁女不嫁地质郎，一年四季到处忙。春夏秋冬不回家，回家一包脏衣裳。”“远看像个要饭的，近看像个收破烂的，仔细一看是个勘探的。”这些顺口溜都是我早就听过的，说心里话，我是不认同的。为什么？因为我的爷爷、父亲都曾在地质野外一线工作过。风餐露宿，跋山涉水，栉风沐雨，奉献青春。印象中，父亲每次从一线回来，虽然风尘仆仆、辛苦疲惫，但都是干干净净、利利索索的，旅行包中不仅没有脏衣服，还都是给我买的玩具和食品，满满一兜对家的深情。每每谈起野外生活，他都是兴高采烈、侃侃而谈，脸上洋溢着山野的情怀，令人神往。所以，我对地质工作有着独特的情怀。高考的时候，我填报的志愿都与地质院校的地质专业有关。在学校每次听到同学说起这些顺口溜，我都会上前争论辩解，“才不是这样的，那些都是猴年马月的事了”。的确，地质工作是艰苦的行业，正因为其艰苦卓绝，又关乎国家发展大局，才具有基础性、先行性、挑战性、创造性。从事地质工作的人，更得具有奉献精神和坚忍不拔的意志。我想，一代代地质人正在将这种精神和意志传承下来，“献了青春，献子孙”，终生不悔。

大学毕业后，我考入了山东省地矿局第六地质大队（以下简称“六队”）。清楚记得那是 2011 年 8 月 20 日，我踏上了英雄之路。直到现在，整整 12 个年头，仆仆风尘，摸爬滚打，翻山越岭，酸甜苦辣，才深刻体会到“英雄地质队”这个称号的来之不易。回想起参与的第一个项目，来到赫赫有名的纱岭矿区时，项目负责人宋国政给我们这些“新瓜蛋子”谈起“英雄地质队”的往事，犹在耳旁：“六队为什么能成为全国唯一的‘英雄地质队’，就是因为他不仅创造性地发现了焦家成矿带，打破了‘大断裂只导矿不储矿’的金科玉律，而且提出的‘焦家式’成矿理论，在世界黄金找矿史上独树一帜。依靠该理论，又相继发现了三山岛、新城、马塘、东季、河东金矿，初步建立起焦家式金矿成矿模式。咱们现在探寻的纱岭矿床也是通过‘焦家式’成矿理论发现的，金储量至少在400吨以上。”听到这里我震惊了，被老一辈地质人的精神所震撼，这里面的艰辛与困苦、挑战与创新、光荣与梦想无法用语言来形容，内心顿时充满了身为“英雄地质队”一员的骄傲和自豪。

初到矿区，我的第一份工作是野外地质填图。我的第一位师傅，也可以说是启蒙老师，是地质勘查界的泰斗级人物姜洪利。当时，姜老师已经退休，社会上有不少单位慕名而来，高薪聘请他。他都拒绝了，义无反顾地接受六队返聘，重返地质勘查一线。按理说他是不再收徒的，但我很幸运，成为他的徒弟，也算是关门弟子吧！第一次跟着他出野外填图，我就被他健美的体魄、旺盛的精力所感染。年过六旬的他，行事干练，走路带风，饱经风霜的脸上，一双朴实眼睛中流露出坚定和刚毅，一看就是个工作严谨、勇于担当的人。因为常年跋山涉水，练就了一双铁脚板，不仅能跑，而且耐力惊人。但当时我是不知道的，总觉得我一个20来岁的大小伙子，还能跑不过60岁的师傅。所以，我主动要求承担背样品和食物的任务。师傅说：“城里娃，背好你自己的东西就行啦！”我们早上7∶30出门，一直到傍晚时分才下山。一开始我是紧跟师傅的步伐，一步不落，后来是越落越远，一步一瘸，最后是拄着拐举步维艰。回到驻地，我一下瘫软在床上。那一天让我终生难忘，也真正明白了师傅那句话的含义，他是告诫我，干什么事都不要冲动，要循序渐进，一步一个脚印。当然，师傅的体力和耐力着实让我佩服得五体投地。师傅身体力行地带领我们地质组跋山涉水、不畏艰辛，夜以继日、攻坚克难，提供了科学准确的地质依据，为发现和探明纱岭这座全国乃至亚洲最大的单体金矿床立下了汗马功劳。这期间，师傅荣获山东省优秀共产党员称号，据说这是我局建局以来个人获得的党内最高荣耀称号，还被省里推选为山东省第十届党代会代表。载誉归来，师傅一如既往地投入繁忙的工作之中。他经常用英雄队的奋斗史来教育我们，却很少涉及他个人的业绩，即便是电视台记者采访他，他的语言也非常朴实无华、低调平淡。我从师傅身上学到了很多东西，也更深刻体会到“英雄地质队”的真谛。师傅就是“英雄地质队”老一辈地质人的杰出代表，在他身上集中体现了地质人不为名不为利、忠诚担当、埋头苦干、无私奉献的精神。我知道，这就是“英雄地质队”精神的强大动力，这种精神一定会世代相传，永不褪色。

在师傅的言传身教下，我逐渐成熟起来。我承担的第一个任务，是在矿区南部242线编录钻孔。我永远也忘不了第一次看到断层泥，那厚达十几米的矿层，心里掩饰不住的喜悦。我急切地将样品送到化验室，恳请化验人员尽快计算出金矿的品位。看着化验结果就像拿着考试成绩单那样颤抖着双手，人生编录的第一个钻孔就有10多米的样品见矿，这是多么大的幸运和福气，我不是在做梦吧？细细想来，这一切都是因为我站在一个巨人的肩膀上，没有“英雄地质队”前辈的披荆斩棘、深耕胶东，六队哪会有今天的找矿成果和幸福时光。“爱国敬业、无私奉献、守正创新、勇于登攀”的“英雄地质队”精神和地质报国情怀，滋养培育我从一般技术员逐渐成长为项目负责人，先后在数十个矿区工作，积累了宝贵的野外工作经验，也不断磨炼了攻坚克难、坚忍不拔的品格。

回忆当年公司领导告诫我们新入职人员的话：“进入‘英雄地质队’，就要风雨无阻，就要不怕吃苦。”我当时是毫不犹豫地脱掉休闲服，换上迷彩装，背上地质行囊，奔赴野外项目第一线，经风历雨，备尝艰辛。日复一日，月复一月，我的身体消瘦了20余斤，逐渐变得像师傅那样精瘦干练，皮肤也彻彻底底变成了“油光黑”，闲暇时一照镜子，忽然感觉自己变得很陌生，心说“这下不好找对象了”。现在，对家人的思念只有翻开当年的日记才能体会到，尤其是在中秋之夜，我非常想念远方的父母。我想他们一定坐在一起吃着月饼，品尝着妈妈做的美味佳肴，此时一股暖流不禁涌上心头。

日月如梭，时光荏苒，我从野外地质人员变为一名机关工作人员，虽然不在野外一线，但我对地质报国的信念却是有增无减。有了那段山中岁月的洗礼、野外工作的磨砺和师傅的谆谆教诲，让我变得胸怀宽广、心性豁达。今后不管在什么岗位上工作，我都会自觉发扬“三光荣”“四特别”精神，艰苦奋斗，冲锋在前，走好新时代“英雄地质队”的新长征路。

（山东省地矿局第六地质大队劳动人事科副科长　张艺多）

踏着前辈的足迹

好雨知时节，当春乃发生。随风潜入夜，润物细无声。我有幸成为“英雄地质队”的一员，不知不觉中已有10余年。

2011年，经事业单位招聘，我加入了山东省地矿局第六地质大队（以下简称“六队”）这个大家庭。刚到招远基地（原队部）的时候，空气中弥漫着酒糟的味道。对于我们这些刚入职的新兵来说，心中既兴奋又忐忑。经过一周的岗前培训，大家各自奔赴工作岗位，我走进了一个陌生的环境——基础勘查内蒙古项目部。

在这里，地质前辈讲述了项目部居住的“别墅”。刚到项目部时看到了矿区半山腰上的一排红砖房，前辈和我们讲：“看到前面的红砖房了吗？那就是我们的‘别墅’。”等走近房子时，映入眼帘的是堆放着杂乱废弃物，如白土粉、水泥、废塑料的房间，门是坏的，窗是破的，屋顶白天可以看晴空，晚上可以看星星。这样的居住环境对于当时的我触动很大，可相比地质前辈住过的牛棚、马圈，这已经好了好很多。最终经过大家全面彻底的清理打扫、修补，大家住进了“别墅”。

在这里，地质前辈讲述了东北三宝：人参、貂皮、乌拉草，而“地质三宝”，则是地质锤、罗盘、放大镜。地质前辈用最原始、最简单的工具来探索岩体复杂多变的过去。在“地质三宝”中，与我最亲密、感情最深的是地质锤。它既是我的工具，又是我的伴侣，形影不离，跟着我走遍了绿绿草原的每个机台。

在这里，地质前辈讲述了2007年11月，“英雄地质队”焦家深部勘探会战，组织了9台钻机参战。山东省地矿局相关处室和英雄六队的技术力量联合，成立了深部找矿理论攻关小组，对胶东金矿找矿成果、控矿条件和成矿规律进行系统的总结。

无论晴空万里还是阴云密布，我都跟随地质前辈到每个机台进行地质编录，详细记录钻探进尺、取样岩芯的岩性、矿化蚀变、构造、裂隙发育等地质现象，傍晚回到室内将编录资料进行整理，形成电子地质图件资料。紧张忙碌的工作之余，大家坐在半山腰仰望漫天的星斗，看见草原上布置的钻机灯火通明，时而传来了钻机开动的声音、取芯敲击钻杆的声音，就好像前辈讲的故事在脑海中回放，直到现在时而想起心中都无比地怀念。

现在我由一名野外地质人员变成了一名资产管理人员，虽然工作岗位发生了改变，但在那段难忘的记忆里，给我的感悟和深深烙印心中的"英雄地质队"精神是永远不会改变的。"英雄地质队"精神，就是"三光荣""四特别"的真实写照。无论我身处哪个岗位，都要以献身地质事业、艰苦奋斗、找矿立功为荣，在工作生活的任何环境下，都要发扬"特别能吃苦、特别能忍耐、特别能战斗、特别能奉献"的精神。

在"英雄地质队"这个大家庭中，我要继续立足岗位职责，充分发挥模范带头作用，不断锤炼本领，为建设新时代现代化创新型幸福和谐美丽新六队贡献力量。

（山东省地矿局第六地质大队资产设备科副负责人　冯柏成）

六队回忆

2011 年，我从青岛地质院调入山东省地矿局第六地质大队（以下简称“六队”）工作，刚来的时候，六队的总部还在招远。当我第一次到招远的时候，感觉一切是那么的陌生，陌生的环境、陌生的同事，让我感到欣慰的是，财务科的同事们都很热情，主动帮助我融入六队这个大家庭中。当时战洪雷书记还是财务科科长，他带着我熟悉六队的工作流程，熟悉六队的文化传承，熟悉六队的历史功绩，对我帮助很大。每到饭点他总是喊我一块到食堂打饭，有一次加班晚了，到食堂的时候，已经没有什么饭了，他就把大部分的菜分给了我，自己只留了一点点，笑着对我说，晚上他不喜欢多吃，少吃点就可以，其实主要还是替我考虑。到了周末，我们一起返回威海。那时我还不会开车，他就开车拉着我往返。当时队上很多人到了周末都会回威海，有时也会找到他，但他总是给我留一个位置。一直等到半年后，六队总部从招远搬到了威海，每周往返招远的情况才消失了。战书记开车往返招远，费用都是自己支付的，从未向搭车的同事要过车费，也从没向我提起过往返费用的事，这让我一直心存感激。他跟我说过，最早没车的时候，他都是坐公共汽车往返招远，后来条件好了，自己买了车，才不用天天去挤长途客车。为了早上按时到达招远，每周一他都是早上 6 点前就要出发，到达招远时都 8 点了，然后开始一天的工作。这样的生活他坚持了 8 年，直到 2011 年才结束。总部搬到威海后，家在招远的同事开始了奔波，有的同事两个多月没有回家，但他们毫无怨言，仍是一心扑在工作上。六队职工用自己的工作热情，克服了两地办公带来的不便，为了六队的发展付出了辛勤的汗水。

这样的故事在六队很多、很普遍，他们跋山涉水，一去就是几个月乃至大半年，为了苏丹找矿工作，苏丹项目组的同事去了10个多月仍未回过家，远在异国他乡，只能通过视频同家人诉说一下思念之苦。正是有了这样的同事，舍小家为大家，六队的事业才能越来越好。

（山东省地矿局第六地质大队财务科科长　李琳琳）

新时代的钻探人

怀揣梦想，踏上征程

2012年，我从河北地质大学毕业后，来山东省地矿局第六地质大队（以下简称“六队”）参加工作。在“功勋卓著、无私奉献”的“英雄地质队”精神感召下，我跟随六队的钻探队伍，进沙漠、上高原，战严寒、斗酷暑，转战省内外十几个矿区。参加工作第一年，我主动申请远赴苏丹钻探项目，到条件最艰苦的地区磨炼技艺。苏丹是一个让人生畏的名字，局势动荡、自然环境恶劣。通往工区的路况很差，汽车只能借助当地人的经验行驶在沙漠中，因路途坎坷、崎岖不平，几十公里的路程往往需要三个多小时。由于是两班作业，我每天休息的时间只有五六个小时，其中艰辛是常人所无法想象的。有一次夜班结束后，我们行驶在大漠戈壁，突如其来的沙尘暴。使我们失去了前进的方向，怎么也找不到回基地的路。我看着油表的指针下了一大半，无奈只能在原地等待沙尘暴的结束。平时活泼开朗的同事们自始至终没有说一句话，默默地祈祷也许是唯一的办法。我心中陡然产生了一种苍凉悲壮的感觉，不禁潸然泪下。历经12个小时，我们才到达基地。困难没有吓倒我们，随后大家迅速调整好心态，继续前往飘扬着英雄队旗帜的钻场。钻探人那种不畏困难、吃苦耐劳的精神深深地感染着我。现在回想起来，除了感叹，更多的还是感动，我也很荣幸成为一名合格的六队人，在前行的征程上一直有英雄六队的精神鼓舞和激励着我。

勇挑重担，砥砺韬光

2018年1月，探矿工程处成立了新的领导班子，几个月下来，我感受到新领导班子对年轻人的培养和发展规划。2018年7月，公司领导班子大胆任命我担任水旺庄3000米科钻项目经理，我受宠若惊，却也忐忑不安。我抱着不辜负领导的信任和不达目的誓不罢休的决心，勇敢地接受了这份挑战。科钻施工过程中，钻遇了栾家河、破头青和九曲蒋家三大构造破碎带，地层破碎，掉块严重，施工难度极大。经过反复研究，我们制订了详细的钻孔施工设计及以预防为主的钻探问题解决方案。该孔采用抗高温高黏性泥浆，提高泥浆的比重，平衡地层压力，并通过抗高温材料封孔及"硬护壁"套管隔离进行护壁，及时有效地处理了2262米处的缩径卡钻事故和2600米的吸附卡钻事故，保证了钻孔的顺利施工。在2850米以深，由于涌水严重，造成孔内钻具内外压力失衡以及投放打捞器时间较长，岩芯管极易卡死，无法打捞，紧接着又出现了地层压力大、温度高、设备疲劳等一系列难题，稍有差池将会前功尽弃。我带领机台职工夜以继日，虚心请教老专家和技术骨干，反复研究应对事故的措施，不断改进工艺和设备，采用断绳打捞器随钻转车，平衡内外压力，从而成功打捞岩芯管。为确保孔内安全、提升施工效率，项目全体人员从开孔到终孔没有休息一天，24小时都靠在机台上，春节期间依然坚守岗位。最终克服了重重困难，历时232天终孔，孔深3000.58米，我们比设计提前四个月，高质量高效率地完成了这项任务，并创造了全国小口径钻探金矿领域同类型钻探施工效率之最，刷新了招平断裂带孔深新纪录。

2018—2021年，队上命我担任西北项目经理。在王金平经理的帮助下，我累计负责青海贵地1井、二道沟、黑刺沟、哈日扎、天页2井等30余个项目。为了赶工期、保质量、抓安全，我每个月都要把近20个工地跑一遍，行程近2000公里。青海项目创造产值5000余万元。其中，青海省黑刺沟矿区钻探项目，是青海地调院继完成青海铜金山、二道沟深孔项目后，交与我们的又一高难度施工任务。该矿区海拔高、全孔漏失、沙砾层复杂交错、岩芯采取率低等特点，严重影响到项目的施工进度。为解决该矿区复杂地层的施工难点，作为技术攻关的带头人，我刻苦钻研，精益求精，不断探索先进技术。我带领钻探技术团队住在海拔5000米的帐篷里，克服高原反应带来头疼的困扰，反复进行现场实验和研究沙砾层的特点，最终摸索出了一套跟管结合底喷钻头、无泵取芯的钻井技术，突破了钻孔坍塌和取芯率低、难以成井的施工难题，大大提高了成孔率，并降低了生产成本。连续三年未完成施工任务的“魔咒”被我们打破了，青海地调院给予我们“挑战极限，奋战高原，技术精湛，情系兄弟单位”的高度赞扬，同时也表达了他们的敬佩之情。

七年磨剑，不负众望

2019年，在队党委的关怀和帮助下，在探矿工程处的悉心培养和指导下，在全国技术能手董泽训同志的倾心传授下，使我从一名普通钻工逐步成长为一名合格的项目经理。2022年，我有幸代表六队参加第二届全国地质勘查行业职业技能（钻探）竞赛，从8月到10月，队领导在百忙之中抽时间到现场给我们做技术指导及心理疏导，中秋节时也一直在训练场陪伴我们。在领导的关心下，我们更加斗志昂扬，进一步增强了争夺第一的信心。在训练期间，六队竞赛组委会给我们提供了最好的后勤保障，还给我们训练总结出了很多非常宝贵的实战经验。我们的教练、全国技术能手董泽训花费了非常大的心血指导我们，他始终把“以爱动其心，以严导其行”的原则落实到每一个细节，将真诚和关爱送给每一个人。正是因为整个六队人的鼓励帮助，让我信心倍增，动力十足。人要懂得感恩，在这儿想对你们说声：“你们辛苦了！”

时隔8年的全国钻探大赛是多少钻探人的梦，这次把机会给了我们，我们岂能辜负一代代钻探人的期许？赛期逼近，团队3人全力备战大赛，实行3个月的“魔鬼式”集中训练。我不断挑战自我，努力拼搏、坚持不懈地完成了比赛。一分耕耘，一分收获，最终，我们队获得了团体第一名的好成绩。

荣誉的背后是对“英雄地质队”深厚底蕴的传承，是一代代六队人努力的结果，是对六队钻探产业实力的肯定，是属于六队钻探队员的集体荣誉。60余年来，我们的前辈们怀着对祖国、对人民的无限忠诚，发扬地质“三光荣”精神，跋山涉水、栉风沐雨，共计完成了500余万米钻探工作量，在近80个2000米以深钻孔和3个3000米以深钻孔中锻炼了深厚的技术功底。特别是在青藏高原上，前辈们钻山沟、爬雪山、蹚冰河、睡机台，克服高寒缺氧、物资匮乏、冰封断流等重重困难，以董泽训、王金平为代表的钻探人坚守高原17载，用血肉之躯战天斗地，在雪域高原树立了“高原铁军”的英雄旗帜。作为一名新时代的六队钻探人，如何守护这面旗帜、怎样传承这门技艺？

直到到了青海项目，我才切身体会到了高原钻探人的艰辛和坚守。荣誉虽然美好，它终究已经属于过去，前进的道路没有终点。在这次比赛中，我懂得了要想成功，必须要有足够的耐心、足够的信心和不怕苦不怕累的精神。作为驻西部办事处副负责人兼探矿工程处副负责人的我，将继续以“争创一流”的姿态，立足本职岗位，努力开拓地勘市场，弘扬“英雄地质队”精神，全力守护“高原铁军”的旗帜，为六队地质高质量发展奉献力量！

（山东省地矿局第六地质大队驻西部办事处副负责人　马晓鹏）

在机台的那些年

时光飞逝，岁月如梭，2022 年是我在“英雄地质队”工作的第十年。回首过往，令我受益匪浅、思绪万千，终生难忘的无疑是在机台的那些年。

2012 年秋天，我从吉林大学钻探专业毕业，来到山东省地矿局第六地质大队（以下简称“六队”）参加工作。入职培训结束后，我就去了内蒙古兴和县曹四夭钼矿区钻探项目，从一名钻工做起，成为一个钻探新人。内蒙古项目结束后，我先后在招远玲珑、青山李家矿区和莱州曲家、纱岭、南吕—欣木矿区从事一线钻探生产和管理工作。这 10 年，在前辈的悉心指导下，我积累了一定的钻探实际生产技术和宝贵经验，也亲自见证了六队钻探产业不平凡的发展历程，更深刻感受到了“英雄地质队”精神在野外一线的传承和发扬。

初到机台，带我的师父有个特殊的要求，就是每天下班后让我带着一个问题回来，他在宿舍墙上的白板上给我答疑解惑。这种传帮带的优良传统，引导我将理论与实践相结合，使我很快掌握了钻探实际生产的基本技术。机台老师傅们精益求精、不畏艰难的工作态度令人佩服。特别是在钻遇复杂地层、处理孔内事故等难题方面，六队技术团队充分发扬首创、群创精神，通过开展钻探设备改进、钻杆探伤检测、涂层岩芯管试验、岩芯管到位报警系统、钻杆油脂涂抹器、深孔钻头和扩孔器、钻进参数随钻检测、深孔液动锤试验等一系列钻探新技术、新工艺的试验研究和应用，积极推广新工艺、新方法，不断创新专业技术手段，确保了钻探项目的高效保质推进。

2012 年以来，六队在“阶梯成矿理论”的指导下，连续在招平成矿带发现玲南深部，李家庄、水旺庄深部，后仓深部，姜家窑深部 5 个大型—超大型金矿，累计探明金矿资源量 418 吨；在栖蓬成矿区发现中小型金矿床 34 个，累计探明金矿储量 123 吨；在牟乳成矿带发现金矿床 7 个，累计探明金矿储量 84 吨。短短 10 余年，六队仅在胶东地区就勘测黄金储量 1300 余吨，使胶东地区一跃成为世界第三大金矿聚集区，稳固了全国最大黄金生产基地的地位，构建了 3000 米以浅的金矿资源勘探成套技术体系。这些业绩的背后，是六队人在“英雄地质队”精神的支撑和感召下一步步“钻”出来的。

在地质找矿的低谷期，六队人艰苦创业，战天斗地；在地质找矿的春天里，六队人奋发有为，阔步向前；在地质找矿的转型期，六队人担当作为，开拓进取。正是凭借“爱国敬业、无私奉献、守正创新、勇毅登攀”的“英雄地质队”精神，成就了这支金牌队伍。野外钻探工作是地质工作必不可少且相当重要的环节，它带给我的不仅仅是学习锻炼，还让我深刻认识到，地质工作需要卓绝的智慧和艰苦奋斗的情怀，才可以寻找到一处又一处矿产宝藏，实现地质找矿事业的重大突破。

（山东省地矿局第六地质大队纪检办公室副负责人　张晓龙）

蜕 变

回首过往，我已与“英雄地质队”共同走过8个春秋，心中百感交集，往事历历在目。那是一种无法用语言表达的情感，那是一种从稚气到不断成熟的蜕变，那更是一段让人终生难忘的青春奋斗记忆。

2014年，我从中国地质大学（北京）毕业，通过校园招聘会有幸来到了“英雄地质队”——山东省地矿局第六地质大队（以下简称“六队”）工作。8年前，青涩稚嫩的我怀揣着对地矿事业的满腔热忱来到了威海。报到的第一天，在领导的带领下，我同其他新入职的同事一起参观了六队荣誉室，当时就被六队突出的找矿功绩强烈地震撼着，被六队的“英雄地质队”精神深深地感染着，被六队“三个唯一”辉煌的荣誉时时地激励着。8年来，我常年扎根野外一线，孜孜不倦、精益求精、锲而不舍地磨炼着自己的钻探技能，用自己的一言一行践行着一名地质人的责任和担当。在领导和同事的关心培养下，我从一名普通职工逐步成长为探矿工程处的技术骨干。

艰苦奋斗，严谨务实，初到机台获赞许

入职六队后，我被分配到探矿处。在大学里学过4年的钻探工程专业，虽然积累和掌握了一定的钻探工程理论知识，但我深知“纸上得来终觉浅，绝知此事要躬行”这句话所蕴含的道理。为了能夯实专业技能、积累实践经验，更加深刻地领悟“英雄地质队”无私奉献的精神内涵，我主动向领导申请，跟随6212机台前往条件艰苦的内蒙古锡林郭勒盟阿巴嘎旗进行钻探施工。施工工地位于草原腹地，地方十分偏僻。当时已是深秋，到达工地时，呈现在

我眼前的景象是一片枯黄的草原和遮天蔽日的狂沙，日夜温差达到了20摄氏度。踌躇满志的我的激情瞬间跌至谷底，泪水情不自禁地在眼眶里打转，但当我想起以家国为怀、献身于地质，以天地为庐、播汗于河川的“英雄地质队”先辈们的峥嵘岁月，这点艰苦又算得了什么？于是，我立刻调整了心态，安心地在草原上安营扎寨。当时最大的问题就是物资和生活日用品十分匮乏，且工地附近没有房子、水电，我们只能住在临时搭建的帐篷里，像吉普卜人一样，钻孔在哪儿，帐篷就搬到哪儿。

就在这样的环境中，我决心从机台的一名钻工干起，从挖绷绳坑、调配泥浆、拧卸钻杆、装配钻具、整理岩芯、记录报表这些最基本的业务学起。那时候，我并没有因为自己是大学生而骄傲自满，而是虚心地向机台的工人师傅、班长、机长请教各种技术问题，时刻秉承艰苦奋斗的精神开展工作，遇到脏活儿、累活儿总是抢到前面，始终将勤奋努力当作自己不断提升、追求梦想的基础。在施工过程中，我和同事一起潜心研究、认真分析，积极运用自身掌握的理论知识并结合实际，解决了钻孔缩径、掉块、漏失等多个技术难题，获得了领导和同志们的赞许。被风霜洗礼的脸庞、嘴唇上一道道干裂的伤口、手掌上一个个肿胀的血泡，见证了我从一个初出茅庐的大学生向一位合格钻探技术员的转变，同时也让我明白了什么是生活，什么是成长。其间也有一些小插曲，永远也忘不了在钻孔终孔的那天晚上，我被安排在机台上独自看班。凌晨时分，机台上突然窜出一条牧民家的大狼狗，睡眼惺忪的我误以为是一条草原狼，吓得我毛骨悚然，拼命地爬上钻塔。最后，牧民家的狗慢慢地离开了，我才放下心来。

积极进取，脚踏实地，发愤图强学技术

2016年，凭借着对钻探技能学习的执着态度，在生产一线经历了2年的积累和磨砺之后，我终于成为一名合格的钻探班长。11月，我跟随625机台奔赴青藏高原北缘的甘肃省肃北县，在海拔4600米的贾公台金矿区进行钻探施工。在茫茫高原深处，我们开钻时已是寒风刺骨、滴水成冰。上夜班是我

们最难熬的时候。入夜后，气温会骤降至零下二十几摄氏度，大片大片的雪花也纷纷扬扬地落了下来，我穿着臃肿的棉衣棉裤站在“冰窖”一样的机台上，用冻僵的双手操控着钻机。作为班长，我必须要时刻紧盯着钻机不能离开片刻。由于气温过低，河水已经冰封断流，为了解决生产和生活用水，我带领着同事，拿着镐头，沿着河床四处刨冰找水。运气好的时候可以在几十厘米厚的冰层下找到一些残存的水源，但几天过后水就会用尽，我们又要再次寻找新的水源。随着气温的不断降低，已经无法寻找到任何流动水源了，我们只能在山下刨冰运回工地，将其加热融化成水，以供生产和生活。12 月的高原，零下二十几摄氏度的极寒天气和不足平原 50% 含氧量的缺氧环境，令很多同事都出现了严重的头痛失眠、胸闷气短、恶心呕吐等生理反应，我的体重也迅速下降。面对着空旷的山脊和雪域高原，我们并没有退缩。该项目是一场攻坚战，矿区地层复杂，构造发育，破碎带、断裂带交替出现，取芯难度极大，钻探施工中遇到的漏失、坍塌、掉块、卡钻等各类钻探难题频繁出现。面对着重重困难我没有退缩，因为我深知“工欲善其事，必先利其器”的道理。我和机长一起认真研究矿区地质资料和施工组织设计，然后因地制宜地调整施工技术方案，优化钻井液体系，使用新型的化学凝胶堵漏剂，不仅解决了施工难题，还将泥浆成本降到之前的 60%。在同事们的共同努力下，我们“不惜一切代价，想尽一切办法，克服一切困难”，最终完成该钻孔的施工。

我们的岗位虽然平凡，但是做到精于工作，所应具备的技术和知识一辈子也学不完。要想让自己在平凡的工作上出彩，就必须要主动学习，孜孜不倦地学习。2017 年，通过努力学习，我熟练掌握了 YDX–6 型 3500 米全液压动力头钻机和 XD–30DB 型 4000 米交流变频电动顶驱钻机的使用和操作技术，并先后在辽宁北票和招远青山李家矿区完成两个 2000 米的钻孔施工任务。近年来，我远赴内蒙古、甘肃、辽宁、河北、黑龙江、云南、贵州等多个省份进行钻探施工，凭借着对钻探的热爱和对工作的执着，我的钻探技术水平不断得到提高。

勤奋努力，厚积薄发，转战赛场赢荣誉

“干一行、爱一行、钻一行、精一行，一辈子只要干好一件事就行”，我的追求和梦想就是干好钻探。几年来，在“英雄地质队”无私奉献精神的感召下，在队党委的悉心培养下，在领导和同事的大力帮助下，我迅速成长为一名合格的钻探工作者，在工作中时刻都能保持着一股义无反顾的冲劲儿。2019年，我有幸参加了“中国技能大赛第二届全国地质勘查行业职业技能（钻探）竞赛”。得益于几年来在钻探一线积累的施工经验和专业知识，我顺利通过了队内的选拔考试。在队党委的精心筹备和大力支持下，在各部门的积极配合下，在师父董泽训的悉心指导下，在同事们的无私帮助下，通过一个月高强度的魔鬼训练，我在山东省选拔赛中代表六队获得团体第一名和个人综合成绩第一名的成绩，同时也获得了代表山东省参加全国决赛的资格。

在备战决赛期间，队党委高度重视、统一部署，为我们的训练投入大量的人力、财力、物力。队党委班子更是在百忙之中多次前往训练场地给予我们关怀、鼓励和指导，令我们深受感动。我们深知此次决赛不仅是一次个人技能展示的机会，更是一场捍卫我们“英雄地质队”集体荣誉的争夺战。我们每个人都严格贯彻教练组的战略和技术要求，狠抓每个细节，从严从实训练，确保各个操作环节和动作既规范达标，又赏心悦目。整个备赛过程中，大家团结协作，互帮互助，根据各自的特长，针对三项实操项目中的重点、难点和关键点潜心钻研和强化训练，发现问题互相提醒，模拟训练互相监督，每天分享交流学习体会，做到了互助互促、共同进步，充分展现了“英雄地质队”团结一致、奋勇拼搏和争创一流的良好精神风貌。最终经过激烈的角逐，我们获得了决赛团体第一名和个人综合成绩第一名的佳绩，再次为六队争得了荣誉。

尽管在大赛中取得了一点微薄的成绩，但我深知，成绩不属于我一个人，而是属于我所在的集体，属于共同奋斗的六队全体职工！同时我更深知，我个人的成长离不开六队的培养。近年来，六队领导班子高度重视人才队伍建设，积极为青年成长、成才搭建公平而又宽广的发展平台，在选人用人上，

突出政治导向、基层导向、实绩导向，一切唯实干考量、靠业绩说话，匡正了用人方向，营造了风清气正的环境，使我们这些充满干劲儿的年轻人得以尽情施展抱负。当然，放眼全队，我的成长也只是六队几十年来育人硕果中的普通一例，我为能在“英雄地质队”工作而感到庆幸和自豪。

笋，只有在顽石下奋力一顶，才会有参天的劲竹；水，只有在断崖上舍命一跃，才会有轰天的飞瀑；人，只有在生活中拼命一搏，才会有生命的闪光！正如我们“英雄地质队”人靠着“筚路蓝缕、以启山林”的拼搏，靠着“废寝忘食、秉烛达旦”的实干，靠着“栉风沐雨、砥砺前行”的奋斗，才取得一个个伟大的成就。作为一名“90后”，正是地质事业给了我历练的机会，是崇山峻岭的工作环境锻炼了我坚忍不拔的意志和吃苦耐劳的精神，是地质工作探索性质拓宽了我的人生视野和胸怀，是“英雄地质队”这个大家庭团结协作、无私奉献的氛围提升了我的工作能力。在今后的工作中，我将以更加坚定的理想信念，传承和弘扬新时期“英雄地质队”精神，以坚如磐石的信心、只争朝夕的劲头、坚忍不拔的毅力，积极践行地质报国光荣使命，不负青春、不负韶华、不负时代！

（山东省地矿局第六地质大队探矿工程处副主任　李宽）

无悔的青春

8年前的金秋，经历了春夏的洗礼，迎来了丰收的时刻，正值青春年少的我来到了“功勋卓著无私奉献的英雄地质队”，来到了我向往已久的地勘单位，成为名副其实的六队人。

第一次汇报时的紧张、第一次招投标时的通宵达旦、第一次出野外时的懵懂、第一次写报告时的焦虑，太多的“第一次”，在我的青春岁月里刻上了深深的印记。

青春，是每个人心中最澎湃、最激昂的时光。记得2015年12月，单位举办首届青年科技论坛。接到通知后，我反复琢磨，认真思考，终于确定了比较满意的题目。题目确定后，我开始请教前辈如何把汇报内容梳理得更清晰、把成果展示得更新颖、把PPT制作得更精美。从汇报内容到成果展示再到PPT制作，修改了一遍又一遍汇报内容，我尝试了一个又一个展示方式，替换了一次又一次PPT模板，最终顺利地完成青年科技论坛汇报。当然，结果是可喜的，我的汇报成果获得了第三名。是六队给了我展示自己的舞台，是老一辈工作者的地质情怀勉励着我不断开拓，把工作做新，释放自己的青春与热情。

青春，是每个人心中最美好、最珍惜的时光。记得2016年4月，山东省国土资源厅发布“山东省2016年度45个省直地质勘查项目”招标公告后，部门领导、同事一起研读招标文件，大到标书提纲，小到标点符号，逐一核实确认，所有人的心思都放在怎么写好标书、如何完善标书、怎样细化部署上。在最后的紧要关头，13名同志连续奋战近30个小时，分工协作，有条不紊地完成标书排版、打印以及封标，最终顺利地完成省地勘投标工作。当然，结果是可喜的，六队成功中标“山东半岛蓝色经济区重点规划区 1∶50000 海岸带综合地质调查（威海湾）”项目。是六队给了我提升本领的机会，是老一辈工作者精益求精的地质情怀鼓舞着我不断钻研，把工作做精，挥洒自己的青春与汗水。

青春，是每个人心中最绚烂、最精彩的时光。记得 2017 年 6 月，我肩负起“山东半岛蓝色经济区 1∶100000 区域水文地质工程地质环境地质综合调查”项目的重任。从最开始的资料收集到后期的野外调查，直到最后的报告编制，每一项工作虽辛苦但也充满挑战。资料收集时碰过壁、野外调查时遇过蛇、报告编制时流过泪，最终顺利完成项目实施的全过程。当然，结果是欣慰的，六队承担的威海市—成山角幅综合调查工程因野外工作扎实、成果提炼到位，得到了专家组的一致好评，质量等级为优秀。是六队给了我实现梦想的阶梯，是老一辈地质工作者严谨认真的地质情怀激励着我不断努力，把工作做好，谱写自己的青春与梦想。

青春的我们勇敢追求自己的梦想，美好的青春会因经历的事、走过的路、遇到的人而闪耀。青春因为经历，故而无悔；因为走路，故而无怨；因为遇到，故而无憾！

（山东省地矿局第六地质大队环境地质处副负责人　袁星芳）

传　承

时间带走了脚步，留下了精神去传承。

岁月轮转，寒暑易节，我来到山东省地矿局第六地质大队（以下简称“六队”）近 8 年了。工作的原因，我又来到了“金都”招远，看见这里熟悉的山、水、草、矿，不知不觉又回想起刚来六队时的青葱岁月。犹记得参加工作的第一年，我穿梭于中国招远、莱州的山间和地头……

那年三月，春寒料峭，我来到了熟悉又陌生的招远市。带着新奇的心情，我准备与另外两家协作单位——地科院物化探所和桂林理工大学会合，在这里展开为期 3 年的《焦西北金矿深部找矿地球化学方法集成与示范》项目。开展项目的头一年，主要进行土壤热磁取样、地表小比例尺剖面测量以及金矿勘查区多维异常体系地球化学勘查新技术的集成工作。

春末的田间，麦苗还未还青，项目组带上准备好的设备来到焦家断裂带上的马塘村一带进行土壤热磁的取样。与常规土壤测量相比，运积物覆盖区土壤热磁组分测量能显著提高异常强度。焦西北地表土壤地球化学扫面工作已经进行完毕，新地球化学方法的运用对于本地区找矿工作和理论创新是一个大胆的尝试。经过比对，我们选择了与对应矿体连续性较好、产状稳定、断裂构造影响不大的剖面进行取样。我们整体穿过焦家断裂带，分别在 50 厘米、100 厘米、150 厘米不同深度进行取样。取样过程中，学习了物化探所员工介绍的后期样品热处理流程、电磁分选流程、分析测试指标、分析方法及数据处理方式等，使我这个地质专业毕业的学生，也对地球化学方面的工作方法有了更深入的了解。

同行的六队老地质队员手把手地教我们 GPS 测量点的比对校正，为我们讲述着焦家断裂带上当年激动人心的找矿经历，一个个大型金矿的发现与勘查史，还有发生在机台与室内的一个个小故事。不远处，焦家金矿的矿井安静地矗立着，仿佛诉说着当年这片热土上轰鸣的钻机声与忙碌的地质队员们……

初夏，漫山遍野的果树都开了花，香气四溢。我们开始了大剖面的测量，地表小比例尺剖面测量主要是对招远—莱州一带主要金成矿区的侵入岩有系统的认识，剖面的测量目的是建立该区不同岩石序列的地球化学基准参考值，重在对新鲜样品与金矿山蚀变带的采集。对于我们来讲，正好抓住机会熟悉一下胶东的基础地质，想着试图解开心中许久的一个疑问——为何全国 1/3 的黄金储量和黄金产量都集中在“金镶边”的胶东半岛？

通过实地调研、文献查阅以及六队前辈的讲解，我知道了胶东的金矿主要集中在“三带两面”、西林陡崖断裂和胶莱盆地东北缘等地区。胶西北金矿自西向东主要受三山岛—仓上、龙口—莱州、招远—平度三大断裂带的控制，主要侵入岩为马连庄序列、栖霞序列、文登序列、玲珑序列和郭家岭序列，也是与成矿关系密切的岩石序列。我们同时来到了望儿山、焦家、河西、马塘、新城、上庄、河东、灵山沟、曹家洼、姜家窑、玲珑、大尹格庄等金矿床进行了调研取样。俗话说，读万卷书不如行万里路。之前很早就知道“焦家式”“玲珑式”金矿，却未深究过其内涵，老队员带我们去一趟焦家金矿，带我们爬一爬“玲珑脊”，我才对其有了直观感知。通过查阅报告与蚀变带、矿体的追索，我得知其全名为“玲珑式石英脉型”“焦家式破碎带蚀变岩型金矿”。老前辈讲述着“胶东群”“超单元”“序列”的前世今生以及这几个词之前的承接关系与区别，使我大受裨益，在查阅资料时省掉了不少麻烦。我了解了焦家金矿的发现还改写了“大断裂只导矿不储矿”传统观念，了解了这个概念是怎么建立起来并一步步完善进而发展到今天的。历史与空间的对接，胶东形成金矿的题目也逐渐解开。

仲夏，树绕鸣蝉，项目组开展了地球化学的集成工作，主要是到现场和岩芯库进行编录和采集样品。来到六队的岩芯库，三大间广场般的板房映入眼帘，数量之多，规模之大，一下就子震撼了我。岩芯库在展示着六队找矿成果的同时，也承载着一代代六队人的心血与付出。

把岩芯从岩芯库里抬出来，重新摆好洗干净，六队前辈开始教我们划分层位、认识蚀变带、辨识矿体，在指导我们进行了几十个孔位的编录后，我们对主裂面以下重要的层位也是矿体赋存层位——黄铁绢英岩化碎裂岩、黄铁绢英岩化花岗质碎裂岩、黄铁绢英岩化花岗岩、钾化花岗岩能够明显地辨识出来并且进行全面描述。老前辈毫无保留地讲述工程布置的一般程序、样品采取应注意的事项，以及市内资源量的圈定与计算。不知不觉之中，使我学习到了之后工作当中的主要流程和问题的解决方式，我的思路也变得越来越清晰。大尹格庄井下600多米的编录与取样，是一次很难得的下井经历，我了解了井下的结构和采矿工作流程，体会到了作为一名井下地质工人的艰辛与不易。编录完成就开始地球化学的取样了，其总体思想是以胶西北地区的典型金矿床为对象，以已知矿床试验为主要手段，对多维异常体系理论进行系统验证和确认，同时构建矿致异常结构模型，以此来为未知区深部盲矿预测和勘查区成矿前景评价提供理论支撑。典型金矿床，在新的找矿理论方法的指导下寻求着新的突破与展望。

回顾当年的经历，我在学到了工作方法的同时，也在一点一滴中感受到了老地质队员投身地质事业的热情、不畏艰辛的精神和找矿立功的心愿，也为我的成长奠定了重要的基石。站在新的时代的节点与定位上，我会积极践行“地质报国、事业立局、科技引领、有为有位、争创一流”的20字工作理念，传承和发扬“爱国敬业、无私奉献、守正创新、勇毅登攀”的“英雄地质队”精神，坚定落实队“123456”的发展思路，发挥特长优势，踔厉奋发、笃行不怠，为新时代地质事业高质量发展作出应有的贡献。

六队的精神旗帜一直在传承，正在被传承，而且一直会传承下去，永不褪色……

（山东省地矿局第六地质大队物化探勘查处　张亮亮）

我和“英雄地质队”共成长

依稀记得炎热的2012年7月，即将进入研究生阶段学习的我跟随导师来到胶东进行野外调查，首先去的就是寺庄金矿床。在这里，我了解了“英雄地质队”这支队伍，其后的几年研究生阶段学习，每年7月或者8月都要来胶东进行野外调查，先后到过新城金矿、焦家金矿、望儿山金矿、三山岛金矿等。随着野外调查次数的增多，自身的专业知识不断增强，同时，也对这些金矿背后的发现者——英雄地质六队产生了浓厚的敬仰之情。就是这支队伍为国家探明了全国1/4的黄金资源，依托他们的勘查成果建成的金银矿山近百座，为国家经济社会发展作出了突出贡献，自此，我对这支队伍便心生向往之情。

2015年7月，完成学业的我来到了向往已久的英雄地质六队，成为其中的一员。在这里，我切身感受到了这支队伍艰苦奋斗、无私奉献、敢于探索、勇于创新的灵魂。三山岛金矿勘查时，冒着刺骨的寒风，蹚着齐腰的海水进行调查；焦家金矿勘探时，职工家属节衣缩食，捐钱捐物，用自己的微薄收入坚持生产；仓上会战时，在一片泥泞积水、亘古荒凉的大盐碱滩用几万条草袋铺出通往钻探施工孔位道路。经过一系列断裂带内大型金矿床的发现，六队人创造性地提出“焦家式”金矿床新类型及“大断裂不仅导矿而且储矿”的“焦家式”金矿成矿理论。六队人注重理论与实践相结合，注重在工作中发现问题，解决问题。他们用自己的智慧填补了国际金矿理论及类型的空白，以丰硕的找矿成果促进了我国金矿找矿方向的战略性转移，开启了我国乃至世界金矿勘查找矿的新纪元。

在工作中，我时刻以“英雄地质队”的奋斗历程和伟大成就坚定信念、鼓舞斗志，以“英雄地质队”的光荣传统和优良作风砥砺品格、凝聚力量，以英雄地质队的实践探索和历史经验启迪智慧、明确方向。在大尹格庄金矿勘查项目中，无论是严寒抑或是酷暑，我始终坚守一线进行岩芯编录，数次在大雪过后泥泞的场地中编录取样。数十个钻孔编录下来，我锻炼了扎实的编录技能，在2020年山东省“技能兴鲁”职业技能大赛——地质勘查行业地质调查员职业技能竞赛中获得岩芯编录第一名的成绩。六队人才济济，有省部级以上先模人物30余人，他们是我们青年队员的学习楷模。虽然硕士研究生毕业的我已经有了一定的科研积累，初来六队时，也曾有些许的优越感，但是在科技引领地勘事业高质量发展的新形势下，在对各个先模人物事迹的了解下，深知自身科研水平的不足，因此，下定决心继续深造。2018年，我成功考取中国地质大学（北京）矿物学岩石学矿床学专业博士研究生，经过4年的不懈努力，依托六队巨大的勘查成果，圆满地获得博士学位。

在“英雄地质队”已走过7载，我先后在地质环境处、科技与信息研究中心和地质勘查处等部门工作。一路走来，我遇到了许多良师益友，他们精湛的专业技能、兢兢业业的工作态度深深地影响着我，不仅丰富了我的工作经验，而且让我养成了乐于学习、勤于思考、善于变通、勇于接受新生事物的良好习惯。六队提供给了我工作的机会，为我搭建了良好的成长平台，使我能够在工作中继续学习、锻炼、成长。

2022年恰逢“英雄地质队”授勋30周年，作为六队未来高质量发展的年轻力量，我们广大青年队员应站在前辈开创的基业上，不忘初心，牢记使命，凝心聚力，真抓实干，埋头苦干，攻坚克难，努力推动六队高质量发展再上新台阶，再铸“英雄地质队”新辉煌。

（山东省地矿局第六地质大队地质勘查处　刘向东）

难忘的夜晚

年轻的我1993年来到山东省地矿局第六地质大队（以下简称“六队”），在牟平的一个项目机台开始了自己工作的起点。项目地点是在山上的一片坟场内，正值炎炎夏日，项目工程结束后，机台开始搬家，晚上需要有人轮流值班看护物资设备。记得轮到我值班的那晚，天空突然开始电闪雷鸣，第一次野外工作的我本来对值夜班就有点怵，现在又碰到这种天气，着实把我吓得不轻。由于项目结束，机台临时用电都已撤离，当时能照明的只有一个手电筒，荒郊坟场，漆黑的夜空，电闪雷鸣，独自一人，可以想象，当时的我是怎样一种心情。

正当我胡思乱想的时候，我看到山下一个光点正往我这边靠近。我的心当时都快提到嗓子眼儿了，心脏怦怦直跳，“会不会是狼？”我下意识地想，手不自觉地抓起了身边的一把扳手。我紧张地看着光点逐渐靠近，直到看清后，我才放松了警惕，来人是我们机台的杨机长。

原来，杨机长是担心我独自一人在这儿值班会害怕，特意过来陪我的。两个人就这样在帐篷里开始了促膝长谈，从他的工作经历讲到我今后努力的方向，从工作条件讲到地质工作的使命意义。经过与他的聊天，我的心情逐渐平复下来，也勾起了我对地质队工作的热情。

杨机长平时为人真诚谦和，对工作一丝不苟，在生活上对同事嘘寒问暖，关怀备至，时常帮助同事解决生活困难，并毫无保留地把工作技巧和工作经验传授给年轻同事，深受同事的赞扬与尊重。

直到现在我一直对那晚记忆犹新，感激老师傅那晚的畅谈，让我明白了地质队工作的光荣使命和重要意义，也让我明白了地质队员的“三光荣”“四特别”精神。从那时起，我始终以我是地质队员为荣，立志成为一名合格的地质队员，为地矿事业奋斗终生。

（山东省地矿局第六地质大队恒通机械厂　丁建孟）

感 动

我在英雄六队机械厂工作已有 17 个年头，其间，收获满满，感动满满，在这里，让我看到了作为“英雄地质队”人的优秀品质。

记得有一次，厂里接到一批紧急订单，需要加工一大批直径 φ168 毫米的套管，而且交货的工期非常紧张。那时候，厂里主要加工过直径 φ89、φ108、φ127 毫米等常用的管子，加工 φ168 毫米的套管还是首次，而且设备现代化程度也不高，全靠肩扛手抬，直径 φ168 毫米，长度六七米的管子意味着什么呢？那就是每根管子有几百斤重。

加工工作开始后，四五个工人师傅一起喊着号子，把管子抬起来，放到架子上，再滑到车床的卡盘上，然后夹紧。随着车床的运转，粗粗的管子也跟着转起来。工人师傅以娴熟的技术，像变戏法般，用十几分钟的时间就在管子上车好了螺纹。然后又四五个人一起，把管子抬下来，再抬上另一根。就这样，一根根管子被加工好了。

沉沉的 φ168 套管压不垮工人师傅的意志，在“英雄地质队”精神的引领下，我们没有解决不了的困难，在大家的齐心协力下，终于如期交货了。

还记得有一次，应客户要求，为适应特殊地形，我们决定研制一种可移动式钻塔。在当时一没图纸，二没经验，三时间紧的情况下，我们只能边生产边摸索，通过加班加点、不断试验，终于在客户要求的时间内，成功研制生产出了让客户满意的钻塔，后来还出口俄罗斯，受到客户的高度赞誉。

在这里再难啃的骨头也难不倒我们，这就是普通六队人的优秀品质，我也深深感悟了“三光荣”“四特别”的地质队员精神和六队的“英雄地质队”精神。天道酬勤，不管我们在六队的哪个岗位上，只要努力，用心，始终保持良好的心态，有一颗负责任的心，做好自己的本职工作，通过我们的努力，一定会把六队建设成为国内一流、国际知名的新时代现代化地质强队！

（山东省地矿局第六地质大队恒通机械厂　赵珂）

关于回信的媒体报道

习近平回信勉励山东省地矿局第六地质大队全体地质工作者在找矿突破战略行动中发挥更大作用　奋力书写“英雄地质队”新篇章

中共中央总书记、国家主席、中央军委主席习近平10月2日给山东省地矿局第六地质大队全体地质工作者回信，对他们弘扬优良传统、做好矿产勘查工作提出殷切期望。

习近平在回信中表示，“建队以来，你们一代代队员跋山涉水，风餐露宿，攻坚克难，取得了丰硕的找矿成果，展现了我国地质工作者的使命担当”。

习近平强调，“矿产资源是经济社会发展的重要物质基础，矿产资源勘查开发事关国计民生和国家安全。希望同志们大力弘扬爱国奉献、开拓创新、艰苦奋斗的优良传统，积极践行绿色发展理念，加大勘查力度，加强科技攻关，在新一轮找矿突破战略行动中发挥更大作用，为保障国家能源资源安全、为全面建设社会主义现代化国家作出新贡献，奋力书写‘英雄地质队’新篇章”。

山东省地质矿产勘查开发局第六地质大队成立于1958年，1992年被国务院授予“功勋卓著无私奉献的英雄地质队”荣誉称号。自成立以来，该队在黄金等矿产资源勘查上勇于创新突破，累计查明金资源量2810余吨，是全国找金最多的地质队。近日，山东省地矿局第六地质大队全体地质工作者给习近平总书记写信，汇报矿产勘查工作取得的成绩，表达了献身地质事业、为保障国家能源资源安全贡献力量的决心。

（新华社北京2022年10月4日电）

奋力书写“英雄地质队”新篇章

“希望同志们大力弘扬爱国奉献、开拓创新、艰苦奋斗的优良传统，积极践行绿色发展理念，加大勘查力度，加强科技攻关，在新一轮找矿突破战略行动中发挥更大作用，为保障国家能源资源安全、为全面建设社会主义现代化国家作出新贡献，奋力书写‘英雄地质队’新篇章。”10月2日，习近平总书记给山东省地矿局第六地质大队（以下简称“六队”）全体地质工作者回信。习近平总书记在回信中充分肯定了大队在矿产勘查中取得的丰硕成果，深刻阐述了矿产资源及勘查开发对于国计民生和国家安全的重要意义，就保障国家能源资源安全等提出了殷切期望，为深入开展新一轮找矿突破战略行动指明了方向，必将激励全国广大地质工作者攻坚克难、勇毅前行，努力为国家找大矿、找好矿，为经济社会发展作出新的贡献。

矿产资源是经济社会发展的重要物质基础。以六队为代表的我国地质工作者，长年累月跋山涉水、接续奋斗，为国家发展提供了大量的基础资料和资源保障。特别是党的十八大以来，从海域天然气水合物试采成功，抢占未来全球能源发展战略制高点，到开展找矿突破战略行动，形成一批重要矿产资源战略接续区，我国地质勘查工作在党和国家事业取得历史性成就、发生历史性变革中发挥出重要作用。

当前，百年变局加速演进，局部冲突引发全球能源和资源安全问题。对于我们这样一个能源和资源消费大国来说，必须从战略高度和长远角度充分认识到地质勘查工作对于保安全、促发展的重要意义，充分认识到地质勘查的基础性作用、先行性地位。搞好地质勘查工作，我们才能更好地保障民生，确保产业链供应链稳定，保护生态环境，促进高质量发展，在复杂的国际形势下行稳致远。

广大地质工作者要深入贯彻落实习近平总书记重要回信和系列重要指示精神，在新一轮找矿突破战略行动中展现担当作为，切实增强我国战略性矿产资源保障能力。要将绿色发展理念融入矿产资源规划、勘查、开发利用与保护全过程，实现地质找矿与生态环境保护“双赢”。要加大国内紧缺性矿产资源勘查和开发力度，从“面”上摸清底数，从“点”上攻坚突破，围绕有找矿潜力的地区加强资源勘查，争取快速突破，积极开展现有矿山深部和周围找矿，延长矿山服务年限，确保资源可持续供应。要积极利用“城市矿产”，积极完善再生资源相关标准和政策，发展循环经济，拓展多元化资源供给渠道。要深入开展重大地质问题研究，持续加强勘查技术攻关，大力提升数字化水平，把握世界科技创新的前沿趋势，以科技赋能推动地质工作高质量发展。

中国地大物博，探索步履不停。广大地质工作者要牢记习近平总书记的殷殷嘱托，以李四光等老一辈地质学家为榜样，弘扬优良传统，矢志报效国家，不畏艰难、勇攀高峰，为实现第二个百年奋斗目标、实现中华民族伟大复兴的中国梦再立新功。

（央广网　2022 年 10 月 5 日）

学习贯彻习近平总书记给山东省地矿局第六地质大队全体地质工作者回信精神座谈会召开
深入学习贯彻习近平总书记回信精神 为保障国家能源资源安全作出新贡献

学习贯彻习近平总书记给山东省地矿局第六地质大队全体地质工作者回信精神座谈会，10 月 14 日在全国总工会机关以视频会议形式召开。全国人大常委会副委员长、中华全国总工会主席王东明对贯彻落实习近平总书记回信精神提出要求，强调习近平总书记的回信内涵丰富、思想深刻，充分体现了对广大职工的高度重视和殷切期望。各级工会要把学习宣传贯彻习近平总书记回信精神与学习宣传贯彻党的二十大精神结合起来，与学习习近平总书记对能源资源工作重要指示批示精神结合起来，胸怀“两个大局”，大力弘扬爱国奉献、开拓创新、艰苦奋斗的优良传统，团结带领广大职工牢记总书记嘱托，为保障国家能源资源安全、全面建设社会主义现代化国家建功立业。

全总党组书记、副主席、书记处第一书记陈刚要求，各级工会要深入学习贯彻习近平总书记回信精神，按照王东明同志要求，与学习宣传贯彻党的二十大精神结合起来，持续推进产业工人队伍建设改革走深走实，团结引导广大职工弘扬优良传统，立足岗位建功立业，为保障国家能源资源安全、全面建设社会主义现代化国家贡献智慧和力量。全总副主席、书记处书记、党组成员江广平出席座谈会。全总书记处书记、党组成员许山松，山东省委常委、省总工会主席徐海荣出席座谈会并讲话，指出要迅速掀起学习宣传贯彻热潮，切实用回信精神统一思想、统领发展，不折不扣地把回信精神落到实处、见到实效。

座谈会上，山东省地矿局第六地质大队、山东省地矿局、四川省地质局、中国煤炭地质总局工会负责同志、劳模代表等先后发言，表达了内心的振奋与自豪，纷纷表示要认真学习贯彻习近平总书记回信精神，以保障国家能源资源安全为己任，全身心投入矿产勘查工作，践行绿色发展理念，加大科技创新力度，努力在新一轮找矿突破战略行动中发挥更大作用。

山东省地矿局第六地质大队成立于1958年，1992年荣获国务院授予的“功勋卓著无私奉献的英雄地质队”称号。建队以来，第六地质大队探获莱州寺庄、焦家深部等特大型金矿，累计探获黄金资源量2810余吨，约占全国已探明黄金储量的1/5，有力支撑了我国黄金战略储备保障。

座谈会在北京设主会场，山东、四川设分会场。中国能源化学地质工会、全总有关部门、山东省总工会等有关负责同志，部分能源化学地质系统企事业单位职工代表等参加座谈会。

（《工人日报》 2022年10月15日）

全国总工会党组召开会议　学习习近平总书记给山东省地矿局第六地质大队全体地质工作者回信精神
把学习贯彻党的二十大精神与回信精神相结合凝聚起推进新时代高质量发展的磅礴力量

10月2日，习近平总书记给山东省地矿局第六地质大队全体地质工作者回信，对第六地质大队全体职工的艰辛工作和找矿成果给予高度评价，对开展矿产资源勘查开发、保障国家能源资源安全寄予殷切期望。全国总工会党组10月25日在北京召开会议，学习贯彻习近平总书记给山东省地矿局第六地质大队全体地质工作者回信精神。会议强调，要按照王东明同志要求，结合学习宣传贯彻党的二十大精神，不折不扣把回信精神落到实处、见到实效，凝聚起推进新时代高质量发展的磅礴力量。全总党组书记、副主席、书记处第一书记陈刚主持会议并讲话。

习近平总书记回信后，全总及时传达学习，以视频会议形式召开座谈会。中国能源化学地质工会在《工人日报》刊发署名文章，同日印发通知，要求全系统深刻认识学习回信精神的重大意义，抓好贯彻落实。各单位迅速行动，山东、四川、吉林、重庆等省地质工会，中电建、平煤神马等企业集团工会组织深入学习回信精神。广大职工纷纷表示，要以回信精神为指导，努力在本行业发展中发挥更大作用。

会议指出，要结合学习贯彻习近平总书记关于工人阶级和工会工作的重要论述，把党的二十大精神和总书记回信精神传递到每个班组、每个职工，为全面建设社会主义现代化国家、全面推进中华民族伟大复兴作出新的更大贡献。要深刻领会回信精神的丰富内涵、精神实质、实践要求，深刻领悟“两个确立”的决定性意义，增强“四个意识”、坚定“四个自信”、做到“两个维护”，自觉在思想上政治上行动上同以习近平同志为核心的党中央保持高度一致。要深刻理解习近平总书记对产业工人地位和作用的充分肯定，坚定不移发挥工人阶级主力军作用，大力弘扬劳模精神、劳动精神、工匠精神，团结引导职工群众坚定不移听党话、矢志不渝跟党走。要认真学习领会习近平总书记对真抓实干、埋头苦干的谆谆教导，不断深化产业工人队伍建设改革，激发广大职工干事创业的积极性、主动性、创造性。

会议要求，各级工会特别是能源化学地质系统工会要持续深化对习近平总书记回信精神的学习，以产业工人队伍建设改革为重点，践行“四个革命、一个合作”能源安全新战略，加强产业工人思想政治引领，广泛深入持久开展劳动和技能竞赛，拓展“五小”等群众性创新活动内涵，有序扩大跨区域、跨行业、跨企业的劳模创新工作室联盟等，切实提升产业工会工作水平，组织动员广大职工牢记总书记嘱托，为保障国家能源资源安全建功立业。

谭天星、江广平、李晓钟、杨宇栋、李金英、魏地春、张茂华、许山松等全总党组、书记处同志出席会议。中央纪委国家监委驻全总机关纪检监察组有关负责同志，各驻会全国产业工会、全总各部门和直属单位主要负责同志参加会议。

（《工人日报》 2022 年 10 月 27 日）

弘扬优良传统　奋力书写“英雄地质队”新篇章

10月2日，习近平总书记给山东省地矿局第六地质大队全体地质工作者回信，信中写道：“希望同志们大力弘扬爱国奉献、开拓创新、艰苦奋斗的优良传统，积极践行绿色发展理念，加大勘查力度，加强科技攻关，在新一轮找矿突破战略行动中发挥更大作用，为保障国家能源资源安全、为全面建设社会主义现代化国家作出新贡献，奋力书写‘英雄地质队’新篇章。”

以山东省地矿局六队为代表的地质工作者们长期扎根一线，跋山涉水，攻坚克难，为国家建设提供了不可或缺的资源保障和基础支撑。习近平总书记的回信充分肯定了地质工作者的优良传统和地质找矿成果，为推进矿产资源勘查开发工作指明了方向，就保障国家能源资源安全等提出了殷切期望，既是对全体地质工作者的关心与勉励，也是对广大奋斗者的激励和鼓舞。

能源矿产资源作为“工业粮食”，是国家发展必不可少的物质基础，直接关系着国计民生和国家安全。因此，我国的地质事业自创立起，便与国家和民族的命运紧紧相连。从努力向学、蔚为国用的李四光，到心有大我、至诚报国的刘东生；从热血澎湃、只争朝夕的大庆石油工人，到远离繁华、甘守寂寞的新时代地质勘查队伍……无数地质工作者将自己的知识、青春乃至生命献给了祖国的山河大地。

开拓创新是地质人在不懈奋斗中形成的行动自觉。收到习近平总书记回信的山东地矿局六队，曾在实践中创立了“焦家式”金矿成矿模式和找矿理论，一举打破了国际公认的传统理论，为全国金矿勘查开辟了新思路。在此基础上，山东地矿局六队还在深部勘查、钻探技术等方面持续进行科技攻关并取得了丰硕成果。就是凭借这样的求真精神，我国的地质工作者们潜心研究、孜孜不倦，为解决地质找矿难题不断探寻着新路径。特别是党的十八大以来，我国地质勘查工作取得了一系列卓著成绩，其背后更是离不开科技创新的力量，凝结着千万地质工作者的智慧和心血。

艰苦奋斗是地质人以躬行实干铺就的精神底色。高山峡谷、戈壁沙漠，祖国大地的每个角落都留下了地质工作者的身影，“日炙风吹面如墨”成了他们的真实写照。不论是到野外勘探测绘，还是在实验室钻研理论技术，都需要耐得住寂寞、吃得了苦头、受得住打磨。与岩石一同经受自然的磨砺，让地质工作者们树立了特别能吃苦的作风。艰难困苦，玉汝于成，广大地质工作者在实践中增长才能，在逆境中矢志奋斗，以实干铸就了辉煌的地质事业。

当前，保障国家能源资源安全的重要性越发凸显，绿色发展理念也向地质资源勘查开发工作提出了更高要求。面对时代赋予的使命任务，广大地质工作者要继承发扬优良传统，迎难而上、勇毅攀登，加快推进绿色勘查，促进地质工作与生态保护协调共赢，更加注重科技赋能，努力在新一轮找矿突破战略行动中取得更大成就，为实现第二个百年奋斗目标、实现中华民族伟大复兴的中国梦接续奋斗。

（《光明日报》 赵家宁 2022 年 10 月 12 日）

跋山涉水，在大地深处“寻宝探金”

编者按：矿产资源是经济社会发展的重要物质基础，矿产资源勘查开发事关国计民生和国家安全。党的二十大报告就“加强重点领域安全能力建设，确保粮食、能源资源、重要产业链供应链安全”作出重要部署。

10月2日，习近平总书记给山东省地矿局第六地质大队（以下简称“六队”）全体地质工作者回信，对他们弘扬优良传统、做好矿产勘查工作提出殷切期望。我们特邀山东省地矿局第六地质大队老中青三代工作者分享奋斗故事，并请地质战线上的一线工作者和地质高校青年学子畅谈心声。

黄金有价，热爱无价

讲述人：山东省地矿局第六地质大队原副总工程师　李士先

我今年86岁了，得知习近平总书记给“英雄地质队”回信，深受触动，倍感光荣，这是对我们全体地质人工作的肯定和鼓励。

矿产勘查工作，是在一代代人的艰辛探索中不断突破、持续进步的。1960年，我从山东大学地质系毕业，随后到省地矿局第六地质大队工作。当时正逢金矿“找矿大会战”，在山东招远玲珑九曲和灵山沟两个矿区聚集了上千人的队伍。就在这两个矿区南侧，有个破头青大断裂带，当时受教科书上“大断裂只导矿不储矿”理论的影响，我们把破头青大断裂带视为找矿禁区，从未“越雷池一步”。

1965 年底，我和六队普查组踏上莱州湾东北的三山岛，冒着寒风，扫开积雪，进行系统采样。经化验，我们发现这是一个与玲珑石英脉型金矿有根本区别的破碎带蚀变岩型金矿。这一发现推翻了“大断裂只导矿不储矿”的片面结论。不久，我们又在另一个大断裂带中段，发现了特大型的焦家金矿。顺藤摸瓜，我们又向北摸到了特大型的新城金矿，向南摸到了马塘、东季两个大型金矿。这一系列重大发现，极大地鼓舞了我们。

经过长期的金矿野外勘查实践，我逐渐意识到，只有重视金矿地质资料的综合研究，才能更好地指导找矿工作。而 10 多年间，我们虽然重视找矿，但是对“焦家式”金矿与石英脉型金矿的成因联系缺乏理性认识，对招远西北部地区金矿的研究程度较低。经与六队领导商讨，我们及时加强了综合研究力量，我也投身其中。

1976—1977 年，我深入研究新城金矿区的典型矿床，主编了《山东焦家式破碎带蚀变岩型金矿地质特征》科研报告，并在全国第二次金矿地质工作会议上进行了汇报，“焦家式”金矿被正式命名。“焦家式”金矿目前仍是胶东地区的主要金矿类型之一，其资源总量占胶东金矿的 87%。

黄金有价，热爱无价。退休后，我被返聘从事地矿技术工作，继续与荒野结伴、与艰苦为伍。1999 年和 2007 年，我受命远赴南美洲苏里南及印度尼西亚，在近两年时间里，完成了工作地区的地质调查、报告编写及资源量预测工作。

回想起来，我们队上几代人都把毕生心血献给了祖国的找金事业。未来，年轻人必将创造出更美好的明天！

为祖国探获更多宝藏

讲述人：山东省地矿局深部找矿创新团队首席专家、第六地质大队大队长　丁正江

从收到习近平总书记重要回信以来，我们始终沉浸在感动与振奋之中。

习近平总书记的嘱托情真意切、催人奋进，为我们大队全体队员注入了巨大动力。

我生在江淮平原，山川大地的广阔与深邃，令我自小神往。报考大学时，我毫不犹豫地选择了地质学专业。1999 年毕业后，怀揣着梦想，我来到了胶东这片多次创造共和国黄金找矿奇迹的热土，成为一名光荣的地质队员。

“嫁女不嫁地质郎，一年四季到处忙。春夏秋冬不见面，回家一包烂衣裳。”这首打油诗道出了每个地质人的艰辛。干地质工作，就像探险一样，常年行走在沟壑阡陌中，穿梭于荒山野岭间。记得刚参加工作那几年，全国正面临浅部黄金资源危机，向深部找矿成为困扰整个地勘行业的难题。2006 年研究生毕业后，我陆续负责在胶东乳山、牟平、莱州等地开展深部金矿找矿工作，难度极大。

面对难啃的“硬骨头”，我们一边干、一边学，白天翻山越岭填图测量、下井编录，认真记录每一个地质点，详细绘制每一幅地质剖面图；晚上回到驻地整理资料、编制报告，一起探讨找矿思路、总结成矿规律。那段时间，我们吃住在机台，看岩芯、理数据、查资料，手中不是放大镜和岩芯，就是记录本和图纸。

投身地质工作 23 年来，我和团队探获胶东东部首个特大型金矿——69 吨的辽上深部金矿，结束了胶东东部地区矿产“只见星星不见月亮”的局面；探获全国最大金矿——470 吨的三山岛北部海域金矿，实现了海上找矿重大突破。我们提出并建立的新类型“黄铁矿碳酸盐脉型金矿床式”，引领了胶莱盆地东北缘找矿实践，受到业界专家的充分认可；提出的胶东中生代多期次成岩成矿模式及其突出的找矿效果，获得中国黄金协会科学技术奖特等奖。我自己也在这样的历练中不断成长，承担各类重要地质科研和矿产勘查项目 30 多项，发表了一批科研成果，多次获得省部级科技奖。

当前，新一轮找矿突破战略行动已拉开序幕，作为新时代地质人，我将大力弘扬爱国奉献、开拓创新、艰苦奋斗的优良传统，秉承“地质报国、事业立局、科技引领、有为有位、争创一流”的工作理念，带领“英雄地质队”队员们奋力拼搏，为祖国探获更多宝藏。

勇当地质工作排头兵

讲述人：山东省地矿局第六地质大队工程师　范家盟

我是一名“地三代”，姥爷、姨、舅都是地质工作者。2011年大学毕业后，我一直在山东省地矿局第六地质大队工作。11年来，在领导和地质前辈的关怀培养下，我逐步成长为独当一面的地质技术人员，参与项目累计探获金资源量700余吨，以实际行动为保障国家资源能源安全贡献青春力量。

2013年，我被安排到山东省招远市水旺庄矿区参加深部及外围金矿勘查。水旺庄矿区矿体完全埋藏于地下，没有地表露头，找矿最大的困难是技术。2009年，六队就决心啃下这块“硬骨头”。在综合分析以往工作的基础上，我们对成矿地质条件及成矿规律进行了深入分析，布设施工了1600米深钻孔对深部进行探索，成功揭露深部金矿体。在此基础上，项目组创新性地提出了“九曲蒋家断裂与破头青断裂同为招平断裂带分支，具有巨大找矿潜力”的观点，为取得深部及外围找矿突破提供了理论支撑。

2019年底，我被任命为水旺庄矿区勘探项目负责人。我们团队制定了一系列新方案，建立了严密的制度体系，为科学部署、管理施工提供了遵循。项目同时组织30台钻机施工，300多人协同作战，14个月完成野外施工，2个月完成报告编写，用实际行动展现了六队攻坚克难、勇毅登攀的工作作风。

经过12年勘查，水旺庄矿区累计探获金资源量186吨，是招平断裂带迄今探获的最大金矿床，助力招平断裂带成为我国第三条千吨级控矿断裂带。我们项目组被授予“山东省创新型班组”荣誉称号，项目成果获得国土资源科学技术二等奖1项，中国地质学会十大找矿成果1项，5项成果获得国家专利授权。

今后，我将不断提升技术技能和科技攻关水平，勇当地质工作排头兵。

（《光明日报》 2022年10月31日）

“英雄地质队”新时代之英雄路！

中共中央总书记、国家主席、中央军委主席习近平 10 月 2 日给山东省地矿局第六地质大队（以下简称“六队”）全体地质工作者回信，对他们弘扬优良传统、做好矿产勘查工作提出殷切期望。

这是怎样一支队伍？他们，是被时代呼唤而出的黄金尖兵。他们，创造了令世人刮目的找金伟绩。他们，就是山东省地质矿产勘查开发局第六地质大队——全国唯一被国务院授予称号的“功勋卓著无私奉献的英雄地质队”。

60 余年踏梦出征，一座座金矿在他们的脚板下“现形”。

在共和国版图上，谱写了黄金地质勘查史的光辉篇章。

翻开六队的历史，一个个荣誉恰似一串串金珠熠熠生辉。

今天，请跟随矿业界的脚步，一起走近这支“英雄地质队”，追逐她的寻金报国之路。

英雄之队勘探黄金资源功勋显赫

1958 年，国家对黄金需求凸显，山东省地质矿产勘查开发局第六地质大队的前身——八〇七队在胶东大地应运而生。

一群风华正茂的热血青年，满怀地质报国的激情梦想，誓要在那片群山沃土“点石成金”。

在他们的不懈努力下，一个个大金矿破土而出，使胶东成为世界第三大金矿田，为国家黄金找矿树起了一座金铸丰碑。

1966 年，三山岛金矿作为全国第一个特大型蚀变岩型金矿床被发现；

1977 年，全国第二次金矿地质会议上，“焦家式”金矿被正式命名确立，打破了“大断裂带只导矿不储矿”的金科玉律；

1985 年，《焦家式新类型金矿的发现及其突出的找矿效果》荣获首届国家科技进步奖特等奖，摘得了地质科学界的最高桂冠；

1992 年，国务院隆重召开命名表彰大会，授予六队“功勋卓著无私奉献的英雄地质队”光荣称号，六队成为全国地矿系统迄今唯一获此殊荣的单位。

守正创新聚焦深部金矿探测屡建奇功

21 世纪以来，在黄金“攻深找盲”的趋势中，找矿经验丰富的六队意识到胶东深部还有矿，无论如何也要筹集资金，做好深部勘探。

2005 年，在山东省地矿局的支持下，六队拉开了莱州寺庄会战的序幕。2006 年，六队探获莱州寺庄特大型金矿，探明金资源量 51.83 吨，率先实现全国“攻深找盲”战略突破，受到时任国务院总理温家宝亲笔批示祝贺。

载誉奋进，六队又连续探获了焦家深部、朱郭李家、纱岭、西涝口、水旺庄等 13 个大型—特大型金矿，探获金资源量 2122 吨（建队以来累计探获金资源量 2810 余吨，约占全国已探明黄金储量的 1/5），助力胶东地区一跃成为世界第三大金矿集区，创造了黄金找矿新辉煌，有力地支撑了我国黄金战略储备保障。

六队在实践中不断创新金矿勘查理论与技术，科研实力遥遥领先——依托国家自然科学基金依托单位、省工程实验室、博士后创新实践基地等科技创新平台，先后承担国家自然科学基金、省重大专项、省重点研发等高层次项目 10 余项。

在“焦家式”金矿成矿模式和找矿理论研究基础上，六队又提出了胶东金矿“热隆—伸展”成矿理论和阶梯式成矿模式，参与提出并建立了新类型“黄铁矿碳酸盐脉型金矿床式”，为胶东乃至全国深部找矿明确了方向，提供了理论技术支撑，拓宽了找矿领域。

与此同时，六队人苦练钻探本领，钻探水平稳居全国同行业领先地位，并在烟台栖霞笏山救援中发挥重要作用——通过争分夺秒的科学预判，打通第一条生命通道，成功为受困人员送入给养！在使命中，六队诠释着“英雄地质队”的责任与担当！

踔厉奋发擘画高质量发展新蓝图

面对日新月异的变革与挑战，六队加快走出去步伐，在内蒙古、青海、新疆等20多个省区和美国、澳大利亚、苏丹、塔吉克斯坦等10余个国家地区开展地质勘查工作，取得了非凡的成绩。

与此同时，六队思变开拓谋发展，在转型升级、提质增效方面做了大量工作——围绕服务国家和山东省重大战略，调整优化矿产勘查结构；

紧紧围绕各级政府关切和重大民生地质需求，积极开展环境地质、城市地质、农业地质、旅游地质、海洋地质调查等工作；

发挥地质技术优势，拓展服务领域，推动地质工作与国土资源、城建、规划、交通、海洋、农业、环保、旅游等产业的深度融合，打造新模式、新产业、新业态，在更广领域、更深层次、更高水平上推动地质产业与其他相关产业的互联互通互融，不断开辟地矿事业发展新境界。

继往开来新征程，重整行装再出发

六队人将“爱国敬业、无私奉献、守正创新、勇毅登攀”的新时期“英雄地质队”精神融入骨血，不断积蓄能量，突破自我，以昂扬的姿态，努力续写新的辉煌！

（《中国自然资源报》2022年10月5日）

自然资源部召开党组（扩大）会议　传达学习习近平总书记给山东省地矿局第六地质大队全体地质工作者重要回信精神

10月6日上午，自然资源部召开党组（扩大）会议，传达学习习近平总书记给山东省地矿局第六地质大队全体地质工作者重要回信精神，研究贯彻落实意见。自然资源部党组书记、部长、国家自然资源总督察王广华主持会议并讲话。

会上，部党组成员就学习习近平总书记重要回信精神，结合思想和工作实际，谈了认识体会和落实措施，部相关司局主要负责同志就进一步学习贯彻提出具体措施。大家一致表示，在党的二十大即将召开之际，习近平总书记给山东省地矿局第六地质大队全体地质工作者的回信，体现了习近平总书记对能源资源安全一以贯之的高度重视，体现了对全国地质工作者的关心和信任，为推进矿产资源勘查开发指明了方向，增强了实现找矿突破的信心和动力。自然资源系统要把学习贯彻习近平总书记重要回信精神，与学习贯彻习近平总书记对自然资源工作的一系列重要指示批示精神结合起来，认真领会，深入贯彻，有力保障国家能源资源安全，以实际行动坚定拥护“两个确立”、坚决做到“两个维护”。要结合工作实际，系统谋划贯彻落实的思路举措，确保抓住机遇乘势而上，推动新一轮找矿突破战略行动取得重大成果，以实际行动回报习近平总书记对地质矿产工作的殷切期望。

会议指出，要深刻领悟习近平总书记回信对地质找矿成果和地质工作者优良传统的充分肯定。习近平总书记的回信是对山东省地矿局第六地质大队几十年坚守地质报国初心使命的肯定，是全国地质队伍的光荣，也是自然资源系统的光荣。在党中央的正确领导下，我国地质找矿成就卓著，全国地质工作者不辱使命、勇于担当，在不同历史时期为经济建设作出了重要贡献。我国地质队伍伴随着共和国的成长而不断发展壮大，逐步锻造出“特别能吃苦、特别能忍耐、特别能战斗、特别能奉献”的品质，形成了“以献身地质事业为荣、以找矿立功为荣、以艰苦奋斗为荣”的“三光荣”精神。习近平总书记的回信，是在新时代对地质工作优良传统的再升华，是对全国地质工作者的褒奖和肯定，也是对更好传承优良传统的鞭策和激励。弘扬爱国奉献的优良传统，就要坚持国家利益和人民利益至上，把地质找矿融入建设社会主义现代化国家的宏伟蓝图，在献身地质事业中实现自己的人生价值；弘扬开拓创新的优良传统，就要坚持解放思想，发扬特别能战斗的优良品质，以找大矿为目标，遇到困难敢于迎难而上，面对地质找矿理论、技术和工作难题，敢于提出新理论，开辟新领域，探寻新路径；弘扬艰苦奋斗的优良传统，就要坚持特别能吃苦的品质不变色，保持干事创业的韧性，矢志不渝、不懈努力，为国家找大矿、找好矿。自然资源系统要牢记习近平总书记的嘱托，把优良传统发扬光大，一代代传承下去，不断开创地质找矿新篇章。

会议明确，要深刻认识习近平总书记对矿产资源作用的重要定位。矿产资源是经济社会发展的重要物质基础和能源来源，是国计民生的根本依托，是国家安全的战略保障。要树立总体国家安全观，切实增强责任意识、忧患意识，认清形势，守好国家能源资源安全底线，为构建以国内大循环为主体、国内国际双循环相互促进的新发展格局提供坚实的资源保障。必须加大国内找矿力度，坚定国内找矿突破信心，扎实做好地质找矿基础工作，大力推动地质理论和找矿技术创新，在找矿方面不断取得新突破。

会议强调，要深刻把握习近平总书记回信对地质找矿的重大要求。习近平总书记的回信明确了推动地质找矿的方向，为开展矿产资源勘查开发提供了根本遵循。自然资源系统要立足新发展阶段，完整、准确、全面贯彻新发展理念，围绕构建新发展格局和推动高质量发展，深刻把握习近平总书记回信的重大要求，时刻牢记能源资源安全“国之大者”，立足国内，加大矿产资源勘查开发力度，同时以更大力度统筹优化海外矿产投资和布局，在国内国际双循环中增强我国矿产资源保障能力。一要深化矿产资源国情调查，系统分析查明资源量矿种的矿产资源数量、质量、结构、空间分布状况和资源变化格局。二要大力实施找矿突破战略行动，加强基础地质调查，加大勘查特别是精查力度，切实增加资源储量。三要充分发挥政府和市场两个主体的作用，发挥中央和地方财政投资的带动作用，吸引更多社会资金投入，建立战略性矿产资源储备地，研究完善社会资本投入勘查找矿的激励政策，推动矿产资源管理法律法规修订，修改矿业权出让收益管理办法等。四要推动矿产资源绿色勘查开发，守住生态红线，以建设绿色矿山为抓手，把生态环境保护的要求贯穿于矿产资源勘查开发全过程。五要强化地质找矿科技支撑，配合相关部门加快推动"科技创新 2030—地球深部探测"等重大项目立项实施，推动战略性矿产勘查开采技术创新，突破深部找矿理论和技术，积极促进地质调查和理论创新融合，形成成矿新理论，拓展找矿新领域，在创新发展过程中，注重人才特别是领军人才的培养，推动新一轮找矿突破战略行动取得重大成果，为保障国家能源资源安全、为全面建设社会主义现代化国家作出新贡献。

会议还就进一步深化细化贯彻落实举措进行了研究。下一步，自然资源部将制定具体方案，在全系统部署开展学习宣传贯彻工作，并举办地质找矿工作先进事迹学习报告会，持续跟进宣传实施新一轮找矿突破战略行动的重要举措和成果，推动习近平总书记重要回信精神落地生根。

部党组成员出席会议。部总规划师、总工程师，部机关相关司局主要负责同志，部相关直属单位主要负责同志列席会议。

（《中国自然资源报》 焦思颖 2022 年 10 月 8 日）

中国地质调查局召开党组（扩大）会议　传达学习习近平总书记给山东省地矿局第六地质大队全体地质工作者重要回信精神

10 月 7 日，自然资源部中国地质调查局召开党组（扩大）会议，传达学习习近平总书记给山东省地矿局第六地质大队全体地质工作者重要回信精神，深入贯彻习近平总书记关于地质找矿工作的重要指示要求，按照自然资源部党组会议安排研究贯彻落实举措。自然资源部党组成员，中国地质调查局局长、党组书记李金发主持会议并讲话。

会上，局党组成员、副局长牛之俊结合工作实际发表学习体会，局党组成员、自然资源综合调查指挥中心主任严光生作重点发言。局机关有关部门主要负责同志汇报了学习贯彻方案及具体落实措施。与会人员共同学习领会了习近平总书记重要回信的深刻内涵与精神实质，一致认为，在全国上下共同庆祝中华人民共和国成立 73 周年、迎接党的二十大胜利召开的特殊历史时刻，习近平总书记给山东省地矿局第六地质大队的回信，充分体现了以习近平同志为核心的党中央对国家能源资源安全一以贯之的高度重视，对全国地质工作者的关心和信任。回信中，习近平总书记充分肯定了以山东省地矿局第六地质大队为代表的地质队伍及地质工作者对党和国家事业作出的历史性贡献，对做好矿产勘查工作提出了新的更高要求和殷切期望，为我们持续推进矿产勘查工作指明了前进方向，提供了根本遵循。要把学习习近平总书记重要回信精神与学习贯彻习近平总书记关于能源资源安全、关于地质工作的系列重要指示批示精神结合起来，为经济社会发展和生态文明建设提供更加坚实有力的支撑。

会议要求，中国地质调查局作为地质找矿的国家队、主力军，要坚决贯彻落实习近平总书记重要回信精神，心怀能源资源安全“国之大者”，全力支撑新一轮找矿突破战略行动组织实施。一是加大勘查力度，力争取得新的找矿突破。继续推进基础性、公益性地质调查和战略性矿产勘查工作，加大新区域、新层系、新领域、新类型方面调查力度，引领商业性矿产勘查跟进。二是坚持科技自立自强，支撑引领新一轮找矿突破战略行动。着力构建深地国家战略科技力量，攻克一批重大核心找矿关键技术难关，围绕相关重大工程研发自主装备。三是积极践行绿色发展理念，提升矿产资源绿色勘查和开发利用水平。创新并推广应用一批绿色、适用、高效的勘查技术方法，建立和完善重要矿产资源“三率”指标体系，推动煤炭等传统能源的清洁利用。四是解放思想、开拓创新，推动构建找矿突破新机制。在部党组统一部署和领导下，探索构建“政府主导、公益先行、商业跟进、科技引领、快速突破”的中央、地方、企业协调联动新机制。五是传承弘扬地质工作优良传统，坚定不移肩负起新时代地质工作者的使命担当。

会议强调，要以习近平总书记重要回信精神为指导，研究部署下一步工作安排，深化细化贯彻落实举措。要全力健全高效顺畅的协调保障体系，持续深化矿产资源管理改革，构建多元化资源供应保障新格局，推动新一轮找矿突破战略行动取得重大成果，为保障国家能源资源安全作出新贡献。

中国地质调查局机关各部门、局在京相关直属单位主要负责同志列席会议。

（《中国矿业报》 潘冰　2022 年 10 月 8 日）

习近平总书记重要回信在山东省地矿局第六地质大队引发热烈反响

党的二十大召开前的这个国庆节，对于山东省地矿局第六地质大队（以下简称“六队”）全体地质工作者来说，意义非凡。正当大家准备庆祝荣获“功勋卓著无私奉献的英雄地质队”称号30周年的时候，收到了习近平总书记给六队全体地质工作者的回信。真是喜上加喜，双喜临门！

六队办公楼正厅前，30周年庆的花坛，与大屏幕滚动播发的新闻报道、队史纪录交相辉映。党群办公室墙上挂着30周年庆工作推进图，各职能部门负责同志的手机、电话响个不停，报刊、广播、电视、新媒体各路记者纷至沓来，道贺加采访。一时间，每位队员的微信朋友圈都被习近平总书记重要回信新闻、队史成就刷屏，人人欢欣点赞转发。

收到习近平总书记回信那一刻，六队党委书记、大队长丁正江激动万分，倍感振奋地说：“习近平总书记的重要回信既是对我们工作的肯定与鼓励，也是鞭策与激励，极大地增强了我们地质工作的自豪感、责任感和使命感。”

谈及写信初衷，丁正江说，在国务院授予六队“功勋卓著无私奉献的英雄地质队”荣誉称号30周年的关键时刻，队上给习近平总书记写信，就是想向总书记汇报30年来六队取得的扎实业绩，也想表达在能源资源安全领域日趋严峻的形势下，“我们有信心、有能力为国家多找矿，找好矿，找大矿，不断取得找矿新突破，请党中央放心”。

连日来，习近平总书记重要回信在六队干部职工中引发热烈反响。各党支部、青年理论学习小组相继召开会议，谈感受、谈责任，讲目标、讲任务，以饱满的热情、提振的信心学习贯彻习近平总书记重要回信精神。大家纷纷表示，习近平总书记的重要回信情深似海，厚望如山，一定要牢记总书记殷殷嘱托，勇于担当，攻坚克难，以实际行动为保障国家能源资源安全、为全面建设社会主义现代化国家贡献智慧和力量。

作为一支英雄队伍，在金矿“攻深找盲”战略中，六队不断向纵深挺进，不断创新勘查理论与技术。他们在“焦家式”金矿成矿模式和找矿理论研究基础上，提出了“热隆—伸展”成矿理论和阶梯式成矿模式，参与提出并建立了新类型“黄铁矿碳酸盐脉型金矿床式”，为胶东乃至全国深部找矿明确了方向，提供了理论技术支撑，拓宽了找矿领域。

“习近平总书记嘱托我们，展现地质工作的使命担当。使命和担当是什么？就是咱应该做的。报国不是说在嘴上，而是要担当得起，得有真本事。”老队员李宏骥说。六队历史上的几大跨越证明，科技创新是引领，要不断丰富找矿理论，实现新的突破。

总工程师办公室的同志们表示，要牢记习近平总书记“向地球深部进军是我们必须解决的战略科技问题”的嘱托，立足本职，以更饱满的热情投入工作。

613 机班组的队员们表示，将以习近平总书记的亲切关怀为动力，坚持科技创新，不断向科学钻探、超深部金矿钻探、重要矿种钻探领域进军，推进六队钻探产业高质量发展。

六队钻探水平居全国同行业领先地位。钻探带头人董泽训表示：“作为一名工作 30 余年的老地质队员，看到习近平总书记的重要回信后无比振奋、倍感光荣！今后的工作中，我们将沿着习近平总书记指引的方向，走在前、开新局，勇当地质工作排头兵。”

对于贯彻好习近平总书记重要回信精神，探矿工程处负责人王金平表示，要响应国家“向地球深部进军”号召，持续加大深部钻探关键工程技术研究，积极参与国家重点研发项目，巩固深部金矿探测核心竞争力。物化探勘查处主任尹召凯表示，要聚焦物化探勘查技术升级，在深部矿产资源地球物理方法识别、找矿技术集成方面，做好先行性、基础性工作。实验测试中心主任张涛说，要做好实验测试、资源与环境调查和实验室技术服务，加强实验测试技术攻关，彰显公益属性，扛牢社会责任，以更加优异的成绩回报习近平总书记的关怀和厚爱。

“作为一名青年地质工作者，我有幸亲历焦家和招平两条金矿带深部金矿勘查项目的实施全过程，深感地质报国使命意义重大。”六队安全总监鲍中义表示，要不辱使命，不负韶华，在“英雄地质队”干出新业绩。

“收到习近平总书记给我们的重要回信，我感到无比光荣。我将用高昂的工作热情，积极践行‘一带一路’倡议，不畏艰难，开拓创新，勇当地质工作的排头兵，为助力构建能源资源领域国内国际双循环工作格局，作出自己的贡献。”六队苏丹项目部负责人张朋说。

作为青年地质工作者，总工程师办公室的张琪彬难掩内心的激动：“习近平总书记的重要回信是对我们工作的认可与肯定，更是对我们的嘱托与期望。我们将扎根一线，传承老一辈地质‘三光荣’精神，艰苦奋斗，在野外实践中练本领、增见识、长才干、出真知。”

10 月 5 日，在山东省地矿局传达学习习近平总书记重要回信精神干部大会上，大家纷纷向六队大队长丁正江道贺。第七地质大队党委书记、大队长余西顺表示，要向“英雄地质队”看齐，发挥好在革命老区的区位优势，加强临沂地区矿产资源的基础调查，在找大矿、找好矿上取得新突破，以融合发展彰显地矿担当，以竞进姿态争创一流业绩。

荣誉属于过去，奋斗开创未来。六队全体地质工作者一致表示，将深入学习贯彻落实习近平总书记重要回信精神，积极践行绿色发展理念，加大勘查力度，加强科技攻关，整合深部金矿勘查技术优势，瞄准“卡脖子”技术难题，向着高水平地质科技自立自强不断迈进，努力在保障能源资源安全、服务生态文明建设等领域作出新贡献。

（《中国自然资源报》 作者：乔思伟　景利年　徐昌　2022 年 10 月 11 日）

攻坚突破，努力为国家找大矿找好矿

在党的二十大即将召开之际，习近平总书记给山东省地矿局第六地质大队全体地质工作者回信，肯定他们取得的丰硕成果，并提出殷切期望。连日来，习近平总书记的重要回信在山东广大干部群众和地质工作者中持续引发热烈反响。大家纷纷表示，要认真学习领会习近平总书记重要回信精神，大力弘扬优良传统，加大矿产勘查开发力度，更加注重科技赋能，推进绿色勘查，努力为国家找大矿、找好矿，全方位提高能源资源保障能力。

为国家找大矿、找好矿，是省地质科学研究院研究员李大鹏一直以来的理想和目标。"'加大勘查力度，加强科技攻关'，这 12 个字让我深深地感受到了习近平总书记对科技研发的重视和关切，这让我们研究人员心里铆着的这股劲更足了。"李大鹏说。

金矿资源是最重要的战略性矿产资源之一。近年来，我省积极开展金矿深部探测工作，目前已探明胶西北 35000 米深部重要地质体结构，并在焦家金矿带深部近 3000 米处探获了迄今我国埋藏最深、厚达 25 米的金矿体。"下一步我们要用科技创新支撑和引领地质调查工作，争取在 5000 米深尺度和厚覆盖区实现深部探测和找矿新突破，为国家找大矿、找好矿，以实际行动回报习近平总书记的深情厚望。"李大鹏说。

"收到习近平总书记的回信是六队的荣耀，也让全国地质人感到无比的自豪。"省地矿局鲁南地质工程勘查院地质矿产总工程师安茂国表示，"总书记的殷殷嘱托，激励我们继续扎根齐鲁大地，围绕新时代地质工作保障能源资源安全、服务生态文明建设、支撑地质灾害防治三大使命，不断奋起开展科技创新攻关。"近年来，该院先后创建获批省部级、厅局级工程技术创新应用平台9个，实现了地质找矿、自然资源调查、地热清洁能源、采煤塌陷地综合治理、资源环境大数据开发应用等主要业务板块全覆盖。“下一步我们将紧抓科研平台建设、关键技术攻关及工程技术应用，通过实施‘六个依托’战略，勇担使命开新局，奋力书写地质报国新篇章。”安茂国说。

水资源是经济社会发展的重要物质基础。建队64年的山东省地矿局八〇一水文地质工程地质大队，在山东水文地质、环境地质等领域做了大量卓有成效的工作。队长张云峰表示：“我们将牢记习近平总书记嘱托，着力加强科技攻关，特别是在岩溶大泉生态保护与区域水资源调控、重大地下工程建设中的泉水保护等方面，加快地学成果的原始创新和实践突破，为黄河流域生态保护和高质量发展贡献力量。”

“习近平总书记在回信中特别强调要积极践行绿色发展理念，这是新阶段地质勘查工作的必然要求，是实现生态保护和地质勘查良性互动的有效举措。”省自然资源厅地质勘查管理处处长胡智勇说，“近年来，我省推广了一批绿色勘查新技术、新工艺、新装备，创建了8个国家级绿色勘查示范项目和20个省级绿色勘查示范项目。下一步，我省地质勘查工作将继续践行绿色发展理念，积极引导地勘行业绿色转型发展，努力构建绿色、安全、高效的高质量发展新格局，打造地质勘查与生态保护协调、共赢的绿色勘查新局面，推动我省地质勘查工作走在全国前列。”

能源安全事关国家安全。“习近平总书记的回信既是对地质工作者的嘱托，也是对我们矿产资源企业的深切厚望。”山东能源集团副总经理、新能源公司董事长乐江华表示，“山东能源集团将认真学习总书记重要回信精神，主动向山东省地矿局第六地质大队看齐，坚守能源报国初心，加快煤矿智能化建设，全面担当煤炭保供任务，大力发展煤电、海上风电、光伏等新能源建设。”

（《大众日报》 记者方垒　陈晓婉　2022年10月6日）

省委常委会召开会议　传达学习习近平总书记给山东省地矿局第六地质大队全体地质工作者重要回信精神

10月4日，省委常委会召开会议，传达学习习近平总书记给山东省地矿局第六地质大队（以下简称“六队”）全体地质工作者重要回信精神，研究贯彻落实意见。

省委书记李干杰主持会议并讲话。

与会同志就学习习近平总书记重要回信精神，结合思想和工作实际，谈了认识体会和下一步打算。大家一致表示，在党的二十大即将召开之际，收到习近平总书记的重要回信，备受鼓舞、倍感振奋。习近平总书记在重要回信中，充分肯定了六队在矿产勘查中取得的丰硕成果，深刻阐述了矿产资源及勘查开发在经济社会发展中的重要作用，就大力弘扬优良传统、落实新一轮找矿突破战略行动、保障国家能源资源安全等提出了期望要求。习近平总书记的重要回信，充分体现了对国家能源资源安全的高度重视，充分体现了对地质工作者的真挚情感，充分体现了对山东工作的关心关爱，为我们做好工作指明了方向，提供了根本遵循。我们一定要从政治和全局的高度，深入学习领会习近平总书记重要回信精神，与学习习近平新时代中国特色社会主义思想结合起来，与学习习近平总书记对山东工作重要指示要求结合起来，与学习宣传贯彻党的二十大精神结合起来，全面系统掌握、领会精神实质。要结合工作实际，系统谋划贯彻落实的思路举措，推动习近平总书记重要回信精神在齐鲁大地落地生根、开花结果，以实际行动坚定拥护“两个确立”、坚决做到“两个维护”。

会议强调，要紧紧围绕保障国家能源资源安全，强化基础地质调查，强化能源重点工程支撑，全方位提高能源资源保障能力。要着力加大矿产勘查开发力度，从“面”上摸清底数，从“点”上攻坚突破，不断提高矿产资源勘查开发利用水平。要更加注重科技赋能，深入开展重大地质问题研究，持续加强勘查技术攻关，大力提升数字化水平，以科技赋能推动地质工作高质量发展。要全力推动绿色低碳发展，加快推进绿色勘查，积极参与生态环境修复，主动服务“双碳”战略，实现生态环境保护和矿产资源勘查良性互动。要切实加强地质队伍建设，强化党建引领，传承优良作风，提升能力本领，为地质工作高质量发展提供坚强保证。

会议要求，各级党委和政府要做好地质工作者的服务保障工作，帮助解除后顾之忧，为他们开展工作创造良好条件。广大地质工作者要牢记习近平总书记嘱托，甘于奉献、敢于攻坚，为保障国家能源资源安全作出新的更大贡献，以实际行动回报习近平总书记的深情厚望，以优异成绩迎接和庆祝党的二十大胜利召开。

当天，副省长孙继业来到山东省第六地质矿产勘查院，向六队全体地质工作者传达习近平总书记重要回信。大家表示，习近平总书记的重要回信，情真意切、振奋人心、催人奋进，一定牢记总书记嘱托，锚定“走在前、开新局”，勇当地质工作排头兵，努力为国家找大矿、找好矿，在保障国家能源资源安全中展现新作为，奋力书写新时代“英雄地质队”新篇章。

（齐鲁网·闪电新闻　10月4日讯）

使命担当！谈如何领会与落实习近平总书记重要回信精神

习近平总书记10月2日给山东省地矿局第六地质大队（以下简称“六队”）全体地质工作者的回信，在全国广大干部群众特别是地质工作者中引发热烈反响。信中有这样一句话备受瞩目：你们一代代队员……展现了我国地质工作者的使命担当。

习近平总书记明确提出：中国共产党人的初心和使命，就是为中国人民谋幸福，为中华民族谋复兴。

何谓“使命”？《左传·昭公十六年》这样表述：“会朝之不敬，使命之不听，取陵于大国，罢民而无功，罪及而弗知，侨之耻也。”大致意思是：出使的人应完成所领受的任务，尽到应尽的责任。

对于地质工作者而言，使命的内涵是什么？我们该向“英雄地质队”学习什么样的使命担当？记者在调研与采访六队的过程中，对以下几个方面印象深刻。

在这里——

地质工作者的使命是一种对理想的坚守。他们始终秉承“地质报国”的崇高理想，筚路蓝缕，薪火相传，每一次探索都是对真理的不懈追求。

没有梦想，就会在旅途中迷失自己，胸怀梦想方能筑牢信仰。以李四光为代表的老一辈地质学家，情系山野，精忠报国，披肝沥胆，创立新论，成为中国知识分子之旗帜，一面民族之旗，一面行业之旗。

“英雄地质队”亦是如此。秉持着矢志不移的爱国情怀，坚持真理的科学品格，勇于创新，勤于实践，不畏失败，这是六队取得光辉成就的重要内在品质。

自1958年建队伊始，一代代六队人坚持用科技创新指导找矿实践，从创立“焦家式”成矿理论，建立阶梯式找矿模式到打造金矿深部探测核心技术，从不墨守成规，不故步自封。

在这里——

有的家庭已是三代地质人，他们以家族传承的方式选择默默坚守，把个人的生存、队伍的发展、国家的命运紧密联系在一起。

在这里——

地质工作者的使命是一种对信念的坚持。他们坚决贯彻党中央的决策部署，一心一意“攻深找盲”，在当前国有地勘单位改革的大潮中实属难得。

众所周知，黄金是战略储备资源，是经济金融稳定的压舱石。30年前，“英雄地质队”的授勋是因为金矿找矿。30年来，六队认真贯彻落实“向地球深部进军”的重要指示精神和《国务院关于加强地质工作的决定》等文件要求，始终把黄金找矿作为压倒一切的中心任务，一以贯之不动摇。

从1992年至今，尽管六队队长换了数任，尽管20世纪90年代地勘单位面临市场化改革大潮，尽管21世纪初矿业投资断崖式下滑，但是他们都不为所动，始终保持“攻深找盲”的坚强定力，一张蓝图绘到底，一任接着一任干，一个战役接着一个战役打。

正是这份坚持——坚持主业、发挥特长，“英雄地质队”愈战愈勇，这些年来，他们陆续探获了焦家深部、朱郭李家、纱岭、水旺庄等13个大型—特大型金矿，书写了我国找金史上一个又一个精彩篇章。

在这里——

地质工作者的使命更是一种责任的担当。他们怀揣着厚重的行业底蕴，实事求是，默默奉献，正是凭借诚信和良好的口碑在市场中赢得了尊重。

对于获奖无数、成果不胜枚举、有着厚重行业底蕴的六队而言，一项项硕果已然成了其发展的巨大优势，也让这个英雄队伍的招牌越发闪亮。

但熟悉的人都知道，他们很少提及过去的荣光，更没有躺在过去的功劳簿上，而是甘于默默奉献，凭借出色的专业技术不断取得新的荣誉。

在利益面前，凡是违反实事求是的事在这里都寸步难行。他们默默坚守，坚持原则，凭借诚信和良好的口碑赢得了尊重。

虽然他们获得了无数殊荣，其中不乏无人能及的至高荣誉，他们珍惜荣誉却又不看重参加各种评比。当负责上报评奖的同志认为一些技术很有可能获奖而提醒并催着相关技术人员填报时，常听到一些技术人员专注于工作而不经意地回复着："等等吧，我先把项目做完。"在六队，不慕虚荣、无私奉献早已蔚然成风。

他们深知，地质工作者只有扎根一线，在野外实践中练本领、增见识、长才干、出真知，才能肩负起增强国内资源生产保障能力和生态环境保护能力的光荣职责。

在这里——

地质工作者的使命是由党建而引领。他们推进党建与业务工作深度融合，优化机制结队共建，以党建服务引领业务工作的方式，切实发挥了战斗堡垒作用。

习近平总书记曾在中央和国家机关党的建设工作会议上提出：要处理好党建和业务的关系，解决好"两张皮"问题。

如何坚持系统思维，以统筹的理念强化党建和精神文明建设工作？如何建立"党建+"模式，以党建统领改革、发展、创新，不断提高党建工作科学化、规范化、信息化水平？这一直是地质矿业行业各单位共同面临的难题。

其实，创新党建工作理念、机制和方式，推进党建与中心工作深度融合，"英雄地质队"也一直在探索。他们的做法可资借鉴：

一是优化党建工作考评体系。持续抓好党建工作考核评价落地实施，构建科学合理管用的党建考评体系，考评结果纳入领导干部个人综合考评体系。

二是充分发挥党建考评"指挥棒"作用。不断优化完善党建工作考评内容，细化考评标准，注重定性与定量相结合，从考核党务指标"做没做"向考核党建效果"好不好"转变，更加突出党建工作引领推动业务发展的效果评价，推动党建工作与业务发展有机融合。

三是制定了党建与业务工作深度融合行动方案，坚持以党建服务引领中心工作为主线，以“一支部一品牌”创建活动为抓手，编制基层党建工作手册，制定党建与业务融合清单。

一个独具“英雄地质队”特色的党建工作品牌逐渐呈现，而检验他们党建工作成效最好的标准便是事业发展的硕果。

在这里——

地质工作者的使命是让职工更幸福。他们让职工们“把心放在肚子里”，为群众办实事，让职工无后顾之忧，让每一个与六队相关的人都充满自豪。

对于绝大多数地质工作者而言，可能早已习惯了“抛家舍业”的生活。这或许就是“硬汉”的“柔情”——自己在外苦点累点都能扛，其实心里最放心不下的就是家里的老小。

为了让职工没有后顾之忧，六队的领导“一对一”结对子，与驻外队员家属建立密切联系，对他们的生活给予悉心照料。

这种“绝技妙招”，六队还有许多。比如定期举行的“书记接待日”，由六队党委书记、纪委书记等队领导“坐镇问诊”，聆听职工们的心声和诉求。这些诉求无论大事小事，只要是职工提出来的，都是队里惦念的心头事，都是要集中力量去办的事。

正是因为有这些满满幸福感和自豪感的存在，才让我们更加读懂了“使命”二字的含义。

（《中国矿业报》 2022 年 10 月 20 日）

致敬“英雄队伍”：以先锋力量烛照复兴之路

10月2日，习近平总书记给山东省地矿局第六地质大队（以下简称“六队”）全体地质工作者回信，对他们弘扬优良传统、做好矿产勘查工作提出殷切期望。

建队以来，六队一代代队员跋山涉水，风餐露宿，攻坚克难，取得了丰硕的找矿成果，展现了我国地质工作者的使命担当。“英雄地质队”的事迹可学可做，精神可追可及。广大党员干部要从回信中汲取先锋力量，领悟“英雄地质队”爱国奉献、为国找矿、开拓创新、艰苦奋斗的卓绝精神，始终坚定理想信念、牢记初心使命、勇于担当作为，走好“复兴之路”，创造属于我们这一代人的业绩和荣光。

致敬“甘于奉献、为国找矿”的爱国精神，走好“不忘初心、牢记使命”的忠诚之路。心中有信仰，脚下有力量。从招远建队到探获国内首个特大型蚀变岩型金矿，再到率先实现国内“攻深找盲”战略突破……在广袤的神州大地上，六队人不忘初心、矢志奋斗、地质报国，相继探获三山岛、焦家、寺庄、纱岭、水旺庄等14个特大型金矿，是全国找金最多的地质队，在我国黄金地质勘查史上谱写了可歌可泣的壮丽诗篇。广大党员干部要从“英雄队伍”的事迹中汲取忠诚爱国的先锋力量，牢记初心使命，坚定理想信念，树立共产主义远大理想和中国特色社会主义共同理想，自觉践行社会主义核心价值观，大力弘扬爱国主义精神。要不断增强“四个意识”、坚定“四个自信”、做到“两个维护”，在思想淬炼和政治历练中不断筑牢信仰之基、补足精神之钙、把稳思想之舵，向着新时代“赶考”之路勇毅前行。

致敬“开拓创新、精益求精”的工匠精神，走好“争当表率、勇立潮头”

的成长之路。树高叶茂，系于根深。创立“焦家式”金矿成矿模式和找矿理论，打破“大断裂带只导矿不储矿”的传统理论，提出胶东金矿“热隆—伸展”成矿理论和阶梯式成矿模式，创建新类型“辽上式黄铁矿碳酸盐脉型金矿床式”……多年来，六队始终坚持科技攻关，创新找矿关键技术，把论文写在祖国的大地上，敢于走前人没走过的路，把创新主动权、发展主动权牢牢掌握在自己手中，不断谱写矿业地质理论研究新篇章。广大党员干部要从“英雄地质队”的事迹中汲取忠诚履职的先锋力量，以恪尽职守、兢兢业业、谨小慎微的工作态度站好一班岗、守好一方土，做到关键时刻不掉链子，危难关口不撂挑子，困难面前不卸担子。要干一行、爱一行，钻一行、精一行，以坐不住、慢不得、等不起的责任感和使命感，在新征程上争当表率、勇立潮头。

致敬“艰苦奋斗、攻坚克难”的拼搏精神，走好“敢于斗争、善于斗争”的奋斗之路。艰难困苦，玉汝于成。对于六队人来说，山就在那里，森林就在那里，沙漠就在那里，一次次跋山涉水，一次次翻山越岭，一次次风餐露宿，只要能为祖国寻找到更多的资源和财富，他们便会义无反顾地出发。在无人区里安营扎寨，克服高原反应，徒步勘查二三十公里，对抗极端恶劣天气，他们不曾有半句怨言。广大党员干部要从“英雄地质队”的事迹中汲取勇于斗争的先锋力量，不断增强危机意识和斗争精神，保持昂扬向上、无私无畏、坚忍不拔的奋斗姿态，勇于走出“舒适区”，敢于到艰苦地区、复杂环境、基层一线、攻坚前沿的“实践熔炉”中经风雨、见世面。要以实现中华民族伟大复兴为己任，不畏艰难险阻，敢于斗争、善于斗争，勇担时代使命，努力为党和人民的事业作出新的更大贡献。

（大河网河声评论员　赖正笛）

后 记

2022年是国务院授予山东省地矿局第六地质大队“功勋卓著无私奉献的英雄地质队”荣誉称号30周年。山东省地矿局第六地质大队全体地质工作者给习近平总书记写信，汇报矿产勘查工作取得的成绩，表达了献身地质事业、为保障国家能源资源安全贡献力量的决心。10月2日，习近平总书记给山东省地矿局第六地质大队全体地质工作者回信，对他们弘扬优良传统、做好矿产勘查工作提出殷切期望。习近平总书记的回信在全国能源化学地质系统广大职工中引发热烈反响，中国能源化学地质工会第一时间组织召开学习贯彻习近平总书记给山东省地矿局第六地质大队回信精神座谈会，要求能源化学地质系统各级工会要把学习宣传贯彻习近平总书记回信精神与学习宣传贯彻党的二十大精神结合起来，与学习习近平总书记对能源化学地质工作重要指示要求结合起来，号召系统内广大职工为保障国家能源资源安全、全面建设社会主义现代化国家建功立业。

为了更好地交流学习回信精神心得体会，激发广大职工的学习热情，中国能源化学地质工会决定将系统内职工学习回信精神心得体会结集成书，书名为《英雄地质队》，确定由中国工人出版社出版发行。《英雄地质队》包括习近平总书记给山东省地矿局第六地质大队的回信、能源化学地质系统职工学习回信精神心得体会、英雄地质队故事，以及相关的媒体报道。组稿通知下发后，在不到一个月的时间里就征集到来自能源化学地质系统各行业职工的心得体会600余篇，由于篇目所限，只选取其中一部分收入本书。山东省地矿局第六地质大队接到组稿通知后，队中干部职工踊跃投稿，虽然各篇体会长短不一，但第六地质大队职工用朴实的话语，记录了这个英雄找矿队伍英勇奋斗的历程，显露出他们满怀找矿报国的激情，本书编委人员深受感动，决定将这些心得体会全部收录。

非常感谢中国工人出版社诸位同人，他们鼎力支持能源化学地质工会工作，其眼光和魄力令人钦佩！特别感谢该社负责审校本书的编辑们，他们付出了艰辛的努力，在不到两个月的时间里高质量地完成了出版工作。山东省地矿局对本书的出版给予大力资助，山东省地质工会、山东省地矿局第六地质大队为本书的出版付出了辛勤劳动，在此并致谢忱。

由于时间仓促，书中纰漏和错误之处在所难免，希望广大读者提出批评与建议，以利于我们在修订时加以更正，在此表示衷心的感谢。

编委会

2022 年 12 月

图书在版编目（CIP）数据

英雄地质队 / 中国能源化学地质工会编. —北京：中国工人出版社，2022.12

ISBN 978-7-5008-8071-4

Ⅰ.①英… Ⅱ.①中… Ⅲ.①地质人员－先进工作者－先进事迹－中国 Ⅳ.①K826.14

中国版本图书馆CIP数据核字（2022）第249246号

英雄地质队

出 版 人 董　宽
责任编辑 刘广涛
责任校对 丁洋洋
责任印制 黄　丽
出版发行 中国工人出版社
地　　址 北京市东城区鼓楼外大街45号　邮编：100120
网　　址 http：//www.wp-china.com
电　　话 （010）62005043（总编室）　（010）62005039（印制管理中心）
（010）62379038（社科文艺分社）
发行热线 （010）82029051　62383056
经　　销 各地书店
印　　刷 北京美图印务有限公司
开　　本 710毫米×1000毫米　1/16
印　　张 25　　彩插　4.25
字　　数 412千字
版　　次 2022年12月第1版　2023年3月第3次印刷
定　　价 78.00元
